Das Eigenmittelsystem der Europäischen Union

FINANZWISSENSCHAFTLICHE SCHRIFTEN

Herausgegeben von den Professoren
Konrad, Krause-Junk, Littmann, Oberhauser, Pohmer, Schmidt

Band 113

PETER LANG
Frankfurt am Main · Berlin · Bern · Bruxelles · New York · Oxford · Wien

Guido K. Raddatz

Das Eigenmittelsystem der Europäischen Union

PETER LANG
Europäischer Verlag der Wissenschaften

Bibliografische Information Der Deutschen Bibliothek
Die Deutsche Bibliothek verzeichnet diese Publikation in der Deutschen Nationalbibliografie; detaillierte bibliografische Daten sind im Internet über <http://dnb.ddb.de> abrufbar.

Zugl.: Freiburg (Breisgau), Univ., Diss., 2002

D 25
ISSN 0170-8252
ISBN 3-631-51412-3

www.peterlang.de

Meinen Eltern

Vorwort

Die europäische Integration hat seit den 50er Jahren des vergangenen Jahrhunderts eine stürmische Entwicklung genommen, sowohl was die räumliche Ausdehnung als auch die zunehmende Integrationstiefe der Europäischen Union betrifft. Ohne Zweifel muß die Frage ihrer Finanzierung dabei als ein europapolitischer Dauerbrenner bezeichnet werden, der bis heute nicht abschließend geklärt ist. Weder die traditionellen fiskalischen Instrumente eines Nationalstaates noch die Finanzierungsquellen supranationaler Organisationen sind a priori zwingend zur Finanzierung der sich dynamisch zwischen Staatenbund und Bundesstaat entwickelnden europäischen Ebene geeignet. Dementsprechend stellt das Anfang der 70er Jahre ins Leben gerufene Eigenmittelsystem zur Finanzierung des EU-Haushaltes ein Mischsystem dar, das seitdem mehrfach von den Mitgliedstaaten nach allen Regeln der „politischen Verhandlungs- und Kompromißfindungskunst" verändert und den sich ändernden Rahmenbedingungen angepaßt wurde. Daß dabei nicht immer der ökonomisch überzeugendste Weg eingeschlagen wurde, kann kaum verwundern. Das Eigenmittelsystem bildet den Analyseschwerpunkt der vorliegenden Arbeit, die im Jahr 2002 von der Albert-Ludwigs-Universität Freiburg als Dissertation angenommen wurde.

Wesentliche Elemente dieser Arbeit entstanden während meiner Zeit am Institut für Finanzwissenschaft der Universität Freiburg. Mein herzlicher Dank gilt daher an erster Stelle meinem Doktorvater Prof. Dr. Dr. h.c. Hans-Hermann Francke. Sein konstruktives Interesse am Thema sowie die von ihm maßgeblich geprägte exzellente Institutsatmosphäre trugen nicht nur zum Gelingen dieser Arbeit bei, sondern lassen mich auch gerne an die dort verbrachten „Institutsjahre" zurückdenken. Daneben ist es mir freudige und freundschaftliche Verpflichtung, meinen ehemaligen Institutskollegen und hier insbesondere Klaus J. vor der Horst, PD Dr. Harald Nitsch, PD Dr. Alexander Spermann sowie Prof. Dr. Jochen Michaelis zu danken, die nicht nur meinen volkswirtschaftlichen Horizont in vielerlei Hinsicht erweitert haben.

Schließlich gilt mein besonderer Dank meinen Eltern für die immerwährende Unterstützung sowie meiner heutigen Ehefrau, Dr. Dilek Raddatz, die sich trotz des manchmal mühsamen Entstehungsprozesses dieser Arbeit nicht davon abhalten ließ, mich zu heiraten. Prof. Dr. Siegfried Hauser danke ich für die Übernahme des Zweitgutachtens, dem Land Baden-Württemberg für die finanzielle Unterstützung in Form eines Graduiertenstipendiums.

Berlin, im Januar 2005

Inhaltsverzeichnis

Abbildungsverzeichnis

Tabellenverzeichnis

1 Einleitung

Das gegenwärtige Finanzierungssystem des Gesamthaushalts der Europäischen Union stellt ein komplexes, auf verschiedenen ökonomischen Größen basierendes Einnahmensystem dar. Parallel zum Fortschreiten der europäischen Integration, angefangen von den Gründungsverträgen in den 50er Jahren bis in die Gegenwart, unterlag auch die damit einhergehende Ausgestaltung des Finanzierungssystems der Europäischen Gemeinschaften einem evolutorischen Prozeß, in dem immer wieder versucht wurde, es an die neuen Erfordernisse anzupassen. Zum einen waren im Lauf der Zeit Veränderungen aufgrund des rapide wachsenden Finanzbedarfs notwendig, der sowohl aus der zunehmenden Vertiefung der Integration als auch aus den Erweiterungen der Europäischen Union resultierte. Zum anderen mußten im politischen Prozeß mehr oder weniger „pragmatische“ Konsenslösungen gefunden werden, um die divergierenden finanziellen und politischen Interessen der Mitgliedstaaten in Übereinstimmung zu bringen. Durch den Zwang zur Einstimmigkeit wurde den Mitgliedstaaten gerade im finanziellen Bereich eine besondere Kompromißbereitschaft abverlangt, die nur selten in einer ökonomisch optimalen Lösung resultierte. Vielmehr entwickelte sich aufgrund unterschiedlicher politischer und finanzieller Interessenlagen ein höchst intransparentes System, das kaum mehr klar konzipierte Strukturen erkennen läßt.

Zu Beginn des 21. Jahrhunderts sieht sich die Europäische Union neuen Herausforderungen gegenüber. Mit der Aufnahme von bis zu zwölf mittel- und osteuropäischen Beitrittsstaaten in den nächsten Jahren steht der EU eine der umfangreichsten Erweiterungsrunden seit ihrem Bestehen ins Haus.[1] Aufgrund der wirtschaftlichen Gegebenheiten in diesen Ländern wird es – das ist heute schon absehbar – zu einer deutlichen Zunahme der regionalen Wohlstandsdisparitäten innerhalb der Europäischen Union kommen. Daraus resultieren besondere Anforderungen sowohl an die konkreten Politikmaßnahmen als auch an die institutionelle Ausgestaltung der Europäische Union. Ein effizient ausgestaltetes und gleichzeitig konsensfähiges Finanzierungs-

---

[1] 10 neue Mitgliedstaaten traten der Europäischen Union im Jahr 2004 bei: Estland, Lettland, Litauen, Malta, Polen, die slowakische Republik, Slowenien, die Tschechische Republik, Ungarn und Zypern. Bulgarien und Rumänien sowie die Türkei haben noch den Status von Bewerberländern, wobei mit den beiden ersteren bereits konkrete Beitrittsverhandlungen geführt werden.

system stellt daher eine wichtige Voraussetzung für eine erfolgreiche Erweiterung dar. Die gegenwärtige Ausgestaltung des Eigenmittelsystems erfüllt jedoch in wesentlichen Teilen diese Voraussetzungen nicht.

Vor diesem Hintergrund besteht ein Hauptziel der vorliegenden Arbeit in der kritischen Analyse der konzeptionellen und operativen Schwächen des gegenwärtigen Finanzierungssystems. Darauf aufbauend sollen Ansatzpunkte für die wichtigsten Reformschritte aufgezeigt und diskutiert werden. Von einer radikalen Neukonzeption ohne Bezug zum bestehenden System wird allerdings abgesehen. Diese Vorgehensweise findet ihre Begründung zum einen in der Auffassung des Autors, daß einige Teilelemente des gegenwärtigen Finanzierungssystems für sich betrachtet dem gegenwärtigen Integrationsstand der Europäischen Union durchaus angemessen sind und als Grundlage für Reformen dienen können. Zum anderen ist angesichts der Erfahrungen aus der Vergangenheit davon auszugehen, daß sich auch zukünftige Reformen nur bedingt vom Status quo lösen können. So wurde beispielsweise in der Diskussion über eine europäische Verfassung die Finanzierungsfrage de facto ausgeklammert. Eine völlige Neugestaltung des Eigenmittelsystems erscheint daher angesichts der Funktionsweise des politischen Prozesses unwahrscheinlich.

Um den Staus quo des Eigenmittelsystems zu verstehen, wird im zweiten Kapitel zunächst seine historische Entwicklung überblicksartig skizziert. Ein Großteil der gegenwärtigen Probleme und Mängel des Eigenmittelsystems ist nur vor dem Hintergrund der im Zeitablauf vereinbarten Modifikationen und Veränderungen nachvollziehbar. Die Darstellung beinhaltet dabei sowohl das abstrakte Regelwerk als auch die quantitative Entwicklung der einzelnen Eigenmittelkategorien.

Im dritten Kapitel werden grundlegende politische und ökonomische Anforderungen an das Finanzierungssystem der Europäischen Union entwickelt und auf die institutionelle Grundkonzeption des Status quo angewendet. Neben Überlegungen der klassischen fiskalischen Föderalismustheorie werden vor allem auch Grundgedanken der Public-Choice-Theorie einbezogen. Vor allem letztere legen die Beachtung föderaler Wettbewerbs- und Kontrollelemente im institutionellen Aufbau der Europäischen Union und ihres Finanzierungssystems nahe. Der Kontrollaspekt steht auch bei der sich daran anschließenden Betrachtung des Eigenmittelsystems aus dem Blickwinkel der klassischen finanzwissenschaftlichen Budgetgrundsätze im Vordergrund. Die Einhaltung der Budgetgrundsätze erleichtert die (parlamentarische) Überwachung der Haushaltsplanung- und -ausführung und schafft so eine Voraussetzung für die demokratische Legitimation des Haushaltes. Die nicht unbeträchtlichen finanziellen Aktivitäten der EU außerhalb des Gesamthaushaltsplans sowie diverse

„vereinfachende" Sonderregelungen im Rahmen der Haushaltsabwicklung deuten auf gewisse Defizite in diesem Bereich hin.

Im vierten Kapitel wird schließlich das Eigenmittelsystem einer detaillierten Funktionsanalyse unterzogen. Es zeigt sich, daß die Erhebung aller drei Eigenmittelkategorien – traditionelle außenhandelsorientierte Eigenmittel, Eigenmittel auf Basis der statistisch harmonisierten Mehrwertsteuer-Bemessungsgrundlage und BSP-Eigenmittel – in der Praxis mit verschiedenen Problemen zu kämpfen hat. Neben konzeptionellen Schwächen bringt vor allem der unvermeidbare Rückgriff auf nationale Institutionen bei der Abwicklung des Eigenmittelsystems nur schwer zu lösende Harmonisierungs- und Erfassungsprobleme mit sich. Letztere reichen von der problematischen Ermittlung der harmonisierten Mehrwertsteuerbemessungsgrundlage über unterschiedlich effiziente Zoll- und Steuersysteme bis hin zu einer unterschiedlich stark ausgeprägten Schattenwirtschaft in den einzelnen Mitgliedstaaten. Darüber hinaus werden einzelne – vorwiegend distributiv motivierte – konzeptionelle Fehlentwicklungen im Eigenmittelsystem, insbesondere im Bereich der Mehrwertsteuereigenmittel problematisiert und entsprechende Reformmöglichkeiten formuliert.

Die Verteilungswirkungen der Beitragspflichten sowie eine besonders problematische Konstruktion des Eigenmittelsystems, der Korrekturmechanismus zugunsten des Vereinigten Königreichs, werden im fünften Kapitel einer vertiefenden Analyse unterzogen. Den Rahmen dafür bilden einige grundsätzlichere Ausführungen zur Problematik, konsensfähige Wohlstandsindikatoren für die Bemessung der Beitragskapazität der Mitgliedstaaten zu finden. Neben der konzeptionellen Willkür solcher Indikatoren stellt ihre Umsetzung in die Praxis eines der größten Probleme dar. Die Schwierigkeit, ein allseits akzeptiertes Gerechtigkeitskriterium für die angemessene finanzielle Belastung der Mitgliedstaaten zu entwickeln, kann als eine der großen und bisher ungelösten Herausforderungen des Eigenmittelsystems angesehen werden. Unabhängig davon stellt der gegenwärtig existierende Korrekturmechanismus zugunsten des Vereinigten Königreichs jedoch eine der am wenigsten wünschenswerten Lösungen dar. Anstatt ein allgemeines – wie auch immer definiertes – Gerechtigkeitsziel zu verfolgen, trägt er vor allem zur völligen Intransparenz des gesamten Eigenmittelsystems bei. Das sechste Kapitel rundet die Arbeit mit einem kurzen Ausblick ab.

2 Die historische Entwicklung der Finanzierung des Haushalts der Europäischen Gemeinschaften

2.1 *Entstehungsgeschichte und Überblick*

2.1.1 Die Periode der Finanzbeiträge

Mit Ausnahme der Finanzierungsinstrumente der bereits 1951 gegründeten Europäischen Gemeinschaft für Kohle und Stahl (EGKS)[2] war die Finanzierung der durch die Unterzeichnung der Römischen Verträge am 25. März 1957 ins Leben gerufenen Europäischen Gemeinschaften EWG (Europäische Wirtschaftsgemeinschaft) und EAG (Europäische Atomgemeinschaft) in der Anfangsphase im wesentlichen durch Finanzbeiträge der Mitgliedstaaten charakterisiert. Damit orientierte man sich an der üblichen Vorgehensweise der Finanzierung internationaler Organisationen.[3] Im Vergleich zur relativ weitgehenden Autonomie der Finanzierung der EGKS, die im wesentlichen aus der sogenannten allgemeinen EGKS-Umlage auf die Erzeugung von Kohle und Stahl mit autonom festzulegendem Umlagesatz bestand und die daher oft als erste „europäische Steuer" (im Sinne einer Produktionssteuer mit Objekt-, Ertrags- und Verwaltungskompetenz auf Gemeinschaftsebene) bezeichnet wird,[4] stellte die Einführung von Finanzbeiträgen zumindest aus formaler Sicht eine deutlich stärkere finanzielle Abhängigkeit der EWG und EAG von den Mitgliedstaaten dar. Darüber hinaus bestand für die EWG als bedeutendster Teilgemeinschaft ein Verbot zur Kreditaufnahme zum Zwecke der Ausgabenfinanzierung,[5] was

---

2 Die EGKS wurde durch den am 18. April 1951 unterzeichneten Pariser Vertrag gegründet, der am 23. Juli 1952 in Kraft trat. Er hatte eine Laufzeit von 50 Jahren und endete daher am 23. Juli 2002. Das gesamte Vermögen sowie sämtliche Verbindlichkeiten der EGKS gingen am 24. Juli 2002 auf die Europäische Gemeinschaft über.

3 Vgl. Andel (1983), S. 328ff. und Peffekoven (1984), S. 315–321.

4 Eine ausführliche Darstellung der anfänglichen Finanzaktivitäten der EGKS findet sich z.B. in Reister (1975), S. 155–161, Nittka (1979), S. 18–50, Biehl (1980), S. 705ff., Strasser (1991), S. 77–88 und Peffekoven (1994), S. 35–41. Neben der allgemeinen Umlage finanzierte sich die EGKS u.a. über Anleihen, die jedoch nur zweckgebunden zur Gewährung von Darlehen verwendet werden durften; Europäische Kommission (1999a), S. 72f.

5 Vgl. u.a. Gesmann-Nuissl (1999), S. 277ff., Böker (1994), S. 101f. und Caesar (1992a), S. 140. Allerdings ist es im Rahmen sogenannter „Off-budget-Aktivitäten" immer wieder zu einer Durchbrechung dieses Grundsatzes gekommen; vgl. hierzu auch Deutsche

ebenfalls als Beschränkung der finanziellen Autonomie gewertet werden kann. Dieses Verschuldungsverbot hat in seinen Grundsätzen bis in die Gegenwart bestand.

Der Finanzierungsanteil der jeweiligen Mitgliedstaaten wurde durch politisch festgelegte Verteilungsschlüssel bestimmt,[6] die nur einen bedingten Bezug zu ökonomischen oder demographischen Faktoren hatten und je nach Teilhaushaltsplan differierten (vgl. Tabelle 1).

Tabelle 1: Finanzierung der EG-Haushalte in der Anfangsphase (in Prozent der Gesamtausgaben).

	EAG (Euratom)		EWG	
Mitgliedstaaten	Verwaltungshaushalt	Forschungs- und Investitionshaushalt	Verwaltungshaushalt	Europäischer Sozialfonds
Belgien	7,9	9,9	7,9	8,8
Deutschland	28,0	30,0	28,0	32,0
Frankreich	28,0	30,0	28,0	32,0
Italien	28,0	23,0	28,0	20,0
Luxemburg	0,2	0,2	0,2	0,2
Niederlande	7,9	6,9	7,9	7,0
Summe	100,0	100,0	100,0	100,0

Quelle: Artikel 172 EAG-Vertrag und Artikel 200 EWG-Vertrag (inzwischen außer Kraft).

Insbesondere die Aufteilung der Verwaltungsausgaben wurde gemäß politischen Erwägungen vollzogen. Konkret äußerte sich das darin, daß für die Deckung der Verwaltungskosten der beiden Gemeinschaften EAG und EWG ein einheitlicher Schlüssel gewählt wurde, der die drei großen Mitgliedstaaten Frankreich, Deutschland und Italien sowie die beiden großen Benelux-

Bundesbank (1999), S. 66–69, Caesar (1992a) sowie Münch (1987). Eine ausführliche Analyse der Verschuldungsbefugnisse und Verschuldungsaktivitäten der Europäischen Gemeinschaften findet sich außer in Gesmann-Nuissl (1999) und Caesar (1992a) auch bei Häde (1996), S. 462–477, Kuhlmann (1993), Diekmann (1990), Münch (1989) und Scheibe (1988).

6 Die Rechtsgrundlage für die Finanzbeiträge der EAG und EWG bildeten die inzwischen außer Kraft gesetzten Artikel 200 EWGV und Artikel 172 EAGV, in denen auch die in Tabelle 1 wiedergegebenen Aufbringungsschlüssel vertraglich festgelegt wurden.

Staaten Belgien und die Niederlande jeweils gleich gewichtete.[7] Diese Gleichgewichtung hatte ihr politisches Pendant in der Stimmenverteilung im Rat für Beschlüsse, die mit qualifizierter Mehrheit zu treffen waren, und in der Verteilung der Abgeordneten in der parlamentarischen Versammlung, der Vorläuferinstitution des heutigen Europäischen Parlaments.[8]

Dagegen fanden im Rahmen der operativen Ausgaben wirtschaftliche Aspekte und Interessen eine stärkere Berücksichtigung.[9] So galten für die Aufteilung der Forschungs- und Investitionskosten des EAG-Haushaltes sowie der Kosten des Sozial- und des Agrarfonds im Rahmen des EWG-Haushaltes jeweils unterschiedliche Verteilungsschlüssel.[10] Im Rahmen des EAG Forschungs- und Investitionshaushalts erfolgte eine Gleichbehandlung nur noch zwischen Frankreich und der Bundesrepublik Deutschland, während für Italien ein niedrigerer Beitragssatz galt und auch die Aufbringungsschlüssel Belgiens und der Niederlande nicht mehr übereinstimmten. Ähnliches galt auch für die Finanzierung des EWG Sozialfonds, die u.a. ebenfalls eine deutliche Entlastung Italiens vorsah. Die Aufteilung der zur Finanzierung der Gemeinsamen Agrarpolitik erforderlichen Finanzbeiträge war zwischen 1962 und 1971 durch im Zeitablauf wechselnde und teilweise variable Schlüssel charakterisiert.[11]

Nachdem aufgrund der Finanzbestimmungen der Römischen Verträge seit 1958 fünf Haushalte nebeneinander existierten,[12] kam es in der Folgezeit ab 1968, u.a. aufgrund des am 1. Juli 1967 in Kraft getretenen Fusionsvertra-

---

7 Vgl. z.B. Nienhaus (1993), S. 31.

8 Vgl. Andel (1983), S. 329.

9 May (1985), S. 27.

10 Vgl. Strasser (1991), S. 98f., Peffekoven (1994), S. 41–49 und Biehl (1980), S. 708f. Ausführlichere Darstellungen des anfänglichen und im wesentlichen bis 1971 gültigen Finanzierungssystems der Europäischen Gemeinschaften enthalten neben den o. g. Quellen auch Nittka (1979), S. 8–154 (insbesondere S. 89–106 und S. 145–148) sowie Andel (1983), S. 316–348.

11 Eine Auflistung dieser Beitragsschlüssel findet sich z.B. bei Peffekoven (1994), S. 48. Vgl. auch die ausführliche Darstellung bei Nittka (1979), S. 94–103.

12 Es handelt sich dabei um den Haushalt der EWG, den Verwaltungshaushalt und den Funktionshaushalt der EGKS, den Verwaltungshaushalt sowie den Forschungs- und Investitionshaushalt der EAG, vgl. Andel (1983), S. 319, Strasser (1991), S. 44, Malchow (1992), S. 32 und Europäische Kommission (1995a), S. 14 sowie (1996a), S. 6 und S. 23f.

ges[13], der zu einer Zusammenlegung der bis dahin getrennten Exekutivorgane und der Einsetzung eines gemeinsamen Rates führte, zu einer Zusammenfassung der einzelnen Haushalte. Aufgrund dieser transparenteren Ausgestaltung mußte seit dem Jahr 1971 nur noch zwischen dem Gesamthaushalt der EG und dem Funktionshaushalt der EGKS unterschieden werden. Nach Ablauf des EGKS-Vertrages im Jahre 2002 wurden die verbleibenden – vom finanziellen Volumen vergleichsweise unbedeutenden – Finanzströme in den Gesamthaushaltsplan integriert.

Allerdings muß angemerkt werden, daß mit dem Gesamthaushaltsplan die finanzwirksamen Tätigkeiten der Europäischen Gemeinschaft nicht vollständig erfaßt werden, da bis heute einige Teilbereiche als sogenannte „Off-budget-activities" existieren.[14] Hierzu gehören u.a. der Europäische Entwicklungsfonds (EEF), die Anleihe- und Darlehensoperationen der Gemeinschaft sowie die finanziellen Tätigkeiten der Europäischen Investitionsbank (EIB) und des von ihr verwalteten Europäischen Investitionsfonds (EIF).

Das hier skizzierte System der Finanzbeiträge war uneingeschränkt bis zum Jahr 1970 gültig. Aus operationaler Sicht bestand ein prinzipieller Vorteil dieser Ausgestaltung des Einnahmensystems in der vergleichsweise einfachen Ausgestaltung und Durchführbarkeit. Eine grundlegende Neuerung sollte die Finanzierung der Europäischen Gemeinschaft durch das am 21. April 1970 beschlossene und ab 1971 sukzessiv eingeführte System der „eigenen Mittel" erfahren, mit dem der Übergang zu einem autonomen, von Finanzbeiträgen der Mitgliedstaaten unabhängigen System angestrebt wurde. Ein solcher Wechsel der Finanzierungsinstrumente war grundsätzlich bereits in den Römischen Verträgen (Art. 201 EWGV und Art. 173 EAGV) als eine Möglichkeit gesehen worden.[15]

---

13 Amtsblatt Nr. L 152 vom 13.07.1967.

14 Vgl. Deutsche Bundesbank (1997), S. 53ff., Caesar (1996a), S. 244f. und Böker (1994), S. 98–106. Ausführungen über die Struktur und den Umfang einiger „Off-budget-activities" (insb. EEF sowie Anleihe- und Darlehensoperationen) finden sich in den jährlich herausgegebenen Finanzberichten der Europäischen Kommission. Die "Off-budget-activities" in der Anfangsphase der Gemeinschaft beschreibt u.a. Nittka (1979), S. 122–142.

15 Vgl. Strasser (1991), S. 91. Die grundsätzliche politische Entscheidung, das System der Finanzbeiträge durch ein Eigenmittelsystem zu ersetzen, wurde auf dem Gipfel der Staats- und Regierungschefs Anfang Dezember 1969 in Den Haag vereinbart, vgl. Scheibe (1988), S. 192 sowie Augstein (1988), S. 323.

2.1.2 Der Eigenmittelbeschluß aus dem Jahr 1970

Ab dem Jahre 1971 wurde das System der Finanzbeiträge durch den Eigenmittelbeschluß vom 21. April 1970 (70/243/EGKS, EWG, Euratom)[16] schrittweise in das sogenannte Eigenmittelsystem überführt, das bis heute, wenn auch in abgeänderter Form, die Grundlage für die Finanzierung des Gesamthaushaltsplans darstellt.[17] Die Abkehr von einer Finanzierung durch Finanzbeiträge der Mitgliedstaaten reflektierte das Bestreben, die zunehmende Integrationstiefe auch im Haushaltssystem zu realisieren und die formale finanzielle Abhängigkeit der Gemeinschaft von den Mitgliedstaaten zu verringern. Aufgrund seiner Ausgestaltung impliziert das Eigenmittelsystem allerdings auch eine Begrenzung des maximal möglichen Haushaltsvolumens, die in dieser Form im System der Finanzbeiträge nicht existent war[18] und die Anfang der 80er Jahre zu erheblichen haushaltspolitischen Problemen innerhalb der EG führen sollte.

Als Eigenmittel wurden zunächst die folgenden drei Kategorien unterschieden: Agrarabschöpfungen[19], Zolleinnahmen[20] sowie Mehrwertsteuer-Eigen-

---

16 Amtsblatt Nr. L 94 vom 28.04.1970, S. 19ff. Dieser Eigenmittelbeschluß (wie auch die folgenden) stützt sich als Rechtsgrundlage auf die o.g. Artikel 201 EWGV und 173 EAGV. Es muß allerdings angemerkt werden, daß nur Art. 201 EWGV bereits von „eigenen Mitteln" spricht. Demgegenüber war gemäß Art. 173 EAGV bei Gründung der EAG ursprünglich an eine Umlage gedacht, die die Finanzbeiträge als Finanzierungsinstrument ersetzen könnte. Eine solche wurde jedoch nicht realisiert, vgl. Nittka (1979), S. 150f. und Strasser (1991), S. 91. Vgl. auch Messal (1991), S. 34f., der darauf hinweist, daß Art. 173 EAGV nur aus formalen Gründen als Rechtsgrundlage in den Eigenmittelbeschluß aufgenommen worden ist.

17 Die folgende kurze Übersicht orientiert sich an Strasser (1991), S. 91f., Peffekoven (1982) und (1994), S. 49–57, Augstein (1988), S. 323–326, Ott (1987), S. 55–67 und Seidel (1992), S. 124–128. Vgl. auch Begg et al. (1997), S. 10–13 und S. A4–A15.

18 Vgl. Nienhaus (1993), S. 31f.

19 Gemäß Artikel 2 des Eigenmittelbeschlusses vom 21. April 1970 (70/243/EGKS, EWG, Euratom) zählten hierzu „Abschöpfungen, Prämien, Zusatz- oder Ausgleichsbeträge, zusätzliche Teilbeträge und andere Abgaben auf den Warenverkehr mit Nichtmitgliedstaaten, die von den Gemeinschaftsorganen im Rahmen der gemeinsamen Agrarpolitik eingeführt worden sind oder noch eingeführt werden, und Abgaben, die im Rahmen der gemeinsamen Marktorganisation für Zucker vorgesehen sind". Vgl. auch Messal (1991), S. 45–51, der auf qualitative Unterschiede zwischen Zuckerabgaben und den sonstigen Agrarabschöpfungen hinweist.

mittel, die auf einer statistisch harmonisierten Mehrwertsteuer-Bemessungsgrundlage basieren und von den Mitgliedstaaten ab dem Jahre 1975 abgeführt werden sollten. Die beiden erstgenannten Eigenmittelformen werden auch als „originäre" oder „traditionelle" Eigenmittel bezeichnet. Diese Bezeichnung kann unabhängig von ihrer zeitlichen Komponente insofern als gerechtfertigt angesehen werden, als beide Eigenmittelarten das Resultat einer gemeinsamen europäischen Politik sind und aufgrund ihres ökonomischen Charakters durch den sogenannten „Rotterdam-Antwerpen-Effekt" sinnvollerweise der Gemeinschaft als Ganzes und nicht den einzelnen Ländern zur Verfügung gestellt werden.[21] Der „Rotterdam-Antwerpen-Effekt" bezeichnet dabei den Sachverhalt, daß aufgrund des Wegfalls der innergemeinschaftlichen Handelsschranken und durch den einheitlichen Außenzolltarif die Erhebung von Importzöllen ihren Schwerpunkt in peripheren Handelszentren hat, ohne daß alle Güter auch für den Endverbrauch in diesen Staaten bestimmt sind. Statt dessen können sie innerhalb der Europäischen Union zollfrei in andere Länder weitergeleitet werden. Da die Importzölle letztlich aber vor allem von den Endverbrauchern und Konsumenten bezahlt werden müssen, stimmen die von den Mitgliedstaaten an die EU abgeführten Zölle und Agrarabschöpfungen nicht mehr notwendigerweise mit der jeweiligen nationalen Belastung der Konsumenten überein.

Gemäß Artikel 3 Abs. 1 des Eigenmittelbeschlusses (70/243/EGKS, EWG, Euratom) flossen die Agrarabschöpfungen von Anfang an dem Gemeinschaftshaushalt abzüglich einer 10prozentigen Erhebungskostenpauschale, die bis zum Eigenmittelbeschluß des Jahres 1988 über die Ausgabenseite zurückerstattet wurde,[22] in voller Höhe zu. Die Übertragung der Zölle an die Gemeinschaft erfolgte dagegen schrittweise. Nachdem für die Jahre 1971 bis 1974 die in Artikel 3 Abs. 1 des Eigenmittelbeschlusses genannten Über-

---

[20] Gemäß Artikel 2 des Eigenmittelbeschlusses (70/243/EGKS, EWG, Euratom) umfaßten die Zolleinnahmen „Zölle des Gemeinsamen Zolltarifs und andere Zölle auf den Warenverkehr mit Nichtmitgliedstaaten, die von den Gemeinschaftsorganen eingeführt worden sind oder noch eingeführt werden".

[21] Vgl. ähnlich u.a. Kraff (1997), S. 330f., Spahn (1993), S. 19f., Seidel (1992), S. 231 sowie bereits Andel (1983), S. 331.

[22] In Artikel 2 Abs. 3 des Eigenmittelbeschlusses aus dem Jahres 1988 (88/376/EWG, Euratom) wurde geregelt, daß die Erhebungskostenpauschale direkt auf der Einnahmenseite des Haushaltes verrechnet wird, so daß die Mitgliedstaaten seit diesem Zeitpunkt 90 % des Aufkommens an die EU abführen.

gangsregeln angewendet wurden, stand ab dem Jahr 1975 das gesamte Zollaufkommen der Mitgliedstaaten, ebenfalls abzüglich einer Erhebungskostenpauschale von 10 %, dem EG-Haushalt zur Verfügung.[23] Den im Zuge der ersten Erweiterung der Gemeinschaft im Jahre 1973 beigetretenen Mitgliedstaaten wurden allerdings bis einschließlich 1977 Übergangsregelungen gewährt.[24]

Da die MwSt.-Eigenmittel gemäß Artikel 4 des Eigenmittelbeschlusses erst ab dem 1. Januar 1975 als Finanzierungsquelle zum Tragen kommen sollten, waren für die Jahre 1971 bis 1974 weiterhin Finanzbeiträge mit einem festen Aufbringungsschlüssel vorgesehen, um den Ausgleich des Haushalts sicherzustellen (Art. 3 Abs. 2 des Eigenmittelbeschlusses). Bei der Festlegung dieser Beitragsschlüssel hatte man sich am jeweiligen BSP-Anteil der Mitgliedstaaten sowie an den zuletzt relevanten Beitragsschlüsseln orientiert.[25]

Der Grund für die von Anfang an vorgesehene, zeitlich verzögerte Einführung der MwSt.-Eigenmittel lag in dem Erfordernis einer Harmonisierung der Bemessungsgrundlage. Allerdings kam es aufgrund von Harmonisierungsproblemen in den Mitgliedstaaten erst im Jahre 1980 zu einer erstmaligen uneingeschränkten Anwendung des Eigenmittelbeschlusses, so daß erst zu diesem Zeitpunkt alle Mitglieder MwSt.-Eigenmittel abführten.[26] Ursächlich für diese Verzögerung war u.a. die Tatsache, daß der Rat erst im Mai 1977 die entscheidende sechste Umsatzsteuerrichtlinie (77/388/EWG) „... zur Harmonisierung der Rechtsvorschriften der Mitgliedstaaten über die Umsatzsteuern – Gemeinsames Mehrwertsteuersystem: einheitliche steuer-

---

[23] Die Bildung einer Zollunion mit einem gemeinsamen Zolltarif gegenüber Drittstaaten fand bereits 1968 statt. Vgl. Verordnung Nr. 950/68 des Rates vom 28. Juni 1968 über den Gemeinsamen Zolltarif; Amtsblatt der EG, Nr. L 172 (1968), S. 1.

[24] Vgl. z.B. Nittka (1979), S. 113–116 für die Finanzvorschriften der Beitrittsakte.

[25] Vgl. Nittka (1979), S. 107f. Darüber hinaus bestand gemäß Art. 3 Abs. 3 des Eigenmittelbeschlusses ein zusätzlicher Korrekturmechanismus für den Fall zu großer Schwankungen des Finanzierungsanteils der Mitgliedstaaten im Zeitablauf.

[26] Vgl. Europäische Kommission (1995a), S. 14f. und S. 43, Peffekoven (1994), S. 49–53, Strasser (1991), S. 91f., Europäischer Rechnungshof (1992a), S. 9 sowie Bundesministerium der Finanzen (1980), S. 174. Im Jahr 1979 führten alle damaligen Mitgliedstaaten mit Ausnahme Deutschlands, Irlands und Luxemburgs MwSt.-Eigenmittel ab.

pflichtige Bemessungsgrundlage"[27] erließ, die daraufhin noch von den Mitgliedstaaten in nationales Recht umgesetzt werden mußte. Bis zu diesem Zeitpunkt mußte der Gesamthaushaltsplan weiterhin durch Finanzbeiträge der Mitgliedstaaten ausgeglichen werden, die sich gemäß Artikel 4 Abs. 2 und 3 des Eigenmittelbeschlusses von 1970 (70/243/EGKS, EWG, Euratom) am Bruttosozialprodukt zu Marktpreisen (BSP) orientierten. Dabei wurde für jedes Mitglied das arithmetische Mittel der drei ersten Jahre des Fünfjahreszeitraums, der dem Haushaltsjahr voranging, zugrunde gelegt.[28] Aufgrund der Erweiterung der EG wurden jedoch auch nach 1980 noch von einigen Ländern Finanzbeiträge abgeführt. So hatte Griechenland nach seinem Beitritt im Jahre 1981 angesichts einer fehlenden (harmonisierten) MwSt.-Bemessungsgrundlage eine Frist bis Ende 1986, in der es weiterhin Finanzbeiträge abführte.[29] Auch Portugal (Beitritt: 1986) führte zunächst bis einschließlich 1988 Finanzbeiträge als Ersatz für die MwSt.-Eigenmittel ab.

Der Eigenmittelbeschluß des Jahres 1970 sah für die MwSt.-Eigenmittel gemäß Art. 4 Abs. 1 einen Höchstsatz von 1 % auf die harmonisierte MwSt.-Bemessungsgrundlage vor (1 %-MwSt.-Eigenmittelplafonds). Innerhalb dieses Rahmens hatten die MwSt.-Eigenmittel die Funktion, die Differenz zwischen den Ausgaben und dem durch die originären Eigenmittel abgedeckten Betrag zu finanzieren. Es kam ihnen somit eine Art Restfinanzierung des EG-Haushaltes zu. Als Folge variierte der tatsächliche Satz auf die MwSt.-Bemessungsgrundlage, d.h. der „Ausschöpfungsgrad", von Jahr zu Jahr.

---

[27] Amtsblatt der EG Nr. L 145 vom 13.06.1977. Der Kommissionsvorschlag bezüglich dieser Richtlinie datierte aus dem Jahre 1973, vgl. Amtsblatt der EG, Nr. C 80 vom 05.10.1973.

[28] Vgl. Nittka (1979), S. 111 und Strasser (1991), S. 92. Gemäß Art. 4 Abs. 1 des Eigenmittelbeschlusses war vom 01.01.1975 bis zum 31.12.1977 erneut (ähnlich wie für die Jahre 1971 bis 1974, vgl. Fußnote 26) ein Korrekturmechanismus vorgesehen gewesen, der die maximal zulässigen Schwankungen des Finanzierungsanteils der Mitgliedstaaten gegenüber dem Vorjahr begrenzte. Darüber hinaus erfolgte eine weitere Korrektur der Finanzierungslasten gemäß der Regelungen der Beitrittsakte. Erst 1980 existierten keine Übergangsregelungen mehr, vgl. May (1985), S. 28.

[29] Vgl. Scheibe (1988), S. 193 und Augstein (1988), S. 324. Die statt dessen von Griechenland abgeführten Finanzbeiträge wurden im Haushalt allerdings wie MwSt.-Eigenmittel verbucht.

Die MwSt.-Eigenmittel entwickelten sich in der Folgezeit zur Haupteinnahmequelle der Europäischen Gemeinschaften. Zwischen 1979 und 1986 stieg ihr Anteil an den Einnahmen des Gemeinschaftshaushalts von 31,8 % auf 66,0 %. Bereits 1980, im ersten Jahr ihrer uneingeschränkten Gültigkeit, waren sie mit einem Anteil von 44,2 % die wichtigste Einnahmequelle.[30] Hinsichtlich ihrer Ausgestaltung sind zwei Dinge zu berücksichtigen. Zum einen basieren sie auf einer harmonisierten Bemessungsgrundlage. Zum anderen handelt es sich nicht, wie man aufgrund der Bezeichnung vermuten könnte, um eine direkte Beteiligung der Europäischen Gemeinschaft am jeweiligen nationalen MwSt.-Aufkommen im Sinne eines steuerlichen Verbund- oder Zuschlagsystems oder gar um eine eigenständige von der EU erhobene Steuer. Vielmehr sind die Mitgliedstaaten lediglich verpflichtet, den errechneten Finanzierungsbetrag aus ihren (gesamten) nationalen Haushaltseinnahmen abzuführen. Eine Verpflichtung, die MwSt.-Eigenmittel aus den tatsächlichen nationalen MwSt.-Einnahmen zu finanzieren, besteht nicht.[31]

Konstruktionsbedingt resultierte aus dem Übergang von Finanzbeiträgen hin zum Eigenmittelsystem eine stärkere Bedeutung der Einnahmenseite für das maximale Volumen des Haushaltes, denn das Eigenmittelsystem legte implizit eine Höchstgrenze für das maximal zulässige Ausgabenvolumen fest. Im System der Finanzbeiträge dagegen konnte das Einnahmevolumen beliebig an die Höhe der Ausgaben angepaßt werden, da keine absoluten Beträge festgelegt waren, sondern nur Vereinbarungen bezüglich der relativen zwischenstaatlichen Lastenverteilung bestanden.[32] Eine Erhöhung der Ausgaben über die maximal zur Verfügung stehenden Einnahmen war nur unter Abänderung bzw. Neufassung des Eigenmittelbeschlusses möglich, was jedoch einen einstimmigen Beschluß der Mitgliedstaaten voraussetzte. Diese Tatsache sollte sich schon kurz darauf als entscheidend erweisen.

Bereits 1983 war der MwSt.-Eigenmittelplafonds weitestgehend ausgeschöpft, so daß in den Jahren 1984 und 1985 der Ausgleich des Haushaltes nach kontroversen Diskussionen nur durch Vor- bzw. Zuschüsse der Mit-

---

30 Vgl. für die Zahlenwerte Europäische Kommission z.B. (1996a), S. 38.

31 Vgl. hierzu u.a. Walthes (1996), insb. S. 189f. sowie Peffekoven (1994), S. 59f.

32 Vgl. Gesmann-Nuissl (1999), S. 7.

gliedstaaten sichergestellt werden konnte.[33] Da zudem aufgrund der geplanten Beitritte von Portugal und Spanien ein größerer Finanzierungsspielraum notwendig wurde, kam es 1985 zu einer Neuregelung des Eigenmittelsystems.

2.1.3 Der Eigenmittelbeschluß aus dem Jahr 1985

Die neuen Regelungen wurden am 7. Mai 1985 formell beschlossen (Beschluß 85/257/EWG, Euratom)[34] und traten zum 1. Januar 1986 in Kraft. Sie setzten die am 25./26. Juni 1984 vom Europäischen Rat in Fontainebleau getroffenen politischen Entscheidungen um.[35] Die Hauptmerkmale auf Seiten des Eigenmittelsystems waren zum einen die Anhebung des Höchstsatzes auf die MwSt.-Bemessungsgrundlage von 1,00 % auf 1,40 % ab dem Jahr 1986, wobei dieser Höchstsatz für jeden einzelnen Mitgliedstaat galt (vgl. Art. 3 Abs. 2). Zum anderen wurde die Einführung eines formalen Korrekturmechanismus für das Vereinigte Königreich beschlossen, der auf den MwSt.-Eigenmitteln basierte[36] (vgl. Art. 3 Abs. 3 und 4). Dieser Korrekturmechanismus sah vor, daß dem Vereinigten Königreich 66 % der Differenz zwischen seinem MwSt.-Eigenmittelanteil und seinem Rückflußanteil, bezogen auf die Gesamtausgaben des Haushaltes, erstattet wird. Die Finanzierung erfolgte durch die übrigen Mitgliedstaaten auf Basis der MwSt.-Eigenmittel. Dabei hatte die Bundesrepublik Deutschland aufgrund ihrer ebenfalls bedeutenden Nettozahlerposition nur zwei Drittel ihres eigentlichen Anteils an der Ausgleichsfinanzierung zu tragen. Als Begründung für die Notwendigkeit eines Korrekturmechanismus zugunsten des Vereinigten Königreichs wurde angeführt, daß es sich trotz eines im Gemeinschaftsvergleich unterdurchschnittlichen Pro-Kopf-Bruttoinlandsproduktes (Pro-Kopf-BIP) in der Posi-

---

33 Vgl. Deutsche Bundesbank (1997), S. 50, Europäische Kommission (1995a), S. 16–21 sowie Begg et al. (1997), S. 10.

34 Abl. Nr. L 128 vom 14.05.1985, S. 15ff.

35 Vgl. zum Abkommen von Fontainebleau auch Strasser (1991), S. 177ff.

36 Das Vereinigte Königreich hatte bereits in den vorangegangenen Jahren seit 1980 pauschale Ad-hoc-Ausgleichszahlungen zur Verringerung seiner finanziellen Belastung erhalten, vgl. z.B. Augstein (1988), S. 328, Messal (1989), S. 6 und (1991), S. 23 sowie Begg et al. (1997), S. 11 und S. A8f.

tion eines Nettozahlers befand. Da der Höchstsatz der MwSt.-Eigenmittel von 1,4 % für die einzelnen Mitgliedsländer und nicht für den EG-Durchschnitt definiert war, ergab sich durch den Korrekturmechanismus das Problem, daß der MwSt.-Plafonds bereits zu einem Zeitpunkt ausgeschöpft war als der einheitliche (und durchschnittliche) MwSt.-Eigenmittelsatz noch deutlich unter dem Höchstsatz lag.[37]

Neben dem Korrekturmechanismus für das Vereinigte Königreich war für die beiden am 1. Januar 1986 beigetretenen neuen Mitglieder Spanien und Portugal in der Beitrittsakte (Artikel 187 und 374) vereinbart worden, daß diese während eines Übergangszeitraums von 6 Jahren degressiv gestaffelte Erstattungen ihrer MwSt.-Eigenmittelzahlungen bzw. ersatzweise abgeführten Finanzbeiträge erhalten sollten.[38] Begründet wurde diese Regelung damit, daß sich die EG-Mitgliedschaft erst nach einigen Jahren voll auszahlen werde und somit eine volle Leistungspflicht von Beginn an nicht zu rechtfertigen sei.

Da der neue Finanzierungsrahmen bereits nach kurzer Zeit wiederum ausgeschöpft war,[39] wurde bereits nach nur wenigen Jahren eine erneute Umgestaltung des Eigenmittelsystems erforderlich. Diese erfolgte, zusammen mit dem

[37] 1986 betrug der einheitliche Satz: 1,25054 %; der Satz für das Vereinigte Königreich: 0,67633 %; der Satz für die Bundesrepublik Deutschland: 1,33697 % und der Satz für alle übrigen Mitgliedstaaten: 1,39996 %. Vgl. Augstein (1988), S. 327–330 und für eine ausführlichere Darstellung Messal (1989), S. 18–33. Im Rahmen dieser Arbeit wird der Korrekturmechanismus in Kapitel 5.2 noch genauer analysiert und beurteilt werden.

[38] Es wurden im Zeitraum zwischen 1986 und 1991 die folgenden Anteile erstattet: 87 %, 70 %, 55 %, 40 %, 25 %, 5 %. Im Gegensatz zum Korrekturmechanismus zugunsten des Vereinigten Königreichs erfolgte die Abwicklung dieser zeitlich befristeten Sonderregelung über die Ausgabenseite des Haushalts. Vgl. ausführlicher Messal (1989), S. 33f. und Messal (1988), S. 210.

[39] Vgl. Begg et al. (1997), S. A9f. Ursächlich hierfür waren die Abnahme der traditionellen Eigenmittel, das im Vergleich zum Wirtschaftswachstum geringere Wachstum der MwSt.-Eigenmittelbemessungsgrundlage als Folge einer abnehmenden Konsumquote sowie der Korrekturmechanismus zugunsten des Vereinigten Königreichs, der den effektiven Abrufsatz der MwSt.-Eigenmittel von 1,40 % auf 1,25 % senkte.

Versuch, auch die Haushaltsdisziplin auf der Ausgabenseite zu fördern,[40] im Jahr 1988 im Zusammenhang mit dem Delors-Paket I.

2.1.4 Der Eigenmittelbeschluß aus dem Jahr 1988

Durch den am 24. Juni 1988 beschlossenen Eigenmittelbeschluß (Beschluß 88/376/EWG, Euratom)41 ergaben sich einige wesentliche Neuerungen für das Eigenmittelsystem, deren konzeptioneller Charakter auch im derzeit noch gültigen Eigenmittelbeschluß aus dem Jahre 1994 (Beschluß: 94/728/EWG, Euratom) bis auf einige Anpassungen im wesentlichen beibehalten wurde.[42]

Zum einen wurde eine im Zeitablauf steigende Obergrenze für die Summe aller Eigenmittelarten als Anteil des Bruttosozialprodukts (BSP) der Gemeinschaft eingeführt, wobei für den Zeitraum von 1988 bis 1992 die folgenden Höchstsätze galten:[43]

---

[40] Vgl. Deffaa (1992) und Europäische Kommission (1989), S. 27. Die Bemühungen, eine kontrollierte Ausgabenentwicklung zu gewährleisten, spiegeln sich in der Entscheidung des Rates vom 24.06.1988 betreffend die Haushaltsdisziplin (88/377/EWG) sowie der – inzwischen ersetzten und weiterentwickelten – interinstitutionellen Vereinbarung vom 29.06.1988 über die Haushaltsdisziplin und die Verbesserung des Haushaltsverfahrens wider (wiederabgedruckt in Europäische Kommission (1989)). Erstere legte beispielsweise Artikel 1 fest, daß die jährliche Steigerungsrate der Agrarausgaben höchstens 74 % des Anstiegs des Bruttosozialprodukts der Gemeinschaft betragen darf; vgl. für die aktuelle Fassung der Ratsverordnung Rat der EU (2000b), hier Artikel 3. Darüber hinaus wurde mit der mehrjährigen finanziellen Vorausschau eine Art mittelfristige Haushaltsplanung begonnen, vgl. auch Fugmann (1992), S. 38f.

[41] Amtsblatt Nr. L 185 vom 15.07.1988, S. 24ff. Dieser Eigenmittelbeschluß war die formale Umsetzung der politischen Vorgaben, die der Europäische Rat auf seinem Gipfeltreffen vom 11. bis 13 Februar 1988 in Brüssel vereinbart hatte.

[42] Ein Überblick über die Regelungen des Eigenmittelbeschlusses von 1988 findet sich u.a. in Europäische Kommission (1995a), S. 22–29, Peffekoven (1994), S. 63–71, Seidel (1992), S. 129–138 und Messal (1988). Eine sehr ausführliche Darstellung bietet Messal (1989), S. 56–82.

[43] Artikel 3 des Eigenmittelbeschlusses des Jahres 1988 (88/376/EWG, Euratom).

Jahr	1988	1989	1990	1991	1992
Eigenmittelgrenze (in % des BSP)	1,15	1,17	1,18	1,19	1,20

Zusätzlich wurde bezüglich der Mittel für Verpflichtungen außerdem festgelegt, daß diese bis 1992 ein Gesamtvolumen von 1,30 % des BSP der Gemeinschaft nicht überschreiten durften sowie eine geordnete Entwicklung aufweisen und ein striktes Verhältnis zu den Mitteln für Zahlungen einhalten mußten.[44] Die neue Obergrenze der Eigenmittel auf BSP-Basis in Höhe von 1,2 % entsprach in etwa einem MwSt.-Plafonds von 1,9–2,0 %.[45]

Zum anderen wurde als weitere bedeutsame Neuerung mit den sogenannten BSP-Eigenmitteln eine neue, sogenannte vierte Eigenmittelkategorie geschaffen, deren Bedeutung in der Folgezeit kontinuierlich zunahm.[46] Bemessungsgrundlage ist das jeweilige nationale BSP zu Marktpreisen. Da das maximal zulässige Volumen der anderen 3 Eigenmittelkategorien vollständig ausgeschöpft war, übernahmen die BSP-Eigenmittel die Rolle der „Restfinanzierung" im Sinne einer Residualgröße, die bis dahin den MwSt.-Eigenmitteln zugekommen war und decken die Differenz zwischen den Ausgaben der Gemeinschaft und ihren Einnahmen aus den übrigen Eigenmittelarten ab. Aus diesem Sachverhalt resultiert, daß der Erhebungssatz auf die Bemessungsgrundlage BSP von Jahr zu Jahr schwankt. Aufgrund der Begrenzung der Summe aller Eigenmittel ist für die BSP-Eigenmittel keine weitere (direkte) Limitierung notwendig geworden. Der neuen Eigenmittelkategorie liegt die Vorstellung zugrunde, daß das BSP einen zuverlässigen

44 Da durch diese Regelungen des Eigenmittelbeschlusses auch die Ausgabenseite des Haushaltes zumindest indirekt berührt wird, mußte zusätzlich zu den bereits genannten Rechtsgrundlagen (Artikel 201 EWGV und Artikel 173 EAGV) auf Artikel 199 EWGV und Artikel 171 Abs. 1 EAGV Bezug genommen werden; vgl. genauer Messal (1991), S. 32f. Es sei allerdings bereits an dieser Stelle angemerkt, daß diese ausgabenseitig motivierte Bezugnahme im darauffolgenden Eigenmittelbeschluß des Jahres 1994 trotz weitgehend unveränderter Sachlage nicht weitergeführt wurde.

45 Begg et al. (1997), S. 12.

46 Ursprünglich war von der Kommission mit der sogenannten Differenzgrundlage eine andere Bemessungsgrundlage für die neue Eigenmittelkategorie vorgeschlagen worden, vgl. ausführlich Messal (1988), S. 212ff.

Indikator für die Leistungsfähigkeit der jeweiligen Mitgliedstaaten darstellt und somit die jeweilige Beitragskapazität angemessen berücksichtigt werden kann.[47]

Für die MwSt.-Eigenmittel blieb der Höchstsatz von 1,4 % bestehen. Allerdings wurde die MwSt.-Bemessungsgrundlage nicht mehr uneingeschränkt als Basis zugrunde gelegt, sondern auf 55 % des jeweiligen nationalen Bruttosozialprodukts begrenzt. Die Kappung der MwSt.-Bemessungsgrundlage bewirkt, daß Länder, bei denen die Kappung aufgrund einer hohen MwSt.-Bemessungsgrundlage wirksam wird, entlastet werden. Gleichzeitig wird die Bedeutung der MwSt.-Eigenmittel im Einnahmensystem verringert. Ziel dieser Regelung war, die unterschiedlichen Wirtschaftsstrukturen der Mitgliedstaaten zu berücksichtigen und die vermuteten regressiven Wirkungen der MwSt.-Eigenmittel im Sinne einer relativ stärkeren Belastung der ärmeren Länder aufgrund ihrer meist höheren Konsumquote zu verringern.[48]

Der Korrekturmechanismus zugunsten des Vereinigten Königreichs wurde in der Weise weitergeführt, daß die gleichen finanziellen Entlastungswirkungen resultieren sollten, die sich bei einer unveränderten Weiterführung des Eigenmittelbeschlusses von 1985 ergeben hätten, wobei es allerdings zu einer Anrechnung der (für das Vereinigte Königreich positiven) Auswirkungen durch die Neugestaltung des Finanzierungssystems kam.[49] Das Vereinigte Königreich sollte in die gleiche Lage versetzt werden, in der es sich befunden hätte, wenn der alte Eigenmittelbeschluß weiterhin, jedoch mit MwSt.-Abrufsätzen von über 1,4 % angewandt worden wäre.[50] Die Finanzierung des Korrekturmechanismus wurde von den übrigen Mitgliedern entsprechend ihrem jeweiligen BSP-Eigenmittelanteil (unter Herausrechnung des Vereinigten Königreichs) getragen, wobei der Anteil der Bundesrepublik Deutsch-

---

47 Europäische Kommission (1995a), S. 23. Vgl. hierzu auch die weiteren Ausführungen in Kapitel 4.3 sowie in Kapitel 5.

48 Vgl. Europäische Kommission (1995a), S. 23 und Peffekoven (1994), S. 65.

49 Im Vorfeld der Beschlußfassung hatte die Kommission einen neuen Ausgleichsmechanismus für das Vereinigte Königreich vorgeschlagen: den sogenannten „Agrarmechanismus"; vgl. hierzu Messal (1988), S. 212 und S. 215f. Dieser wurde jedoch nicht realisiert.

50 Vgl. Europäische Kommission (1995a), S. 23 und S. 87 sowie Europäische Kommission (1989), S. 26.

land wiederum auf zwei Drittel ihres eigentlichen Anteils begrenzt wurde. Bis zum Jahr 1991 ergab sich eine zusätzliche Verkomplizierung durch die Erstattungsansprüche Spaniens und Portugals in den ersten Jahren ihrer EG-Mitgliedschaft. Zum einen wurden die nach Artikel 187 und 374 der Beitrittsakte von 1985 bestehenden Regelungen auf die BSP-Eigenmittel ausgedehnt. Zum anderen erhielten diese Länder auch einen entsprechenden Ausgleich für ihre Beiträge zur Finanzierung des Korrekturmechanismus für das Vereinigte Königreich.[51]

Zwei weitere Änderungen gab es im Bereich der originären Eigenmittel.[52] Es wurde festgelegt, daß der Gemeinschaft neben den Zöllen des Gemeinsamen Zolltarifs auch Zölle auf Erzeugnisse zufließen, die unter den EGKS-Vertrag fallen und zuvor der Ertragshoheit der einzelnen Mitgliedstaaten unterlagen. Außerdem kam es zu einer Umstellung des Abwicklungsverfahrens bezüglich der pauschalen Erstattungen der Erhebungskosten der originären Eigenmittel. Im Gegensatz zur früheren Regelung, die eine Erstattung über die Ausgabenseite des Haushalts vorsah, behielten die Mitgliedstaaten nun 10 % des Aufkommens der originären Eigenmittel ein, so daß die Verrechnung auf der Einnahmenseite stattfindet. Diese auf den ersten Blick unscheinbare Modifikation hat aufgrund der Begrenzung der Eigenmittel zur Folge, daß mehr Mittel für die eigentlichen operativ bedingten Ausgaben zur Verfügung stehen, da die Erstattungen nicht mehr aus den begrenzten Einnahmen finanziert werden müssen.[53] Insgesamt wurde das Eigenmittelsystem durch den neuen Beschluß wesentlich komplexer und intransparenter.

---

[51] Vgl. Artikel 9, Beschluß des Rates (88/376/EWG, Euratom), Amtsblatt Nr. L 185 vom 15.07.1988, S. 28. Vgl. auch Peffekoven (1994), S. 70f., Bundesministerium der Finanzen (1989), S. 130 und Messal (1989), S. 79–82. Da diese Erstattung über die Ausgabenseite des EG-Haushalts abgewickelt wurde und sich damit auch das Vereinigte Königreich indirekt an der Finanzierung seines eigenen Ausgleichs hätte beteiligen müssen, erhielt es zwischen 1988 und 1992 als Ausgleich degressiv gestaffelte Pauschalbeträge; vgl. Protokollerklärungen zum Eigenmittelbeschluß vom 24. Juni 1988, wiederabgedruckt in Messal (1991), S. 214f.

[52] Europäische Kommission (1995a), S. 23, Peffekoven (1994), S. 65, Bundesministerium der Finanzen (1989), S. 130 und Messal (1989), S. 60f.

[53] Eine detaillierte Kritik an dieser Vorgehensweise erfolgt in Abschnitt 3.4.2.8.

2.1.5 Der Eigenmittelbeschluß aus dem Jahr 1994

Der bis zum 1. Januar 2002 gültige Eigenmittelbeschluß datierte vom 31. Oktober 1994 (Beschluß 94/728/EG, Euratom)[54] und trat zum 1. Januar 1995 in Kraft. Er basierte auf den Vereinbarungen, die während des Gipfels von Edinburgh am 11. und 12.12.1992 im Zuge der Beratungen über das „Delors-Paket II" getroffen wurden und stellte eine nur leicht modifizierte Weiterführung der alten Regelungen aus dem Jahr 1988 dar. Im einzelnen waren die folgenden Änderungen vereinbart worden: Nachdem der Eigenmittelplafonds in den Jahren 1993 und 1994 auf dem Stand von 1992, d.h. 1,20 % des BSP, bestehen blieb, wurde eine schrittweise Anhebung bis auf 1,27 % im Jahre 1999 vereinbart, wobei die folgenden jährlichen Obergrenzen nicht überschritten werden durften:[55]

Jahr	1993	1994	1995	1996	1997	1998	1999
Eigenmittelgrenze (in % des BSP)	1,20	1,20	1,21	1,22	1,24	1,26	1,27* (1,24)

* Der Höchstsatz von 1,27 % wurde auch im jüngsten Eigenmittelbeschluß aus dem Jahr 2000 beibehalten und gilt, bis dieser geändert oder ersetzt wird. Aufgrund statistischer Änderungen im Europäischen System Volkswirtschaftlicher Gesamtrechnungen wurde der Höchstsatz von 1,27 % auf 1,24 % modifiziert, um einen identischen finanziellen Absolutbetrag zu erhalten.[56]

Die Regelung bezüglich der Mittel für Verpflichtungen sah darüber hinaus vor, daß eine geordnete Entwicklung gewährleistet sein müsse und ihr Gesamtvolumen im Jahr 1999 nicht höher als 1,335 % des BSP der Mitgliedstaaten sein dürfe.[57] Diese Regelungen stellten zwar eine Begrenzung der

---

54 Amtsblatt Nr. L 293 vom 12.11.1994, S. 9ff.

55 Vgl. Artikel 3, Beschluß des Rates (94/728/EG, Euratom), Amtsblatt Nr. L 293 vom 12.11.1993, S. 11. Die ursprünglichen Vorschläge der Kommission im Delors-Paket II sahen eine Erhöhung der Gesamtobergrenze des Eigenmittelplafonds auf 1,37 % vor und wurden im Verlauf der Verhandlungen nach unten revidiert.

56 Vgl. Europäische Kommission (2001p).

57 Vgl. Artikel 3, Beschluß des Rates (94/728 EG, Euratom), Amtsblatt Nr. L 293 vom 12.11.1994, S. 11.

Ausgaben dar, ließen aber dennoch ein im Vergleich zum BSP höheres Wachstum des Haushaltes zu.

Bei den MwSt.-Eigenmitteln kam es zu zwei Änderungen, die eine stärkere Orientierung des Eigenmittelsystems am jeweiligen nationalen BSP der Mitgliedstaaten zum Ziel hatten. Zum einen wurde der zwischen 1988 und 1994 gültige maximale MwSt.-Satz von 1,40 % schrittweise um 0,08 Prozentpunkte pro Jahr gesenkt, so daß er ab 1999 nur noch 1,00 % beträgt. Zum anderen wurde eine (schrittweise) Absenkung der Kappungsgrenze der MwSt.-Eigenmittelbemessungsgrundlage von 55 % auf 50 % des jeweiligen BSP vereinbart. Für Länder, deren Pro-Kopf-BSP im Jahr 1991 geringer als 90 % des EG-Durchschnitts war, wurde bereits ab 1995 die MwSt.-Bemessungsgrundlage nur noch mit einem Anteil von maximal 50 % des BSP zur Berechnung herangezogen.[58] Für die anderen Mitglieder erfolgte die Reduktion stufenweise um jeweils 1 Prozentpunkt pro Jahr im Zeitraum zwischen 1995 und 1999. Bezüglich des komplexen Korrekturmechanismus für das Vereinigte Königreich ergaben sich durch den Eigenmittelbeschluß des Jahres 1994 praktisch keine wesentlichen Änderungen, so daß dieser weiterhin unverändert zur Anwendung kam. Seit Juli 1995 wurden darüber hinaus aufgrund von Vereinbarungen im Zusammenhang mit den GATT/WTO-Verhandlungen der Uruguay-Runde die Agrarabschöpfungen durch Agrarabgaben bzw. Agrarzölle substituiert, ohne daß hierdurch jedoch signifikante Veränderungen für das Eigenmittelsystem resultierten.[59]

Die Regelungen dieses Eigenmittelbeschlusses implizierten, daß bei Beschlußfassung im Jahr 1994 eine Gültigkeitsdauer von mindestens fünf Jahren beabsichtigt war. Zum einen sollte die Kommission vor Ablauf des Jahres 1999 über das Funktionieren des Eigenmittelsystems berichten und sowohl den Korrekturmechanismus zugunsten des Vereinigten Königreichs als auch die Möglichkeiten für die Schaffung neuer Eigenmittelquellen überprüfen.[60] Zum anderen war die geplante Entwicklung der von Jahr zu Jahr unter-

---

[58] Dies sind die vier Kohäsionsländer Griechenland, Spanien, Irland und Portugal, vgl. Europäisches Parlament (1997), S. 124.

[59] Vgl. Begg et al. (1997), S. 2 und S. 7.

[60] Vgl. Artikel 10, Beschluß des Rates (94/728 EG, Euratom), Amtsblatt Nr. L 293 vom 12.11.1994, S. 13. Gemäß diesem Artikel sollte dabei außerdem die Möglichkeit für die Einführung eines festen einheitlichen Satzes für die MwSt.-Eigenmittelbemessungsgrundlage untersucht werden.

schiedlichen Obergrenzen des Eigenmittelbeschlusses nur bis zum Jahr 1999 expressis verbis festgelegt, während nach diesem Zeitpunkt keine Änderungen der Obergrenzen mehr durch den Eigenmittelbeschluß des Jahres 1994 vorgesehen sind. Modifikationen des Eigenmittelsystems, sowohl in struktureller als auch in quantitativer Hinsicht, erfordern daher einen neuen Eigenmittelbeschluß.

2.1.6 Die Finanzierung der Europäischen Union seit dem Jahr 2002: Der Eigenmittelbeschluß aus dem Jahr 2000

Der Europäische Rat hat auf dem Gipfel von Berlin am 24. und 25. März 1999 im Rahmen der Gesamteinigung über die Agenda 2000 auch die Grundzüge für die Weiterentwicklung des Eigenmittelsystems sowie eine neue Finanzielle Vorausschau für den Zeitraum 2000 bis 2006 festgelegt.[61] Im Rahmen der Verhandlungen standen aus finanzieller Sicht zwei Aspekte im Vordergrund: Zum einen sollte der Erweiterungsprozeß der Europäischen Union um mittel- und osteuropäische Länder, der im betrachteten Zeitraum in seine entscheidende Phase gehen soll, auch finanziell abgesichert werden, da man zum Zeitpunkt der Verhandlungen mit dem Beitritt der ersten neuen Mitgliedstaaten ab dem Jahr 2002 rechnete.[62] Aufgrund der deutlich geringeren Wirtschaftskraft der Beitrittskandidaten erscheinen hierfür finanzwirksame Reformen innerhalb der gegenwärtigen EU-15 als eine unabdingbare Voraussetzung, um das Ausgabenniveau im Erweiterungsprozeß in einem vertretbaren Rahmen halten zu können. Zum anderen waren die Verhandlungen von stark divergierenden Auffassungen bezüglich der akzeptablen Höhe der sogenannten Netto-Finanzierungspositionen bzw. Haushaltsungleichgewichte charakterisiert. Insbesondere die Nettozahlerländer, angeführt von Deutschland, hatten im Vorfeld des Gipfels eindringlich gefordert, eine aus

---

61 Europäischer Rat (1999). Einen Überblick über die Schlußfolgerungen des Europäischen Rates findet sich auch in Blümich (1999), S. 105–112.

62 Dies war die den Beschlüssen des Europäischen Rates zugrundeliegende Arbeitshypothese, vgl. Europäischer Rat (1999), S. 321. Wie die Realität zeigt, erfolgt der Beitritt um rund 2 Jahre verzögert, dafür aber mit einer relativ großen Anzahl neuer Mitgliedstaaten: Estland, Lettland, Litauen, Malta, Polen, die Slowakische Republik, Slowenien, die Tschechische Republik, Ungarn und Zypern, vgl. auch Europäische Zentralbank (2000).

ihrer Sicht gerechtere und angemessenere Verteilung der Finanzierungslasten der Europäischen Union zu finden. Um in diesen beiden zentralen Punkten Fortschritte zu erzielen, hat der Europäische Rat in seinen Schlußfolgerungen verschiedene Maßnahmen beschlossen, die sowohl die Ausgaben- als auch die Einnahmenseite des Gesamthaushaltes der EU betreffen. Allerdings handelt es sich weitestgehend um systemimmanente Modifikationen, die nichts an der Grundstruktur des Eigenmittelsystems ändern.[63] Eine umfassendere Reform, die angesichts der anstehenden Aufgaben von vielen Experten gefordert wurde, kam nicht zustande und läßt weiter auf sich warten.[64]

Zunächst ist anzumerken, daß eine strikte Trennung zwischen den Ausgaben, die für die Union in ihrer gegenwärtigen Zusammensetzung (EU-15) vorgesehen sind, und den Ausgaben für die neuen Mitgliedstaaten – auch nach deren Beitritt – erfolgen soll[65]. Dabei ist auch eine Umschichtung zwischen den jeweiligen Ausgabenkategorien – es handelt sich um Ausgaben für die EU-15 und Ausgaben in Zusammenhang mit dem Beitritt neuer Mitgliedstaaten (Beitrittsbeträge) sowie die sog. Heranführungshilfe – nicht erlaubt. Eine Verzögerung des Beitrittsprozesses führt nicht dazu, daß die dafür eingeplanten Mittel für Ausgaben umgeschichtet werden können, die den bisherigen Mitgliedstaaten zugute kommen.[66]

Neben einigen nicht allzu weitreichenden strukturellen Reformen im Rahmen der Agrar- und Strukturpolitik, deren Erfolg zumindest als zweifelhaft interpretiert werden muß,[67] hat sich der Europäische Rat darauf geeinigt, daß die alte Begrenzung der Eigenmittel auf 1,27 % des BSP der EU beibehalten werden soll. Mit dieser Eigenmittelbegrenzung wird erreicht, daß das Ausgabenwachstum nicht nachhaltig über dem Wirtschaftswachstum in der EU

---

63 So auch die Beurteilung bei Henke/Perschau (1999), S. 25.

64 An dieser Diagnose ändert auch der im Sommer 2003 veröffentlichte Verfassungsentwurf des Europäischen Konvents nichts.

65 Europäischer Rat (1999), S. 322 und Henke/Perschau (1999), S. 19.

66 Vgl. Blümich (1999), S. 106.

67 In diese Richtung äußert sich bezüglich der Agrarpolitik z.B. Koester (1999) sowie Henze (2000), S. 178–187. Ein Überblick über die beabsichtigten agrar- und politischen Reformen findet sich in Europäischer Rat (1999), S. 323–327 sowie Blümich (1999), S. 106–109.

liegen kann.[68] Darüber hinaus wurde als weitere Begrenzung des Ausgabenanstieges vereinbart, daß die EU-Ausgaben nicht schneller wachsen dürfen, als die öffentlichen Ausgaben der Mitgliedstaaten. In diesem Zusammenhang rief der Europäische Rat das Europäische Parlament, den Rat und die Kommission auf, eine neue „Interinstitutionelle Vereinbarung" bezüglich der Haushaltsdisziplin und der Verbesserung des Haushaltsverfahrens zu schließen, da sich dieses Vorgehen in der Vergangenheit bewährt habe. Die drei betroffenen Institutionen haben sich daraufhin am 6. Mai 1999 auf eine neue Interinstitutionelle Vereinbarung geeinigt, die am 1. Januar 2000 in Kraft trat.[69] Als Basis für die interinstitutionelle Haushaltsdisziplin fungiert die Finanzielle Vorausschau für die Jahre 2000–2006.

Auf Grundlage der Schlußfolgerungen des Europäischen Rates wurde von der Kommission am 8. Juli 1999 ein „Vorschlag für einen Beschluß des Rates über das System der Eigenmittel der Europäischen Union" vorgelegt.[70] Nach Stellungnahmen durch das Europäische Parlament, den Europäischen Rechnungshof[71] sowie den Wirtschafts- und Sozialausschuß[72] hat der Rat am 29. September 2000 den neuen, fünften Eigenmittelbeschluß (2000/597/EG, Euratom)[73] verabschiedet. Neben der praktisch wortgetreuen Umsetzung der Schlußfolgerungen des Europäischen Rates wurden einige überholte Bestimmungen aufgehoben sowie einige Änderungen vorgenommen, die nach Ansicht der Kommission erforderlich waren, „... um die rechtliche Kohärenz

---

[68] Kurzfristig ist allerdings ein stärkeres Ausgabenwachstum möglich, da diese Begrenzung seit einigen Jahren nicht vollständig ausgeschöpft wird. So waren beispielsweise im Haushaltsplan für das Jahr 1999 nur Mittel für Zahlungen in Höhe von 85,558 Mrd. Euro oder 1,10 % des BSP vorgesehen, so daß ein Spielraum bis zur Eigenmitteloberergrenze in Höhe von ca. 13 Mrd. Euro bestand, vgl. Europäische Kommission (1999d), S. 10. Allerdings ist gemäß der neuen Finanziellen Vorausschau auch weiterhin geplant, die Eigenmittelobergrenze nicht ganz auszuschöpfen, Europäische Kommission (1999c), S. 105.

[69] Europäisches Parlament, Rat, Kommission (1999). Sie ersetzt verschiedene, unter Punkt 7 in der genannten Quelle aufgezählte, ältere gemeinsame Erklärungen und Vereinbarungen der drei Institutionen.

[70] Europäische Kommission (1999b).

[71] Europäischer Rechnungshof (1999a).

[72] Wirtschafts- und Sozialausschuß der Europäischen Union (1999).

[73] Rat der EU (2000a).

der Modalitäten und das einwandfreie Funktionieren des Finanzierungssystems in den kommenden Jahren sicherzustellen".[74] Mit Ausnahme zweier Artikel, die die Erhebungskostenpauschale der traditionellen Eigenmittel und den Korrekturmechanismus zugunsten des Vereinigten Königreichs betreffen und die bereits seit dem 1. Januar 2001 Gültigkeit besitzen, wurde der neue Eigenmittelbeschluß gemäß Artikel 10 nach seiner Ratifizierung durch die Mitgliedstaaten zum 1. Januar 2002 wirksam.

Der neue Eigenmittelbeschluß sieht als eine der wichtigsten Regelungen vor, daß die Bedeutung der MwSt.-Eigenmittel weiter abnimmt, indem ihr maximaler Abrufsatz in zwei Schritten von 1,00 % auf 0,75 % ab dem Jahr 2002 und auf 0,50 % ab dem Jahr 2004 gesenkt wird. Die Begrenzung der Bemessungsgrundlage für die MwSt.-Eigenmittel auf 50 % des BSP[75] des jeweiligen Mitgliedstaates wird beibehalten. Mit dieser Maßnahme wird die seit 1994 vollzogene stufenweise Reduzierung der MwSt.-Eigenmittel weiter fortgesetzt. Die damit verbundene Verlagerung der Haupteinnahmenquelle hin zu den BSP-Eigenmitteln wird, wie auch in der Vergangenheit, mit dem Bestehen regressiver Elemente im derzeitigen System begründet, die durch die Neuregelung abgebaut werden sollen.[76] Bezüglich der originären Eigenmittel einigte man sich darauf, daß die Erhebungskostenpauschale ab dem Jahre 2001 von früher 10 % auf 25 % angehoben wird.

Hinsichtlich des stark umstrittenen Korrekturmechanismus zugunsten des Vereinigten Königreichs konnte sich die britische Regierung erneut mit ihren Bemühungen durchsetzen, diesen beizubehalten. Wie auch in der Ver-

---

74 Europäische Kommission (1999b), S. 3.

75 Gemäß Artikel 2 Absatz 7 des Eigenmittelbeschlusses wird das BSP in Anlehnung an die Neufassung des Europäischen Systems Volkswirtschaftlicher Gesamtrechnungen (ESVG 95, vgl. Rat der EU (1996)), als das dort definierte – konzeptionell identische – Bruttovolkseinkommen (BVE) bzw. Bruttonationaleinkommen (BNE) festgelegt. Der Rat begründet diese Veränderung im Erwägungsgrund Nr. 4 des Eigenmittelbeschlusses damit, daß für Eigenmittelzwecke die neuesten statistischen Konzepte Anwendung finden sollen. Vgl. zur begrifflichen Substitution des BSP durch den Begriff Bruttonationaleinkommen auch Europäische Kommission (1996c), S. 208 und Frenkel/John (1999), S. 122. In Anlehnung an den Eigenmittelbeschluß soll im weiteren aus Gründen der begrifflichen Einheitlichkeit jedoch weiterhin vom BSP gesprochen werden.

76 Vgl. Erwägungsgrund 9 des Eigenmittelbeschlusses sowie Europäischer Rat (1999), S. 329.

gangenheit[77] wurden jedoch einige technische Änderungen am Korrekturmechanismus notwendig, da finanzielle „Windfall-Gains", die für das Vereinigte Königreich aus den Änderungen des Eigenmittelsystems resultieren, neutralisiert werden sollen, indem sie auf den Korrekturmechanismus angerechnet werden. Der neue Eigenmittelbeschluß beinhaltet zwei Quellen für derartige britische „Windfall-Gains", die korrigiert werden müssen: die stufenweise Reduzierung des maximalen MwSt.-Eigenmittelsatzes und die Anhebung der von den Mitgliedstaaten einbehaltenen Erhebungskostenpauschale im Rahmen der originären Eigenmittel auf 25 %. Eine weitere technische Anpassung des britischen Korrekturmechanismus betrifft den Erweiterungsprozeß. Indem man zum Zeitpunkt der Erweiterung die sogenannten „aufteilbaren Gesamtausgaben", die eine der zentralen Größen bei der Berechnung des Briten-Rabatts darstellen, um einen Betrag in Höhe der jährlichen „Vorbeitrittsausgaben", den diese Mitgliedstaaten vor dem Beitritt erhielten, kürzt, sollen Ausgaben, die vor der Erweiterung der Europäischen Union nicht berücksichtigt werden, auch in Zukunft keine Rolle spielen[78].

Gravierendere Änderungen sehen die Regelungen zur Finanzierung des britischen Korrekturbetrages durch die übrigen Mitgliedstaaten vor. Neben Deutschland, das bisher zwei Drittel seines „normalen" Anteils zu tragen hatte, steuern gemäß dem neuen Eigenmittelbeschluß auch Österreich, die Niederlande sowie Schweden – allesamt Nettozahler – nur einen verringerten Anteil in Höhe von 25 % ihres eigentlichen Anteils[79] bei. Somit wurde die Zahl der Länder, die bei der Finanzierung des Briten-Rabatts eine Sonderrolle erhalten ebenso wie auch das Ausmaß dieser Sonderbehandlung erhöht. Der Sinn der Ausgestaltung des Briten-Rabatts wird dadurch noch weiter in Frage gestellt. Anstatt den insgesamt zweifelhaften Briten-Rabatt zu einem zeitlich begrenzten „Auslaufmodell"

[77] Vgl. die Eigenmittelbeschlüsse der Jahre 1988 und 1994.

[78] Vgl. Europäischer Rat (1999), S. 329. Da die Vorbeitrittsausgaben an Drittstaaten fließen, sind sie nicht Bestandteil der auf die Mitgliedstaaten „aufteilbaren Gesamtausgaben" und gehen somit auch nicht in die gegenwärtige Berechnung des Korrekturmechanismus ein. Nähere Einzelheiten zum Korrekturmechanismus zugunsten des Vereinigten Königreichs finden sich in Kapitel 5.2.

[79] Der normale oder eigentliche Anteil ist derjenige Anteil, der sich ergeben würde, wenn sich alle 14 Mitgliedstaaten (ohne das Vereinigte Königreich) in vollem Umfang an der Finanzierung des Briten-Rabatts beteiligen würden.

zu erklären, konnte sich der Europäische Rat nur zu einer „Korrektur des Korrekturmechanismus“ durchringen.

Neben diesen substantiellen Veränderungen wichtiger Parameter des Eigenmittelsystems finden sich im neuen Eigenmittelbeschluß auch zwei technische Änderungen. Dabei handelt es sich zum einen um eine rechnerische Anpassung der Eigenmittelobergrenze von 1,27 %, die dem Rat auf Vorschlag der Kommission aufgrund des Übergangs zum neuen Europäischen System Volkswirtschaftlicher Gesamtrechnungen (ESVG 95) angebracht erschien. Da durch die Modifikationen des ESVG 95 (geringfügig) veränderte Ergebnisse für das jeweilige BSP der Mitgliedstaaten sowie das BSP der EU insgesamt resultieren, hätte die Beibehaltung der numerischen Obergrenze von 1,27 % zu einer ausschließlich auf statistischen Verfahren beruhenden Veränderung der verfügbaren Eigenmittel geführt[80]. Daher wurde die alte Höchstgrenze der Eigenmittel von 1,27 % auf 1,24 % angepaßt.[81]

Zum anderen erfolgt eine veränderte Darstellung des Korrekturmechanismus für das Vereinigte Königreich (VK-Korrektur) und seiner Berechnung, ohne daß davon jedoch Änderungen für die Höhe des Korrekturbetrages ausgehen. Eine neuerliche Überprüfung des Eigenmittelsystems soll gemäß Artikel 9 des Eigenmittelbeschlusses durch die Kommission vor dem 1. Januar 2006 erfolgen. Dabei soll u.a. auf die Auswirkungen der Erweiterung eingegangen werden sowie Möglichkeiten für die Schaffung neuer, autonomer Eigenmittelquellen und für Modifikationen im britischen Korrekturmechanismus überprüft werden.

Insgesamt ist festzustellen, daß das neue Regelwerk für das Eigenmittelsystem im Prinzip eine Fortschreibung des bisherigen Systems ist, wobei lediglich einige Parameter etwas abgeändert wurden.[82] Weitergehende Veränderungen und Maßnahmen sind aufgrund sehr heterogener Interessen der Mitgliedstaaten, ihrer Bestrebungen der Besitzstandswahrung und der Notwendigkeit einer einstimmigen Beschlußfassung im Rat gescheitert. An diesem Sachverhalt hat insbesondere das Europäische Parlament, das im Vorfeld der Ratsentscheidung über den neuen Eigenmittelbeschluß im Rahmen des Konsultationsverfahrens eine Stellungnahme zu diesem abgab, deutliche Kritik

---

80 Europäische Kommission (1999b), S. 6.

81 Vgl. Europäische Kommission (2001p). Korrespondierend wurde auch die Obergrenze für die sogenannten „Mittel der Verpflichtungen“ von 1,335 % auf 1,31 % abgesenkt.

82 So auch Europäischer Rechnungshof (1999a), S. 2, Punkt 1.

geübt und diverse Änderungen bezüglich des Eigenmittelbeschlusses gefordert.[83] Dabei wurde vom Europäischen Parlament vor allem bemängelt, daß weder die Vorgaben des Europäischen Rates in Berlin noch deren endgültige Umsetzung im neuen Eigenmittelbeschluß eine echte Reform des Eigenmittelsystems darstellen würden.

Trotz des von allen Institutionen regelmäßig festgestellten dringenden Reformbedarfs, seien keine grundlegenden Änderungen ins Auge gefaßt worden, die zu einer Beseitigung der strukturellen Defizite hätten beitragen können.[84] Insbesondere die vom Europäischen Rat selbst erhobene Forderung, daß das Eigenmittelsystem „... gerecht, transparent, kosteneffizient und einfach sein [sollte]“,[85] die auch in die Erwägungsgründe des Eigenmittelbeschlusses Eingang fand, sei ebenso wenig realisiert worden, wie eine erhöhte Finanzautonomie der Gemeinschaft. Neben der restriktiven Rahmenbedingungen durch die Vorgaben des Europäischen Rates machte das Parlament vor allem der Kommission, die maßgeblich an der Vorbereitung und Umsetzung des Eigenmittelbeschlusses beteiligt war, den Vorwurf, daß sie „... in keiner Weise ihrer Funktion als Motor der Integration nachgekommen [sei]“[86]. Statt einer Vereinfachung sei das bestehende alte Eigenmittelsystem durch die statistisch bedingte Veränderung der Eigenmittelobergrenze tendenziell noch komplexer geworden. Ähnliches gelte auch für die Ausweitung der Ausnahmeregelung bei der Finanzierung des britischen Korrekturmechanismus.

Darüber hinaus kritisierte das Europäische Parlament – zurecht – die Erhöhung der von den Mitgliedstaaten einbehaltenen Erhebungskostenpauschale von 10 % auf 25 % als inakzeptabel und in keiner Weise gerechtfertigt.[87] Die von

---

83 Vgl. z.B. Europäisches Parlament (1999a). Eine grundlegendere Kritik am Eigenmittelsystem mit der Forderung einer fundamentalen Umgestaltung und Neukonzeption erhob das Europäische Parlament bereits im Vorfeld des Beschlusses des Europäischen Rates, vgl. Europäisches Parlament (1999b).

84 Europäisches Parlament (1999a), S. 28.

85 Europäischer Rat (1999), S. 328.

86 Europäisches Parlament (1999a), S. 28.

87 Teilweise wird bereits der alte Satz von 10 % zur Deckung der Verwaltungsausgaben als zu hoch erachtet. So schätzt Langes (1992), S. 11 die tatsächlichen Kosten nur auf etwa 5 %; vgl. auch Kraff (1997), S. 345. Auch der Europäische Rechnungshof (1999a), S. 3 bezweifelt, daß die erhöhte Erhebungskostenpauschale die tatsächlichen Kosten widerspiegelt, und interpretiert die Maßnahme statt dessen als einen Beitragsnachlaß.

der Kommission in ihrem Entwurf zunächst angeführten Argumente, daß die Mitgliedstaaten vermehrt ressourcenintensive Tätigkeiten ohne finanzielle Entschädigung durchführen müßten, die nicht im Zusammenhang mit der Eigenmittelerhebung stünden – wie die verstärkte Überwachung von Kontingenten, gesundheitspolizeiliche Kontrollen und die Überwachung von Sicherheitsanforderungen – sowie die zunehmende Bedeutung der organisierten Kriminalität, seien in keinster Weise überzeugend.[88] Das vom Rat der EU in diesem Zusammenhang gewählte Vorgehen, in der verabschiedeten Endfassung des Eigenmittelbeschlusses die auf 25 % erhöhte Erhebungskostenpauschale beizubehalten, aber auf die im Kommissionsentwurf ursprünglich angeführte Begründung vollständig zu verzichten, deutet aus Sicht des Verfassers auf ein möglicherweise zu hohes Ausmaß an „politischem Pragmatismus" der Mitgliedstaaten hin.

Aufbauend auf dieser Kritik und im Bewußtsein, daß die Einflußmöglichkeiten des Europäischen Parlaments im Rahmen des anzuwendenden Konsultationsverfahrens und aufgrund der Vorgaben des Europäischen Rates nur sehr eingeschränkt gegeben waren, empfahl das Europäische Parlament diverse detailbezogene Änderungen gegenüber dem von der Kommission vorgelegten Vorentwurf des Eigenmittelbeschlusses. Dazu gehörten u.a. die folgenden Punkte, die jedoch bei der endgültigen Beschlußfassung des Rates über den neuen Eigenmittelbeschluß vollständig unberücksichtigt blieben:[89]

- Die Aufnahme zusätzlicher Ziele in die Erwägungsgründe des Eigenmittelbeschlusses: Erhöhung der finanziellen Autonomie der Gemeinschaft im Zuge (weiterer) dynamischer Reformen; ein für die Bürger verständliches Eigenmittelsystem sowie die grundsätzliche Vermeidung von Ausgleichsmechanismen auf der Einnahmenseite des Haushaltes. Zudem sollten bestehende Korrekturmechanismen schrittweise abgebaut werden.

---

88 Europäisches Parlament (1999a), S. 28f. Ähnlich auch Europäischer Rechnungshof (1999a), S. 3. Die Kommission begründet ihre Position in Europäische Kommission (1999b), S. 4f. Allerdings ist die Erhöhung der Erhebungskostenpauschale auf 25 % eine Vorgabe des Europäischen Rates, vgl. Europäischer Rat (1999), S. 329. Daher nimmt das Europäische Parlament in seinem Änderungsvorschlag keine direkten Modifikationen bezüglich der Höhe der Erhebungskostenpauschale (in Artikel 2 Absatz 3) gegenüber dem Kommissionsentwurf vor, vgl. Europäisches Parlament (1999a), S. 14.

89 Vgl. ausführlich Europäisches Parlament (1999a). Nach Europäisches Parlament (2000a), insbesondere S. 8, Punkt 2 und 3 nahm der Rat keine der 30 Änderungsvorschläge des Europäischen Parlaments an.

- Das um ein Jahr vorgezogene Inkrafttreten des neuen Eigenmittelbeschlusses zum 1. Januar 2001 zur Beschleunigung des Reformprozesses. Damit einher ging die Forderung nach einer um ebenfalls jeweils ein Jahr vorgezogenen Absenkung des maximalen Abrufsatzes der MwSt.-Eigenmittel (0,75 % ab dem Jahre 2001 und 0,5 % ab dem Jahre 2003) sowie einer zusätzlichen Reduzierung des maximalen Abrufsatzes auf 0,25 % ab dem Jahre 2005.
- Die numerische Beibehaltung der prozentualen Eigenmittelobergrenze von 1,27 % für Zahlungsermächtigungen sowie die Begrenzung der Mittel für Verpflichtungen auf 1,335 % ohne statistische Anpassungen bei einer aufgrund der Anwendung des ESVG 95 veränderten Berechnung des BSP.[90] Die Beibehaltung dieser Richtgröße wurde als Voraussetzung für die weitere partnerschaftliche Zusammenarbeit zwischen Parlament und Rat als den beiden Seiten der Haushaltsbehörde interpretiert.
- Eine vorgezogene Überprüfung des Eigenmittelsystems durch einen neuen Bericht der Kommission über das Funktionieren des Eigenmittelsystems vor dem 1. Januar 2004, in dem u.a. die Realisierungsmöglichkeiten der zusätzlichen vom Parlament vorgeschlagenen Zielsetzungen analysiert werden sollten.[91] Darüber hinaus strebte das Parlament einen Kommissionsvorschlag für einen neuen Eigenmittelbeschluß bis zum 1. Januar 2005 an, verbunden mit der Zielsetzung neuer Regelungen für das Eigenmittelsystem ab dem Jahr 2007. Denn die politischen Ziele des Parlaments – neue autonome Eigenmittelarten an Stelle der bisherigen MwSt.-Eigenmittel sowie eine stufenweise Rückführung des Korrektur-

---

[90] Das Europäische Parlament (1999a), S. 9f. und S. 29 weist darauf hin, daß man sich in der Vergangenheit stets auf einen Prozentsatz als Eigenmittelobergrenze und nicht auf einen Absolutbetrag geeinigt habe. Daher sei im Falle einer Veränderung des Absolutbetrages aufgrund verbesserter statistischer Berechnungsmethoden eine Anpassung der prozentualen Obergrenze nicht gerechtfertigt, welche lediglich die Fixierung des Absolutbetrages zum Ziel habe.

[91] Das Europäische Parlament (2000), S. 8, Punkt 6 weist darauf hin, daß sich der Rat bereit erklärte, „... einen Zusatz zur Erklärung Nr. 5 zur Aufnahme in das Ratsprotokoll zu akzeptieren, in der die Kommission ihre Absicht bestätigt, die Überprüfung nach Artikel 9 vor Ende 2004 vorzulegen", auch wenn Artikel 9 des Eigenmittelbeschlusses den 1. Januar 2006 als spätesten Termin für eine Überprüfung des Eigenmittelsystems durch die Kommission nennt.

mechanismus zugunsten des Vereinigten Königreichs – lassen sich nur im Rahmen eines (neuen) Eigenmittelbeschlusses realisieren.

2.2 Die quantitative Entwicklung der Eigenmittel im Zeitablauf

Ergänzend zum historischen Überblick über die Entstehung des gegenwärtigen Finanzierungssystems der EU soll im folgenden auf die quantitative Entwicklung der Eigenmittel im Zeitablauf eingegangen werden. Hierzu wird zunächst in Tabelle 2 das Gesamtvolumen sowie die Struktur der haushaltsmäßigen Einnahmen der EU für den Zeitraum zwischen 1971 und 2002 wiedergeben.

Neben den Eigenmitteln, die den Hauptteil der EU-Einnahmen ausmachen, fließen der Gemeinschaft noch weitere Einnahmen aus diversen anderen Quellen zu, die unter der Position „Verschiedenes" zusammengefaßt werden. In den Jahren zwischen 1971 und 1980, die durch die nur schrittweise Implementierung des Eigenmittelsystems charakterisiert waren, wurden unter dieser Position vor allem die ersatzweise abgeführten Finanzbeiträge der Mitgliedstaaten erfaßt.[92] Seit den 80er Jahren beinhaltet diese Position neben einem möglichen Überschuß aus dem vorangegangenen Haushaltsjahr u.a. von der Gemeinschaft erhobene Abgaben, Abzüge und Gebühren, Einnahmen aus der laufenden Verwaltungstätigkeit der Organe, Verzugszinsen und Geldbußen sowie Beiträge zu den Gemeinschaftsprogrammen, Erstattungen verauslagter Beträge, Vergütungen für entgeltliche Leistungen und Beiträge im Rahmen des Europäischen Wirtschaftsraums.[93] Allerdings kommt diesen sonstigen Einnahmen seit Einführung des Eigenmittelsystems keine große Bedeutung zu. Erwähnenswert ist vor allem die Tatsache, daß ein eventueller Haushaltsüberschuß aus dem Vorjahr in dieser Position verbucht wird, was die relativ starken Schwankungen dieser Einnahmenkategorie erklärt.[94] Aufgrund des relativ geringen Anteils der sonstigen Einnahmen soll im weiteren Begriffe nicht näher zwischen „Eigenmitteln" und „Einnahmen" unterschieden werden.

---

92 Vgl. Europäische Kommission (1999c), S. 18.

93 Vgl. für diese Auflistung z.B. Europäische Kommission (1999e), S. 5.

94 Aufgrund der Finanzkrise der EU Mitte der 80er Jahre spielen Haushaltsüberschüsse erst seit Anfang der 90er Jahren eine signifikante Rolle, vgl. Europäische Kommission (1999c), S. 18.

Tabelle 2: Die Entwicklung der Einnahmenstruktur zwischen 1971 und 2003 (in Mio. Euro und in Prozent)

In Mio. Euro*:

Einnahmen	1971	1972	1973	1974	1975	1976	1977	1978
Agrarzölle	713,8	799,5	510,3	330,1	590,1	1.163,7	1.778,5	2.278,9
Zölle	582,3	957,3	1.986,3	2.737,6	3.151,0	4.064,5	3.927,2	4.390,9
MwSt-Eigenmittel	-	-	-	-	-	-	-	-
BSP-Eigenmittel	-	-	-	-	-	-	-	-
Verschiedenes	1.033,2	1.360,7	2.417,7	2.075,7	2.644,0	2.956,5	2.969,4	5.783,0
Summe	2.329,3	3.117,5	4.914,3	5.143,4	6.385,1	8.184,7	8.675,1	12.452,8

In Prozent:

Einnahmen	1971	1972	1973	1974	1975	1976	1977	1978
Agrarzölle	30,6	25,6	10,4	6,4	9,2	14,2	20,5	18,3
Zölle	25,0	30,7	40,4	53,2	49,3	49,7	45,3	35,3
MwSt-Eigenmittel	-	-	-	-	-	-	-	-
BSP-Eigenmittel	-	-	-	-	-	-	-	-
Verschiedenes	44,4	43,6	49,2	40,4	41,4	36,1	34,2	46,4
Summe	100,0	100,0	100,0	100,0	100,0	100,0	100,0	100,0

In Mio. Euro*:

Einnahmen	1979	1980	1981	1982	1983	1984	1985	1986
Agrarzölle	2.143,5	2.002,3	1.747,4	2.227,8	2.433,9	2.950,0	2.179,1	2.287,0
Zölle	5.189,1	5.905,7	6.392,4	6.815,3	7.234,6	7.623,5	8.310,1	8.173,0
MwSt-Eigenmittel	4.737,7	7.258,5	9.187,8	12.000,5	13.691,0	14.565,9	15.218,9	22.223,4
BSP-Eigenmittel	-	-	-	-	-	-	-	-
Verschiedenes	2.821,2	1.265,8	1.590,4	1.038,5	2.369,7	943,0	2.377,0	983,8
Summe	14.891,5	16.432,3	18.918,0	22.082,1	25.729,2	26.082,4	28.085,1	33.667,2

In Prozent:

Einnahmen	1979	1980	1981	1982	1983	1984	1985	1986
Agrarzölle	14,4	12,2	9,2	10,1	9,5	11,3	7,8	6,8
Zölle	34,8	35,9	33,8	30,9	28,1	29,2	29,6	24,3
MwSt-Eigenmittel	31,8	44,2	48,6	54,3	53,2	55,8	54,2	66,0
BSP-Eigenmittel	-	-	-	-	-	-	-	-
Verschiedenes	18,9	7,7	8,4	4,7	9,2	3,6	8,5	2,9
Summe	100,0	100,0	100,0	100,0	100,0	100,0	100,0	100,0

In Mio. Euro*:

Einnahmen	1987	1988	1989	1990	1991	1992	1993	1994
Agrarzölle	3.097,8	2.605,8	2.397,7	1.875,7	2.486,6	1.987,8	1.929,9	2.074,1
Zölle	8.936,5	9.310,2	10.312,9	10.285,1	11.475,4	11.292,4	11.055,6	11.178,0
MwSt-Eigenmittel	23.463,5	23.927,6	26.293,4	27.440,1	31.406,2	34.659,3	34.489,9	33.254,5
BSP-Eigenmittel	-	4.445,8	4.519,0	94,9	7.468,3	8.322,2	16.517,9	17.682,2
Verschiedenes	285,5	1.554,0	2.376,8	6.773,3	3.412,9	3.450,1	1.679,5	1.813,3
Summe	35.783,3	41.843,4	45.899,8	46.469,1	56.249,4	59.711,8	65.672,8	66.002,1

In Prozent:

Einnahmen	1987	1988	1989	1990	1991	1992	1993	1994
Agrarzölle	8,7	6,2	5,2	4,0	4,4	3,3	2,9	3,1
Zölle	25,0	22,3	22,5	22,1	20,4	18,9	16,8	16,9
MwSt-Eigenmittel	65,6	57,2	57,3	59,1	55,8	58,0	52,5	50,4
BSP-Eigenmittel	-	10,6	9,8	0,2	13,3	13,9	25,2	26,8
Verschiedenes	0,8	3,7	5,2	14,6	6,1	5,8	2,6	2,7
Summe	100,0	100,0	100,0	100,0	100,0	100,0	100,0	100,0

In Mio. Euro*:

Einnahmen	1995	1996	1997	1998	1999	2000	2001	2002	2003(1)
Agrarzölle	1.944,6	1.821,5	1.925,3	1.955,1	2.151,7	2.155,7	1.775,6	1.259,4	1.426,4
Zölle	12.508,6	11.762,2	12.247,0	12.155,6	11.705,9	13.111,5	12.813,6	7.954,6	10.713,9
MwSt-Eigenmittel	39.183,2	33.962,9	34.222,5	33.118,0	31.163,4	35.121,6	31.250,0	22.382,2	24.121,3
BSP-Eigenmittel	14.191,2	23.549,1	26.898,2	35.020,5	37.509,8	37.580,4	34.878,8	46.095,8	59.403,9
Verschiedenes	7.249,5	10.179,4	5.254,7	2.280,5	4.372,7	4.755,2	13.571,2	17.736,4	1.837,4
Summe	75.077,1	81.275,1	80.547,7	84.529,7	86.903,5	92.724,4	94.289,2	95.428,4	97.502,9

In Prozent:

Einnahmen	1995	1996	1997	1998	1999	2000	2001	2002	2003(1)
Agrarzölle	2,6	2,2	2,4	2,3	2,5	2,3	1,9	1,3	1,5
Zölle	16,7	14,5	15,2	14,4	13,5	14,1	13,6	8,3	11,0
MwSt-Eigenmittel	52,2	41,8	42,5	39,2	35,9	37,9	33,1	23,5	24,7
BSP-Eigenmittel	18,9	29,0	33,4	41,4	43,2	40,5	37,0	48,3	60,9
Verschiedenes	9,7	12,5	6,5	2,7	5,0	5,1	14,4	18,6	1,9
Summe	100,0	100,0	100,0	100,0	100,0	100,0	100,0	100,0	100,0

*Vor dem 1.1.1999 in ECU.

(1) Haushaltsplan 2003.

Quelle: Europäische Kommission (2003a), S. 144f. und Europäische Kommission (2003b), S. 18.

Betrachtet man die in Tabelle 2 wiedergegebene Entwicklung der Eigenmittel, so wird fast über den gesamten Zeitverlauf ein deutliches Wachstum der Einnahmen sichtbar. Neben der sukzessiven Erweiterung der EU – 1973 traten Dänemark, Irland und das Vereinigte Königreich bei, 1981 Griechenland,

1986 Portugal und Spanien und 1995 Österreich, Schweden und Finnland – spiegelt sich darin vor allem der tiefergehende Integrationsgrad der EU und die damit verbundene zunehmende Kompetenzverlagerung von der Ebene der Mitgliedstaaten auf die europäische Ebene wider.

Im Vergleich zum Wirtschaftswachstum der Mitgliedstaaten, gemessen am BIP zu jeweiligen Preisen und Wechselkursen, weist die Entwicklung der Einnahmen der EU eine deutlich höhere durchschnittliche Veränderungsrate auf. Während die durchschnittliche Veränderung des EU-BIP – in der jeweiligen Zusammensetzung der EU, d.h. bei Einbezug der Erweiterungen – zwischen 1971 und 2002 ca. 9,5 % p.a. betrug, stiegen die Einnahmen zwischen 1971 und 2002 um durchschnittlich 12,7 % p.a.[95] Dieser Sachverhalt bleibt auch bestehen, wenn man einen kürzeren Zeitabschnitt in der jüngeren Vergangenheit betrachtet. Hierzu eignet sich insbesondere der Zeitraum zwischen den Jahren 1986 und 1994, in dem es, abgesehen von der deutschen Wiedervereinigung, zu keiner zahlenmäßigen Vergrößerung der Gemeinschaft kam. Die Einnahmen stiegen in dieser Periode um durchschnittlich 8,8 % p.a. während das durchschnittliche nominale Wirtschaftswachstum der damaligen 12 Mitgliedstaaten mit 6,4 % p.a. deutlich darunter lag. Erst in den letzten Jahren hat sich die Situation gewandelt: Im Zeitraum von 1995 bis 2002 lag das durchschnittliche Wirtschaftswachstum mit 4,1 % leicht über dem durchschnittlichen Anstieg der Einnahmen, der nur bei 3,0 % lag.

Der Sachverhalt, daß das Haushaltsvolumen der Gemeinschaft über lange Zeiträume deutlich schneller wuchs als es dem nominalen Wirtschaftswachstum entsprach, wird auch deutlich, wenn man die in Abbildung 1 dargestellte Ver-

---

[95] Eigene Berechnungen auf Basis der Daten aus Europäische Kommission (2002b), S. 178f. sowie aus Tabelle 2. Aus methodischer Sicht ist diese Vorgehensweise aufgrund der Erweiterungen der EU in dieser Zeitperiode nicht unproblematisch, da man nicht von Wachstumsraten im eigentlichen Sinn sprechen kann. Da jedoch beide betrachteten Zeitreihen – die Entwicklung des BIP und die Entwicklung der Einnahmen der EU – durch die Erweiterungen um neue Mitgliedstaaten in vergleichbarer Weise verändert werden, stellen die Berechnungen dennoch einen illustrativen Indikator für die langfristige Entwicklung dar.

änderung des Quotienten Haushaltsvolumen durch nominales BIP im Zeitablauf betrachtet.[96]

Abbildung 1: Das EU-Haushaltsvolumen in Prozent des BIP der Union 1971 – 2003

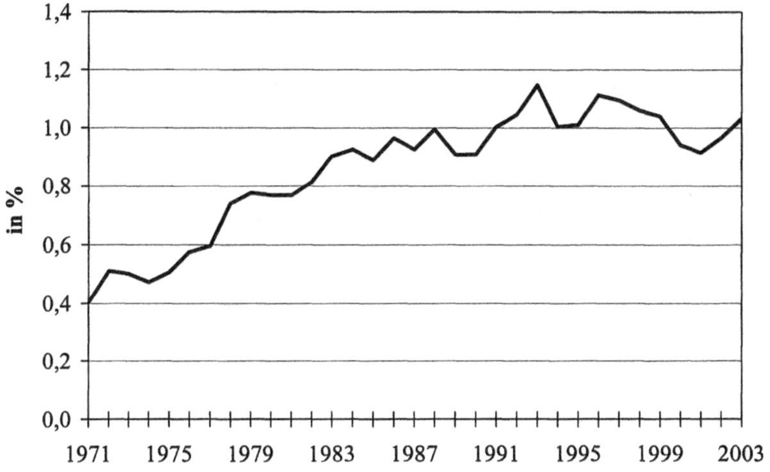

Quelle: Eigene Berechnungen; Datenbasis: Europäische Kommission (2002b), S. 278f., Europäische Kommission (2003a), S. 136f. und Europäische Kommission (2003b), S. 18.

Diese Vorgehensweise hat den Vorteil, daß die Berücksichtigung von Erweiterungen der EU im Zeitablauf weniger problematisch ist, da nicht direkt auf Wachstumsraten zurückgegriffen wird. Der Anteil der im Gesamthaushaltsplan erfaßten Ausgaben am BIP der Gemeinschaft stieg von 0,40 % im Jahr 1971 auf 1,15 % im Jahr 1993, das damit auch den bisherigen Höchstwert darstellt. Im weiteren Verlauf Jahre pendelte er bei leicht fallender Tendenz

96 Als Indikator für das Haushaltsvolumen wird an dieser Stelle die Höhe der im Gesamthaushalt erfaßten Ausgaben verwendet. Aufgrund des weitgehenden Schuldenverbotes entsprechen diese näherungsweise der Höhe der Einnahmen.

zwischen 0,91 % und 1,11 %, so daß der Anstieg des Haushaltsvolumens in den letzten Jahren knapp dem Wirtschaftswachstum entsprach.

Die starke Wachstumsdynamik des Haushaltsvolumens der Gemeinschaft spiegelt sich auch in der Ausgabenentwicklung im Zeitablauf wider. Sowohl nominal in jeweiligen Preisen als auch real (in Preisen des Jahres 2002) sind die Gemeinschaftsausgaben im Zeitraum 1971 bis 2002 relativ kontinuierlich gestiegen (vgl. Abbildung 2).

Abbildung 2: Die Entwicklung der Gemeinschaftsausgaben 1971 – 2002

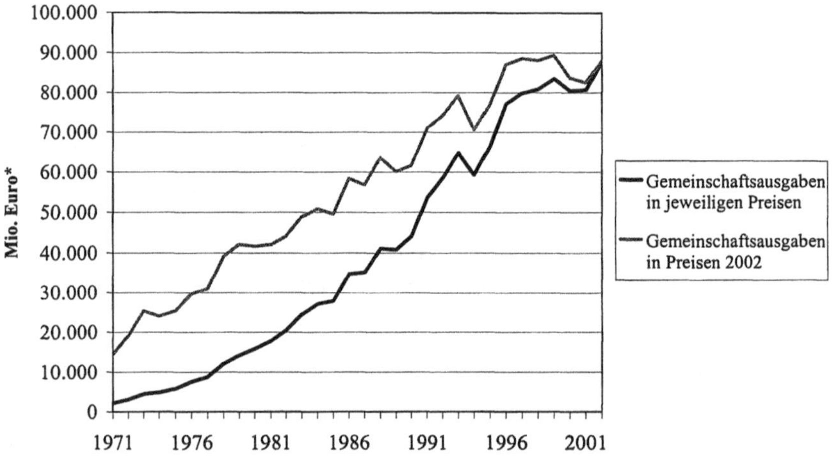

* Vor 1999 in ECU.

Quelle: Eigene Berechnungen; Datenbasis: Europäische Kommission (2003a), S. 136-143.

Dieser Zusammenhang bleibt – in leicht abgeschwächter Form – auch dann bestehen, wenn Pro-Kopf-Ausgaben betrachtet werden, um die Erweiterungen der EU im Betrachtungszeitraum angemessen zu berücksichtigen (vgl. Abbildung 3).

Abbildung 3: Die Entwicklung der Pro-Kopf-Ausgaben der Gemeinschaft 1971 – 2002

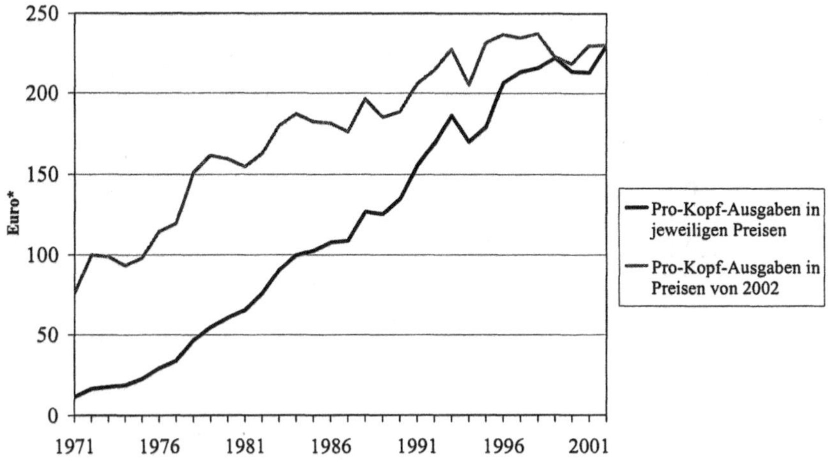

* Vor 1999 in ECU.

Quelle: Eigene Berechnungen; Datenbasis: Europäische Kommission (2003a), S. 136-143.

Wie auch bereits in Abbildung 1 angedeutet, ist jedoch zu beobachten, daß die jährlichen Zuwachsraten des Haushaltsvolumens der Gemeinschaft tendenziell abnehmen. Besonders deutlich wird diese Entwicklung, wenn man auf Basis der in Tabelle 2 wiedergegebenen Einnahmenentwicklung jährliche Wachstumsraten berechnet (vgl. Abbildung 4). Um die starken jährlichen Schwankungen auszugleichen und den Trend zu verdeutlichen, kommt zudem ein Hodrick-Prescott-Filter[97] zur Anwendung.

[97] Vgl. zum Verfahren des Hodrick-Prescott Filters u.a. Hodrick/Prescott (1997) und Enders (1995), S. 210. Nach Doornik/Hendry (1996), S. 98 ist der Hodrick-Prescott Filter weitgehend identisch zu kubischen Splines. Der von Hodrick und Prescott entwickelte Filter unterteilt eine Zeitreihe über eine gewichtete Zielfunktion in einen Trend und eine stationäre Komponente. Der Glättungsparameter λ ist dabei eine beliebig wählbare Konstante und verkörpert die „Kosten" bzw. „Bestrafung" der Nichtlinearität der Trend-

Abbildung 4: Die Entwicklung der Gemeinschaftseinnahmen 1971 – 2002: Jährliche Wachstumsraten

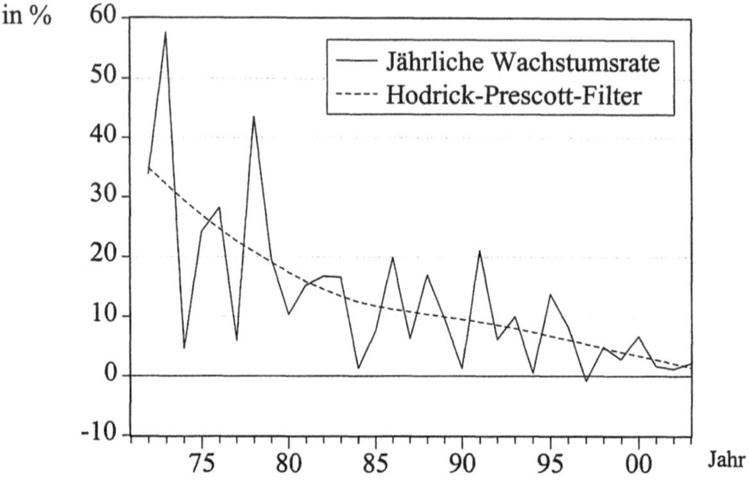

Der HP-Trend resultiert aus der Anwendung eines Hodrick-Prescott-Filters auf die Wachstumsraten (mit $\lambda = 100$).

Quelle: Eigene Berechnungen, Datenbasis: Europäische Kommission (2003a), S. 144f. und (2003b), S. 18.

Spätestens seit Mitte der 90er Jahre trägt zu dieser Entwicklung die Konsolidierungspolitik der Mitgliedstaaten aufgrund der im Vertrag von Maastricht (Art. 109j)[98] festgelegten Konvergenzkriterien für die Teilnahme an der dritten Stufe der Europäischen Währungsunion bei. Die im Vergleich zu früheren Jahren restriktive Haushaltspolitik der einzelnen Mitgliedstaaten fand ihr Gegenstück auf der Ebene des Gemeinschaftshaushaltes, da sich ein stärkerer Ausgabenanstieg in der Europäischen Union über die Finanzie-

komponente. Für Jahresdaten stellt λ=100 einen gängigen Wert dar, vgl. Sachverständigenrat zur Begutachtung der gesamtwirtschaftlichen Entwicklung (1999), S. 23.

98 Neue Zählung: Artikel 121 EG-Vertrag.

rungsseite des Eigenmittelsystems direkt budgetwirksam und damit kontraproduktiv auf die Mitgliedstaaten durchgeschlagen hätte.

Auch für die nähere Zukunft ist nur ein moderater Anstieg des Haushaltsvolumens vorgesehen. Im Vergleich zu den in der Agenda 2000 vorgestellten Plänen der Kommission[99] hat sich der Europäische Rat auf seinem Gipfel am 24. und 25. März 1999 in Berlin auf ein deutlich geringeres Ausgabenwachstum verständigt. Diese Planungswerte fanden im Rahmen einer neuen mehrjährigen Finanziellen Vorausschau für die Jahre 2000 – 2006 Eingang in die seit dem 1. Januar 2000 gültige Interinstitutionelle Vereinbarung zwischen dem Europäischen Parlament, dem Rat und der Kommission.[100] In einer aktualisierten Fassung, d.h. in Preisen des Jahres 2003, ist die folgende Entwicklung des maximalen Haushaltsvolumens geplant (vgl. Tabelle 3).

Tabelle 3: Finanzielle Vorausschau EU-15 für die Jahre 2000–2006 (in Preisen von 2003)

	in jeweiligen Preisen				in Preisen von 2002		
	2000	**2001**	**2002**	**2003**	**2004**	**2005**	**2006**
Gesamtbetrag der Mittel für Zahlungen	91.322	94.730	97.975	98.671	95.581	93.759	93.197
Mittel für Zahlungen (in % des BSP)	1,12%	1,11%	1,12%	1,00%	1,04%	1,00%	0,97%
Obergrenze der Mittel für Zahlungen (inklusive "Beitrittsbetrag" für Ausgaben aufgrund neuer Beitritte ab dem Jahr 2002)	91.322	94.730	102.281	105.650	104.828	105.658	107.989
Obergrenze der Mittel für Zahlungen (in % des BSP)	1,12%	1,11%	1,17%	1,18%	1,14%	1,12%	1,12%
Spielraum für unvorhergesehne Ausgaben (in % des BSP)	0,15%	0,16%	0,10%	0,09%	0,13%	0,15%	0,15%
Eigenmittelobergrenze (in % des BSP)	1,27%	1,27%	1,27%	1,27%	1,27%	1,27%	1,27%

Quelle: Europäische Kommission (2003b), S. 7.

Es ist beabsichtigt, daß die Obergrenze der Mittel für Zahlungen, die bereits ab dem Jahr 2002 Ausgaben aufgrund neuer Beitritte vorsah, bis zum Jahr 2006 auf 112,5 Mrd. Euro anwächst. Nach dieser mittelfristigen Planung

99 Vgl. Europäische Kommission (1997a), S. 104.

100 Vgl. Europäisches Parlament/Rat/Kommission (1999) sowie Europäische Kommission (2000a), S. 103–106.

bliebe das Haushaltsvolumen deutlich unter der im Eigenmittelbeschluß festgelegten Eigenmittelobergrenze.

Neben der deutlichen Erhöhung des Finanzrahmens fallen als weiteres Hauptmerkmal gravierende Strukturveränderungen in der Einnahmenzusammensetzung auf (vgl. Abbildung 5). Diese beruhen neben exogenen wirtschaftspolitischen und ökonomischen Veränderungen, wie z.B. im Bereich der Außenhandelspolitik, vor allem auf den bewußt vorgenommenen Änderungen im Rahmen der Eigenmittelbeschlüsse.

Abbildung 5: Die Entwicklung der Struktur der Gemeinschaftseinnahmen von 1971 bis 2003

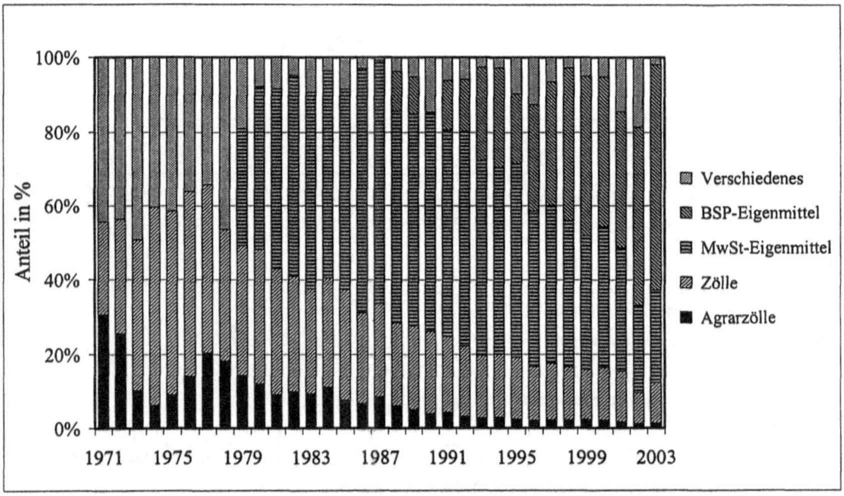

Quelle: Europäische Kommission (2003a), S. 144f. und Europäische Kommission (2003b), S. 18.

Der Anteil der Zölle und Agrarabschöpfungen weist eine deutlich fallende Tendenz auf. Schwankte er in den 70er Jahren noch zwischen 50 % und 65 %, so sank er in den 80er und 90er Jahren kontinuierlich ab und beträgt derzeit nur noch knapp 15 % der gesamten Einnahmen. Dieser relative Rückgang ist in erster Linie auf die Ausweitung der MwSt.- und BSP-Eigenmittel zurückzuführen und ging – nominal – nicht mit einem absolutem Rückgang der originären Eigenmittel einher. Sowohl die Agrarabschöpfungen als auch die Zölle weisen bis Mitte der 80er Jahre deutliche Wachstumsraten auf, die sich bei den Zolleinnahmen in abgeschwächter Form bis in die 90er Jahre fortsetzen, während sich die Agrarabschöpfungen bei rund 2 Mrd. Euro stabilisierten. Das kontinuierlich wachsende Importvolumen wurde durch Absenkungen des Gemeinsamen Zolltarifs der Europäischen Union sowie durch Zollpräferenzen gegenüber Drittländern ungefähr ausgeglichen.[101] Aufgrund der Ergebnisse der GATT-Verhandlungen im Rahmen der Uruguay-Runde, die neben deutlichen Fortschritten bezüglich des Abbaus von Handelshemmnissen zur Gründung der World Trade Organisation (WTO) führte, kann für diese Eigenmittelkategorie auch in Zukunft eine weiter abnehmende Bedeutung erwartet werden. Dies gilt, insbesondere auch für einen Teil der variablen Agrarabschöpfungen, die in feste Zolläquivalente umgewandelt und um rund ein Drittel abgebaut werden müssen.[102] Allerdings erscheint es angesichts der – zunächst – gescheiterten Verhandlungen der gegenwärtigen Doha-Handelsrunde fraglich, ob es in absehbarer Zukunft zu einem absoluten Rückgang der traditionellen Eigenmittel kommen wird.

In den 80er Jahren entwickelten sich die MwSt.-Eigenmittel schnell zur Hauptfinanzierungsquelle der Gemeinschaft. Ihr Anteil stieg auf deutlich über 50 % an und erreichte in den Jahren 1986 und 1987 mit ca. 65 % seinen Höhepunkt. Mit Einführung der BSP-Eigenmittel im Jahre 1988, der schrittweisen Absenkung des MwSt.-Eigenmittelsatzes sowie der Kappung der MwSt.-Bemessungsgrundlage wurde diese Entwicklung jedoch gebremst und in das Gegenteil gekehrt. Spätestens die auf dem EU-Gipfel in Edinburgh beschlossenen und im Eigenmittelbeschluß des Jahres 1994 umgesetzten Regelungen führten zu einer deutlichen Verringerung des MwSt.-Eigenmittelanteils zu Gunsten der BSP-Eigenmittel. Durch diese Modifikationen wurden die BSP-Eigenmittel seit dem Jahre 1998 die volumenmäßig bedeutendste Einnahmenquelle und machen 2003 erstmals über 50 % aller Einnahmen aus. Ziel dieser Verlagerung von den MwSt.-Eigenmitteln hin zu

---

101 Vgl. Begg et al. (1997), S. 7f.

102 Vgl. z.B. Caesar (1996a), S. 248f. Eine Übersicht über die Ergebnisse der Uruguay Runde findet sich z.B. in OECD (1999) und (1994), Benedek (1996), (1998), S. 1–42, Senti (2000), Senti/Conlan (1998), Whalley/Hamilton (1996), Hauser/Schanz (1995), Schott (1994) oder Trebilcock/Howse (1999). Letztere diskutieren auch die Regelungen für den Agrarsektor, Trebilcock/Howse (1999), S. 246–269. Vgl. dazu auch Hathaway/Ingco (1996).

den BSP-Eigenmitteln ist eine Verringerung der befürchteten regressiven Wirkungen der MwSt.-Eigenmittel, indem die Zahlungen der Mitgliedstaaten stärker an ihre Beitragskapazität angepaßt werden, wobei unterstellt wird, daß diese in einem engen Zusammenhang zu Sozialproduktsgrößen im allgemeinen und zum BSP im besonderen steht.[103]

[103] Diese Begründung findet sich im Eigenmittelbeschluß von 1988 (Beschluß 88/376/EWG, Euratom) und besonders ausgeprägt im Eigenmittelbeschluß von 1994 (Beschluß 94/728/ EG, Euratom). Letzterer weist expressis verbis auf (angeblich) regressive Elemente im bis dahin gültigen Eigenmittelsystem hin: „Um ... für die weniger wohlhabenden Mitgliedstaaten die regressiven Elemente im derzeitigen System der Eigenmittel zu korrigieren, ist eine erneute Änderung der Regeln für die Finanzierung der Gemeinschaft vorzunehmen:“, vgl. Rat der EU (1994), S. 9f.

3. Das Eigenmittelsystem der EU im Lichte politischer Rechtfertigungen und finanzwissenschaftlicher Effizienzkriterien

3.1 Grundlegende Überlegungen

Voraussetzung für eine Bewertung des Eigenmittelsystems der Europäischen Union ist ein Kriterienkatalog, der als Meßlatte für die weitere Beurteilung dienen kann und der idealtypische Anforderungen formuliert. So nennt beispielsweise der Europäische Rat auf seinem Gipfeltreffen in Berlin am 24. und 25. März 1999 als Anforderungen für das Eigenmittelsystem: „Es [das Eigenmittelsystem] sollte gerecht, transparent, kosteneffizient und einfach sein. Die Verfolgung anderer Ziele, wie die Finanzautonomie, sollte diesen vier allgemein akzeptierten Zielen nicht abträglich sein".[104]

Aufgrund des politischen Charakters der EU, der weit über eine ausschließlich ökonomisch motivierte Zweckgemeinschaft hinausgeht, spielen neben den rein ökonomischen Anforderungen auch (gesellschafts-)politisch motivierte Vorstellungen eine bedeutende, wenn nicht sogar vorherrschende Rolle. Die Unterteilung in politische und ökonomische Kriterien bildet die Grundstruktur für die folgenden Ausführungen. Ergänzend wird zwecks einer besseren Operationalisierbarkeit der Kriterien auf grundlegende Anforderungen an ein rationales Einnahmensystem sowie auf die traditionellen finanzwissenschaftlichen Budgetgrundsätze bzw. Haushaltsgrundsätze eingegangen. Teilweise finden hier auch Aspekte Eingang, die man als verwaltungstechnische Kriterien bezeichnen könnte.[105] Dabei ist unbestritten, daß eine strikte Unterteilung in politisch und ökonomisch geprägte Kriterien aufgrund der zwischen beiden Kategorien bestehenden Interdependenzen nicht immer eindeutig möglich ist.[106] Dies gilt auch für die beiden ergänzenden Bewertungskategorien „Anforderungen an ein rationales Einnahmensy-

---

[104] Europäischer Rat (1999), S. 328, Ziffer 69.

[105] Die Dreiteilung der Kriterien in ökonomische, politische und verwaltungstechnische Kriterien findet sich z.B. bei Begg et al. (1997), S. 14–19, wobei diese Autoren allerdings teilweise eine andere Zuordnung vornehmen, als sie im Rahmen dieser Arbeit gewählt wird.

[106] Vgl. z.B. Prokop (1999), S. 102f.

stem" und die „Budgetgrundsätze". Beide verkörpern sowohl politisch als auch ökonomisch motivierte Zielsetzungen, beinhalten darüber hinaus aber auch juristische und „technische" Aspekte.[107] Darüber hinaus ist darauf hinzuweisen, daß zwischen den einzelnen Zielen horizontale Zielkonflikte auftreten können, so daß die simultanen Zielerreichungsmöglichkeiten eingeschränkt werden.[108] Allerdings dürfte ein Großteil der in der Realität vermeintlich zu beobachtenden Zielkonflikte auf einen nicht adäquaten Mittel- bzw. Instrumenteneinsatz zurückzuführen und damit prinzipiell lösbar sein.

Akzeptiert man die Dominanz der im politischen Prozeß formulierten Zielsetzungen, so müssen die ökonomischen Kriterien in erster Linie eine Differenzierungs- und Selektionsfunktion im Rahmen der Gesamtmenge der potentiell verfügbaren Instrumente erfüllen. In der Regel werden zwei Instrumente, die einen vergleichbaren Zielerreichungsgrad realisieren, mit unterschiedlichen Kosten im Sinne von Effizienzverlusten verbunden sein. In dieser Interpretation stellen ökonomische Effizienzkriterien somit eine wichtige Nebenbedingung für die geeignete Instrumentenauswahl dar. Werden sie vernachlässigt, so kann der Instrumenteneinsatz zur Verwirklichung der politischen Zielsetzungen mit Effizienzverlusten und Kosten verbunden sein, die letztlich kontraproduktiv sind und sogar den ursprünglichen Integrationsprozeß und seine gesellschaftspolitischen Ziele in Frage stellen können. Dies ist spätestens dann der Fall, wenn signifikante Teile der Gemeinschaft der Auffassung sind, daß die ökonomisch prinzipiell vermeidbaren Kosten den Nutzengewinn aus der Realisierung der politischen Ziele übersteigen.

3.2 Politische Zielsetzungen

Ein erstes Kriterium zur Beurteilung des Eigenmittelsystems der Europäischen Union stellt daher der Realisierungsgrad der finanzpolitischen Ziele

---

[107] Wie die ökonomische Analyse rechtlicher Regelungen zeigt, lassen sich jedoch viele der juristischen und technischen Regelungen auf einen „ökonomischen Kern" zurückführen, da sie im wesentlichen der Sicherung von Eigentumsrechten, der Senkung von Transaktionskosten sowie der Abschwächung des politökonomischen Moral Hazard Problems auf Seiten der politischen und bürokratischen „Agenten" dienen; vgl. zur ökonomischen Analyse des Rechts z.B. Kaplow/Shavell (1999), Posner (1998) und Cooter/Ulen (1997).

[108] Vgl. z.B. Streit (1991), S. 240–244.

dar, d.h. es ist der Frage nachzugehen, inwieweit das bestehende Finanzierungssystem die zugrundeliegenden finanzpolitischen Ziele[109] umsetzen und verwirklichen kann.

Die finanzpolitischen Ziele des Einnahmensystems der EU leiten sich grundsätzlich aus dem übergeordneten Gesamtzielsystem der Europäischen Union ab, wie es etwa im Vertrag über die Gründung der Europäischen Union (u.a. Art. 2 EU-Vertrag) und dem Vertrag zur Gründung der Europäischen Gemeinschaft (u.a. Art. 2 EG-Vertrag) zum Ausdruck gebracht wird und zu dessen Verwirklichung sie beitragen sollten.[110] Somit lassen sich die finanzpolitischen Ziele als klassische Zwischenziele im Rahmen vertikaler Zielbeziehungen interpretieren. Obwohl ein solches Vorgehen in der Praxis aufgrund möglicher Zielkonflikte und unklarer vertikaler Zielbeziehungen nicht unproblematisch ist und unabhängig davon, ob die bestehenden finanzpolitischen Ziele tatsächlich in einer direkten oder indirekten Beziehung zum übergeordneten Zielsystem der EU stehen, scheinen Aussagen hinsichtlich der finanzpolitischen Ziele der EU, die mit dem Eigenmittelsystem realisiert werden sollen, möglich zu sein. In der politischen Diskussion über eine geeignete Zielsetzung finden sich u.a. die folgenden weitgehend unwidersprochene Vorstellungen.

3.2.1 Autonome und ausreichende Eigenmittel

Zum einen wird ein von den einzelnen Mitgliedstaaten unabhängiges und autonomes Finanzierungskonzept für den EU-Haushalt gewünscht, das sicherstellen soll, daß die Gemeinschaft eine eigenständige und kontinuierli-

---

[109] Henke (1997), S. 49 sprich im Rahmen seiner Strukturierung der Anforderungen an ein rationales Einnahmensystem der EU auch von „integrationspolitischen Kriterien".

[110] Vgl. zum Zielsystem der Europäischen Union z.B. Meyer (2000), S. 133–145 und Walthes (1996), S. 57–67. Es sei darauf hingewiesen, daß die Erfüllung eines Großteils der (finanz)-politischen Ziele über die Ausgabenseite des EU-Haushaltes angestrebt wird und daher hier nur am Rande behandelt werden soll. Hierzu zählt z.B. die Verminderung regionaler Einkommensdisparitäten durch den Struktur- und Kohäsionsfonds.

che Politik und Aufgabenerfüllung verwirklichen kann.[111] Angesichts des kontinuierlich gestiegenen Integrationsgrades der Gemeinschaft, der deutlich über einen losen Zweckverbund von autonomen Nationalstaaten hinausgeht, sei dies eine notwendige Voraussetzung für unabhängiges politisches Handeln der supranationalen europäischen Ebene. Eloquent wird diese Position z.B. von der Europäischen Kommission vertreten, wenn diese darauf hinweist, daß „die Verwirklichung des Binnenmarktes, die Durchführung gemeinsamer Politiken, die eigenständige Position der Gemeinschaft gegenüber Drittländern – all dies ist nur der Tatsache zu verdanken, daß sie [die Europäische Gemeinschaft] über eigene finanzielle Mittel verfügen kann, die sie von den Mitgliedstaaten unabhängig macht“[112]. Demgegenüber wird befürchtet, daß bei einer durch die Mitgliedsländer kontrollierten „Beitragsfinanzierung“ im Sinne von Finanzzuweisungen die EU eine zu geringe Einnahmeautonomie hätte. Damit bestünde die Gefahr, daß Entscheidungen der EU in starkem Maße durch nationale Ziele und Interessen beeinflußt würden, was einer rationalen finanzpolitischen Willensbildung auf europäischer Ebene abträglich sei.[113] Der Übergang vom anfänglichen System expliziter Finanzbeiträge hin zum Eigenmittelsystem reflektierte genau diese Bestrebung hin zu einem höheren Autonomiegrad.

Allerdings wird das Ziel autonomer Einnahmen durch das gegenwärtig existierende Eigenmittelsystem nicht vollständig realisiert. Auch wenn nicht mehr von einer reinen Beitragsfinanzierung durch die Mitgliedstaaten gesprochen werden kann, wie sie etwa im Rahmen der Finanzierung internationaler Organisationen üblich ist[114], können die Regelungen des Eigenmittelsy-

---

[111] Europäische Kommission (1998a), S. 5. Vgl. Peffekoven (1984), S. 318–321 für eine Betrachtung der allgemeinen Ziele, die mit der Forderung eines Systems der „eigenen Mittel“ angestrebt werden.

[112] Europäische Kommission (1995a), S. 43. Kritischere Anmerkungen der Kommission bezüglich der erreichten Finanzautonomie der EU finden sich dagegen in Europäische Kommission (1998a), S. 8f.

[113] Vgl. Caesar (1992b), S. 54 sowie Caesar (1996a), S. 255. Zu den Voraussetzungen für eine eigenständige Politik gehören neben der Einnahmenautonomie auch Aspekte der Haushalts- und Haushaltsausführungsautonomie sowie der Ausgabenautonomie, vgl. Fugmann (1992), S. 73–78, der insgesamt von Finanzautonomie spricht. Da hier jedoch das Einnahmensystem der EU im Mittelpunkt steht, soll auf eine derart weit gefaßte Analyse an dieser Stelle verzichtet werden.

[114] Vgl. Peffekoven (1984), S. 316.

stems nicht als ein autonomes, von den Mitgliedstaaten unabhängiges Steuersystem interpretiert werden. Der teilweise von der Europäischen Kommission vorgenommene Interpretation, daß sich die Eigenmittel als Steuereinnahmen definieren lassen,[115] kann daher nicht gefolgt werden. Eine solche Sichtweise würde voraussetzen, daß die Gemeinschaft die Gestaltungskompetenz (Gesetzgebungshoheit), die Ertragskompetenz (Ertragshoheit) sowie die Verwaltungskompetenz (Durchführungshoheit) in hohem Maße auf sich vereinen könnte. Bereits ein oberflächlicher Blick auf die unterschiedlichen Eigenmittelarten zeigt jedoch, daß dies größtenteils nicht der Fall ist.[116]

Als relativ unproblematisch erweist sich dabei noch die Interpretation der traditionellen Eigenmittel als „echte" eigene Mittel. Hierbei hat die EU eine weitgehende Ertragskompetenz[117] und Gestaltungskompetenz[118]. Darüber hinaus setzt diese Eigenmittelquelle direkt bei den Transaktionen der Wirtschaftssubjekte an und belastet diese. Die Durchführungskompetenz liegt dagegen, wie bei den anderen Eigenmittelquellen auch, in den Händen der Mitgliedstaaten bzw. ihrer Verwaltungen. Letzteres ist allerdings nur von

---

[115] Vgl. Europäische Kommission (2000a), S. 16 sowie Europäische Kommission (1995a), S. 43. Allerdings relativiert die Kommission ihre Einschätzung an anderer Stelle wieder, vgl. hierzu Kraff (1997), S. 342 sowie Europäische Kommission (1998a), S. 9.

[116] Vgl. ausführlich Kraff (1997), S. 339–345.

[117] Die Ertragskompetenz der EU wird allerdings durch den von den Mitgliedstaaten einbehaltenen Pauschalbetrag in Höhe von 25 % beeinträchtigt. Solange diese aus Vereinfachungsgründen einbehaltene Pauschale ein näherungsweise korrektes Substitut für die tatsächlich entstehenden Erhebungskosten ist, könnte man von einer alleinigen Ertragskompetenz sprechen. Diese dürfte der Fall gewesen sein, so lange die Erhebungskostenpauschale 10 % der traditionellen Eigenmittel betrug. ähnlich z.B. auch Messal (1989), S. 129f. Die Erhöhung der Erhebungskostenpauschale durch den derzeitig gültigen Eigenmittelbeschluß auf 25 % legt aber nahe, daß man hier nicht mehr von einer alleinigen Ertragskompetenz sprechen kann, da die tatsächlichen Kosten – wie zu vermuten ist – drastisch überschätzt werden. Somit fließt ein Teil der Zolleinnahmen zur „freien" Verwendung an die Haushalte der Mitgliedstaaten.

[118] Da der Rat über wesentliche Teile der Handelspolitik und der Agrarpolitik entscheidet, hängt die Interpretation der Gestaltungskompetenz davon ab, ob man den Rat schwerpunktmäßig als eine europäische Institution mit eigenständigen Zielen auffaßt, oder ihn als Sprachrohr und Koordinierungsinstrument der Interessen der Mitgliedstaaten sieht, vgl. hierzu auch Kraff (1997), S. 340.

sekundärer Bedeutung, so daß die traditionellen Eigenmittel am ehesten als steuerähnliche Eigenmittel der EU charakterisiert werden können.[119]

Bezüglich der MwSt.- und BSP-Eigenmittel hat sich dagegen in weiten Teilen der Literatur und auch der europäischen Institutionen die Auffassung durchgesetzt, daß es sich hierbei de facto um Finanzbeiträge handelt.[120] Als Begründung wird vor allem angeführt, daß es den Mitgliedstaaten freigestellt sei, wie sie die abzuführenden Mittel aufbringen. Damit werden die Bürger nur mittelbar zur Finanzierung herangezogen.

Als Voraussetzung für tatsächliche Eigenmittel wird dagegen gefordert, daß diese unmittelbar von Einzelpersonen oder Unternehmen aufgebracht werden, so daß ein direkter Bezug zwischen den Wirtschaftssubjekten und der EU-Ebene besteht, und daß sie nur den Beschlüssen der Europäischen Union (und nicht denen der Mitgliedstaaten) unterliegen.[121] In Kontrast zur o.g. Sicht der Kommission liegt dementsprechend eine echte Steuerfinanzierung der EU erst dann vor, wenn die EU das Recht erhält, selbständig bei natürlichen oder juristischen Personen Zwangsabgaben ohne Anspruch auf Gegenleistung zu erheben.[122] Bezüglich der MwSt.-Eigenmittel war eine derartige Weiterentwicklung ursprünglich in Erwägung gezogen worden; sie wurde dann aber aufgrund der nicht ausreichenden Harmonisierung der nationalen Regelungen

---

[119] Vgl. auch Caesar (1996b), S. 149 und Europäisches Parlament (1999b), S. 14.

[120] Vgl. u.a. Kraff (1997), S. 339–345 und S. 358ff., Friedmann (1996a), S. 22f., Walthes (1996), S. 206–211, Peffekoven (1994), S. 59 und S. 69, Seidel (1992), S. 216ff., Caesar (1992b), S. 54, Caesar (1990), S. 58ff., Strasser (1992), S. 96–99 und Messal (1989), S. 137f. Auch Henke (1988), S. 140 vertritt diese Position, obwohl er bezüglich der BSP-Eigenmittel von einer „Sozialproduktsteuer“ spricht. Für die Einschätzung durch die europäischen Institutionen sei exemplarisch verwiesen auf Europäisches Parlament (1999b), S. 15 und Europäischer Rechnungshof (1998b), S. 61.

[121] Vgl. Kraff (1997), S. 358f. und Caesar (1990), S. 59. Inhaltlich praktisch identisch sind die Anforderungen von Strasser (1992), S. 96, der zu folgender Definition gelangt: „Eigene Mittel der Europäischen Gemeinschaften sind Abgaben (Steuern), die vom europäischen Abgabepflichtigen unmittelbar gezahlt werden, als Einnahmen in den Gesamthaushaltsplan der Europäischen Gemeinschaften eingestellt werden und in den Haushaltsplänen der Staaten, die die Europäischen Gemeinschaften bilden, nicht mehr erscheinen.

[122] Vgl. Kraff (1997), S. 359 und Caesar (1990), S. 60 unter Verweis auf Schmölders/Hansmeyer (1980), S. 64.

wieder verworfen.[123] Statt dessen stellt die Begrenzung der MwSt.-Bemessungsgrundlage auf 50 % des jeweiligen nationalen BSP eine gegensätzliche Entwicklung dar und verstärkt den Finanzbeitragscharakter dieser Eigenmittelquelle.[124] Die Charakterisierung der MwSt.-Eigenmittel als reine Finanzbeiträge wird auch daran deutlich, daß Veränderungen im MwSt.-Eigenmittelsatz keinerlei Auswirkungen auf die nationalen Mehrwertsteuersätze haben. Die individuelle Steuerbelastung der Bürger reagiert somit nicht auf Veränderungen in der Struktur der MwSt.- und BSP-Eigenmittel.[125]

Darüber hinaus wird bezüglich der BSP-Eigenmittel angeführt, daß Haushaltsüberschüsse auf das nächste Jahr übertragen werden und so die dann aufzubringenden BSP-Eigenmittel reduzieren. Dies käme einer „Erstattung“ ungenutzter Einnahmemittel gleich, die mit der Philosophie der Eigenmittel nur schwer vereinbar sei.[126] Letztlich orientieren sich die erforderlichen Finanzmittel, ähnlich wie im System expliziter Finanzbeiträge der Anfangsphase, an den zu tätigenden Ausgaben. Etwaige Einnahmenüberschüsse fließen daher an die Mitgliedstaaten zurück bzw. werden mit zukünftigen Zahlungen verrechnet. Auch die Europäische Kommission vertritt bezüglich Interpretation der Eigenmittel inzwischen keine einheitliche Meinung mehr und erkennt zumindest tendenziell die Interpretation der Eigenmittel als Finanzbeiträge an, wenn sie in der Agenda 2000 feststellt, daß „... sowohl BSP- als auch MwSt.-Beiträge (...) von den Mitgliedstaaten generell eher als Mitteltransfers zu Lasten der nationalen Haushalte denn als echte Eigenmittel der Gemeinschaft angesehen [werden]“.[127]

Diese Sichtweise der Mitgliedsländer begünstigt einen langwierigen finanzpolitischen Hauptkonflikt im Rahmen des Eigenmittelsystems: die Diskussion um die Nettofinanzierungslasten der Mitgliedstaaten. Diese Diskussion wird maßgeblich von der Interpretation der Eigenmittel als nationale Finanzbeiträge motiviert. Wären die Einnahmen der EU tatsächlich „eigene

---

[123] Vgl. Europäischer Rechungshof (1998b), S. 61. Ein entsprechender Vorschlag war von der Kommission im Jahre 1987 gemacht worden.

[124] Vgl. auch Europäischer Rechungshof (1998b), S. 62.

[125] So auch Smith (1992), S. 116.

[126] Vgl. Kraff (1997), S. 343.

[127] Europäische Kommission (1997a), S. 98. Ähnlich auch Europäische Kommission (1998), S. 8f.

Mittel", auf die die Mitgliedstaaten keinen juristisch und ökonomisch berechtigten Anspruch hätten, so würde sich das Problem in der gegenwärtigen Form nicht stellen. Die Aussage, daß ein Mitgliedstaat insgesamt zu hohe (oder zu niedrige) finanzielle Lasten im Verhältnis zu seinem relativen Wohlstand zu tragen hat, macht nur solange Sinn, wie er auf eigentlich ihm zustehende Mittel verzichtet bzw. verzichten muß. Zwar kann nicht ausgeschlossen werden, daß auch in einem System echter eigener Mittel ein Dissens über die Verteilung der finanziellen Lasten bestünde, allerdings wären die Hauptbeteiligten vermutlich nicht mehr die Nationalstaaten sondern statt dessen begünstigte oder nicht begünstigte Regionen, Wirtschaftsbranchen oder gar einzelne Individuen. Dies hätte den großen Vorteil, daß auch auf der Einnahmenseite der Europäischen Union eine deutlich sichtbare Beziehung zwischen den aufzubringenden Finanzmitteln und den davon betroffenen Wirtschaftssubjekten zu erkennen wäre, ähnlich wie es auf der Ausgabenseite seit Jahren der Fall ist.

Aus politökonomischer Sicht könnte daraus auf der Finanzierungsseite ein signifikantes Interessen-Gegengewicht zur „Ausgabenlobby" in der EU entstehen mit der Folge einer deutlich gebremsten Ausgabendynamik. Einschränkend muß allerdings angefügt werden, daß dieser Effekt stark von der Form der potentiellen autonomen Einnahmenquelle abhängt. Bei einer allgemeinen Steuer mit breiter Bemessungsgrundlage wäre er vermutlich aufgrund der schlechten Organisationsfähigkeit einer großen Gruppe und der individuell nur geringen Steuerbelastung nicht besonders ausgeprägt.

Schließlich stellt sich die Frage, inwieweit man der EU-Ebene überhaupt eine eigenständige Entscheidungskompetenz bezüglich ihrer Einnahmen zusprechen kann, wenn man die maßgebliche Institution, den Rat der EU, als Entscheidungsorgan der Mitgliedstaaten interpretiert, das durch die Interessen der Mitgliedstaaten dominiert wird und diese in Einklang bringen muß. Da die Mitgliedstaaten im Rat einstimmig über jeden neuen Eigenmittelbeschluß entscheiden müssen und dieser zudem durch die nationalen Parlamente ratifiziert werden muß, bestimmen letztlich sie über die Art und das maximale Volumen der Finanzierung der EU.[128]

Ungeachtet dieser Einschränkungen wird dem bestehenden Einnahmensystem allerdings insofern der Charakter „eigener" Mittel zuerkannt, als die

[128] Vgl. Heckel (1998), S. 52f. sowie Kraff (1997), S. 339f.

jeweiligen Beträge der MwSt.-/BSP-Eigenmittel automatisch jeden Monat von den Mitgliedstaaten auf das Konto der EU überwiesen werden und somit in die Verfügungsgewalt der Gemeinschaft übergehen. Unabhängig von einer juristisch stringenten Interpretation besteht damit de facto eine ausreichende ökonomische Unabhängigkeit der europäischen Ebene zumindest jeweils solange, bis die Mitgliedstaaten durch den Rat einen neuen Eigenmittelbeschluß beschließen. Das nachhaltige Zurückhalten von Zahlungen an die supranationale Ebene, wie es bei anderen internationalen Organisationen teilweise vorkommt,[129] würde im Falle der EU eine massive Vertragsverletzung darstellen, gegen die – nicht zuletzt vor dem Europäischen Gerichtshof – ausreichende Sanktionsmaßnahmen bestünden. Darüber hinaus kann ein solches Verhalten auch angesichts des hohen Integrationsgrades innerhalb der Union praktisch als ausgeschlossen gelten.

Abschließend sei darauf hingewiesen, daß eine erhöhte Einnahmenautonomie nicht zwangsläufig zu besseren – weil unabhängigeren – Politikentscheidungen führen muß, wie eingangs argumentiert wurde. So verweisen einige Autoren darauf, daß unter Public-Choice-Aspekten eine Beitragsfinanzierung aufgrund der damit verbundenen stärkeren Budgetrestriktion positiv zu beurteilen sei.[130] Das gegenwärtige Beitragsfinanzierungssystem interpretieren sie als labiles, nicht-institutionalisiertes Steuerkartell im Sinne der Überlegungen von Brennan/Buchanan (1980), das eine übermäßige Ausweitung des Finanzrahmens der EU verhindere.[131] Angesichts der mangelnden direkten Einbeziehung der Bürger in die Entscheidungs- und Kontrollmechanismen auf europäischer Ebene schließen sie daraus, daß eine weiterreichende Einnahmenautonomie derzeit nicht angestrebt werden sollte.[132] Letztlich würde eine erhöhte finanzielle Autonomie im gegenwärtigen System auch eine erhöhte politische Unabhängigkeit von den europäischen Bürgern bedeuten, die kaum über wirksame direkte Sanktionsmechanismen im Falle von Fehlentwicklungen verfügen. Von daher erscheint das bestehende Eigenmittelsystem der europäischen Ebene eine ausreichende finanzi-

---

129 Vgl. Peffekoven (1981), S. 26. Ein Beispiel sind die Beitragsrückstände der USA bei den Vereinten Nationen.

130 Caesar (1996a), S. 257 und ähnlich Folkers (1995), S. 99.

131 So etwa Henke/Perschau (1999), S. 32. Vgl. auch die Ausführungen in Abschnitt 3.3.

132 So z.B. Henke/Perschau (1999), S. 24.

elle Unabhängigkeit zuzubilligen, ohne es gleichzeitig zu einer Art „Selbstbedienungsladen" für die politischen Vorstellungen europäischer Politiker und Bürokraten werden zu lassen.

Mit dem Autonomieaspekt einher geht die Forderung nach einer ausreichenden finanziellen Ausstattung der Europäischen Union zur Erfüllung ihrer Aufgabenbereiche. Obwohl die finanzpolitische Handlungsfähigkeit in den 90er Jahren nie gravierend durch eine potentielle Mittelknappheit gefährdet war,[133] spiegeln sich in dieser Forderung vor allem die traumatischen Erfahrungen der 80er Jahre wider, als die Gemeinschaft aufgrund von Haushaltsproblemen teilweise wie gelähmt war.[134] Nach Ansicht der Europäischen Kommission hat sich das gegenwärtige Eigenmittelsystem bezüglich einer ausreichenden Mittelaufbringung daher bewährt.

3.2.2 Gerechte Lastenverteilung zwischen den Mitgliedstaaten und Solidaritätsziel

Zum anderen wird – im Sinne eines distributiven Kriteriums – eine „gerechte" Lastenverteilung zwischen den EU-Mitgliedstaaten angestrebt.[135] Im Vertragswerk kommt dieser Gedanke in Form des Solidaritätsprinzips zum Aus-

---

[133] Lediglich im Haushaltsjahr 1993 stellte die damalige Eigenmittelobergrenze von 1,20 % des BSP eine gewisse Restriktion dar, vgl. Europäische Kommission (1998a), S. 6.

[134] Vgl. z.B. Strasser (1991), S. 36. Teilweise wird das Kriterium der Finanzierbarkeit auch den ökonomischen Anforderungen zugerechnet, vgl. z.B. Prokop (1999), S. 105f. Aufgrund der politischen Dimension des Konsensfindungsprozesses bezüglich der Finanzierungsbereitschaft der Mitgliedstaaten, insbesondere wenn man die Diskussion um die Nettozahlerpositionen verfolgt, wird dieser Zuordnung hier jedoch nicht gefolgt. Ökonomische Kriterien nehme dagegen bei der Frage nach der sinnvollen Kompetenzzuordnung auf die europäische, nationale sowie regionale Ebene eine zentrale Rolle ein, vgl. hierzu den nachfolgenden Abschnitt 3.3.

[135] Vgl. z.B. Padoa-Schioppa et al. (1987), S. 89f. Teilweise werden distributiv motivierte Bewertungskriterien in der Literatur nicht zu den politischen sondern zu den ökonomischen Kriterien gerechnet, so z.B. Henke (1997), S. 49 und Begg et al. (1997), S. 14–17. Dieser Vorgehensweise soll hier jedoch nicht gefolgt werden, da Gerechtigkeitsüberlegungen, insbesondere dann, wenn sie Aussagen über Ergebnisgerechtigkeit beinhalten, auf Werturteilen basieren, die das Ergebnis gesellschaftlicher und politischer Prozesse sind und zu deren Begründung die ökonomische Analyse nur sehr eingeschränkt beitragen kann.

druck.[136] Allerdings handelt es sich dabei um ein unbestimmtes und nur schwer zu operationalisierendes Konzept, das im Kontext der EG niemals deutlich definiert, geschweige denn gemeinsam festgelegt worden ist.[137] Darüber hinaus bleibt unklar, was mit einer „gerechten“ Lastenverteilung zwischen den Mitgliedstaaten gemeint ist, wenn man der Entität Staat keinen eigenständigen Wert beimißt, sondern statt dessen ausschließlich die Präferenzen der Individuen zugrunde legt.[138] Eine „gerechte“ Lastenverteilung kann sich dann immer nur auf die Kosten und Nutzenwirkungen bei den betroffenen Wirtschaftssubjekten beziehen. Damit beinhaltet eine aggregierte Beurteilung der Lastenverteilung, abgesehen von der grundsätzlichen Problematik interpersoneller Nutzenvergleiche, besondere Probleme, da letztlich die Auswirkungen auf die (personelle) Einkommensverteilung in jedem Mitgliedstaat mitberücksichtigt werden müßten. Eine tatsächlich „gerechte“ Lastenverteilung“ zwischen den Mitgliedstaaten setzt somit voraus, daß die einzelwirtschaftliche Belastung der Bürger diesem Kriterium folgt. Da die Mitgliedstaaten jedoch weitgehend frei in ihren Entscheidungen sind, wie sie die an die EU abzuführenden Mittel aufbringen und zudem die Ausgaben gravierende sektor- und branchenspezifische Schwerpunkte aufweisen, kann eine europaweit horizontal gerechte Lastenverteilung auf der Ebene der Individuen im gegenwärtigen System nicht garantiert werden. Gegen eine europaweit gerechte horizontale Belastung auf der Ebene der Individuen spricht zudem die Tatsache, daß die nationalen Steuersysteme, aus denen die Beitragszahlungen der Mitgliedstaaten finanziert werden, jeweils unterschiedliche Progressionsverläufe aufweisen, so daß sich Wirtschaftssubjekte mit vergleichbarem Einkommen einer unterschiedlichen Steuerbelastung ausgesetzt sehen, je nachdem in welchem Mitgliedstaat sie sich aufhalten. So ist es wenig verwunderlich, daß die unterschiedlichen Mitgliedstaaten diver-

---

[136] Art. 1 Absatz 3 EU-Vertrag definiert als eine Aufgabe der Union, „... die Beziehungen zwischen den Mitgliedstaaten sowie zwischen ihren Völkern kohärent und solidarisch zu gestalten“. Eine inhaltlich ähnliche Formulierung findet sich auch in Art. 2 EG-Vertrag. Vgl. zum Solidaritätsprinzip im Vertragswerk der Europäischen Union auch Heinemann (1995), S. 14f. Ähnlich auch Caesar (1998), S. 126f., der auf die Bedeutung distributiver Motive bei allen wesentlichen Vertragsänderungen hinweist.

[137] Vgl. Europäische Kommission (1993), S. 101.

[138] Auf dieses Problem weist implizit auch Caesar (1996b), S. 167 hin.

gierende Auffassungen darüber haben, wie eine „gerechte“ Aufteilung der Finanzierungslasten auszusehen hat.

Im Rahmen einer weitgefaßten Interpretation umfaßt die distributive Zielsetzung auch das in Artikel 158 EG-Vertrag verankerte Kohäsionsziel und seine Implikationen für das Eigenmittelsystem. Nach Artikel 158 EG-Vertrag setzt sich die Gemeinschaft zum Ziel, „die Unterschiede im Entwicklungsstand der verschiedenen Regionen und den Rückstand der am stärksten benachteiligten Gebiete (...) zu verringern“ und strebt somit eine Verringerung der sozioökonomischen Disparitäten zwischen den Mitgliedstaaten an. Auch wenn diesbezüglich das Hauptaugenmerk auf der Ausgestaltung der Ausgabenseite liegt, etwa in Form der Struktur- und Kohäsionsfonds, muß je nach Intensität, mit der dieses Verteilungsziel verfolgt wird, mit mehr oder weniger starken Auswirkungen auf die Finanzierungsseite des EU-Haushaltes gerechnet werden. Sollte es langfristig nicht zu einem Abbau der räumlichen Einkommens- und Entwicklungsdisparitäten durch Marktprozesse kommen, so könnte daraus ein verstärkter Umverteilungsdruck innerhalb der EU resultieren.[139]

Als ein mögliches und in der Diskussion über das Eigenmittelsystem häufig anzutreffendes Bewertungskriterium für eine „gerechte“ Lastenverteilung hat sich die folgende Position herauskristallisiert: Die Finanzierungslast der europäischen Ebene sollte auf die einzelnen Mitgliedstaaten entsprechend ihrem relativen Wohlstand verteilt werden, wobei als Wohlstandsindikator das Bruttosozialprodukt pro Kopf oder ähnliche makroökonomische Pro-Kopf-Aggregate in den Vordergrund gerückt sind.[140] Die Europäische Kommission spricht in diesem Zusammenhang auch von horizontaler Gleichheit der Mitgliedstaaten in bezug auf ihre Beitragskapazität als sehr wichtigem Kriterium, in dem Sinne, daß Mitgliedstaaten mit vergleichbarer Beitragskapazität

---

[139] Vgl. Thomas, I. (1997), S. 7f. Allerdings zeigt Thomas, I. (1997), S. 114–160 anhand empirischer Untersuchungen, daß man auf der Ebene der Mitgliedstaaten von einer Konvergenz der Pro-Kopf-Einkommen in der EU ausgehen kann. Auf regionaler Ebene allerdings ist der Konvergenzprozeß deutlich schwächer ausgeprägt

[140] Vgl. z.B. Häde (1996), S. 482 und Europäische Kommission (1993), S. 85. „Verteilungsgerechtigkeit erfordert zumindest eine proportionale Verteilung, d.h. der Anteil eines Landes an den Gemeinschaftseinnahmen soll seinem Pro-Kopf-Einkommen entsprechen“. Ähnlich auch die Forderung von Henke (1997).

auch gleiche Beiträge leisten.[141] Allerdings ist damit noch nicht (völlig) geklärt, ob man nur auf die Einnahmenseite des EU-Haushaltes abstellt, oder – wie oft in der politischen Diskussion – Nettofinanzierungssalden meint, die sich als Differenz der Zahlungen an die EU und den erhaltenen Rückflüssen ergeben.[142]

Ebenso beinhaltet diese Position noch keine konkrete Aussage über die gewünschte Intensität der distributiven Maßnahmen, etwa in Form einer proportionalen oder progressiven Ausgestaltung des Steuer- bzw. Beitragsatzes. Das Ausmaß des mit dem Solidaritätsgedanken verbundenen zwischenstaatlichen Ressourcentransfers stellt einen permanenten Diskussionspunkt zwischen den Mitgliedstaaten dar. So hat im Vorfeld der Verabschiedung der Agenda 2000 und des neuen Eigenmittelbeschlusses Spanien im Juli 1998 mit Unterstützung von Griechenland und Portugal die Einführung progressiver Elemente in das Eigenmittelsystem gefordert, um Aspekte der „vertikalen Gleichheit“ zu berücksichtigen, während Mitgliedstaaten mit einem höheren Pro-Kopf-Einkommen tendenziell zu proportionalen oder gar degressiven Beiträgen neigen.[143] Von der Kommission wurde dieser Vorschlag u.a. mit der Begründung abgelehnt, daß das Solidaritätskriterium über eine Progression auf der (zweckgebundenen) Ausgabenseite praktiziert werde.[144] Allerdings nähert sich die Kommission mit diesem Argument inhaltlich zumindest implizit der Debatte über die Nettohaushaltspositionen, da sie eine simultane Betrachtung der Einnahmen- und Ausgabenseite in Abhängigkeit des relativen Wohlstandes vornimmt.

Im Zusammenhang mit den verteilungspolitischen Zielen vertreten einige Autoren darüber hinaus die These, daß dem EU-Budget eine politisch ge-

---

[141] Europäische Kommission (1998a), S. 13.

[142] Auf den Zusammenhang von Nettofinanzierungssaldo und Pro-Kopf-Einkommen stellen beispielsweise Padoa-Schioppa et al. (1987), S. 107f. und Anhang D (S. 150–161) ab.

[143] Europäische Kommission (1998a), S. 13–16. Spanien forderte bereits in früheren Jahren eine stärkere zwischenstaatliche Umverteilung auf EU-Ebene, vgl. Bowles/Jones (1991).

[144] Europäische Kommission (1998a), S. 16 und Anhang 7. Ein weiterer Nachteil einer einnahmenseitigen Progression sei, daß die weniger wohlhabenden Mitgliedstaaten eigenständig über die im Vergleich zum Status quo „eingesparten“ Mittel verfügen könnten. Daher würden Investitionen weniger gefördert werden als im gegenwärtigen System mit einer ausgabenseitiger Progression, das nicht Mitgliedstaaten insgesamt, sondern nur einzelne besonders förderungswürdige Regionen unterstütze.

wollte Kompensationsfunktion für die „Verlierer der Integration“ zukomme, damit diese dem weiteren Integrationsprozeß zustimmen.[145] Insbesondere Folkers (1995, S. 92f.) weist darauf hin, daß die zunehmende europäische Integration angesichts der heterogenen Wirtschaftsstrukturen der Mitgliedstaaten keine pareto-superiore Entwicklung darstelle, so daß einzelne Mitgliedsländer für die aus der zunehmenden Integration resultierenden Nachteile entschädigt werden müßten, damit sie einer kooperativen Lösung zustimmen. Das entscheidende Kriterium zur Beurteilung der Politik der EU sei daher nicht der traditionelle, statisch-allokative Effizienzbegriff, sondern das Konzept der Integrationseffizienz, d.h. es sei der Frage nachzugehen, inwieweit die durch den Haushalt finanzierten Aktivitäten integrationsfördernd wirken.[146] Mit zunehmender Integration, mit dem Beitritt neuer Mitgliedstaaten sowie mit der damit verbundenen stärkeren Heterogenität der Wirtschaftsstrukturen seien daher steigende Kompensationsleistungen erforderlich.

Neuere empirische Untersuchungen zeigen allerdings, daß die innereuropäische Umverteilung, gemessen anhand der Nettofinanzierungspositionen der Mitgliedstaaten, sich weniger am relativen Wohlstand oder der Wirtschaftskraft der Länder orientiert, sondern daß es statt dessen zu einer „Ausbeutung“ der großen durch die kleinen Mitgliedstaaten kommt, die ihre Ursache im wesentlichen an einer von der Bevölkerungszahl abweichenden Stimmengewichtung im Rat hat.[147]

---

[145] Folkers (1995), S. 90–96, Caesar (1998), S. 136ff. und Heinemann (1999), S. 3. Zurecht weist Heinemann jedoch darauf hin, daß es äußerst fraglich ist, ob sich überhaut Verlierer der Europäischen Integration finden lassen; ähnlich auch Henke/Perschau (1999), S. 36. Thomas, I. (1997), S. 239 kommt zu dem Ergebnis, daß keine (ökonomische) Notwendigkeit für eine derartige Kompensation der armen Länder (als angebliche Integrationsverlierer) durch die reichen Länder (als angebliche Integrationsgewinner) zur Erreichung eines optimalen Integrationsgrades bestehe.

[146] Folkers (1995), S. 94ff., der jedoch darauf hinweist, daß die Durchführung und Umsetzung der Kompensationsfunktion mit gravierenden Problemen behaftet sei.

[147] Vgl. ausführlich Rolle (2000) und Rolle (1999) sowie Caesar (1998), S. 137. Ähnlich auch Homburg (1997), S. 72. Die These von der „Ausbeutung der Großen durch die Kleinen“ geht zurück auf Olson (1965), S. 29; vgl. für die Übertragung auf Bündnisse von Staaten auch Olson/Zeckhauser (1966).

Unabhängig von den faktischen Motiven und Ursachen der Umverteilung im Status quo hat die Europäische Union inzwischen einen Integrationsgrad erreicht, bei dem zwischenstaatliche Transfers politisch erwünscht bzw. als erforderliche Bedingung einer Konsensfindung anzusehen sind und somit ein Ziel des gemeinsamen Haushaltes darstellen. Strittig ist dagegen in erster Linie das Niveau und die Art der Umverteilungsmaßnahmen.

Ersetzt man das in den bisherigen Ausführungen implizit unterstellte Leistungsfähigkeitsprinzip[148] durch das Äquivalenzprinzip, so resultieren völlig anderslautende Forderungen hinsichtlich einer „gerechten Lastenverteilung". Nach letzterem wäre des Eigenmittelsystem dann „gerecht" ausgestaltet, wenn sich jeder Mitgliedstaat entsprechend den von ihm in Anspruch genommenen (öffentlichen) Leistungen an der Finanzierung des EU-Haushaltes beteiligen würde.[149] Allerdings spielt das zentrale Element des Äquivalenzprinzips, die Bereitstellung öffentlicher Güter, im Rahmen der EU-Finanzen nur eine sekundäre Rolle, so daß das Äquivalenzprinzip angesichts der politischen Vorgaben letztlich keine geeignete normative Grundlage darstellt.[150] Die europäischen öffentlichen Güter, insbesondere der Binnenmarkt, könnten auch aus einem deutlich geringeren Haushaltsvolumen finanziert werden. Zudem steht einer strikten Anwendung des Äquivalenzprinzips die Tatsache im Wege, daß die Kosten und Nutzenwirkungen der Mitgliedschaft in der Europäischen Union in ihrer Gesamtheit nur unzulänglich monetär bewertbar sind, da sie nicht ohne weiteres auf entsprechende Indikatoren zurückgeführt werden können.[151] Eine ausschließliche Betrachtung der Nettofinanzierungsströme als Kosten-Nutzen-Indikator der Mitgliedschaft greift jedenfalls zu kurz.

---

[148] Auf europäischer Ebene spricht man statt von der Leistungsfähigkeit oft auch von der „Beitragskapazität" der Mitgliedstaaten.

[149] Vgl. u.a. Böker (1994), S. 36. Dabei kann man zwischen „Nutzenäquivalenz" und „Kostenäquivalenz" unterscheiden; vgl. Seidel (1992), S. 57 und Peffekoven (1981), S. 19.

[150] Folkers (1995), S. 100. Statt dessen haben die Transaktionen des EU-Haushalts vor allem den Charakter von Transfers und Subventionen.

[151] Vgl. z.B. Thomas, I. (1997), S. 242, Seidel (1992), S. 57 sowie Peffekoven (1981), S. 19f. Dieser Kritikpunkt trifft auch auf den Vorschlag von Folkers (1995) S. 100–103 zu, der eine simultane Betrachtung der Nettofinanzierungspositionen und der integrationsbedingten marginalen Wohlfahrtsgewinne und –verluste zur Beurteilung des EU-Haushaltes anstrebt. Danach sollte der Nettofinanzierungssaldo die Wohlfahrtseffekte der Integrationsmaßnahmen gerade ausgleichen.

Hinter der Forderung einer „gerechten“ Lastenverteilung können sich somit die unterschiedlichsten Konzepte und Vorstellungen mit jeweils anderslautenden Implikationen für die gewünschte Finanzverfassung der Europäischen Union verbergen. Dennoch soll trotz aller Unschärfe und mangelnden Abgrenzung der auf dem Solidaritätsziel basierende Umverteilungsgedanke im weiteren als ein Kriterium gelten.

Gegebenenfalls führt der vermutete Kompensationsbedarf im Rahmen der finanzpolitischen Ziele auch zu Sonderregelungen im Sinne politisch erforderlicher Nebenbedingungen. Dies ist beispielsweise dann der Fall, wenn im Falle der Nichtbeachtung solcher Ausnahmeregelungen ein Konsens zwischen den beteiligten Staaten nicht zu erwarten ist und dadurch eventuell das gesamte System in seiner Funktionsfähigkeit beeinträchtigt werden könnte.[152] Sollte dies der Fall sein, so ist nach einer möglichst effizienten Ausgestaltung der Sonderregelung zu streben, um die damit verbundenen Wohlfahrtsverluste möglichst gering zu halten. Insgesamt wird sich das gegenwärtige Einnahmensystem also u.a. daran messen lassen müssen, inwieweit es die politischen Zielvorgaben adäquat umzusetzen vermag.

Abschließend sei darauf hingewiesen, daß die beiden hier behandelten politischen Zielsetzungen – autonome Einnahmen und eine gerechte Lastenverteilung – durch eine potentielle Konfliktsituation im Sinne unvereinbarer horizontaler Zielbeziehungen charakterisiert sind. Das Streben nach möglichst autonomen Einnahmequellen steht in klarem Widerspruch zu einer am BSP oder BIP orientierten Lastenverteilung.[153] Letztere läßt sich faktisch nur in einem System von Finanzbeiträgen realisieren, da ein identisches Aufkommen durch andere Steuer- oder Einnahmequellen als äußerst unwahrscheinlich erachtet werden muß, bzw. sich nur durch komplizierte Korrekturmechanismen und Ausgleichszahlungen realisieren ließe. Dieser Tradeoff zwischen den politischen Zielsetzungen bliebe auch dann bestehen, wenn man – was für die nähere Zukunft als äußerst unwahrscheinlich erscheint – von einer Betrachtung der Nationalstaaten auf eine einzelwirtschaftliche Betrachtung der Wirtschaftssubjekte übergeht. Zwar ließe sich das Autonomieziel vergleichsweise einfach durch eine eigenständige EU-Steuer erreichen,

---

[152] So weist etwa Henke (1997), S. 49 auf die Konsensfähigkeit des Eigenmittelsystems als (integrations-)politisches Kriterium hin.

[153] Ähnlich auch Genser (1997), S. 110f.

wie sie häufig und in vielfältigen Varianten diskutiert wird.[154] Die einzige Steuer, die einen direkten Bezug zum individuellen Leistungsfähigkeitsprinzip hätte, die Einkommensteuer, ist jedoch aufgrund ihrer stark heterogenen Ausgestaltung in den einzelnen Mitgliedstaaten und ihrer jeweiligen nationalen Bedeutung ein denkbar ungeeigneter Kandidat für eine EU-weite Harmonisierung, die für eine unionsweite Erhebung unabdingbar wäre. Unter Berücksichtigung dieser Gesichtspunkte erscheint mittelfristig eine stärkere Orientierung am BSP der Mitgliedstaaten als realisierbare Second-Best-Lösung für die politischen Zielsetzungen. Zwar resultiert nicht notwendigerweise eine „gerechte" Lastenverteilung auf individueller Ebene der Wirtschaftssubjekte, allerdings behalten die Mitgliedstaaten im Vergleich zu einer direkten EU-Steuer einen zusätzlichen Freiheitsgrad, wie sie die abzuführenden Eigenmittel gemäß ihren unterschiedlichen nationalen Steuer-Präferenzen finanzieren wollen.[155] Unter der Annahme, daß der politische Prozeß in den Mitgliedsländer nicht völlig versagt, erscheint dies eine adäquate Lösung zu sein. Das Autonomiekriterium eines solchen Systems wäre mit dem Status quo vergleichbar und aus Sicht des Verfassers somit ausreichend.

---

154 Ein Vorstoß in diese Richtung wurde beispielsweise im Sommer 2001 mit Beginn der belgischen Ratspräsidentschaft vom belgischen Finanzminister Didier Reynders gemacht. Vgl. zur Diskussion um eine eigenständige EU-Steuer Europäische Kommission (1998a), Anhang 2 und Begg et al. (1997), S. 24–73. Als mögliche neue „eigene" EU-Steuern werden behandelt: eine CO_2-Steuer/Energie-Steuer, eine modulierte MwSt., Verbrauchsteuern auf Tabak, Alkohol und Mineralöl, eine Körperschaftsteuer, Besteuerung von Verkehrs und Telekommunikationsdienstleistungen, eine Einkommensteuer, eine Quellensteuer auf Zinserträge sowie die EZB-Seigniorage. Dabei muß es sich nicht immer um eine neu konzipierte Steuer handeln. Vielmehr ist teilweise an einen Aufschlag auf die bestehenden nationalen Steuern gedacht.

155 Vgl. zur Begründung einer europäischen „Steuervielfalt" z.B. Cnossen (1990), S. 473ff. sowie Caesar (1996b), S. 164 und Henke/Perschau (1999), S. 32.

3.3 Ökonomische Zielsetzungen und Bewertungskriterien auf Basis der Theorie des fiskalischen Föderalismus

Neben den politischen Kriterien stellen ökonomische Effizienzkriterien die zweite wichtige Anforderungskategorie zur Beurteilung des Eigenmittelsystems dar. Den theoretischen Ausgangspunkt für die Ableitung eines effizienzorientierten Anforderungskatalogs bildet die ökonomische Theorie des Föderalismus, die der Frage nach einer effizienten Finanzverfassung föderal gegliederter Staatsgebilde nachgeht.[156] Auch wenn sich die Europäische Union derzeit noch in einem präföderalen Stadium befindet, so lassen sich doch wichtige Erkenntnisse aus dieser Vorgehensweise gewinnen.

3.3.1 Allokative Grundaussagen des fiskalischen Föderalismus

Klassischerweise analysiert die fiskalische Föderalismustheorie die allokativ effiziente Aufgaben- und Ausgabenkompetenz sowie die dafür erforderliche Einnahmenkompetenz der unterschiedlichen staatlichen Ebenen.[157] Da sich ein effizientes Einnahmensystem an den zu erfüllenden Aufgaben orientieren muß, ist zunächst eine zumindest rudimentäre Betrachtung der wünschenswerten vertikalen Aufgaben- und Kompetenzverteilung zwischen den verschiedenen staatlichen Ebenen innerhalb der Europäischen Union unverzichtbar.[158] Die vorgelagerte Fragestellung, in welchen Bereichen der Staat

---

[156] Die moderne ökonomische Theorie des Föderalismus geht u.a. zurück auf Oates (1972). Auch wenn sich die ökonomische Föderalismustheorie nicht nur auf allokative Aspekte beschränkt, so stellen diese doch das zentrale Element dar; vgl. u.a. Oates (1990a), S. 4, der in Anlehnung an Musgrave (1959), S. 183 den allokativen Bereich als das „Herz des fiskalischen Föderalismus" bezeichnet; ähnlich auch Nowotny (1997), S. 105 und Rubinfeld (1987), S. 630. Malchow (1992), S. 136 bezeichnet die Betonung der allokationstheoretischen Argumentation der traditionellen Föderalismustheorie dagegen als eine zentrale Schwäche.

[157] Vgl. für einen kurzen Überblick über die Theorie des fiskalischen Föderalismus z.B. Feld/Kirchgässner (1998) sowie Oates (1999), (1994), (1990a), (1990b) (1977) und (1972), Rubinfeld (1987) und Boadway/Wildasin (1984), S. 497–543. Eine ausführliche Darstellung des fiskalischen Föderalismus im Zusammenhang mit der Europäischen Union findet sich bei Kraff (1997); vgl. zu diesem Themenbereich u.a. auch Hemming/Spahn (1997).

[158] Vgl. Musgrave (1983), S. 10 und Norregaard (1997), S. 49.

aufgrund von Marktversagen überhaupt eingreifen soll, wird im Rahmen dieser Arbeit dagegen nicht diskutiert. Lediglich potentielle Aspekte des „Staatsversagens", welche die Forderung nach staatlichen Interventionen zur Beseitigung marktlicher Ineffizienzen oftmals in starkem Maße relativieren, werden im Rahmen von Public-Choice-Aspekten tangiert, indem u.a. der Fragestellung nachgegangen wird, welche föderale Kompetenzzuordnung dazu beiträgt, Ineffizienzen im staatlichen Sektor zu minimieren.

Eines der zentralen Elemente der Theorie des fiskalischen Föderalismus ist das auf Oates (1972) zurückgehende Dezentralisierungstheorem. Dieses besagt im wesentlichen, daß unter bestimmten Voraussetzungen lokale öffentliche Güter immer von untergeordneten Gebietskörperschaften bereitgestellt werden sollten.[159] Es stellt somit die ökonomische Konkretisierung des im EU-Vertragswerk (Art. 2 EU-Vertrag und Art. 5 EG-Vertrag) verankerten Subsidiaritätsprinzips[160] dar. Danach besteht ein grundsätzlicher Rechtfertigungsbedarf für die Verlagerung staatlicher Aufgaben von untergeordneten Ebenen auf zentrale Instanzen. Als Hauptgrund wird angeführt, daß untergeordnete Jurisdiktionen ihr Angebot an öffentlichen Gütern besser an die regional heterogenen Präferenzen der Bürger anpassen können als dies bei einer

---

[159] Oates (1972), S. 35: „For a public good – the consumption of which is defined over geographical subsets of the total population, and for which the costs of providing each level of output of the good in each jurisdiction are the same for the central or the respective local government – it will always be more efficient (or at least as efficient) for local governments to provide the Pareto-efficient levels of output for their respective jurisdictions than for the central government to provide any specified and uniform level of output across all jurisdictions".

[160] Vgl. ausführlich Feld/Kirchgässner (1996) sowie Brunner (1993), Heinemann (1995), S. 13–19 und Nowotny (1997), S. 102–105. Eine kritische Diskussion über die rechtliche Bedeutung des Subsidiaritätsprinzips in der EU findet sich u.a. bei Heinemann (1995), S. 115–132, Häde (1996), S. 349–353 und Thomas, I. (1997), S. 177–182. Hierzu ebenfalls kritisch äußern sich Frey (1997), S. 39–44 und Laufer/Fischer (1996), S. 84–97. Den Versuch einer europarechtlichen Konkretisierung erfährt das Subsidiaritätsprinzip durch das Protokoll über die Anwendung der Grundsätze der Subsidiarität und der Verhältnismäßigkeit. Begrifflich entstammt das Subsidiaritätsprinzip der katholischen Soziallehre; vgl. z.B. die Enzyklika „Quadragesimo anno" von Papst Pius XI. aus dem Jahre 1931 (Papst Pius XI. (1931), insb. Ziffer 79) sowie Nell-Breuning (1985), S. 55–58. Die inhaltlichen Ursprünge des Subsidiaritätsprinzips reichen jedoch deutlich weiter zurück. Feld/Kirchgässner (1996), S. 197 verweisen diesbezüglich u.a. auf Aristoteles und Thomas von Aquin.

Bereitstellung durch die Zentralinstanz möglich ist und somit die gesellschaftliche Wohlfahrt erhöht wird.[161] Implizit wird hier unterstellt, daß die zentrale Bereitstellung öffentlicher Güter nicht mit einem regional differenzierten Angebotsniveau kompatibel ist, weil z.B. die regionalen Präferenzen nicht eindeutig von der zentralen Ebene identifiziert werden können oder die Signalisierungs- und Durchsetzungskosten der jeweiligen regionalen Präferenzen relativ hoch sind.[162] Wird über das Angebotsniveau der öffentlichen Güter durch Mehrheitsbeschluß entschieden, so besteht bei dezentralen Abstimmungen die Möglichkeit, daß ein differenzierteres und den Präferenzen einer größeren Anzahl von Bürgern entsprechendes Versorgungsniveau gewählt wird, als es bei einer zentralen Abstimmung der Gesamtgruppe der Fall wäre.[163] Die durch Dezentralisierung möglichen Wohlfahrtsgewinne sind ceteris paribus um so höher, je unterschiedlicher die Präferenzen der Wirtschaftssubjekte zwischen den verschiedenen regionalen Jurisdiktionen und je homogener sie innerhalb einer Gebietskörperschaft sind.

3.3.2 Regionale externe Effekte (Spillovers) und Economies of Scale

Voraussetzung für die (uneingeschränkte) Gültigkeit des Dezentralisierungstheorems ist die Abwesenheit regionaler externer Effekte – sogenannter Kosten- und Nutzen-Spillover – sowie die Nichtexistenz von Economies of Scale. Bezüglich einer Situation ohne Spillover-Effekte spricht Oates (1972, S. 33f.) vom „Korrespondenzprinzip", das als räumlicher Spezialfall des auf Olson (1969) zurückgehenden Prinzips der „fiskalischen Äquivalenz" inter-

---

[161] Vgl. Tullock (1969), S. 21, Oates (1972), S. 11–13, King (1997), S. 20 und Heinemann (1996), S. 119f.

[162] Vgl. ausführlich Heinemann (1995), S. 20ff. und (1996), S. 121f. in Anlehnung an Breton/Scott (1978) sowie Walsh (1993), S. 29f. Ähnlich auch Frey (1997), S. 29f. und Oates (1999), S. 1123. Bei Oates (1972), S. 11 findet sich die Annahme eines undifferenzierten regionalen Angebotniveaus durch die zentrale Instanz noch ohne eine tiefergehende Begründung. Tresch (1981), S. 569 spricht daher bezüglich der Relevanz des Dezentralisierungstheorem von einer Second-best-Welt.

[163] Vgl. Seidel (1992), S. 29f. und Pennock (1959), S. 149ff. sowie Tullock (1969), S. 21f.

pretiert werden kann.[164] Die „ökonomische Jurisdiktion“ im Sinne der Bürger, die aufgrund von Kosten und Nutzenwirkungen von staatlicher Aktivität ökonomisch betroffen sind, ist dann mit der „politischen Jurisdiktion“, welche die stimmberechtigten Wahlbürger beinhaltet, identisch.[165] Damit stimmen die Konsumenten des öffentlichen Gutes mit der Bevölkerung, die über die Bereitstellung entscheidet und das öffentliche Gut finanziert, überein. Sieht man von Public-Choice-Aspekten ab, so ist dies eine der Voraussetzungen für ein effizientes Ergebnis.[166] Zusätzlich zu dieser räumlichen Äquivalenz wird teilweise auch eine sachliche Erfüllung des fiskalischen Äquivalenzprinzips gefordert.[167] Dabei wird unabhängig von der räumlichen Dimension die sachliche Übereinstimmung von Nutznießern, Entscheidungsträgern und Zahlern gefordert. Dieser Forderung kommt besondere Bedeutung zu, wenn – wie in der EU – ein großer Einfluß von branchen- und sektorspezifischen, überregionalen bzw. „übernationalen“ Interessengruppen ausgeht, der dazu führt, daß räumliche Grenzen für den politischen Entscheidungsprozeß an Bedeutung verlieren und statt dessen einzelne Gruppen zu Lasten der Allgemeinheit bzw. der Steuerzahler bevorzugt werden.[168]

Liegt dagegen keine fiskalische Äquivalenz vor, so ist dies gleichbedeutend mit der Existenz räumlicher externer Effekte bzw. regionaler Spillover-Effekte zwischen den Gebietskörperschaften, die zu allokativen Ineffizienzen in der dezentralen Bereitstellung regionaler öffentlicher Güter führen können, da nicht alle relevanten gesellschaftlichen Kosten und Nutzenwirkungen berücksichtigt werden.[169] Konkret bedeutet das, daß von den öffent-

---

[164] Vgl. Heinemann (1995), S. 19 und (1999), S. 2 sowie Feld/Kirchgässner (1996), S. 203f. Inhaltlich vergleichbar mit dem Korrespondenzprinzip ist das Prinzip des „Perfect mapping“ von Breton (1965), S. 180. Eine geringfügig differierende Abgrenzung dieser Begriffe findet sich bei Meyer (2000), S. 17, der das Korrespondenzprinzip und das Prinzip der fiskalischen Äquivalenz gleichsetzt und den räumlichen Spezialfall als Kongruenzprinzip bezeichnet.

[165] Vgl. für die Unterscheidung von politischer und ökonomische Jurisdiktion z.B. Cornes/Sandler (1986), S. 24.

[166] Musgrave (1999), S. 156.

[167] Vgl. Teutemann (1992), S. 21ff.

[168] Klassisches Beispiel hierfür ist die budgetintensive Agrarpolitik in der EU.

[169] Vgl. zu regionalen externen Effekten ausführlich z.B. Dahlby (1996), Gordon (1983), Pawlowsky (1972) und Oates (1972), S. 46ff.

lichen Aktivitäten einer Jurisdiktion Kosten- oder Nutzenwirkungen in eine oder mehrere andere Jurisdiktionen hineinwirken, ohne daß entsprechende (monetäre) Kompensationen geleistet werden. Spillover-Effekte sind sowohl auf der Einnahmenseite, z.B. durch Steuerexport, als auch auf der Ausgabenseite, z.B. durch die Bereitstellung grenzüberschreitender öffentlicher Güter, möglich. Im Rahmen der EU werden derartige räumliche externe Effekte insbesondere in den Bereichen Infrastruktur, Forschung und Entwicklung, Umwelt sowie im Bildungsbereich vermutet.[170]

Inwieweit Verhandlungslösungen im Sinne des Coase-Theorems zu einer Beseitigung dieser Ineffizienzen beitragen können, muß – nicht zuletzt angesichts nur unzureichend definierter Eigentumsrechte – zumindest fraglich erscheinen.[171] Zwar hält sich die Zahl der Verhandlungspartner in der Regel in Grenzen, so daß die mit dem dezentralen Verhandlungsprozeß verbundenen Informations- und Transaktionskosten vermutlich kein prohibitiv hohes Niveau annehmen. Andererseits kann eine zu geringe Anzahl an Beteiligten dazu führen, daß spieltheoretische Elemente und strategisches Verhalten im Verhandlungsprozeß relevant werden, die einer allokativ effizienten Einigung im Wege stehen. Da im Rahmen des Coase'schen-Verhandlungsprozesses die Aufteilung des resultierenden Wohlfahrtgewinns auf die beteiligten Parteien a priori unbestimmt ist, bestehen für beide Seiten Anreize, sich jeweils durch strategisches Verhalten einen möglichst großen Anteil des potentiellen Wohlfahrtgewinns zu sichern. Fehleinschätzungen der Gegenseite können dabei (temporär) zu Situationen führen, in denen auch bei vernachlässigbaren Transaktionskosten kein Verhandlungsergebnis erreicht und somit keine Pareto-Verbesserung erzielt wird.[172] Darüber hinaus bleibt a priori unklar, inwieweit Ineffizienzen im politischen Prozeß in den jeweili-

---

[170] Vgl. z.B. Meyer (2000), S. 204–212 und Thomas, I. (1997), S. 198–208.

[171] Neben der von Coase (1960) vorgeschlagenen Verhandlungslösung sind als weitere theoretisch vorstellbare Internalisierungsmöglichkeiten zu nennen: die Umstellung auf Gebührenfinanzierung entsprechend dem Äquivalenzprinzip, die Erhebung von Pigousteuern und –subventionen sowie die räumliche Neuordnung der Gebietskörperschaften. Ihnen allen ist gemeinsam, daß die Durchführung in der Praxis, insbesondere auf Europäischer Ebene, mit erheblichen Problemen einhergeht. Meyer (2000) diskutiert die Möglichkeit einer Internalisierung auf europäischer Ebene durch Finanzzuweisungen.

[172] Cooter (1998), S. 457ff. und Thomas, I. (1997), S. 73.

gen Mitgliedstaaten eine dezentrale Koordination zwischen verschiedenen Jurisdiktionen beeinträchtigen können.[173]

Die Internalisierung derartiger mit dezentralem staatlichen Handeln verbundenen Spillover-Effekte stellt daher ein Hauptargument für die Kompetenzzuordnung auf die zentrale Ebene dar. Diese Überlegungen implizieren somit, daß sich die Europäische Union auf solche europaweite öffentliche Güter beschränken sollte, deren dezentrale Bereitstellung durch die Nationalstaaten signifikante Spillover-Effekte beinhalten würden. Allerdings ist auch vorstellbar, daß die zentrale Ebene lediglich den Verhandlungsprozeß der untergeordneten Jurisdiktionen unterstützt und koordiniert, etwa indem geeignete rechtliche und politische Rahmenbedingungen sowie relevante Informationen bereitgestellt werden. In einem solchen System wären die benötigten finanziellen Mittel der Zentralebene deutlich geringer als im Falle der direkten Kompetenzzuordnung, da die untergeordneten Gebietskörperschaften weiterhin die Hauptausführenden wären.[174] Betrachtet man die bestehenden ausgabenwirksamen Maßnahmen der Europäischen Union, so ist festzustellen, daß die Internalisierung räumlicher externer Effekte nur eine untergeordnete Rolle spielt und hinter andere, häufig von „Solidaritätsmotiven" geprägte, Zielsetzungen zurücktritt.[175] Letztlich ist davon auszugehen, daß zwischenstaatliche Spillover-Effekte schwerpunktmäßig in den Grenzregionen auftreten, so daß zentralisierte europäische Internalisierungsversuche oftmals über das Ziel hinausschießen. Statt dessen erscheinen in diesen bilateralen Fällen Verhandlungen zwischen den regionalen Jurisdiktionen, wenn möglich auch unterhalb der Ebene der Nationalstaaten, zieladäquater zu sein. Europaweite externe Effekte aus der Bereitstellung (lokaler) öffentlicher Güter, die eine zentrale Kompetenzzuordnung rechtfertigen könnten, dürften sich dagegen auf wenige Bereiche beschränken, so daß dieses Argument keine umfangreiche Kompetenzzuordnung auf europäische Ebene rechtfertigt.

---

[173] Zurecht weist jedoch Thomas, I. (1997), S. 205ff. unter Hinweis auf die Forschungs- und Technologiepolitik der EU darauf hin, daß auch bei zentralistischen Lösungsversuchen von Spillover-Effekten mit Politikversagen gerechnet werden muß, so daß eine gesamteuropäische Kompetenz nicht automatisch gerechtfertigt ist.

[174] Vgl. z.B. Hemming/Spahn (1997), S. 113, Spahn (1993b), S. 11 und Seidel (1992), S. 42f.

[175] Meyer (2000), S. 213f.

Ein weiteres Argument für eine zentralisierte Bereitstellung öffentlicher Güter ist die Existenz von Economies of Scale.[176] Diese können sowohl bei der Bereitstellung als auch im Konsum der öffentlichen Güter vorliegen.[177] Erstere sind dadurch charakterisiert, daß die Zentralinstanz in der Lage ist, das öffentliche Gut zu insgesamt günstigeren Kosten anzubieten als es auf dezentraler Ebene möglich ist.[178] Gemäß Nowotny (1997, S. 106f.) und Henke/Perschau (1999, S. 29) sind Skalenerträge insbesondere bei einer kapitalintensiven Produktionstechnologie zu erwarten, während personalintensive Produktionstechnologien sich aufgrund konstanter Kostenverläufe besser für eine Dezentralisierung eignen.

Skalenerträge im Konsum stellen dagegen eine „technologische" Eigenheit (reiner) öffentlicher Güter dar, die auf der Nichtrivalität im Konsum beruht. Im Grenzfall reiner öffentlicher Güter verursacht die Einbeziehung zusätzlicher Individuen bei gegebenem Angebotsniveau keine zusätzlichen Kosten, so daß die konstanten Bereitstellungskosten des öffentlichen Gutes auf mehr Personen verteilt werden können und die durchschnittlichen Pro-Kopf-Kosten des Gutes sinken. Ist die Nutzung (unreiner) öffentlicher Güter durch zusätzliche Wirtschaftssubjekte dagegen mit Congestion costs (Staukosten) verbunden, so bedarf es einer Abwägung zwischen dem wohlfahrtserhöhenden Effekt der sinkenden Durchschnittskosten und dem negativen Effekt der Staukosten.[179] Insgesamt muß auf Makroebene für fast alle öffentlich bereit-

---

176 Oates (1972), S. 36–45.

177 Vgl. auch Blankart (1998), S. 528f.

178 Oates (1972), S. 45 unterscheidet zusätzlich zwischen der Bereitstellung und der Produktion öffentlicher Güter. Danach beinhaltet die (dezentrale) Bereitstellung lediglich eine Entscheidung über das Angebotsniveau des öffentlichen Gutes, ohne daß dieses auch dezentral produziert werden muß. So könnten untergeordnete Jurisdiktionen entsprechend der Präferenzen ihrer Bürger jeweils unterschiedliche Angebotniveaus realisieren, indem sie entsprechende Mengen von der übergeordneten Ebene kaufen, die wiederum die Skalenerträge der Produktion realisiert. Bereits Tullock (1969), S. 21 weist auf diesen Sachverhalt hin und folgert daraus, daß die Ausnutzung von Economies of Scale kein entscheidendes Kriterium für die Festlegung der „optimalen" Größe einer Jurisdiktion bzw. für eine zentrale Kompetenzzuordnung sei. Ähnlich auch Heinemann (1995), S. 19 und (1996), S. 120f.

179 Die Existenz von Congestion costs hat negative Auswirkungen auf das Nutzenniveau der „alten" Konsumenten, da diese aufgrund der teilweisen Rivalität im Konsum entweder ein geringeres Niveau öffentlichen Gutes konsumieren können oder höhere Bereit-

gestellten Güter davon ausgegangen werden, daß sie ab einer bestimmten Bevölkerungszahl bzw. Größe der jeweiligen Jurisdiktion nur mit konstanten Skalenerträgen bzw. konstanten Durchschnittskosten bereitgestellt werden können und somit die Eigenschaft der Nichtrivalität verlieren.[180] Für die Europäische Union impliziert dieser Sachverhalt, daß dem Zentralisierungsargument aufgrund von Economies of Scale nur eine geringe Bedeutung zukommt, da europaweit auftretende Skalenerträge sich auf wenige Bereiche beschränken dürften.[181]

3.3.3 Dezentralisierung, Kontrollmöglichkeiten und Wettbewerbseffekte

Neben der besseren Präferenzerfüllung sprechen weitere ökonomische Argumente für einen möglichst dezentrale Aufgaben- und Kompetenzverteilung. So ist zu erwarten, daß auf den untergeordneten Ebenen bessere Informations- und Kontrollmöglichkeiten bestehen, die einen Effizienzvorteil nahe legen.[182] Zum anderen können bei dezentraler Bereitstellung effizienzsteigernde Wanderungsbewegungen im Sinne des Tiebout-Theorems[183] stattfinden. Neben die Voice-Option tritt eine Exit-Option.[184] Mobile Bürger können diejenigen Jurisdiktionen wählen, deren Kombination aus Steuern und öf-

---

stellungskosten zu tragen haben, da die Produktion des öffentlichen Gutes ausgeweitet werden muß, um das alte „Pro-Kopf-Versorgungsniveau" der Wirtschaftssubjekte mit dem öffentlichen Gut beibehalten zu können.

180 Vgl. z.B. Homburg (1997), S. 76–79 für eine überblicksartige Diskussion sowie Wildasin (1994), S. 7.

181 Ähnlich auch Hemming/Spahn (1997), S. 120.

182 Vgl. Oates (1972), S. 13 und Seidel (1992), S. 31. Eine kurze überblicksartige Diskussion dieses und der folgenden Vorteile dezentralen staatlichen Handelns findet sich auch bei Stiglitz (1989), S. 58–61.

183 Vgl. Tiebout (1956) und Oates (1972), S. 12 und 50ff. Allerdings weist Oates auch darauf hin, daß Wanderungsbewegungen aufgrund der nichtadäquaten Berücksichtigung von Staukosten zu Wohlfahrtsverlusten aufgrund ineffizienter „Jurisdiktionsgrößen" führen können. Oates (1994), S. 130 und (1999), S. 1124 weist bezüglich des Dezentralisierungstheorems darauf hin, daß die mit der Dezentralisierung verbundenen Wohlfahrtsgewinne nicht von der Mobilität der Wirtschaftssubjekte abhängen, da die Anpassung an regional unterschiedliche Präferenzen auch bei Immobilität möglich sei.

184 Vgl. Hirschman (1970).

fentlichen Gütern am besten ihren Präferenzen entsprechen. Der dadurch induzierte Steuer- und Institutionenwettbewerb zwischen den untergeordneten Gebietskörperschaften läßt, zusammen mit der erhöhten Zahl an Versuchsmöglichkeiten für alternative institutionelle Regelungen, die Förderung innovativer Prozesse im öffentlichen Sektor erwarten.[185] Wettbewerb zwischen den Jurisdiktionen kann somit in Anlehnung an von Hayek (1968) als Entdeckungsverfahren für neue und überlegene institutionelle Regelungen und Verfahren interpretiert werden.[186] Darüber hinaus kann eine Vielzahl neuer institutioneller Arrangements und Regelungen zunächst in regional abgegrenzten Gebieten, ähnlich einem begrenzten Experiment oder Feldversuch, hinsichtlich ihrer Tauglichkeit erprobt werden.[187]

Allerdings werden die positiven Wirkungen des interjurisdiktionellen Wettbewerbs nicht uneingeschränkt geteilt. Statt dessen bestehen sowohl auf politischer als auch auf theoretischer Ebene Befürchtungen, daß der Wettbewerb zwischen Gebietskörperschaften in einem „Race to the bottom" mit allokativ ineffizienten Ergebnissen endet. Nach dieser Auffassung führt der Wettbewerb dazu, daß sich die konkurrierenden Gebietskörperschaften in ihren institutionellen und steuerlichen Regelungen ständig zu unterbieten versuchen, so daß suboptimale, d.h. zu niedrige Standards bzw. Steuereinnahmen realisiert werden.[188] Vertreter dieser Sichtweise fordern daher tendenziell eine zentralisierte oder zumindest stark harmonisierte Steuer- und Regulierungspolitik.

---

[185] So betonen z.B. Gramlich (1987a), S. 309 und Oates (1972), S. 12 die vielfältigeren und damit verbesserten politischen Experimentiermöglichkeiten auf untergeordneten Ebenen. Ein kurzer Überblick über die diesbezügliche Diskussion in den USA findet sich in Oates (1990b), S. 58f. Eine verbesserte institutionelle Innovationsfähigkeit in föderalen Staatswesen konstatieren auch Frey (1997), S. 31 und Apolte (1996a), S. 13. Vgl. auch Siebert/Koop (1993), die die Vorteile des Institutionenwettbewerbs für die Weiterentwicklung der Europäischen Union diskutieren.

[186] So auch Sinn, S. (1993), S. 115.

[187] Vgl. King (1997), S. 21 und Oates (1999), S. 1132f.

[188] Vgl. u.a. Oates (1999), S. 1134–1137 für einen kurzen Überblick sowie Sinn, H.-W. (1997) und (1996).

3.3.4 Fiskalischer Föderalismus und die Public-Choice-Theorie: Schranken für den Leviathan

Mit der wettbewerbs- und innovationsfördernden Sichtweise eng verbunden sind auch politökonomische Gründe, die für eine dezentrale Aufgabenverteilung sprechen.[189] Das hierbei zugrundeliegende Bewertungskriterium ist ein „vertragstheoretisch-konstitutioneller Effizienzbegriff", der durch prozedurale Merkmale charakterisiert ist und auf Erkenntnissen der Public-Choice-Theorie basiert.[190] Dabei werden u.a. die politischen Entscheidungsmechanismen und Institutionen unter Berücksichtigung des individuell-rationalen Verhaltens der gewählten Volksvertreter berücksichtigt. Konkret bedeutet das, daß das Verhalten von Politikern und des dazugehörenden „bürokratischen Apparates" nicht als wohlfahrtsoptimierender bzw. „wohlwollender Diktator", sondern analog zum nutzenmaximierenden Verhalten von Individuen im Marktprozeß modelliert wird, und daß die konkrete Ausgestaltung des politischen Entscheidungsprozesses Berücksichtigung findet.[191] Somit wird der klassische allokative Effizienzbegriff um eine dynamische Komponente erweitert. Sie impliziert, daß in individualistisch-demokratisch geprägten Gesellschaftsordnungen Schutzkriterien der Bürger gegen einen übermächtigen Staat (Leviathan) zur Sicherung der individuellen Freiheit beachtet werden müssen.[192] Bezüglich der EU kommt derartigen politökonomisch motivierten Überlegungen eine besonders wichtige Rolle zu, da die klassischen Schutzmechanismen der Bürger gegen den Staat in Form von Voice und Exit, insbesondere was die Exit-Möglichkeiten betrifft, nur eingeschränkt und mit erheblichen Kosten für die Individuen funktionieren.[193]

---

189 Vgl. u.a. Heinemann (1995), S. 23–26 und Feld/Kirchgässner (1998), S. 69f.

190 Vgl. Brennan/Buchanan (1980), S. 34ff., Wintrobe (1987), Caesar (1996b), S. 150f., Buchanan (1999) und Henke/Perschau (1999), S. 15f. Eine grundlegende Übersicht über die Public-Choice-Theorie findet sich bei Mueller (1989), (1997), Bernholz/Breyer (1994), Frey/Kirchgässner (1994) und Kirsch (1997).

191 Das asymmetrische Verhaltensmuster von Individuen im politischen Prozeß und im Marktprozess, wie es die traditionelle, wohlfahrtsökonomisch orientierte Theorie unterstellt, wird durch eine symmetrische Verhaltensannahme substituiert.

192 Vgl. z.B. Kirchgässner (1994), S. 331ff., Henke/Perschau (1999), S. 15 Apolte (1996a), S. 13 und S. 24, Wintrobe (1987) sowie Caesar (1996b), S. 150f.

193 Vgl. Henke/Perschau (1999), S. 16.

Darüber hinaus sind die politischen und bürokratischen Akteure teilweise einer direkten Kontrolle durch die Wähler entzogen. Zusätzliche Probleme bei einer zentralisierten Aufgabenerfüllung können sich aus dem Zusammenspiel von EU-Interessen und den Interessen der nationalen Regierungen ergeben.[194] Da die aufgabenspezifischen EU-Sachausgaben, z.B. im Rahmen der Agrar- und Regionalpolitik, die nationalen Haushalte nicht direkt sichtbar belasten und gleichzeitig Möglichkeiten zur Erfüllung der Wünsche einzelner nationaler Interessengruppen bieten, kann es aus wahltaktischen Gründen zu einer ineffizienten Ausweitung des Aufgabenbereiches der Zentralinstanz kommen.[195] Die Wohlfahrtsverluste, die aus der Kongruenz der Interessen der EU-Bürokratie, der nationalen Regierungen sowie der spezifischen Interessengruppen resultieren, könnten durch eine dezentrale Kompetenzzuordnung möglicherweise verringert werden.

Nach Brennan/Buchanan (1980) kann Dezentralisierung als ein Mittel zur Beschränkung einer unerwünschten Ausweitung des Staatssektors und der damit einhergehenden Besteuerung dienen. Ihrer Meinung zufolge fördert Dezentralisierung den Wettbewerb zwischen unterschiedlichen staatlichen Einheiten und stellt somit einen wirksamen Mechanismus zur Eindämmung „leviathanischer“ Expansionstendenzen des Staates dar.[196] Diese Sichtweise läßt sich von der einseitigen Betrachtung der Besteuerungsebene, wie sie bei Brennan/Buchanan (1980) vorherrscht, auch auf die simultane Betrachtung von Besteuerung und öffentlichem Leistungsangebot ausweiten.[197] Da die politischen Akteure gemäß der Grundannahme der Public-Choice-Theorie versuchen, ihren eigenen Nutzen zu maximieren, und nicht hinreichend dem Allgemeinwohl verpflichtet sind, sollten monopolistische Strukturen im Sinne einer zentralen Kompetenzzuweisung, die den staatlichen Akteuren be-

---

[194] Vgl. hierzu z.B. Folkers (1995), S. 104f.

[195] Vgl. Vaubel (1992).

[196] Vgl. Brennan/Buchanan (1980), S. 183ff.: „... the intergovernmental competition that a genuinely federal structure offers may be constitutionally 'efficient,'..." (S. 185). Vgl. auch Oates (1990a), S. 13f. und Oates (1990b), S. 51f. Eine kritische Meinung zu dieser Hypothese aufgrund empirischer Untersuchungen vertritt dagegen Oates (1985). Ein Überblick über verschiedene empirische Studien mit teilweise uneinheitlichen Ergebnissen zu diesem Themenkomplex findet sich in Oates (1989); vgl. auch Feld/Kirchgässner (1996), S. 210ff.

[197] Vgl. Wintrobe (1987) und für einen Überblick Heinemann (1995), S. 23f.

sonders große Freiräume lassen, möglichst vermieden werden. Ähnliches gilt für eine übermäßige Harmonisierung der Wirtschaftspolitik zwischen dezentralen Jurisdiktionen, da diese nichts anderes als die Bildung eines Kartells zwischen den Regierungen darstellt und kompetitive Elemente zumindest teilweise ausschaltet.[198] Statt dessen kommt dem durch dezentrale Strukturen induzierten staatlichen Wettbewerb zwischen den Jurisdiktionen die Aufgabe zu, die Handlungen der politischen Entscheidungsträger besser am Allgemeinwohl und den Präferenzen der Bürger zu orientieren, um so ein konstitutionell effizientes Ergebnis zu realisieren.[199] Der interjurisdiktionelle Wettbewerb dient dazu, die Möglichkeiten der politischen Akteure und Bürokraten zur eigenen Nutzenmaximierung einzuschränken, und entschärft somit das Principal-Agent-Problem zwischen den Bürgern und ihren staatlichen Repräsentanten.[200]

Neben dem Wettbewerbsgedanken läßt sich aus einem dynamisch-prozeßorientierten Effizienzbegriff auch die Forderung nach einer dynamischen und flexiblen Kompetenzverteilung ableiten.[201] Danach sollten Kompetenzen den einzelnen Gebietskörperschaften nicht für alle Zeiten zugewiesen werden, sondern es ist im Zeitablauf zu prüfen, inwieweit neues Wissen und neue Erkenntnisse eine modifizierte Kompetenzzuordnung erfordern.

---

[198] Sinn, S. (1993), S. 112–114. Die Hoffnung, daß Kartelle in der Regel nicht dauerhaft Bestand haben, da für die Mitgliedstaaten Anreize zum Brechen der „Kartellvereinbarung" bestehen, ist im Fall der EU möglicherweise wenig berechtigt. Durch die Existenz einer übergeordneten Zentralebene können die kollusiven Vereinbarungen möglicherweise besser kontrolliert und koordiniert werden, auch wenn keine formaljuristische Zentralisierung erfolgt.

[199] Vgl. Breton (1987), S. 268 und S. 296 und Wintrobe (1987) sowie Heinemann (1995), S. 24f. und Heinemann (1996), S. 123–126. Man spricht in diesem Zusammenhang auch von der Theorie des kompetitiven Föderalismus (Competitive Federalism). Sinn, S. (1993) stellt diesen Zusammenhang modelltheoretisch dar.

[200] Vgl. Caesar (1996a), S. 255. Wintrobe (1987) vergleicht die Auswirkungen einer föderalen mit einer zentralen Kompetenzzuordnung auf das Verhalten von Bürokraten. Er zeigt für fast alle Bürokratiemodellen, daß eine föderal-dezentral strukturierte Kompetenzzuordnung die Macht der "Bürokraten" senkt und und ihre "gesamtwirtschaftliche" Effizienz erhöht.

[201] Vgl. zu diesen Überlegungen Henke/Perschau (1999), S. 30f. und Heinemann (1995), S. 26ff. und S. 186–195 sowie Heinemann (1996), S. 118f. Den Ausgangspunkt bilden Überlegungen von Breton/Scott (1978), S. 65f.

Diese Eigenschaft der Reversibilität des Kompetenzzuordnungsprozesses stellt sicher, daß Anpassungen an veränderte Rahmenbedingungen leichter möglich sind und möglicherweise fehlerhafte Kompetenzzuweisungen nicht auf Dauer bestehen bleiben, sondern rückgängig gemacht werden können. Eine Möglichkeit, eine dynamisch effiziente Kompetenzverteilung zu unterstützen liegt in einer sogenannten „Sunset-Kompetenzzuweisung", bei der die Kompetenzzuordnung auf einzelne Gebietskörperschaften grundsätzlich nur für einen vorgegebenen begrenzten Zeitraum erfolgt.[202]

3.3.5 Das Modell der FOCJ

Eine Weiterentwicklung des Föderalismusgedanken, basierend auf Überlegungen der politischen und konstitutionellen Ökonomie, stellen Überlegungen von Frey und Eichenberger dar, die die räumliche Trennung der Jurisdiktionen durch eine funktionale Strukturierung substituieren und für einen Föderalismus – insbesondere auf europäischer Ebene – aufbauend auf sog. „FOCJ" eintreten.[203] Der Begriff FOCJ leitet sich ab aus Functional, Overlapping, Competing Jurisdictions. Die so charakterisierten Körperschaften weisen vier entscheidende Merkmale auf:[204]

Erstens handelt es sich um funktional abgegrenzte, zweckgebundene staatliche Einheiten. Im Gegensatz zum traditionellen Föderalismusverständnis, bei dem die einzelnen Jurisdiktionen eine Vielzahl unterschiedlicher Aufgaben übernehmen, soll einem FOCUs (nach Frey und Eichenberger der Begriff für die Einzahl von FOCJ) nur jeweils eine Funktion zugeordnet werden, an die er, was die geographische Größe betrifft, optimal angepaßt werden kann. Auf diese Weise ist eine Anpassung an die Präferenzen der Bür-

---

202 Henke/Perschau (1999), S. 31.

203 Frey/Eichenberger (1995). Vgl. für eine umfassende Darstellung Frey (1997). Darin diskutiert Frey auch die Beziehung zwischen FOCJ und ‚traditionellen' Elementen des fiskalischen Föderalismus (S. 48ff.) und geht auf historische und aktuelle Vorläufer, letztere insbesondere in der Schweiz und den USA, ein (S. 56–67). Ebenfalls mit dem Konzept der FOCJ und seinen potentiellen Weiterentwicklungen befassen sich Eichenberger (1996) und Frey/Eichenberger (1996). Die Autoren schlagen das Konzept der FOCJ explizit ale eine Alternative für die Weiterentwicklung des Föderalismus in der Europäischen Union vor, vgl. Frey (1997).

204 Die folgende Kurzcharakterisierung orientiert sich an Frey (1997), S. 12–17.

ger, eine weitgehende Ausnutzung von Skalenerträgen und eine Minimierung von Spillover-Effekten für jeden einzelnen Aufgabenbereich möglich.

Aus dieser monofunktionalen Aufgabenzuweisung resultiert als zweites Merkmal, daß die FOCJ sich überlappen können und müssen, da unterschiedliche Aufgabenbereiche jeweils mit einer anderen optimalen räumlichen Ausdehnungen einhergehen.[205] In diesem Zusammenhang besteht auch die Möglichkeit, daß mehrere FOCJ mit identischem Leistungsprofil im gleichen geographischen Gebiet existieren und somit vermehrte Wahlmöglichkeiten der Wirtschaftssubjekte bestehen.

Drittens weisen FOCJ eine starke politische Beteiligung der betroffenen Bürger durch Elemente einer direkten Demokratie auf.[206] Nach außen stehen die FOCJ miteinander im Wettbewerb und konkurrieren um Gemeinden und Bürger. Da Exit-Optionen ohne geographische Abwanderung möglich sind, indem man von einem FOCUS austritt und in einen anderen FOCUS eintritt (oder einen neuen FOCUS gründet), spricht vieles für einen funktionierenden Wettbewerb, in dem die Präferenzen der Bürger tatsächlich realisiert werden.

Weiteres Kennzeichen ist, daß sie als demokratische staatliche Gebilde, Steuern zur Finanzierung ihres jeweiligen Aufgabenbereiches erheben können.

Der Vorteil der FOCJ liegt nach Ansicht ihrer Protagonisten darin, daß sie aufgrund der aufgabenbezogenen Fokussierung in ihrer räumlichen Ausdehnung an unterschiedlichen Präferenzen der Bürger angepaßt sind, Skaleneffekte bei der Bereitstellung öffentlicher Güter optimal ausgenutzt und

---

[205] Ein FOCUS für Verteidigung hätte eine ganz andere räumliche Ausdehnung als ein FOCUS für Ausbildung oder Abfallentsorgung. Während ersterer vermutlich die gesamte EU umfassen könnte, sind bei letzterem sehr kleine (regionale) Einheiten denkbar; vgl. Frey (1997), S. 18.

[206] Feld/Kirchgässner (1996), S. 212ff. weisen in Anlehnung an Pommerehne (1990) darauf hin, daß insbesondere Elemente der direkten Demokratie zu einem effizienteren Ergebnis der Staatstätigkeit und zu einer besseren Beschränkung potentieller leviathanischer Tendenzen beitragen können als es in einer repräsentativen Demokratie der Fall ist.

Spillover-Effekte minimiert werden können.[207] Durch die klar definierten und begrenzten Aufgabenbereiche der einzelnen FOCJ sind für die Bürger bessere Kontroll- und Vergleichsmöglichkeit bezüglich der Performance einzelner FOCJ gegeben. Darüber hinaus sind Spezialisierungsgewinne möglich. Statt politischer Generalisten wären verstärkt aufgabenbezogene Experten gefragt, bei denen eine erhöhte Problemlösungskompetenz vermutet werden kann.

3.3.6 Distributive und stabilitätspolitische Aspekte der föderalen Kompetenzverteilung

Ergänzt man die Betrachtung der allokativ begründeten staatlichen Aufgaben entsprechend der Musgrave'schen Dreiteilung um distributive und stabilitätspolitische Aspekte, so fällt zunächst auf, daß der europäischen Ebene bisher bewußt keine interpersonelle Einkommensumverteilungskompetenz sowie keine budgetwirksame fiskalische Stabilisierungskompetenz zugesprochen wird und daher auch keine entsprechenden finanziellen Mittel vorgesehen sind. Die dezentrale Beibehaltung dieser beiden budgetintensiven und teilweise „emotionsgeladenen" Politikbereiche auf der Ebene der Mitgliedstaaten innerhalb der EU ist in erster Linie eine politische Entscheidung, die mit dem noch präföderalen Charakter der Europäischen Union begründet werden kann und vermutlich den derzeitigen „politischen" Präferenzen der europäischen Bürger entspricht. Allerdings widerspricht diese vertikale Aufgabenzuweisung der Sichtweise, die von Vertretern der traditionellen Föderalismustheorie eingenommen wird. Diese ordnen beide Kompetenzbereiche schwerpunktmäßig der Zentralinstanz zu, da sie andernfalls signifikante negative externe Effekte und ineffiziente Verzerrungen befürchten.[208]

---

[207] So z.B. Frey (1997), S. 17–20. Frey geht auch auf behauptete Probleme des FOCJ-Konzeptes ein und diskutiert verschiedene vorgebrachte Kritikpunkte, vgl. Frey (1997), S. 20–26.

[208] Vgl. z.B. Musgrave (1959), S. 181, Oates (1972), S. 4–10 und S. 21–30 sowie Oates (1999), S. 1121, Peffekoven (1980), S. 615ff., Seidel (1992), S. 43–47, Ter-Minassian (1997), S. 3f., Ahmad/Hewitt/Ruggiero (1997), S. 29f., King (1997), S. 32ff. und Feld (2000), S. 183ff.

3.3.6.1 Distributive Kompetenzen

Bezüglich einer dezentral organisierten Umverteilungspolitik werden vor allem ineffiziente Migrationsbewegungen mobiler Produktionsfaktoren erwartet, die redistributive Politikmaßnahmen letztendlich unmöglich machen. Wohlhabende Wirtschaftssubjekte würden in Regionen mit geringen Umverteilungsmaßnahmen und niedrigen Steuern wandern, während Regionen mit hohen Transferleistungen vor allem ärmere Wirtschaftssubjekte anzögen, so daß die dezentrale Umverteilungspolitik in den Regionen mit hohen Transferzahlungen mangels einer dauerhaften Finanzierbarkeit zusammenbrechen muß.[209] Zusätzliches Gewicht erhält dieses Argument, wenn man in Anlehnung an H.-W. Sinn (1997, 1996, 1994) die ex-post erfolgende staatliche Umverteilung, etwa durch das Steuersystem, ex-ante als Versicherungsschutz gegen grundsätzliche Lebensrisiken interpretiert, für die aufgrund von adverser Selektion kein funktionsfähiger privater Versicherungsmarkt existiert.[210] Zu diesen Risiken zählen etwa ungleiche angeborene Fähigkeiten oder ungleiche exogene Einflußgrößen auf das Lebenseinkommen. Für sie können keine privatwirtschaftlichen Versicherungsverträge abgeschlossen werden, da bei Vertragsabschluß die versicherungsrelevanten Risikomerkmale zumindest für den potentiellen Versicherungsnehmer größtenteils bekannt wären.

Angesichts des Versagens wettbewerblich organisierter Märkte für diese Risiken, können staatliche Umverteilungsmaßnahmen unter der Voraussetzung risikoaverser Wirtschaftssubjekte ex-ante die Risikoallokation der Gesell-

---

[209] Vgl. Walsh (1993), S. 38 sowie die in der vorangehenden Fußnote aufgelistete Literatur. Ähnlich auch Schneider/Lenk (2000), S. 8f., Musgrave (1999), S. 160f., Wildasin (1991) und Teutemann (1992), S. 152.

[210] Vgl. insbesondere Sinn, H.-W. (1997), S. 30–40, Sinn, H.-W. (1996), S. 10–17 und Sinn, H.-W. (1994), S. 97–100; vgl. auch Teutemann (1993), S. 398ff. und Teutemann (1992), S. 148–150 Die grundlegenden theoretischen Arbeiten zum Problem adverser Selektion sowie möglicher staatlicher Eingriffsmöglichkeiten entwickelten u.a. Pauly (1974), Rothschild/Stiglitz (1976) und Wilson (1977). Ein prägnanter Überblick über die Problematik findet sich z.B. bei Dahlby (1981). Die Interpretation staatlicher Umverteilungsmaßnahmen als Versicherungsschutz findet sich u.a. bereits bei Friedman (1953), Buchanan/Tullock (1962), Brennan (1973), Buchanan (1974), S. 35–39 und Rawls (1971). Ein zu umfangreicher „staatlicher Versicherungsschutz“ in Form des Sozialstaates kann allerdings aufgrund der damit verbundenen negativen Anreizwirkungen Moral-Hazard-Effekte generieren, die ihrerseits Ineffizienzen darstellen.

schaft verbessern und somit wohlfahrtssteigernd wirken. Sinn zeigt modelltheoretisch, daß die pareto-verbesserte Risikoallokation durch den Sozialstaat nur Bestand haben kann, wenn keine freie Faktorwanderung erfolgt, also kein Steuer- oder Systemwettbewerb um mobile Faktoren möglich ist, oder wenn überall in Europa eine einheitlich Redistributionspolitik betrieben wird, sei es durch Harmonisierung der unterschiedlichen nationalstaatlichen Regelungen oder durch eine Verlagerung der Kompetenz auf die Zentralebene. Die Existenz wettbewerblicher Elemente zwischen dezentralen Jurisdiktionen würde – ähnlich wie der Wettbewerb zwischen privaten Versicherungsgesellschaften – aufgrund adverser Selektion die „Versicherungsmöglichkeiten" des Sozialstaates zerstören.

Die pro-zentralistische Sichtweise der Umverteilungskompetenz ist jedoch in der Literatur aufgrund theoretischer und empirischer Erkenntnisse keineswegs unwidersprochen geblieben.[211] So zeigt Pauly (1973), daß eine dezentrale interpersonelle Umverteilungskompetenz bei räumlich begrenzten Verteilungspräferenzen pareto-effizient ist. Tresch (1981) kritisiert die traditionelle Sicht mit dem Hinweis, daß man untergeordneten autonomen Staatseinheiten keine eigenständigen gesellschaftlichen Wohlfahrtsfunktionen (Social welfare functions), die eine eigenständige Umverteilungspolitik implizieren, absprechen könne. Darauf aufbauend entwickelt er ein Föderalismus-Modell, das jeder Jurisdiktion eine gesellschaftliche Wohlfahrtsfunktion zugesteht und leitet daraus Bedingungen für ein Wohlfahrtsoptimum ab. Er kommt zu dem Ergebnis, daß nur die unterste staatliche Ebene eine interpersonelle Umverteilungspolitik betreiben sollte und höhere Ebenen Umverteilungsmaßnahmen nur über vertikale Finanzzuweisungen tätigen.[212] Auch Malchow (1992) spricht sich für eine dezentral organisierte interpersonelle Verteilungskompetenz in der Europäischen Union aus, die durch ein zwischenstaatliches regionales Finanzausgleichssystem zwischen den Mitgliedstaaten ergänzt werden sollte.

---

[211] Ein Überblick über die theoretischen und empirischen Möglichkeiten und Schranken dezentraler Umverteilungspolitik findet sich z.B. bei McGuire (1997), insb. S. 180–190, Feld (2000) und Feld/Kirchgässner (1998), S. 67f. Vgl. auch Kolmar (1999) und Wellisch (1995), S. 123–141 für eine Diskussion dezentral angesiedelter Verteilungskompetenzen.

[212] Vgl. ausführlich Tresch (1981), S. 590–600, insbesondere S. 596–600.

Einen alternativen Lösungsansatz für das Problem des zusammenbrechenden „versicherungsmotivierten Sozialstaates" schlägt S. Sinn (1993) vor.[213] Statt die Redistributionspolitk zu zentralisieren oder ein „Harmonisierungskartell" dezentraler Jursidiktionen zuzulassen, sollte die Freiheit der Wahl des Wohnsitzes nicht gleichbedeutend mit der zugangskostenlosen Teilnahme am entsprechenden Umverteilungssystem sein. Statt dessen wird jede Person mit Geburt lebenslanges Mitglied in einem nationalen „Umverteilungsclub", unabhängig von potentiellen zukünftigen Wohnorten, wobei jedoch jederzeit die Möglichkeit eines Austritts gegen Bezahlung einer Austrittsgebühr besteht, die auf den zukünftigen – positiven oder negativen – Nettozahlungen an das alte Umverteilungssystem basiert. Ansatzweise und weniger radikal hat auch der Wissenschaftliche Beirat beim Bundesministerium der Finanzen ähnliche Gedanken zur Freizügigkeit und sozialen Sicherheit in Europa formuliert. Die Autoren plädieren für eine „verzögerte Integration", bei der grenzüberschreitende Wanderungsbewegungen sozialrechtlich mit zeitlicher Verzögerung (Vorschlag des Gutachtens: 5 Jahre) nachvollzogen werden. Wirtschaftssubjekte, die zwischen Jurisdiktionen mit eigenständigen Umverteilungssystemen wandern, blieben danach für einen gewissen Zeitraum trotz Wohnorts- und/oder Beschäftigungswechsel in der Zuständigkeit des Umverteilungssystems ihrer Herkunftsjurisdiktion.[214]

Darüber hinaus zeigen Kirchgässner/Pommerehne (1996) empirisch für die Schweiz, daß Steuerwettbewerb zwischen Jurisdiktionen nicht automatisch zu einem Zusammenbruch der Umverteilungsmöglichkeiten innerhalb der Jurisdiktionen führen muß. Schließlich ist derzeit auch eine nicht allzu hohe Mobilität des Faktors Arbeit zu konstatieren,[215] so daß sich distributionspolitisch induzierte Wanderungsbewegungen innerhalb der EU in engen Grenzen halten.

---

[213] Sinn, S. (1993), S. 116f.

[214] Wissenschaftlicher Beirat beim Bundesministerium der Finanzen (2001), insb. S. 79–96.

[215] Vgl. Thomas, I. (1997), S. 214f., Straubhaar (1996), S. 156–161, Heinemann (1995), S. 73f., Hemming/Spahn (1997), S. 121 und Dohse/Krieger-Boden (1998), S. 78f. Letztere stellen fest, daß die räumliche Arbeitskräftemobilität sowohl zwischen den EU-Staaten als auch innerhalb der meisten EU-Staaten niedriger ist, als während der Gastarbeiterwanderungen in den 60er und frühen 70er Jahren. Zu einem uneinheitlichen Bild – mit im Zeitablauf zunehmender Faktormobilität – kommt Wildasin (2000).

Betrachtet man statt interpersoneller Redistributionsmaßnahmen dagegen die interregionalen Umverteilungsmaßnahmen zwischen einzelnen Mitgliedstaaten und Regionen innerhalb der EU, so stellt eine erhöhte Mobilität der Haushalte auch bei dezentraler Kompetenzzuordnung kein gravierendes Problem dar. Eine hohe Arbeitskräftemobilität kann vielmehr den durch interregionale Umverteilungsmaßnahmen angestrebten Ausgleich von Einkommensunterschieden tendenziell erleichtern, da die begünstigten Regionen ceteris paribus Steuern senken können, während die wohlhabenden Regionen die Transfers durch höhere Steuern finanzieren müssen. Insbesondere mobile Arbeitskräfte mit einem hohen Grenzsteuersatz hätten daher Anreize, von reichen in arme Regionen zu wandern.[216] Das politische Ziel einer (zentralisierten) interregionalen Umverteilung ließe sich prinzipiell auch mit einer dezentralen allokativen Kompetenzverteilung auf europäischer Ebene vereinbaren. Das gilt zumindest solange, wie nicht versucht wird, Ziele aus beiden Bereichen mit nur einem wirtschaftspolitischen Instrument zu verfolgen. Gerade dies ist allerdings bei einem Großteil der in der EU ergriffenen Maßnahmen der Fall. Statt allokativ neutraler, ungebundener Finanzzuweisungen erfolgt die Umverteilung im Rahmen der Struktur-, Kohäsions- und Agrarfonds hauptsächlich zweckgebunden. Zweckgebundene zwischenstaatliche Zuweisungen sind jedoch nur dann ein effizientes Instrument, wenn sie allokativen Zielen dienen und zur Internalisierung positiver interregionaler Spillover-Effekte eingesetzt werden, nicht aber zur Verwirklichung eines eigenständigen Redistributionsziels.[217] Gerade letzteres liegt aber den Ausgabeaktivitäten der Europäischen Union implizit zugrunde.

Darüber hinaus wird der gegenwärtigen interregionalen Umverteilungspolitik entgegengehalten, daß sie dem Subsidiaritätsprinzip widerspreche, (unnötigerweise) mindestens eine zusätzliche staatliche Ebene beinhaltet und weniger zielgenau sei, was mit beträchtlichen „Sickerverlusten und Effizienzeinbußen" einherginge.[218] Außerdem wird vermutet, daß eine interregionale

[216] Heinemann (1995), S. 28–30.

[217] Oates (1999), S. 1126f.

[218] Vgl. Teutemann (1993), S. 402–407 und Teutemann (1992), S. 158–162. Vgl. auch Oates (1999), S. 1127. Interregionale Umverteilung beinhaltet eine Durchschnittsbildung in dem Sinne, daß Transfers von durchschnittlich reichen Regionen in durchschnittlich arme Regionen fließen. Das beinhaltet jedoch implizit, daß in den Empfängerländern

Distributionspolitik mit einem höheren Umverteilungsvolumen aufgrund besserer politischer Durchsetzbarkeit einhergeht. Neben geringerem psychologischen Widerstand auf Seiten der Gebenden – beruhend auf der mangelnden direkten Personifizierung der Transferempfänger als potentielle Freerider des Sozialsystems – werden interregionale Transfers auch von potentiell begünstigten Interessengruppen unterstützt, ohne daß diese notwendigerweise tatsächlich bedürftig sind. Neben ihrer grundsätzlich signifikanten politischen Einflußnahme aufgrund einer guten Organisierbarkeit[219], haben Interessengruppen oft den Vorteil regionaler Schwerpunktbildung, so daß sie aus einer interregionalen Redistributionspolitik besonders hohe Vorteile ziehen können.[220] Ein Blick auf die europäische Realität der Agrar- und Strukturfonds zeigt, daß die angeführten Argumente größtenteils zutreffend sind, so daß die gegenwärtige Ausgestaltung der interregionalen Umverteilungsmaßnahmen aus Sicht der Bürger und Steuerzahler nicht überzeugen kann.

3.3.6.2 Stabilitätspolitische Kompetenzen

Auch hinsichtlich antizyklischer stabilitätspolitischer Maßnahmen wird traditionell häufig für eine zentrale Kompetenzzuordnung plädiert.[221] Nachdem durch die Europäische Währungsunion bereits die Geldpolitik für 12 der 15 Mitgliedstaaten vereinheitlicht wurde, wird teilweise auch über eine Zentralisierung der Fiskalpolitik als weiterer Integrationsschritt nachgedacht. Allerdings bestehen inzwischen Zweifel, ob die üblicherweise angeführten und im folgenden kurz genannten Argumente für eine solche Kompetenzverlagerung tatsächlich die unterstellte Bedeutung haben, oder ob sie nicht tendenziell

---

wohlhabende Wirtschaftssubjekte von den Transfers profitieren, die in den Geberländern u.a. auch durch weniger wohlhabende Wirtschaftssubjekte finanziert werden.

219 Vgl. Olson (1965).

220 Ähnlich auch Grossman (1989), der in einem Public-Choice-Modell mit regionalen Interessengruppen und Transfers zwischen den staatlichen Ebenen, aber ohne tiebout'sche Migrationsprozesse zeigt, daß eine föderale Staatsstruktur mit dezentralen Jurisdiktionen zu einem größeren Staatsanteil führt, als es in einem ausschließlich zentralistisch organisierten Staat der Fall ist.

221 Vgl. Hemming/Spahn (1997), S. 123.

überschätzt werden.[222] Es handelt sich dabei um die folgenden sechs „klassischen“ Zentralisierungsargumente:

- Lokale bzw. regionale Steuer– und Ausgabenprogramme haben aufgrund der Offenheit des räumlich begrenzten Wirtschaftsraums nur kleine Multiplikatoreffekte, da der Großteil der erwünschten Wirkung als externer Effekt in anderen Jurisdiktionen verpufft. Insbesondere bei adversen symmetrischen Schocks hätten daher untergeordnete Regionen Anreize, ein Free-rider-Verhalten an den Tag zu legen. Demgegenüber ist der für die übergeordnete zentrale Ebene relevante Wirtschaftsraum größer und damit durch einen geringeren Offenheitsgrad charakterisiert, so daß sich größere Multiplikatoren ergeben sowie das Free-rider-Verhalten entfällt.
- Schuldverschreibungen untergeordneter Ebenen werden hauptsächlich von externen Wirtschaftssubjekten gehalten, so daß die Zins- und Tilgungszahlungen einen Transfer von realem Einkommen an Wirtschaftssubjekte außerhalb des betrachteten regionalen Wirtschaftsraums bedeuten; demgegenüber stellen Zins- und Tilgungszahlungen durch die Zentralinstanz Transfers zwischen den Bewohnern dar.
- Da konjunkturelle Schwankungen in untergeordneten, stark interdependenten regionalen Gebieten weitgehend parallel verlaufen, führt eine antizyklischen Politik durch die Zentralinstanz für die meisten Regionen zu geeigneten Ergebnissen.
- Untergeordnete Jurisdiktionen haben keinen Zugriff auf (antizyklische) geldpolitische Maßnahmen.
- Eine hohe Kapital- und Arbeitsmobilität auf untergeordneter Ebene kann die Wirksamkeit, aber auch die Notwendigkeit regionaler stabilitätspoli-

---

[222] Vgl. Fox/Murray (1997), S. 241–269, Berthold (1993), S. 162–167 und Gramlich (1987b) für eine überblicksartige Diskussion dieser Aspekte. Letzterer sowie Feld/Kirchgässner (1998), S. 68f. geben einen Überblick über das Problem der adäquaten föderalen Kompetenzzuordnung der Stabilisierungspolitik vor dem Hintergrund asymmetrischer Schocks und Moral-Hazard Problemen. Feld/Kirchgässner konstatieren letztlich eine gewisse Ratlosigkeit im Hinblick auf konkrete Zuordnungsempfehlungen angesichts neuerer theoretischer Erkenntnisse. Vgl. auch Breton/Scott (1978), S. 131–141, die zeigen, daß stabilitätspolitische Maßnahmen aufgrund der mit ihnen verbundenen Organisationskosten nicht zwingend der Zentralinstanz zugeordnet werden müssen.

tischer Maßnahmen, insbesondere bei asymmetrischen adversen Schocks, abschwächen.[223]

- Auf der Ebene der Zentralregierung ist eine einfachere und bessere Koordination der verschiedenen Politikmaßnahmen möglich. Hierzu gehört auch, daß die regionalen Regierungen andere Ziele als die Zentralinstanz verfolgen und mögliche externe Effekte ihres Handelns auf andere Jurisdiktionen nicht adäquat berücksichtigen, so daß sie möglicherweise kein „gesamtstaatliches" Optimum anstreben.

Für die USA kommen Fox/Murray (1997) zu dem Ergebnis, daß sich mit Ausnahme des vierten und sechsten Argumentes für diese Hypothesen jeweils begründete Gegenargumente anführen lassen. Entweder seien die Ausgangsüberlegung ungültig oder aber für beide Ebenen gleich bedeutsam, d.h. eine zentralisierte Politik sei mit keinen Vorteilen gegenüber einem dezentralen Vorgehen verbunden. Weder die Verschuldung bei externen Wirtschaftssubjekten, der vermeintlich zu hohe Offenheitsgrad oder die Synchronität im Konjunkturverlauf würden eine – zumindest ergänzende – dezentrale Stabilitätspolitik ausschließen.[224] Da in der EU ein deutlich geringerer Offenheitsgrad auf der Ebene der Mitgliedstaaten vorliegen dürfte als zwischen den amerikanischen Bundesstaaten, verlieren die klassischen Argumente für eine zentralisierte Stabilitätspolitik weiter an Bedeutung. Dies gilt um so mehr, als auch die Migrationsströme des Faktors Arbeit zwischen den Regionen (respektive Mitgliedstaaten) sowie der gemeinsame Konjunkturverlauf der Mitgliedstaaten nicht besonders ausgeprägt sind.[225] Während also bei symmetrischen Schocks in Europa eine zentralisierte Stabilitätspolitik zwar möglich, aber aus den geschilderten Gründen nicht unbedingt erforderlich erscheint, ist ihre Eignung bei asymmetrischen Schocks grundsätzlich in Frage zu stellen, da sie nicht die erforderliche (regionale) Differenzierung zuläßt. Angesichts des Wegfalls des Wechselkurses als nominales Anpas-

---

[223] Vgl. auch Berthold (1993), S. 164.

[224] Fox/Murray (1997), S. 253.

[225] Vgl. die Diskussion bei Fox/Murray (1997), S. 247–252. Ähnlich auch Berthold (1993), S. 164. Darüber hinaus ist davon auszugehen, daß auch bei Beibehaltung der bisherigen dezentralen Kompetenzzuordnung die Restriktionen der im Vertrag von Maastricht festgelegten Verschuldungskriterien ein Minimum an Harmonisierung bezüglich der fiskalpolitischen Strategien generieren, die die Notwendigkeit einer weitergehenden Zentralisierung überflüssig machen.

sungsinstrument im Zuge der Einführung des Euro und der geringen Arbeitskräftemobilität in Europa,[226] könnte eine dezentrale Fiskalpolitik als letztes verbleibendes makroökonomisches Instrument zur Abmilderung temporärer asymmetrischer Schocks in einem gemeinsamen Währungsraum angesehen werden.[227]

Allerdings ist zu vermuten, daß die Bewältigung asymmetrischer Schocks in der Währungsunion möglicherweise verstärkt innereuropäische Finanztransfers im Sinne einer „Transferunion" erforderlich machen könnte, da einzelne betroffene Regionen nicht über die erforderlichen finanziellen Mittel verfügen bzw. die dezentrale Lastverteilung als Widerspruch zum in den Verträgen verankerten Solidaritätsprinzip angesehen wird. Darüber hinaus besteht auch bei asymmetrischen Schocks die Gefahr einer Ausbreitung auf die übrigen Regionen der EU, so daß auch die primär nicht betroffenen Regionen einen Anreiz für diese Transfers hätten.[228] Die Finanzierung derartiger Transfers hätte natürlich Auswirkungen auf die Haushaltspolitik der EU, wobei hier insbesondere der Ausgestaltung der Ausgabenseite eine bedeutende Rolle zukommt, da derartige Transfers ein genau festgelegtes Regelwerk bezüglich der Voraussetzungen für ihren Einsatz sowie der Form der temporären regionalen Begünstigung erfordern. Diskretionäre Entscheidungsspielräume sollten unbedingt vermieden werden, um eine einheitliche Anwendung auf europäischer Ebene sicherzustellen und die regionalen politischen Begehrlichkeiten zu dämpfen.

---

[226] Vgl. Straubhaar (1999). Der Wegfall des Wechselkurses impliziert, daß die von asymmetrischen Schocks ausgehenden Anpassungslasten von realwirtschaftlichen Faktoren getragen werden müssen. Damit kommt der Arbeitskräftemobilität in einer Währungsunion eine gesteigerte Bedeutung als Anpassungsmechanismus bei asymmetrischen Schocks zu. Vor diesem Hintergrund kommt Straubhaar (1999), S. 160 zu der Schlußfolgerung, daß „für die EU [...] in näherer Zukunft *nicht ein Zuviel, sondern ein Zuwenig an Migration* Probleme erzeugen [dürfte]".

[227] Vgl. Hemming/Spahn (1997), S. 123.

[228] Vgl. Francke (1998), S. 190f. und Caesar (1998), S. 132ff. Bestehen zwischen den Mitgliedstaaten bzw. Regionen Unterschiede in der ökonomischen Anpassungskraft an wirtschaftliche Abschwünge, so könnten Finanztransfers auch bei symmetrischen Schocks erforderlich werden. Letztlich stellen die Überlegungen zu einer Transferunion eine Verknüpfung stabilitätspolitischer und distributiver Überlegungen dar.

Insgesamt kommt jedoch z.B. Berthold (1993, S. 165) zu der Schlußfolgerung, daß „... es eigentlich gar keine [Gründe] für eine zentrale Lösung der fiskalischen stabilitätspolitischen Aufgabe in einer europäischen Währungsunion gibt“. Statt dessen sollten die erforderlichen ordnungspolitischen Maßnahmen durchgeführt werden, um die bestehenden Unvollkommenheiten auf den Güter- und Faktormärkten zu verringern.

Darüber hinaus werden bezüglich der Wirksamkeit keynesianischer, stabilitätspolitischer Maßnahmen grundsätzliche Zweifel erhoben, unabhängig von der Kompetenzzuordnung in föderal organisierten Staatsgebilden.[229] Eine – allerdings nicht allgemein akzeptierte – Extremposition im Sinne einer vollkommenen Irrelevanz der Finanzierung fiskalpolitischer Maßnahmen nehmen Anhänger des Ricardianischen Äquivalenztheorems ein.[230]

3.3.7 Fiskalischer Föderalismus und die Zuordnung der Einnahmenkompetenz

Grundsätzlich sollte die Zuordnung der Einnahmenkompetenz in einem föderalen Staatsgebilde die getroffene Aufgaben- und Ausgabenstruktur reflektieren. Dies folgt aus den Überlegungen bezüglich des fiskalischen Äquivalenzprinzips. Nur wenn jede Jurisdiktion für die zur Deckung ihrer Ausgaben erforderlichen Einnahmen selbst verantwortlich ist, können alle relevanten Kosten und Nutzenwirkungen in den kollektiven Entscheidungsmechanismen berücksichtigt werden. Allerdings sind von diesem Vorgehen

---

229 So z.B. Bernheim (1989) und Gandenberger (1988); vgl. auch v. Weizsäcker (1997), S. 131–137 und Zimmermann/Henke (1997), S. 372–382. Vgl. Berthold (1993), S. 157–161 für eine kritische Diskussion der stabilitätspolitischen Möglichkeiten in der Europäischen Währungsunion. Seine Analyse zeigt, daß stabilitätspolitische Aktivitäten keynesianischer Prägung bestenfalls eine Second-best-Lösung darstellen.

230 Vgl. hierzu insbesondere Barro (1974), (1989) und die Überblicksartikel von Seater (1993), Kitterer (1986) sowie Fox/Murray (1997), S. 244f. Die Grundüberlegungen gehen zurück auf Ricardo (1820/1951). Vgl. für eine Kritik am Ricardianischen Äquivalenztheorem u.a. Bernheim (1989), S. 63–67. Genaugenommen postuliert das Ricardianische Äquivalenztheorem die Irrelevanz der Finanzierung der Staatsausgaben über Steuern oder Staatsschuldtitel im Sinne einer Budgetinzidenz. Daher ist bei seiner Gültigkeit der einfache modelltheoretische Multiplikator entsprechend dem Haavelmo-Theorem jeweils eins, vgl. Michaelis (1997), S. 163f.

dann Abweichungen möglich, wenn vermutet werden muß, daß eine aufgabenkongruente Einnahmenverteilung bzw. Einnahmenerhebungskompetenz zu wohlfahrtsmindernden Verzerrungen führt. In diesem Fall sollte der erforderliche Finanzbedarf durch allokativ neutrale Finanzzuweisungen der anderen staatlichen Ebenen zur Verfügung gestellt werden; denn mit Ausnahme der insgesamt besseren Finanzausstattung haben pauschale Finanzzuweisungen einen vergleichsweise geringen Einfluß auf die politischen Entscheidungsprozesse der empfangenden Jurisdiktion.[231] Diese Überlegungen liegen auch den Implikationen der Theorie des fiskalischen Föderalismus zugrunde, die das Prinzip der fiskalischen Äquivalenz hinsichtlich einer wünschenswerten vertikalen Einnahmenstruktur ergänzen.

Nach traditioneller Ansicht vieler Autoren bietet sich diesbezüglich die folgende – im Ergebnis vergleichsweise zentralistische – Zuordnung an, der im wesentlichen eine unterschiedliche Mobilitätseinschätzung der Wirtschaftssubjekte auf zentraler und dezentraler Ebene zugrunde liegt:[232]

---

231 Ter-Minassian (1997), S. 8f. weist allerdings darauf hin, daß eine Konstellation, die eine dezentrale Ausgabenkompetenz und eine zentrale Einnahmenkompetenz beinhaltet, nicht unproblematisch ist. Da letztlich eine Trennung der Nutzenwirkungen staatlicher Aktivitäten von ihren Kosten im Sinne der Steuerzahlungen erfolgt, besteht die Gefahr, daß auf untergeordneter Ebene sowohl bei Politikern als auch bei Wählern die „fiskalische Verantwortung" nicht besonders stark ausgeprägt ist. Somit läßt sich zwar ein Substitutionseffekt vermeiden, nicht jedoch ein „Einkommenseffekt", der zu überhöhten staatlichen Ausgaben führt. Darüber hinaus zeigt Wrede (1997) in einem wohlfahrtstheoretischen Modell, daß die Ansiedlung der Einnahmen- und Ausgabenkompetenz auf unterschiedlichen Ebenen in föderalen Staatsgebilden zu vertikalen fiskalischen externen Effekten und damit zu Wohlfahrtsverlusten führen kann. Die Internalisierung dieser Art fiskalischer Externalitäten könnte, abgesehen von einer vertikalen Kooperation der unterschiedlichen Ebenen, durch Finanzzuweisung der übergeordneten Ebene mit Eigenbeteiligung der empfangenden Ebene erfolgen; vgl. zu vertikalen fiskalischen Externalitäten auch Dahlby/Wilson (1999), Keen (1998) und Dahlby (1996).

232 Vgl. zum folgenden insbesondere Musgrave (1983), S. 10–17 und (1999), S. 164ff. sowie Groenewegen (1990), Oates (1990a), S. 5ff., Oates (1990b), S. 46ff., Ter-Minassian (1997), S. 9f., Norregaard (1997), S. 53ff., Kenyon (1997), S. 68ff., Caesar (1996b), S. 153–159 und Feld/Schneider (2000). In der Literatur werden diese Überlegungen vor allem unter dem Begriff des „Tax-assignment problem" abgehandelt. Vgl. auch Spahn (1993b), S. 13–22, Gordon (1983) und Inman/Rubinfeld (1996) für eine Diskussion des Tax-assignment-Problems. Letztere lassen zwar den dezentralen Jurisdiktionen Steuer-

Der zentralen Ebene sollten vor allem verteilungspolitisch motivierte, stark progressiv wirkende Einnahmeformen, wie etwa eine progressive Einkommensteuer, sowie Einnahmen bzw. Steuern, die auf Basis von sehr mobilen Bemessungsgrundlagen erhoben werden, zugeordnet werden. Eine dezentrale Zuordnung könnte zu allokativen Verzerrungen aufgrund ineffizienter regionaler Ausweichreaktionen der besteuerten Faktoren führen. Statt dessen sollten untergeordnete dezentrale Ebenen sich auf relativ immobile Faktoren und auf leistungsbezogene „Gebührensteuern" konzentrieren. Darüber hinaus sollten auch Einnahmequellen, deren regionales Aufkommen eine sehr heterogene Struktur aufweist, der Zentralinstanz zur Verfügung stehen, um geographische Ungleichheiten und allokative Ineffizienzen zu vermeiden.[233] Dies gilt ebenso für Steuern, deren dezentrale Zuordnung mit signifikanten Spillover-Effekten in Form von Steuerexport einherginge und somit ineffiziente regionale öffentliche Ausgabenprogramme nach sich ziehen könnte.

Darüber hinaus wird teilweise zugunsten einer weitgehenden Zentralisierung der Besteuerungskompetenz die Auffassung vertreten, daß die Administration der Steuerverwaltung mit Skalenerträgen verbunden sei und daß eine zentrale Steuererhebung illegale Steuervermeidung und Steuerhinterziehung erschweren würde. Allerdings sind diese Hypothesen angesichts nur unzureichender empirischer Bestätigung und angesichts von technischem Fortschritt in der Steuerverwaltung in der Literatur nicht unumstritten.[234] Außerdem impliziert eine zentrale Steueradministration nicht automatisch, daß die resultierenden Einnahmen auch der Zentralinstanz zustehen. Statt dessen könnte

---

kompetenzen, internalisieren aber die negativen fiskalischen Effekte durch zusätzliche korrigierende Maßnahmen der Zentralregierung.

233 Zu denken wäre hierbei z.B. an Steuern auf natürliche Ressourcen wie etwa Rohstoffvorkommen; vgl. hierzu auch Mieszkowski (1983) und Hemming/Spahn (1997), S. 114. Eine der Befürchtungen besteht darin, daß bei dezentraler Besteuerung Regionen mit großen Rohstoffvorkommen ihre Ausgaben auf ein allokativ ineffizientes Niveau ausdehnen könnten. Im Rahmen der EU sind in diesem Zusammenhang auch die Einnahmen aus Zöllen und Agrarabschöpfungen zu nennen, deren Aufkommen ebenfalls starken regionalen Schwankungen unterliegen kann.

234 Vgl. Groenewegen (1990), S. 87 und S. 105–110 für eine kritische Darstellung dieser Aspekte sowie Ter-Minassian (1997), S. 15f. Eine Diskussion der geeigneten staatlichen Ebene für die Einnahmen- und Steueradministration findet sich auch bei Vehorn/Ahmad (1997).

man sich vorstellen, daß die Zentralinstanz lediglich als ausführende Instanz im Auftrag der dezentralen Jurisdiktionen tätig wird.[235]

Insgesamt dominiert in der traditionellen Sichtweise eine zentralistische Einnahmenkompetenz. Zwar wird nicht ausgeschlossen, daß untergeordnete Gebietskörperschaften weitergehende Aufgaben- und Ausgabenkompetenzen erhalten, die beispielsweise durch Zuweisungen von der Zentralinstanz finanziert werden könnten, aber sie liefert kaum Argumente für ein dezentral zugeordnetes Besteuerungsrecht.[236] So stellen Brennan/Buchanan (1983) fest: „But in no case would or could conventional normative tax theory provide any positive justification for decentralization of the taxing power itself".[237] Eine der Hauptursachen für die dominierende Rolle der „Zentralregierung" bezüglich der Einnahmen- und Besteuerungskompetenz ist die Ausgangsannahme der Wohlfahrtsökonomie, die von der Hypothese des Staates als am Allgemeinwohl interessierten wohlwollenden Diktator ausgeht. Eine dezentrale Kompetenzzuordnung ist in diesem Modellrahmen mit allokativ negativen Effekten, wie z.B. ruinösem Steuerwettbewerb, ineffizienten Wanderungsbewegungen und steuerlich induzierten externen Effekten in Form des Steuerexports und –imports verbunden.[238]

Daher unterscheiden sich die Schlußfolgerungen – ähnlich wie bei der Diskussion der Aufgaben- und Ausgabenzuordnung – signifikant von Überlegungen in der Tradition der Public-Choice-Theorie, nach der man den Bürgern im Rahmen von Steuersystemen ausreichende Ausweichmöglichkeiten gegen eine übermäßige finanzielle Ausbeutung und zur Begrenzung „levia-

---

[235] Ähnlich Spahn (1993b), S. 21. Umgekehrt erheben beispielsweise die Mitgliedstaaten die Einnahmen aus Zöllen und Agrarabschöpfungen (im wesentlichen) für die EU, so daß sich auch hier die Zuordnung der rein administrativen Tätigkeit von der tatsächlichen Einnahmenverteilung unterscheidet.

[236] Einige Autoren kommen daher zu der Schlußfolgerung, daß die traditionelle Theorie bei jeweils isolierter Betrachtung eine zentrale Kompetenzzuordnung auf der Einnahmenseite mit einer tendenziell eher dezentralen Kompetenzzuordnung auf der Ausgabenseite in Einklang bringen muß, was notwendigerweise einen Trade-off beinhalte, vgl. Netzer (1974), S. 373f. und Groenewegen (1990), S. 87f. mit weiteren Literaturhinweisen.

[237] Brennan/Buchanan (1983), S. 52. Vgl. auch Brennan/Buchanan (1980), S. 173ff.

[238] Vgl. auch Gordon (1983), S. 576–581 und Inman/Rubinfeld (1996), S. 308–315 für eine Übersicht über mögliche negative Abweichungen einer dezentralen Steuerkompetenz von einer optimalen zentralen Besteuerung.

thanischer“ Staatsausweitungstendenzen einräumen sollte.[239] Überträgt man die aus dem Modell der leviathanischen Besteuerung gewonnene Erkenntnis, daß man die Besteuerungsbasis mit dem Ziel der Schaffung von Ausweichmöglichkeiten begrenzen sollte, auf eine föderale Staatsverfassung, so könnte die Begrenzung der staatlichen Steuergewalt hier aus der Mobilität der Bürger resultieren. Voraussetzung dafür ist jedoch, daß die untergeordneten dezentralen Ebenen nur ein Besteuerungsrecht auf vergleichsweise mobile Faktoren erhalten, so daß Ausweichmöglichkeiten der Steuerzahler und Steuerwettbewerb zwischen den Jurisdiktionen bewußt zugelassen werden. Ausweichmöglichkeiten stellen in diesem Modellrahmen primär keine allokative Verzerrung mehr dar, sondern bilden die Grundlage eines Schutzmechanismus der Bürger gegenüber dem Staat vor einer „ineffizienten“ übermäßigen Besteuerung.

Einen ähnlichen public-choice-betonten Ausgangspunkt wählt Kirchgässner (1994), der für die übergeordnete Ebene – konkret die EU – aus konzeptioneller Sicht eine Finanzierung ausschließlich über indirekte Steuern mit breiter Bemessungsgrundlage fordert. Progressive Steuern wie etwa die persönliche Einkommensteuer sollten dagegen den untergeordneten Ebenen vorbehalten sein. Da progressive Steuern bei einer Erhöhung des nominalen Einkommens, sei es durch reales Wirtschaftswachstum oder durch Inflation, automatisch ein höheres Steueraufkommen generieren, sei bei ihnen eine funktionierende Kontroll- und Ausweichmöglichkeit durch die Wahlbürger, wie sie auf dezentraler Ebene tendenziell besser gegeben ist, besonders wichtig. Eine Erhöhung des Steueraufkommens durch indirekte Steuern setze dagegen in der Regel die bei Wählern unpopuläre Erhöhung der Steuersätze sowie eine eingehende parlamentarische Diskussion voraus und stelle damit ein weniger gefährliches Instrument in den Händen einer leviathanischen Zentralregierung dar.[240]

---

[239] Vgl. z.B. Brennan/Buchanan (1980) und (1983), McLure (1986), S. 344ff., Groenewegen (1990), S. 100f., Sato (2000), S. 119 sowie einführend Blankart (1998), S. 220–227.

[240] Kirchgässner (1994), S. 333f. Vgl. auch Feld/Kirchgässner (1996), S. 217f. und (1998), S. 69f. Blankart (1996), S. 230 in einem Kommentar zu Feld/Kirchgässner (1996) stimmt mit dieser Aussage prinzipiell überein, verweist aber darauf, daß die gegenwärtig faktisch bestehende „Beitragsfinanzierung“ im Rahmen der genannten Argumentation den indirekten Steuern überlegen sei.

Die Annahme eigennutzorientierter Politiker, die ihren diskretionären Handlungsspielraum zur persönlichen Nutzenmaximierung einsetzen, ist jedoch keine Voraussetzung für die Rechtfertigung einer dezentraler Einnahmenkompetenz. Brennan/Buchanan (1983) zeigen in einem stilisierten Median-Wähler-Modell mit einfachem Mehrheitswahlrecht die Bedeutung, die der Berücksichtigung des konkreten politischen Entscheidungsprozesses zukommen kann. Auch dann, wenn die Handlungsmöglichkeiten der Politiker vollständig durch den Wahlmechanismus begrenzt sind, sie also keinen diskretionären Entscheidungsfreiraum haben, können Situationen entstehen, in denen eine dezentrale Einnahmenkompetenz wünschenswert ist.[241]

3.3.8 Schlußfolgerungen für die Einnahmenkompetenz der EU

Da die ökonomischen Überlegungen bezüglich einer allokativ effizient strukturierten Aufgaben- und Ausgabenzuordnung auf die verschiedenen staatlichen Ebenen für die Europäische Union sowie die Berücksichtigung der politökonomischen Aspekte eine möglichst dezentrale, am Subsidiaritätsprinzip orientierte Kompetenzverteilung nahe legen, sollte auch die Zuordnung der Einnahmekompetenz aufgrund des fiskalischen Äquivalenzprinzips dieser vertikalen Strukturierung folgen, so daß eine weitgehend dezentral organisierte Einnahmenkompetenz als Referenzpunkt resultiert.

Die in der traditionellen Theorie des fiskalischen Föderalismus vorgebrachten Argumente für eine stärker zentralistisch organisierte Einnahmenkompetenz können im Fall der Europäischen Union nicht überzeugen. Zum einen bedeutet auf europäischer Ebene eine dezentrale Kompetenzzuordnung der Einnahmen in der Regel die Ebene der Mitgliedstaaten. Dadurch wird ein Großteil der theoretisch vorstellbaren mobilitätsinduzierten allokativen Verzerrungen relativiert, da für den Faktor Arbeit in absehbarer Zeit keine übermäßig hohe zwischenstaatliche Mobilität in der EU zu erwarten ist. Auch die Einbeziehung distributions- und stabilitätspolitischer Überlegungen führt angesichts der geschilderten unklaren Erkenntnislage zu keiner

[241] Brennan/Buchanan (1983), S. 55–59: „If regional variation in public goods supply is to emerge in such a way that it reflects regional differences in preferences, that variation must be achieved via genuine political decentralization. ... Any political decentralization must involve the decentralization of *taxing* as well as expenditure powers" (S. 59).

fundamental anderen Einschätzung. Zum anderen deuten die aus public-choice-theoretischen Überlegungen resultierenden Ergebnisse darauf hin, daß eine dezentrale Kompetenzzuordnung zu einer besseren Präferenzerfüllung der Bürger und damit zu überlegenen Ergebnissen führt, da Politiker und Bürokraten weniger Möglichkeiten zur Verwirklichung ihres Eigennutzens haben. Potentielle Ausweichreaktionen von Wirtschaftssubjekten in Form von Exit-Entscheidungen auf überhöht empfundene Steuerbelastungen sollten nicht automatisch negativ im Sinne eines ruinösen Steuer- und Institutionenwettbewerbs interpretiert werden, sondern unter dem Aspekt eines innovationsfördernden und wohlfahrtserhöhenden Kontrollmechanismus des öffentlichen Sektors.

Vor diesem Hintergrund erscheint die gegenwärtige, begrenzte Einnahmenkompetenz der Europäischen Union ohne eigene Steuerhoheit ausreichend zu sein. Sollte dennoch in Teilbereichen eine stärkere Zentralisierung als notwendig erachtet werden, so kann zunächst das Instrument der Harmonisierung zwischen den Mitgliedstaaten geprüft werden. Eine weitergehende Zentralisierung durch Kompetenzverlagerungen bezüglich der Ausgaben und Einnahmen von der Ebene der Mitgliedstaaten auf die europäische Ebene ist aus Sicht des Verfassers derzeit nicht erforderlich. Tendenziell liegt eher der umgekehrte Fall vor. Die Zuordnung der aus Sicht des EU-Haushalts volumenmäßig bedeutsamsten Politikfelder Agrar- sowie Strukturpolitik auf europäische Ebene ist ökonomisch kaum zu rechtfertigen und sollte zugunsten einer dezentralen Rücküberantwortung an die Mitgliedstaaten aufgegeben werden.[242]

Als Schlußfolgerung aus diesen Überlegungen resultiert insgesamt die Erkenntnis, daß sich die Europäische Union aus allokativer Sicht auf solche Aufgaben und öffentlichen Güter beschränken sollte, die einen inhärent gesamteuropäischen Charakter haben. Nur die wenigen Bereiche, in denen mit bedeutenden zwischenstaatlichen externen Effekten gerechnet werden muß, die das Prinzip der fiskalischen Äquivalenz signifikant untergraben oder die durch Economies of Scale gekennzeichnet sind, sollten daher aus allokativer Sicht in die Zuständigkeit der EU fallen. Als potentielle Aufgabenfelder werden in u.a. die Gebiete Verteidigungs-, Außen-, Wettbewerbs- und Binnenmarktpolitik sowie Teile der Umweltpolitik und Infrastrukturpolitik

[242] Vgl. z.B. auch Heinemann (1996), S. 126–128. Ähnlich auch Wissenschaftlicher Beirat beim Bundesministerium für Wirtschaft und Technologie (1999), S. 24–28.

nenmarktpolitik sowie Teile der Umweltpolitik und Infrastrukturpolitik (transeuropäische Netze) genannt.[243] Für die Finanzierung dieser allokativ begründeten Aufgaben wird in der Literatur die zumindest näherungsweise Anwendung des Äquivalenzprinzips gefordert, so daß sich der Finanzierungsbeitrag eines Mitgliedstaates am Grenznutzen seiner Bürger orientiert.[244]

Das heißt nicht, daß redistributive Maßnahmen zwischen den Mitgliedstaaten als ganzes ausgeschlossen sind, allerdings sollten diese von den allokativ motivierten Kompetenzzuweisungen getrennt durchgeführt werden. Zu vermeiden ist hier insbesondere die Vermischung von allokativen Aufgaben mit verteilungspolitischen Zielen, d.h. die möglicherweise gewollten Finanztransfers zwischen den Mitgliedstaaten sollten einen möglichst geringen Einfluß auf die Durchführung der allokativen Aufgaben der Europäischen Union haben und daher mit einem getrennten wirtschaftspolitischen Instrumentarium verfolgt werden. Findet diese Trennung nicht statt, so wird ein unnötiger Excess-burden im Sinne einer ineffizienten Allokation generiert. Auch wenn die interregionale Redistributionspolitik zwischen den Mitgliedstaaten der EU die Einbeziehung der zentralen europäischen Ebene nahelegt, so daß sich eine Art Verbundsteuerlösung[245] anbietet, bei der die Finanzmittel zunächst einem globalen Etat zugeordnet und dann auf die Gebietskörperschaften aufgeteilt werden, folgt daraus keineswegs zwangsläufig eine Beteiligung der Zentralinstanz an den Entscheidungen über die konkrete Mittelverwendung.

Eine direkte interpersonelle Einkommensumverteilung unter dem Dach der Europäischen Union erscheint dagegen mittelfristig nicht durchführbar und auch nicht wünschenswert, da die nationalen verteilungspolitischen Ziele und Präferenzen und die jeweiligen etablierten Redistributionsinstrumente zu unterschiedlich sind. Eine solche Politik würde auch dem gegenwärtigen politischen Charakter der EU als präföderaler Institution zuwider laufen.

---

[243] Vgl. für diese Aufzählung Henke/Perschau (1999), S. 30. Ähnlich auch Apolte (1996a), S. 14, Feld/Kirchgässner (1996), S. 215ff., Henke (1997), S. 49, Thomas, I. (1997), S. 195ff. und Caesar (1998), S. 128.

[244] Vgl. Wissenschaftlicher Beirat beim Bundesministerium für Wirtschaft und Technologie (1999), S. 17 und S. 25, Heinemann (1999), S. 2 und Heinemann (1995), S. 26 sowie Prokop (1999), S. 109f.

[245] Vgl. Schneider/Lenk (2000), S. 8.

Gleichzeitig würde eine der vorrangigen Herausforderungen der EU – die Aufnahme neuer mittel- und osteuropäischer Staaten – aufgrund des dann erforderlichen Budgetvolumens unnötig verkompliziert, wenn nicht sogar unmöglich gemacht werden.

3.4 Ergänzende Bewertungskriterien: Anforderungen an ein rationales Einnahmensystem und Budgetgrundsätze

In Ergänzung zu den bisherigen Überlegungen und zu ihrer Konkretisierung in bezug auf eine wünschenswerte realitätskonforme Ausgestaltung können als weitere, nachgelagerte Beurteilungskriterien „Anforderungen an ein rationales Einnahmensystem“ sowie allgemeine Budgetkriterien oder Haushaltsgrundsätze herangezogen werden.

3.4.1 Anforderungen an ein rationales Einnahmensystem

Auch wenn bisher in der wissenschaftlichen Diskussion kaum der Versuch unternommen wurde, Anforderungen an ein rationales Einnahmensystem für supranationale Institutionen zu entwickeln, ähnlich wie sie auf nationaler Ebene für Steuersysteme existieren,[246] so läßt sich dennoch angesichts des hohen Integrationsgrades der Europäischen Union und ihrem präföderalen Charakters zumindest teilweise Rückgriff auf derartige Bewertungskriterien nehmen.

In gewisser Weise ähneln „Anforderungen an ein rationales Steuer- bzw. Einnahmensystem“ einer Kombination der in den vorangegangenen Abschnitten dieses Kapitels behandelten politischen und ökonomischen Kriterien. Allerdings liegt ihnen kein explizites modelltheoretisches Gerüst zugrunde, wie es etwa im Rahmen der Theorie des fiskalischen Föderalismus entwickelt wurde, sondern sie basieren deutlich stärker auf Ad-hoc-Annahmen sowie auf bloßen Plausibilitätsüberlegungen.[247] Von daher stellen sie keine konträren Bewer-

---

[246] Ausnahmen sind Henke (1997), S. 46–49 und darauf aufbauend Gretschmann/Flüchter/Spaderna (1998), S. 14ff. sowie Henke/Perschau (1999), S. 32f.

[247] Hierfür gibt es zwei Hauptgründe: Zum einen sind ihre Ursprünge zeitlich deutlich früher angesiedelt. Zum anderen wurden sie vor allem im deutschsprachigen Raum entwickelt, dessen Finanzwissenschaft lange Zeit durch eine relativ institutionenorientierte,

tungskriterien zu den bisherigen Überlegungen dar, sondern übernehmen eine Ergänzungsfunktion, da sie nicht den formalen Beschränkungen und dem hohen Abstraktionsniveau der modelltheoretischen Analyse unterliegen.[248]

Anforderungen an ein rationales Einnahmensystem leiten sich aus grundsätzlich nicht objektiv zu begründenden gesellschaftspolitischen und ökonomischen Zielvorstellungen hinsichtlich des Finanzsystems ab. Abstrahiert man zunächst von den EU-spezifischen Zielsetzungen zugunsten einer allgemeineren Zielformulierung, so kann der folgende – inhaltlich allerdings äußerst unbestimmte – normative Zielkatalog als Ausgangspunkt dienen, an dem sich ein rationales Einnahmensystem orientieren sollte:[249] die fiskalische Zielsetzung, die freiheitliche Zielsetzung, die Wohlstandszielsetzung und die Gerechtigkeitszielsetzung. Ausgehend von diesem oder ähnlichen Zielsystemen und ihrer konkreten Ausformulierung wurden insbesondere in der deutschsprachigen finanzwissenschaftlichen Literatur allgemeine Anforderungen an ein rationales Steuersystem im Sinne von „Besteuerungsgrundsätzen" abgeleitet.[250] Einschränkend muß dabei jedoch bemerkt werden, daß dem Föderalismusgedanken sowie einer durch mehrere Ebenen charakterisierten Staatsstruktur keine besondere Bedeutung beigemessen wird.

---

unmathematische Vorgehensweise und den Verzicht auf explizite modelltheoretische Überlegungen charakterisiert war; vgl. z.B. Richter/Wiegard (1993), insb. S. 170–177, die den Unterschied zwischen „alter" und „neuer" (modell- und entscheidungstheoretisch) fundierter Finanzwissenschaft betonen.

[248] Daraus resultiert jedoch ihr Nachteil, daß ihre Ergebnisse in gewissem Maße arbiträr und nicht stringent ableitbar sind.

[249] Vgl. Haller (1972), S. 135–148. Es handelt sich hierbei um gesellschaftliche, allgemein anerkannte Werturteile, die sich nicht durch ein theoretisches System wissenschaftlich begründen lassen. Vgl. zur Rolle von Werturteilen und zur Werturteilsproblematik einführend Streit (1991), S. 194–205.

[250] Vgl. z. B. Haller (1972), S. 236–244, der sich am o. g. Zielkatalog orientiert. Weitere Systematisierungen gehen zurück auf Neumark (1970), Gerloff (1956) sowie bereits auf Wagner (1890) und A. Smith (1776/1981), S. 825–828. Ein kurzer Überblick findet sich u.a. in Böker (1994), S. 10–21. Haller (1980), S. 187 weist darauf hin, daß er und Neumark trotz unterschiedlicher Ausgangspunkte hinsichtlich der Zielformulierung und Zielgewichtung zu ähnlichen Ergebnissen bezüglich der Anforderungen an ein rationales Steuersystem kommen; ähnlich auch Schmölders/Hansmeyer (1980), S. 235f., Becker (1990), S. 55–59 und Caesar (1990), S. 64. Auch Musgrave/Musgrave (1973), S. 192f. nennen „Requirements for a 'good' tax structure", allerdings ohne diese genauer zu begründen.

Für die hier interessierende Fragestellung nach einem rationalen Einnahmensystem der Europäischen Union müssen dementsprechend die gesellschaftspolitischen Zielvorgaben und Aufgaben der EU den Ausgangspunkt bilden. Ergänzt werden sie um die grundlegende ökonomische Forderung eines effizienten Ressourceneinsatzes. Da die EU trotz fortschreitender Integration noch weit vom Charakter eines föderal organisierten Nationalstaates entfernt ist, können zwangsläufig nicht alle Kriterien, die für ein nationalstaatliches Steuersystem von Relevanz sind, auf das Eigenmittelsystem der Europäischen Union angewendet werden. Insbesondere muß berücksichtigt werden, daß die Einnahmenerzielung primär auf der Ebene der Mitgliedstaaten ansetzt und nicht direkt bei den einzelnen Wirtschaftssubjekten.

Unter Berücksichtigung dieser Einschränkungen können in Anlehnung an Henke (1997) die folgenden Anforderungen – in unterschiedlicher Gewichtung – als mögliche Kriterien für eine Beurteilung des Eigenmittelsystems herangezogen werden:[251]

Politische Kriterien:

- Stärkung der innergemeinschaftlichen Solidarität,
- Berücksichtigung der nationalen Leistungsfähigkeit bzw. Beitragskapazität,
- Verwendbarkeit für interregionale Umverteilung,
- Stärkung der Einnahmenautonomie der EU,
- politische Konsensfähigkeit.

Ökonomische Kriterien:

- Vermeidung von Wettbewerbsverzerrungen (z.B. grenzüberschreitende externe Effekte),
- Verwendbarkeit für stabilitätspolitische Zwecke.

---

[251] Vgl. Henke (1997), S. 49. Da sich das Strukturierungsprinzip der folgenden Auflistung an der bisher gewählten Unterteilung in politische, ökonomische und technische Kriterien orientiert, resultiert ein signifikanter Unterschied zu der von Henke (1997) gewählten Gliederung. Dieser unterscheidet zum einen zwischen ökonomischen, juristischen, integrationspolitischen und technischen Kriterien und nimmt zum anderen eine divergierende Zuordnung einzelner Kriterien zu den Kategorien vor.

Technische Kriterien:

- Transparenz und Einfachheit,
- Erhebungsbilligkeit (einfache Erhebung),
- Entrichtungsbilligkeit,
- niedriger Harmonisierungsbedarf,
- geringe Beeinträchtigung der nationalen Steuerflexibilität,
- geringe Beeinflussung des innerstaatlichen vertikalen Finanzausgleichs,
- ausreichende und dauerhafte Ertragskraft,
- geringe Beeinträchtigung der Ertragskraft und Umverteilungskraft durch unterschiedliche nationale Steuermoral.

Während ökonomischen und insbesondere die politischen Kriterien – unbeschadet ihres großen Interpretationsspielraumes – an dieser Stelle nur aus Gründen der Vollständigkeit nochmals aufgeführt werden, obwohl sie bereits ausführlich im Rahmen der Theorie des fiskalischen Föderalismus diskutiert wurden, stellen die technischen Kriterien zusätzliche Anforderungen an das Eigenmittelsystem dar. Ihr Hauptcharakteristikum liegt in der Berücksichtigung der derzeitigen präföderalen Struktur der EU. Zum einen tragen sie der Autonomie der Mitgliedstaaten Rechnung, indem sie eine möglichst geringe Beeinflussung der nationalen Steuersysteme fordern. Zum anderen berücksichtigen sie potentielle sozioökonomische Unterschiede zwischen den Mitgliedstaaten, wie sie etwa in einer unterschiedlichen Steuermoral zum Ausdruck kommen können. Darüber hinaus verhalten sie sich komplementär zu den politischen und ökonomischen Anforderungskriterien, indem sie ein einfaches, transparentes und wirtschaftliches Einnahmensystem fordern, das für die Wirtschaftssubjekte nachvollziehbar und damit kontrollierbar ist. Angesichts der Interessenvielfalt in der Europäischen Union und der damit verbundenen schwierigen politischen Konsensfindung über die weitere Entwicklung und Umsetzung der europäischen Integration, die einschneidende Reformen und einen grundlegenden Systemwechsel im Finanzierungskonzept erschwert, kommt technischen Kriterien daher eine besondere Rolle für die unmittelbare Weiterentwicklung des Eigenmittelsystems zu. Neben ihrer vergleichsweise leichten Operationalisierbarkeit sind sie eindeutig interpretierbar und – im Vergleich zu den politischen Kriterien – weitgehend unumstritten.

3.4.2 Budgetgrundsätze

Neben den Anforderungen an ein rationales europäisches Einnahmensystem können als weiteres Bewertungskriterium die „klassischen" Budgetgrundsätze (Haushaltsprinzipien), wie sie größtenteils auch in den europäischen Verträgen und der Haushaltsordnung[252] festgelegt sind, zur Beurteilung des Eigenmittelsystems herangezogen werden. Budgetgrundsätze stellen idealtypische Verfahrensregeln für die Haushaltsplanung und -abwicklung dar und finden ihre Begründung letztendlich in der demokratischen Struktur der Europäischen Union und ihrer Mitgliedstaaten. Nach Neumark (1952) sollen sie eine „... möglichst vollkommene Erfüllung der verschiedenen Budgetfunktionen gewährleisten ..."[253]. Als Budgetfunktionen werden dabei üblicherweise genannt: die administrative und politische Kontrollfunktion, die finanzwirtschaftliche Ordnungsfunktion, die politische Programmfunktion sowie die wirtschaftspolitische Lenkungsfunktion.[254] Allerdings liegt der Aufgabenschwerpunkt der Budgetgrundsätze eindeutig im Bereich der Kontrolle der Exekutive (politische Kontrolle) sowie des Verwaltungsapparates (administrative Kontrolle).[255] Aufgrund ihrer wichtigen Funktion finden sich

---

[252] Rat der EG (1977/2000). Je nachdem, ob sie Bestandteil der Europäischen Verträge oder der Haushaltsordnung sind, handelt es sich somit um europäisches Primärrecht oder Sekundärrecht.

[253] Neumark (1952), S. 572f. Ähnlich äußert sich auch der Europäische Rechnungshof (1997), Ziffer 16, der anmerkt, daß „... die Finanzvorschriften [der Haushaltsordnung; *der Verf.*] im wesentlichen darauf abzielen sollen, die Gemeinschaft dabei zu unterstützen, ihre politischen Ziele effizient durch eine optimale Verwendung ihrer Haushaltsmittel zu erreichen, die Beachtung der Recht- und Ordnungsmäßigkeit ihrer Aktionen zu gewährleisten, ihre Vermögensinteressen zu schützen sowie die Öffentlichkeit und Klarheit ihrer Finanzoperationen sicherzustellen", und daher die rigorose Einhaltung der Haushaltsgrundsätze fordert.

[254] Vgl. hierfür u.a. auch Rürup/Hansmeyer (1984), S. 7ff., Rossi (1997), S. 167–176 sowie Neumark (1952), S. 558f.; ähnlich auch Ott (1982), S. 368.

[255] So z.B. auch Rürup/Hansmeyer (1984), S. 15–22. Träger der Kontrolle sind dabei u.a. das Europäische Parlament, das gemäß Artikel 276 EG-Vertrag der Kommission die Entlastung zur Ausführung des Haushaltsplanes erteilen muß, sowie vor allem gemäß Artikel 246 EG-Vertrag und 248 EG-Vertrag der Europäische Rechnungshof. Darüber hinaus ist auch eine zumindest indirekte Kontrolle durch die Mitgliedstaaten als finanziell Hauptbetroffene zu erwarten.

Budgetgrundsätze auch in praktisch allen nationalen Regelungen der Mitgliedstaaten der Europäischen Union.[256]

Aus finanzwissenschaftlicher Sicht impliziert ein freiheitliches demokratisches Staatsverständnis, daß das Einnahmen- und Ausgabensystem der Europäischen Union einer öffentlichen Kontrolle unterliegen muß. In diesem Sinne sind Haushalts- und Finanzpläne als Teil des öffentlichen Controllingsystems zu sehen und müssen Aspekte einer rationellen und effizienten Finanzkontrolle berücksichtigen.[257] Konkret sollen die Budgetgrundsätze dazu beitragen, die öffentlichen Einnahmen und Ausgaben voraussehbar, transparent und damit kontrollierbar zu machen, indem sie die Haushaltsbehörde bei Aufstellung und Durchführung des Haushaltsplans bestimmten Mindestanforderungen unterwerfen und zur Vermeidung willkürlichen budgetwirksamen Handelns der europäischen Institutionen beitragen.[258] Werden sie mißachtet, so wird dadurch u. U. eine effektive Kontrolle des Haushaltes erschwert und seine demokratische Legitimation beeinträchtigt. In diesem Sinn können die Budgetgrundsätze und ihre Realisierung, soweit sie für die Einnahmenseite relevant sind, zur Beurteilung des Eigenmittelsystems dienen.[259]

Die besondere Relevanz der Haushaltsgrundsätze auf europäischer Ebene wird auch dadurch deutlich, daß die Europäische Kommission sie in ihrem Entwurf für eine neue, modifizierte Haushaltsordnung – nicht zuletzt aufgrund der Forderungen des Europäischen Rechnungshofes[260] – expressis verbis als zentrales Element sah und allen anderen Regelungen voranstellte.[261] Dabei sollen im Ge-

---

[256] Vgl. Rossi (1997), S. 177 und Strasser (1992), S. 49.

[257] Vgl. Grossekettler (1992), S. 192ff.; ähnlich auch Blankart (1998), S. 394.

[258] Ähnlich Fugmann (1992), S. 80.

[259] Vgl. Rossi (1997), S. 170f.

[260] Vgl. u.a. Europäischer Rechnungshof (1997b), insb. S. 11 sowie Europäischer Rechnungshof (2001), S. 3.f.

[261] Die neue Haushaltsordnung, Rat der EU (2002), ist zum 1. Januar 2003 in Kraft getreten. Sie ersetzt die alte Haushaltsordnung, Rat der EU (1977/2000), aus dem Jahr 1977. Der erste Entwurf der Kommission für die neue Haushaltsordnung vom 26. Juli 2000, Europäische Kommission (2000b), wurde nach den Stellungnahmen der übrigen relevanten Institutionen zunächst in Form eines geänderten Entwurfs überarbeitet, vgl. für die geänderte Vorschlag Europäische Kommission (2002c) vom 10. Januar 2002.

gensatz zur alten Fassung der Haushaltsordnung auch die jeweils vorgesehenen Ausnahmen expliziter aufgeführt und restriktiver ausgelegt werden.[262]

Für den Gesamthaushaltsplan der Europäischen Union lassen sich – wie für jeden anderen öffentlichen Haushaltsplan prinzipiell auch – die folgenden neun, teilweise eng zusammenhängenden Budgetgrundsätze unterscheiden:[263]

- Grundsatz der Vollständigkeit (Universalität),
- Grundsatz der Einheit,
- Grundsatz der Jährlichkeit,
- Grundsatz der Vorherigkeit,
- Grundsatz des Haushaltsausgleichs,
- Grundsatz der Spezialität,
- Grundsatz des effizienten Finanzmanagements (Wirtschaftlichkeit und Sparsamkeit),
- Grundsatz der Öffentlichkeit und Transparenz,
- Grundsatz der Rechnungseinheit.

---

[262] Europäische Kommission (2000b), insbesondere erster Teil, Titel I und II. In der Begründung für den Vorschlag zur Neuregelung der Haushaltsordnung stellte die Europäische Kommission auf S. 10 u.a. fest, daß „die derzeitige [alte; *der Verf.*] Haushaltsordnung weder die Grundsätze definiert noch hinreichend präzisiert, daß bestimmte Mittelausführungstechniken (...) zwar erlaubt sind, aber Ausnahmen darstellen und daher restriktiv auszulegen sind." Vgl. für eine Kritik an der seit 1977 bestehenden Haushaltsordnung Europäischer Rechnungshof (1997b). Darin bemängelt der Rechnungshof neben der hohen Zahl an potentiellen Ausnahmeregelungen, fehlenden oder unklaren Begriffsdefinitionen u.a., daß die vielen fallweisen Änderungen an der Haushaltsordnung zu einem zusammenhanglosen Ganzen ohne innere Kohärenz geführt hätten. Gemäß Europäischer Rechnungshof (2001), S. 3 und S. 28ff. stellt der ursprüngliche Kommissionsentwurf, Europäische Kommission (2000b), für die neue Haushaltsordnung zwar eine Diskussionsgrundlage dar, die allerdings in vielen Bereichen keine ausreichenden Verbesserungen und Neuerungen beinhalte.

[263] Vgl. für eine Übersicht im europäischen Kontext u.a. Europäische Kommission (2000b), S. 7–16 und S. 37–53, Europäische Kommission (1995a), S. 55–76, Europäischer Rechnungshof (1997b), S. 1–13 des Anhangs, Rossi (1997), S. 177–233, Strasser (1992), S. 43–74, Fugmann (1992), S. 80–90, Oppermann (1999), S. 313 und Böker (1994), S. 21–28. Eine allgemeine Übersicht über die Budgetgrundsätze findet sich u. a. in Rürup/Hansmeyer (1984), S. 14–24, Senf (1977), S. 390–417, Keller (1970) und Neumark (1952), S. 572–595.

3.4.2.1 Grundsatz der Vollständigkeit

Der Grundsatz der Vollständigkeit[264] besagt zunächst, daß *alle* zu erwartenden Einnahmen und Ausgaben der Gemeinschaft in den Haushaltsplan einzustellen sind. Es sollen alle relevanten finanziellen Sachverhalte erfaßt werden, um einen vollständigen und realistischen Überblick über die finanzielle Lage zu erhalten. Damit soll dem Ansatz überhöhter Einnahmen oder zu geringer Ausgaben entgegengewirkt werden. Darüber hinaus sollen Finanzmanipulationen und „schwarze Kassen" verhindert werden.[265] Die Europäische Kommission spricht im Zusammenhang mit dem Vollständigkeitsprinzip teilweise auch vom Grundsatz der Gesamtdeckung oder Universalität des Haushaltsplanes und ordnet diesem mit dem Bruttoprinzip und dem Nonaffektationsprinzip zwei weitere Budgetprinzipien zu.[266]

Das Bruttoprinzip verbietet eine Verrechnung oder Saldierung von Einnahmen und Ausgaben und erhöht somit die Aussagekraft und Kontrollmöglichkeiten des Haushaltsplans, während das Nonaffektationsprinzip die Zweckbindung von Einnahmen für bestimmte Ausgaben untersagt.[267] Ausnahmen vom Prinzip der Vollständigkeit sind u.a. in Artikel 4 Abs. 2 bezüglich des Grundsatzes der Nonaffektation und in Artikel 27 bezüglich des Bruttoprin-

---

[264] Vgl. Artikel 268 EG-Vertrag und Artikel 4, 5 und 27 der alten Haushaltsordnung, Rat der EG (1977/2000), die von 1977 bis zum Jahr 2003 gültig war. Seit dem 1. Januar 2003 ist die neue Haushaltsordnung, Rat der EU (2002) in Kraft; die entsprechenden Regelungen finden sich in den Artikeln 5, 17 und 20.

[265] Vgl. Rossi (1997), S. 179–182, Rürup/Hansmeyer (1984), S. 15 Neumark (1952), S. 574–578 sowie Keller (1970), S. 371 und Böker (1994), S. 21f.

[266] Vgl. z.B. Europäische Kommission (2000b), S. 9 und S. 43, Europäische Kommission (1995a), S. 59f. sowie Böker (1994), S. 21f. Die Nähe des Bruttoprinzips zum Grundsatz der Vollständigkeit findet sich insbesondere auch bei Neumark (1952), S. 575 und bei Rürup/Hansmeyer (1984), S. 15, Keller (1970) sowie Blankart (1998), S. 395. Diese beiden zusätzlichen Grundsätze, die teilweise in der finanzwissenschaftlichen Literatur auch als eigenständige Haushaltsgrundsätze aufgefaßt werden, haben ihre europarechtliche Grundlage in Artikel 4 der alten Haushaltsordnung bzw. in Art. 17 der neuen Fassung.

[267] Das Nonaffektationsprinzip spielt im Haushaltsrecht der EU erst seit Einführung des Eigenmittelsystems eine Rolle, während davor eine (grobe) Zweckbindung bestimmter Einnahmen durchaus üblich war, vgl. Strasser (1992), S. 49, Europäische Kommission (1995a), S. 59 und Rossi (1997), S. 197f.

zips geregelt.[268] So werden u.a. Finanzbeiträge der Mitgliedstaaten für bestimmte Forschungsprogramme, an denen in der Regel nicht alle Mitgliedstaaten beteiligt sind, zweckbestimmte Einnahmen aus Stiftungen, Zuschüssen, Schenkungen ebenso wie Beteiligungen von Drittstaaten oder verschiedenen Organisationen an Tätigkeiten der Gemeinschaften zweckbestimmt verbucht.

Verrechnungen zwischen Ausgaben und Einnahmen sind u.a. bei Wechselkursdifferenzen im Zuge des Haushaltsvollzuges, bei Vertragsstrafen oder bei Einnahmen aus Erstattungen von zu Unrecht gezahlten Beträgen möglich. Ebenfalls ein Verstoß gegen das Bruttoprinzip stellen sogenannte Negativeinnahmen und Negativausgaben dar.[269] Beispiel für Negativeinnahmen, die aus Sicht der EU de facto eine Ausgabe darstellten, war das Einbehalten der Erhebungskostenpauschale bei den traditionellen Eigenmitteln durch die Mitgliedstaaten.[270] Gemäß Art. 42 der neuen Haushaltsordnung dürfen im Haushaltsplan keine Negativeinnahmen mehr veranschlagt werden; die traditionellen Eigenmittel werden daher als Nettobeträge im Haushaltsplan erfaßt.[271]

Negativausgaben existieren im Bereich der Landwirtschaft, stellen de facto Einnahmen dar und werden als negative Ausgabenbeträge in den Haushaltsplan eingesetzt.[272] Besonders kritisch bezüglich dieser negativen Beträge im Gesamthaushaltsplan äußert sich der Europäische Rechnungshof, da sie neben einem Verstoß gegen das Prinzip der Vollständigkeit auch die Transparenz und Verständlichkeit des Haushaltsplans beeinträchtigen. Er hat daher

---

[268] Vgl. auch Rossi (1997), S. 180ff. In der neuen Haushaltsordnung handelt es sich um die Artikel 18 und 20.

[269] Der Europäische Rechnungshof (1997b), Ziffer 1.13 merkt an, daß negative Beträge teilweise auch zweckgebunden sind, so daß zusätzlich auch ein Verstoß gegen das Prinzip der Nonaffektation vorliegt.

[270] Vgl. Strasser (1992), S. 52, Europäische Kommission (1995a), S. 60 und Europäischer Rechnungshof (1999a), S. 3.

[271] Vgl. Rat der EU (2002), S. 14

[272] Die Europäische Kommission hat in ihrem ursprünglichen Entwurf für eine neue Haushaltsordnung vorgeschlagen, die Negativausgaben in zweckgebundene Einnahmen umzuwandeln, so daß nicht mehr das Bruttoprinzip, sondern statt dessen das Nonaffektationsprinzip verletzt wäre; vgl. Europäische Kommission (2000b), S. 14f., wo sich auch eine genaue Auflistung aller fünf Arten von Negativausgaben findet.

gefordert, daß im Haushaltsplan kein negativer Betrag ausgewiesen werden dürfe.[273]

3.4.2.2 Grundsatz der Einheit

Der Grundsatz der Einheit[274] fordert, daß alle Einnahmen und Ausgaben in *einem einzigen* Haushaltsdokument ausgewiesen werden, so daß nicht mehrere Teilhaushaltspläne nebeneinander existieren. Im Gegensatz zum Grundsatz der Vollständigkeit, der die materielle Erfassung aller Ein- und Ausnahmen beinhaltet, bezieht sich der Grundsatz der Einheit des Haushaltsplans auf die formale Klarheit und dient somit in erster Linie einer verbesserten Transparenz, Übersichtlichkeit und damit Überprüfbarkeit und Kontrolle des Haushaltsplans.[275] Mit diesem Grundsatz soll einer Aufsplitterung des Haushaltes in verschiedene Sonderbudgets, Nebenbudgets oder Fonds entgegengewirkt werden, ebenso wie der wirtschaftlichen Verselbständigung einzelner Organe der EU.[276]

Gegen diesen Grundsatz, der sich in der Haushaltsführung der Europäischen Union erst langsam durchsetzte, da bis Anfang der 70er Jahre bis zu fünf Haushaltsplänen nebeneinander existierten, wird auf europäischer Ebene noch immer im Rahmen von Ausnahmen verstoßen, auch wenn inzwischen der Großteil der des Haushaltsvolumens im Gesamthaushaltsplan der Europäischen Gemeinschaften erfaßt wird.[277] Bei den Ausnahmen handelt es sich im wesentlichen um die bereits in Kapitel 2 genannten „Off-budget-acitivites“ der Gemeinschaft: den Europäischen Entwicklungsfonds (EEF), die Anleihe- und Darlehenstätigkeiten der Gemeinschaft, die Tätigkeiten der Europäischen Investitionsbank sowie diverse sog. „Satelliten“-Haushalts-

[273] Europäischer Rechnungshof (1997b), Ziffer 15 und Ziffer 1.11–1.14, vgl. auch Europäische Kommission (2002c), S. 9ff.

[274] Vgl. Artikel 268 EG-Vertrag und Artikel 1 der alten bzw. Artikel 4 der neuen Haushaltsordnung.

[275] Fugmann (1992), S. 84. Ähnlich auch bereits Neumark (1952), S. 578.

[276] Vgl. Keller (1970), S. 370 und Rossi (1997), S. 182f.

[277] Gemäß Europäische Kommission (1995a), S. 56 beinhaltet der Gesamthaushaltsplan 93 % – 95 % des Haushaltsvolumens.

pläne für einige dezentrale Einrichtungen der Gemeinschaften.[278] Bis zum Auslaufen des EGKS-Vertrages gehörte auch der Funktionshaushaltsplan der EGKS dazu. Darüber hinaus werden Finanzmittel für die durch den Vertrag von Maastricht neu hinzugekommenen Aufgabenbereiche der Europäischen Union in Form der Gemeinsamen Außen- und Sicherheitspolitik (GASP) sowie der Zusammenarbeit in den Bereichen „Justiz und Inneres" nur teilweise im Gesamthaushaltsplan erfaßt.

Hauptgegner einer stärkeren Einbindung dieser Bereiche in den Gesamthaushaltsplan war der Rat, wie in den folgenden Ausführungen noch deutlich werden wird. Aus politökonomischer Sicht ist dieser Widerstand leicht zu erklären, würde doch die Einbeziehung in den Gesamthaushaltsplan eine stärkere Mitsprache und Einflußnahme des Europäischen Parlamentes nach sich ziehen. Umgekehrt hat letzteres - wenn auch weitgehend erfolglos - immer wieder versucht, den Grundsatz der Einheit verstärkt zu verwirklichen, um somit seinen Machtbereich auszudehnen.

Eine bis zum Jahr 2002 bestehende Ausnahme war, wie erwähnt, der Funktionshaushaltsplan der EGKS[279]. Nach seinem Auslaufen wurden die verbleibenden Tätigkeiten in den Gesamthaushaltsplan der EU integriert und das vorhandene Vermögen der EGKS auf die Europäische Gemeinschaft übertragen.[280] Wie der folgenden Aufstellung zu entnehmen ist, hatte sich das Auslaufen des EGKS-Vertrages bereits in den letzten Jahren im Funktionshaushaltsplan widergespiegelt. Einhergehend mit dem tendenziell abnehmenden Haushaltsvolumen kam es sowohl auf der Einnahmen- wie auch auf der Ausgabenseite zu strukturellen Verschiebungen.

---

[278] Vgl. hierzu auch ausführlich Rossi (1997), S. 183–194 und Europäische Kommission (1995a), S. 56ff. und S. 132–152.

[279] Der Verwaltungshaushalt der EGKS war dagegen vollständig in den Gesamthaushaltsplan der EU integriert.

[280] Vgl. Pressemitteilung der Kommission vom 07.09.2000, IP/00/984 sowie Europäische Kommission (2000i). Vgl. Europäische Kommission (1999a), S. 70–75 und Europäische Kommission (2001b), S. 72–78 für einen Überblick über die derzeit noch relevanten Finanztätigkeiten und den Haushaltsvollzug der EGKS; vgl. zur Überführung der Finanztätigkeiten der EGKS in den Gesamthaushaltsplan der EU auch Europäisches Parlament (1998).

Tabelle 4: Entwicklung des EGKS-Funktionshaushaltsplans sowie der ausgewiesenen Reserven und Rückstellungen der EGKS

(in Mrd. Euro)

Haushaltsjahr	**1995**	**1996**	**1997**	**1998**	**1999**	**2000***	**2001****	**2002*****
Ausgaben insgesamt	297,5	255,3	459,8	185,0	184,6	178	195	135
Einnahmen insgesamt	297,5	255,3	459,8	185,0	184,6	178	195	135
davon Umlageaufkommen	102,3	95,9	101,6	0,0	0,0	0	0	0
Reserven und Rückstellungen insgesamt****	2218	2165	2148	2076	1943	1805	1666	1601

* EGKS-Funktionshaushaltsplan für 2000.
** EGKS-Funktionshaushaltsplan für 2001.
*** Bis 23. Juli 2002.
**** Jeweils zum Jahresende.
Quelle: Europäische Kommission (2000i), S. 9 und Europäische Kommission (2000j), S. 14.

Die Nichteinbeziehung des EGKS-Funktionshaushaltsplanes in den Gesamthaushaltsplan wurde teilweise mit den (finanziellen) Besonderheiten der EGKS begründet.[281] Hierzu zählten neben dem eigenständigen Finanzierungssystem über die steuerähnliche allgemeine Montanumlage nach Artikel 49 EGKS-Vertrag auch die spezielle Funktion der EGKS, die hauptsächlich in der Gewährung von Beihilfen bestand, sowie die erhöhte Flexibilität aufgrund weniger rigider Haushaltsregeln. In der Tat hätte die Einbeziehung der zweckgebundenen EGKS-Einnahmen in den Gesamthaushaltsplan einen Verstoß gegen das Prinzip der Nonaffektation dargestellt,[282] der jedoch weniger bedeutsam als die vollständige Ausklammerung gewesen wäre. Dagegen erscheint der Hinweis auf die erhöhte Flexibilität wenig hilfreich, da

281 Vgl. hierzu z.B. Peffekoven (1994), S. 30, Rossi (1997), S. 183ff. sowie Europäische Kommission (1995a), S. 132–135.

282 So auch Ott (1982), S. 368.

damit prinzipiell jede Ausnahme von den Budgetprinzipien gerechtfertigt werden könnte. Aufgrund ihrer Funktion als Kontrollinstrument sollen die Haushaltsgrundsätze ja gerade dazu beitragen, daß eine zu große „Flexibilität" in der Aufstellung und Ausführung des Haushaltsplans durch die Exekutive sowie die ausführenden Bürokratien vermieden wird. Ebenfalls wenig überzeugend erscheint das Argument, daß der Integrationsvorsprung der EGKS gegenüber den anderen Gemeinschaften möglicherweise verloren gegangen wäre und daher eine Fusion der Haushalte zum Teil politisch unerwünscht erschien.[283] Hier wurde aus Sicht des Verfassers der politische Pragmatismus eine Stufe zu weit bemüht und dem Kontrollaspekt, angesichts der noch immer geringen Entscheidungskompetenz der Bürger bzw. ihrer gewählten parlamentarischen Vertreter auf europäischer Ebene, nicht in ausreichendem Maße Rechnung getragen. Wenn darüber hinaus nationalstaatliche Haushaltspläne dem Grundsatz der Einheit genügen können, so sollte dies auch auf europäischer Ebene möglich sein. Dementsprechend hatte das Europäische Parlament seit langem gefordert, den Funktionshaushaltsplan der EGKS in den Gesamthaushaltsplan mit einzubeziehen, ein Unterfangen, dem auch die Kommission aus technischer Sicht keine Widerstände entgegensetzte, das aber angesichts des abzusehenden Auslaufens des EGKS-Vertrages keine bedeutende Rolle mehr gespielt hatte.

Politische Motive spielen auch bei der Nichteinbeziehung des Europäischen Entwicklungsfonds (EEF) in den Gesamthaushaltsplan die entscheidende Rolle.[284] Der seit dem Jahr 1959 regelmäßig erneuerte EEF ist eines der Hauptinstrumente der EU im Bereich der Zusammenarbeit mit Entwicklungsländern, die im Rahmen der verschiedenen Lomé-Abkommen mit der Gruppe der rund 70 AKP-Staaten aus Afrika, dem karibischen Raum sowie dem Pazifischen Ozean vereinbart wurde.[285] Im Zeitraum 1995-2000 galt der

---

[283] Vgl. Rossi (1997), S. 184.

[284] Vgl. hierzu auch Strasser (1992), S. 46f. und Rossi (1997), S. 185ff.

[285] Vgl. zur Entwicklungspolitik der Europäischen Union z.B. Kaltefleiter (1995), Strohmeier (1999) und Maurer (1999); kritisch dazu auch Brüne (2000). Am 23. Juni 2000 unterzeichnete die EU mit 77 AKP-Staaten das Partnerschaftsabkommen von Cotonou als Nachfolgeabkommen des Abkommens von Lomé. Es hat eine Laufzeit von 20 Jahren und kann alle fünf Jahre überprüft werden. Ursprünglich wurde der EEF durch Artikel 1 des Durchführungsabkommens über die Assoziierung der überseeischen Länder und Gebiete (ÜLG) eingerichtet, Europäische Kommission (1999a), S. 76.

achte EEF mit einer Gesamtausstattung von 13,132 Mrd. Euro.[286] Da er wie die vorangegangenen EEF zwar grundsätzlich eine Laufzeit von 5 Jahren hat, die jeweiligen Mittel jedoch zeitlich unbegrenzt verwendbar bleiben, erfolgte im Jahr 1999 beispielsweise die Ausführung des sechsten, siebten und achten EEF parallel.[287] Mit dem am 23. Juni 2000 unterzeichneten Partnerschaftsabkommen von Cotonou, Benin,[288] welches das Abkommen von Lomé ablöst, wurde ein neunter EEF beschlossen, der ein Volumen von 13,5 Mrd. Euro für die ersten fünf Jahre hat.

Die Finanzierung des EEF erfolgt nicht aus den Eigenmitteln der Gemeinschaft, sondern durch direkte Finanzbeiträge der Mitgliedstaaten, die nach einem politisch gewählten Aufbringungsschlüssel[289] festgelegt werden und welche die besonderen Beziehungen und Interessen einiger Mitgliedstaaten zu den AKP-Staaten, die teilweise ehemalige Kolonien waren, widerspiegeln. Obwohl seit dem Jahr 1993 entsprechende Haushaltslinien vorgesehen sind, wird der EEF als eigenständiges Instrument nicht explizit im Gesamthaushaltsplan ausgewiesen, sondern dort lediglich mit einem „p.m."-Vermerk (pro memoria)[290] in Erinnerung gerufen. Der Rat widersetzt sich seit

---

[286] Vgl. Europäische Kommission (2000a), S. 19 und Europäische Kommission (1995a), S. 150–152. Zusammen mit dem siebten EEF, dessen Laufzeit von 1990 bis 1995 dauerte, realisiert er die Vereinbarungen des am 15.12.1989 unterzeichneten und am 4.11.1995 abgeänderten vierten Abkommens von Lomé (Lomé IV). Vgl. zum Haushaltsvollzug des EEF auch Europäische Kommission (1999a), S. 76–80, Europäische Kommission (20001b), S. 79–82 sowie die jährlichen Prüfungsberichte des Europäischen Rechnungshofs, exemplarisch Europäischer Rechnungshof (2000a), S. 205–231.

[287] Vgl. Europäischer Rechnungshof (2000a), S. 208f.

[288] Das Abkommen von Cotonou wurde mit 77 AKP-Staaten vereinbart, hat eine Laufzeit von 20 Jahren und kann alle fünf Jahre überprüft werden, vgl. für den Vertragstext und Hintergrundinformationen Europäische Kommission (2000c).

[289] Der Aufbringungsschlüssel sieht die folgenden Anteile für die Mitgliedstaaten vor, vgl. Europäische Kommission (2000a), S. 19: Belgien: 3,92 %; Dänemark: 2,14 %; Deutschland: 23,36 %; Griechenland: 1,25 %; Spanien: 5,84 %; Frankreich: 24,30 %; Irland: 0,62 %; Italien: 12,54 %; Luxemburg: 0,29 %; Niederlande: 5,22 %; Portugal: 0,97 %; Vereinigtes Königreich: 12,69 %; Österreich: 2,65 %; Finnland: 1,48 %; Schweden: 2,73 %.

[290] Der „p.m."-Vermerk findet im Haushaltsplan immer dann Anwendung, „ ... wenn die Rechtsgrundlage, die für den Grundsatz und die Modalitäten der Ausgabe maßgebend ist, bei der Feststellung des Haushaltsplans noch nicht existiert, oder wenn die Haus-

den 70er Jahren trotz drohender Konflikte erfolgreich gegen die Bestrebungen der Kommission und des Parlamentes, den EEF in den Gesamthaushaltsplan einzubeziehen, was u.a. eine stärkere Mitsprache des Parlamentes nach sich zöge. Aufgrund seiner Eigenständigkeit unterscheidet sich die Haushaltsführung des EEF auch in anderen Punkten von der des Gesamthaushaltsplans, z.B. was das Prinzip der Jährlichkeit, der Nonaffektation, die Rechnungsführung sowie die intertemporale Mittelübertragung angeht.[291] Dagegen unterliegt der EEF einer praktisch äquivalenten Anwendung der Kontrollverfahren durch die Kommission und den Europäischen Rechnungshof wie sie beim Gesamthaushaltsplan vorgenommen wird.[292]

Da der EEF über keine eigene Rechtspersönlichkeit verfügt, wird er vollständig von der Europäischen Kommission verwaltet. Daher ist die Ausgrenzung des EEF aus dem Gesamthaushaltsplan sachlich nicht zu rechtfertigen, da gemäß Überlegungen der Europäischen Kommission die erforderlichen Finanzmittel auch nach dem bisherigen EEF-Finanzierungsschlüssel, der sich von der Aufteilung der Eigenmittel unterscheidet, in den Haushaltsplan eingestellt werden könnten[293] und somit kein Flexibilitätsverlust zu befürchten wäre. Darüber hinaus stellt sich allerdings die Frage, ob ein eigenständiger Finanzierungsschlüssel aufgrund besonderer Beziehungen zwischen einzelnen EU-Mitgliedstaaten und den AKP-Staaten zum gegenwärtigen Zeitpunkt noch zu rechtfertigen ist, zumal z. B. die Katastrophen- und Nahrungsmittelhilfe auch für die AKP-Staaten im Gesamthaushaltsplan budgetiert wird.

Eine weitere Ausnahme vom Grundsatz der Einheit stellen die Anleihe- und Darlehensoperationen sowie die Darlehensgarantien der EU sowie – damit eng verbunden – die Aktivitäten der Europäischen Investitionsbank dar.[294]

---

haltsbehörde die Abwicklung einer Aktion vorübergehend aussetzen möchte"; Europäische Kommission (2000a), S. 7.

291 Vgl. Rossi (1997), S. 185–187 sowie Europäische Kommission (1999a), S. 76f. und Europäische Kommission (2001b), S. 80.

292 Vgl. Oppermann (1999), S. 322, Rn. 858 und Europäische Kommission (1995a), S. 152. Vgl. exemplarisch Europäischer Rechnungshof (2000a), S. 205–231 bezüglich seines Prüfungsberichts für das Haushaltsjahr 1999.

293 Vgl. Europäische Kommission (1995a), S. 37 und Strasser (1992), S. 43ff. und S. 333–338

294 Vgl. Europäische Kommission (1995a), S. 142–147, Europäische Kommission (1999a), S. 58–64, Strasser (1992), S. 47ff. und S. 333–338, Rossi (1997), S. 188–193 sowie Gessmann-Nuissl (1999) und Caesar (1992a).

Hierbei handelt es sich nicht um fiskalisch motivierte Anleihen zur Deckung potentieller Haushaltsdefizite, sondern die Erlöse der Anleihen werden in Form von Darlehen mit gleichem Zinssatz und gleicher Laufzeit weiter vergeben.[295] Die endgültigen Darlehensempfänger können somit in den Genuß eines Zinsvorteils kommen, da die Gemeinschaft angesichts ihrer hohen Bonität als Schuldner auf den internationalen Kapitalmärkten bessere Bedingungen erhält und diese weitergibt.[296] In einzelnen Fällen erhalten die Darlehensnehmer darüber hinaus noch einen Zinszuschuß, etwa im Rahmen der Darlehen an die Drittländer des Mittelmeerraumes.[297] Bis Mitte der 90er Jahre können vier große Teilbereiche derartiger Transaktionen unterschieden werden.[298] Neben einem sektoralen Schwerpunkt im Rahmen der EGKS[299] und der EAG (Euratom) wurden makroökonomische Ziele in Form eines Beistandsystems zur mittelfristigen Stützung der Zahlungsbilanzen der Mitgliedstaaten sowie der Unterstützung von Drittländern (mittelfristige Finanzhilfen) verfolgt. Mikroökonomischen Zielen diente das 1978 geschaffene sogenannte „Neue Gemeinschaftsinstrument für die Investitionsförderung“ (NIG). Den vierten und vo-

---

[295] Europäische Kommission (2000e), S. 41. Caesar (1992a), S. 119 spricht in diesem Zusammenhang auch von „intermediären Krediten“. Allerdings sieht Caesar (1992a), S. 139–145 auch Elemente fiskalischer Kreditoperationen in der (historischen) Praxis der Haushaltsführung. In geringem Ausmaß vergibt die Gemeinschaft darüber hinaus auch noch Darlehen aus Haushaltsmitteln, die mit Zuschüssen verbunden sind, vgl. Europäische Kommission (1999a), S. 60.

[296] Vgl. auch Rolle (2000), S. 41–44.

[297] Wuermeling (1996), S. 285 und Europäische Kommission (1997c), S. III/945 und S. III/955. Vgl. auch Europäischer Rechnungshof (2000b) bezüglich der Gewährung von Zinszuschüssen für EIB-Darlehen an kleine und mittlere Unternehmen (KMU).

[298] Vgl. hierzu ausführlicher z.B. Europäische Kommission (1995a), S. 142–147 sowie für die Volumina der Anleihen und Darlehen im Zeitraum von 1980 bis 1999 Europäische Kommission (2000a), S. 46. Eine Übersicht über die Anleihe- und Darlehensaktivität der Gemeinschaft und die jeweiligen Rechtsgrundlagen findet sich auch jeweils in einem Anhang zum Gesamthaushaltsplan, Teilplan der Kommission, Teil B, Anhang 2; vgl. exemplarisch Europäische Kommission (1997c), S. III/940–III/982; ähnlich auch Europäische Kommission (2000e), S. 35–39.

[299] Aufgrund des bereits erwähnten Auslaufens des EGKS-Vertrages im Juli 2002 wurden die Anleihe- und Darlehenstransaktionen der EGKS seit 1998 praktisch eingestellt. Insgesamt hat die EGKS während ihres Bestehens ca. 23,5 Mrd. Euro an Darlehen vergeben. Zum 31.12.1998 standen noch Restbeträge von ca. 2,8 Mrd. Euro aus, vgl. Europäische Kommission (1999a), S. 73.

lumenmäßig bedeutendsten Teilbereich stellten die Anleihe- und Darlehenstransaktionen der Europäischen Investitionsbank dar.

Teilweise ist man allerdings inzwischen dazu übergegangen, diese nicht ganz überschneidungsfreie Untergliederung zugunsten einer Zweiteilung aufzugeben, in der nur noch zwischen Transaktionen mit makroökonomischer und mikroökonomischer Zielsetzung unterschieden wird.[300] Während makroökonomisch motivierte Darlehen an Mitgliedstaaten oder Drittländer in der Regel mit präzisen Auflagen und Verpflichtungen verbunden sind und einem gesamtwirtschaftlichen sowie politischen Risiko unterliegen, werden die mikroökonomisch motivierten Darlehen für einzelne Projekte in Mitgliedstaaten oder Drittstaaten zur Verfügung gestellt. In der Regel sind diese Darlehen neben den Garantien durch die Gemeinschaft auch durch übliche Bankbürgschaften von dritter Seite abgesichert. Die volumenmäßige Entwicklung der einzelnen Teilbereiche ist in Tabelle 5 für den Zeitraum 1980 bis 1999 dargestellt.

Im Jahr 2000 wurden darüber hinaus neue Darlehen in Höhe von 160 Mio. Euro durch die Gemeinschaft direkt als mittelfristige Finanzhilfe für Drittländer und 36,031 Mrd. Euro durch die EIB vergeben.[301] Es wird deutlich, daß die Abwicklung des Großteils der Anleihe- und Darlehenstransaktionen inzwischen über die Europäische Investitionsbank (EIB) erfolgt, einer rechtlich eigenständigen Institution der Mitgliedstaaten der EU.[302] Damit bleibt der Einfluß der Mitgliedstaaten gewahrt, ohne daß das Europäische Parlament ein Mitsprachrecht hat.[303] Die unter der Rubrik „Zahlungsbilanz" subsumierten Darlehen umfassen in den letzten Jahren im wesentlichen Finanzhilfen für Drittländer.[304] Hierzu gehören u.a. die Länder des Mittelmeerraums, aus Mittel- und Osteuropa, die „neuen unabhängigen" Staaten der ehemaligen So-

---

300 Vgl. Europäische Kommission (2000e), S. 6.

301 Europäische Kommission (2001a), Ziffer 1090.

302 Eine Übersicht über die Aufgaben und Aktivitäten der EIB findet sich in Europäische Investitionsbank (2000). Die rechtliche Selbständigkeit der EIB wird durch Artikel 266 EG-Vertrag und Artikel 28 ihrer Satzung festgelegt. Vgl. zum Status und zur Funktionsweise der EIB auch Oppermann (1999), S. 167–171.

303 Vgl. Rossi (1997), S. 189–191.

304 Vgl. auch Deutsche Bundesbank (1999), S. 66f. und Europäische Kommission (2001a), Ziffer 1090.

wjetunion sowie die Länder des Balkans. Von den Darlehen der EIB entfällt im Jahr 1999 ein Anteil von 12,7 % auf Darlehen im Rahmen der Entwicklungshilfe und der finanziellen Zusammenarbeit mit Drittländern.[305]

Tabelle 5: Entwicklung der Anleihen und Darlehen in der Gemeinschaft im Zeitraum zwischen 1980 und 1999 (in Mio. Euro)

	1980	1981	1982	1983	1984	1985	1986	1987	1988	1989
Gesamtanleihen: Erlöse										
EGKS	1004	325	712	750	822	1265	1517	1487	880	913
Euratom	181	373	363	369	214	344	488	853	93	
Zahlungsbilanz				4247			862	860		
NGI	305	339	773	1617	967	860	541	611	945	522
Europäische Investitionsbank	2384	2243	3146	3508	4339	5699	6786	5593	7666	9034
Gemeinschaft insgesamt	**3874**	**3280**	**4994**	**10491**	**6342**	**8168**	**10194**	**9404**	**9584**	**10469**
Ausgezahlte Darlehen										
EGKS	1031	388	740	778	825	1010	1069	969	908	700
Euratom	181	357	362	366	186	211	443	314		
Zahlungsbilanz				4247			862	860		
NGI	197	540	791	1200	1182	884	393	425	357	78
Europäische Investitionsbank (1)	2724	2524	3446	4146	5007	5641	6678	6967	8844	11507
Gemeinschaft insgesamt	**4133**	**3809**	**5339**	**10737**	**7200**	**7746**	**9445**	**9535**	**10109**	**12285**

	1990	1991	1992	1993	1994	1995	1996	1997	1998	1999
Gesamtanleihen: Erlöse										
EGKS	1086	1446	1474	908	644	386	298	474		
Euratom					49					
Zahlungsbilanz	350	1695	1209	4969	402	409	156	195	403	108
NGI	76	49			70	66				
Europäische Investitionsbank	10996	13672	12974	14224	14148	12395	17553	23025	30098	28355
Gemeinschaft insgesamt	**12508**	**16862**	**15657**	**20101**	**15313**	**13256**	**18007**	**23694**	**30501**	**28463**
Ausgezahlte Darlehen										
EGKS	993	1382	1486	918	674	403	280	541		
Euratom										
Zahlungsbilanz	350	1695	1209	4969	402	409	156	195	403	108
NGI	24	39	9	30						
Europäische Investitionsbank (1)	12605	14438	16140	17724	17682	18603	20945	26148	29526	31800
Gemeinschaft insgesamt	**13972**	**17554**	**18844**	**23641**	**18758**	**19415**	**21381**	**26884**	**29929**	**31908**

(1) Für die Jahre 1980 bis 1996 beziehen sich die Zahlenangaben auf die Darlehen der Gemeinschaft.

Quelle: Europäische Kommission (2000a), S. 46.

305 Europäische Kommission (2000h), S. 35 und Europäische Investitionsbank (2000), S. 6f.

Die Tatsache, daß ein Großteil der Anleihe- und Darlehenstransaktionen über eine eigenständige Institution abgewickelt und somit außerhalb des Gesamthaushaltsplanes verbucht wird, bedeutet jedoch nicht, daß es zu keinerlei Rückwirkungen auf den Haushalt der Europäischen Union kommt. Entscheidend ist vielmehr, daß die Gemeinschaft für einen Teil der von der EIB an Drittstaaten vergebenen Darlehen Garantien zwischen 65 % und 100 % zu Lasten des Gemeinschaftshaushaltsplans abgibt.[306] Im Falle der Zahlungsunfähigkeit eines Darlehenempfängers resultieren aufgrund dieser Bürgschaftsvereinbarungen Belastungen für den Haushalt, auch wenn die Gemeinschaft nicht direkter Darlehensgeber ist.[307] Das potentielle „Gesamtrisiko" für den Haushalt im Sinne der maximalen Ausfallhöhe, die sich bei einem (hypothetischen) Totalausfall aller Schuldner ergäbe, beläuft sich zum 30.06.2000 auf 13,783 Mrd. Euro gegenüber 14,524 Mrd. Euro Ende 1999. Davon entfallen 8,6 % auf Darlehen an die Mitgliedstaaten der EU, während das restliche „Risiko" aus Darlehen an Drittstaaten resultiert.[308] Für das Jahr 2001 wurden abgesicherte neue Darlehen in Höhe von 3,775 Mrd. Euro vorausgeschätzt, wovon 545 Mio. Euro direkt auf die Gemeinschaften entfallen und 3,230 Mrd. Euro auf die EIB mit Garantien durch den Gesamthaushaltsplan.[309] Die zeitliche Entwicklung des Bestandes an Darlehen, die durch den Gesamthaushaltsplan garantiert werden, kann Tabelle 6 entnommen werden. Die dort aufgeführten Größen stellen den tatsächlich Bestand an Bürgschaftsga-

---

[306] Die Kommission unterscheidet dabei mittel- und osteuropäische Länder, Mittelmeerländer, Entwicklungsländer in Asien und Lateinamerika sowie Südafrika, die Türkei und Kroatien, vgl. Europäische Kommission (1998d), Ziffer 1092, Europäische Kommission (2000h), Ziffer 967 sowie Europäische Kommission (2001a), Ziffer 1091. Für die umfangreichen Darlehen der EIB innerhalb der Gemeinschaft bestehen dagegen keine Garantien durch den Gesamthaushaltsplan, vgl. Europäische Kommission (1998d), S. 421.

[307] Vgl. hierzu auch Europäische Kommission (2000e) und Europäische Kommission (1999a), S. 61–63.

[308] Europäische Kommission (2000e), S. 8ff. und S. 33–39. Der hier gewählte rudimentäre Risikobegriff unterscheidet sich vom klassischen wahrscheinlichkeitstheoretischen Vorgehen, da nicht auf die Momente (z.B. Standardabweichung, Varianz, usw.) der Wahrscheinlichkeitsverteilung zurückgegriffen wird, sondern angesichts nur schwer abschätzbarer Ausfallwahrscheinlichkeiten der maximale Verlust herangezogen wird. Ende 1998 betrug der durch den Gesamthaushalt abgesicherte Betrag 12,253 Mrd. Euro, vgl. Europäische Kommission (1999a), S. 62.

[309] Europäisches Parlament (2001), S. 1433.

rantien durch den Gesamthaushaltsplan dar. Die potentiell bewilligte, aber nicht ausgeschöpfte Gesamthöchstbetrag liegt deutlich höher und betrug Ende 2000 ca. 69,6 Mrd. Euro.[310]

Tabelle 6: Garantien des Gesamthaushalts für aufgenommene Anleihen (Stand jeweils zum Jahresende)

Jahr	**1985**	**1986**	**1987**	**1988**	**1989**	**1990**	**1991**	**1992**
Gemeinschaftsanleihen	13.467	9.261	9.977	10.136	9.192	8.548	9.093	9.230
der EIB	1.812	1.939	2.219	2.021	2.030	2.077	2.097	2.236
Gesamtbetrag der Bürgschaften des Gesamthaushaltsplans	15.279	11.200	12.196	12.157	11.222	10.625	11.190	11.466
Jahr	**1993**	**1994**	**1995**	**1996**	**1997**	**1998**	**1999**	**2000**
Gemeinschaftsanleihen	11.909	10.841	10.250	7.978	6.406	4.416	4.271	1.740
der EIB	2.468	2.913 [1)]	2.864	3.898	5.765	7.837	10.253	11.922
Gesamtbetrag der Bürgschaften des Gesamthaushaltsplans	14.377	13.754	13.114	11.876	12.171	12.253	14.524	13.662

[1)] Darin enthalten sind Garantien in Höhe von 133 Mio. Euro für Darlehen, die Rußland von einem Bankenkonsortium erhielt und für die der Gemeinschaftshaushalt zu 98% bürgt. Dieses Darlehen wurde zum 31. Dezember 1995 vollständig zurückgezahlt.

Datenquelle: Gesamtbericht über die Tätigkeit der Europäischen Union, verschiedene Jahrgänge, Luxemburg.

Eine haushaltsmäßige Erfassung der Anleihe- und Darlehensoperationen erfolgt jedoch nur begrenzt. Wiederum war es der Rat, der sich aus politischen und technischen Gründen einer vollständigen Einbeziehung dieser Aktivitäten widersetzte, wie sie von der Kommission im Jahre 1978 vorgeschlagen und vom Parlament gefordert worden war.[311] Beispielsweise wird angesichts ihres intermediären Charakters gegen die vollständige Einbeziehung der Anleihe- und Darlehenstransaktionen in den Haushaltsplan das Argument der künstlichen „Budgetaufblähung“ angeführt. Allerdings wäre eine stärkere

[310] Europäische Kommission (2001a), Ziffer 1091.

[311] Europäische Kommission (1995a), S. 57.

Entscheidungsbefugnis des Parlamentes auch bei einer haushaltsmäßigen Erfassung „unter dem Strich“ möglich gewesen.[312] Diese Forderung hätte allerdings bedeutet, daß der Rat, der im Status quo das alleinige Entscheidungsrecht über alle Anleihe- und Darlehensbeschlüsse hat, Abstriche bei seinen Kompetenzen hätte hinnehmen müssen.

Zwar behielt der Rat seine alleinige Kompetenz in Fragen der Anleihe- und Darlehensoperationen, allerdings wurden einige Fortschritte bezüglich einer verbesserten Transparenz und Risikoberücksichtigung erreicht. So erstattet die Kommission inzwischen gemäß Artikel 134 der alten bzw. Artikel 130 der neuen Haushaltsordnung[313] zweimal jährlich der Haushaltsbehörde, d.h. dem Rat *und* dem Europäischen Parlament sowie zusätzlich dem Europäischen Rechnungshof Bericht über „... den Stand der Haushaltsgarantien und der mit diesen Garantien verbundenen Risiken“, so daß zumindest ein Minimum an Transparenz gesichert ist.[314]

Außerdem wurden im Haushaltsplan neben einer indikativen Auflistung der Anleihe- und Darlehenstransaktionen in einem Anhang zum Gesamthaushaltsplan (Anlage II zu Teil B des Einzelplans der Kommission)[315] Haushaltslinien entsprechend den Ausfallbürgschaften der Gemeinschaft geschaffen,[316] in die bei Ausfall des Schuldners die erforderlichen Mittel eingestellt werden können. Im Normalfall weisen diese Haushaltslinien aber nur den Vermerk „p.m.“ sowie sachdienliche Erläuterungen auf. Ähnliche Haushalts-

---

312 Vgl. Diekmann (1990), S. 180.

313 Rat der EG (1977/2000), S. 61 bzw. Rat der EU (2002), S. 31.

314 Vgl. exemplarisch Europäische Kommission (2000e) für einen derartigen Bericht zum 30. Juni 2000.

315 Diese Übersicht über die Anleihe- und Darlehensoperationen hat ihre Rechtsgrundlage in Artikel 46 Abs. 4 Buchstabe c) der neuen Haushaltsordnung, Rat der EU (2002), S. 16. In der alten Haushaltsordnung, Rat der EG (1977/2000), fand sich eine entsprechende Regelung in Art. 20 Abs. 5 Buchstabe c), vgl. auch exemplarisch Europäisches Parlament (2001), S. 1409–1451.

316 Diese Haushaltslinien finden sich im Teileinzelplan B0 der Kommission; vgl. auch Europäische Kommission (1995a), S. 145 sowie Europäische Kommission (1999d), S. 125.

linien mit „p.m."-Vermerk existieren auch auf der Einnahmenseite, um potentielle Rückzahlungen säumiger Schuldner verbuchen zu können.[317]

Darüber hinaus wurde für die Absicherung von gewährten oder garantierten Darlehen an Drittstaaten oder für Projekte in Drittländern im Anschluß an den im Dezember 1992 stattfindenden Gipfel des Europäischen Rates in Edinburgh eine Reserve im Gesamthaushaltsplan[318] sowie ein Garantiefonds[319] eingerichtet. Der Zweck dieser Instrumente liegt in der Sicherung einer ungestörten Haushaltsausführung auch für den Fall, daß es aufgrund von Schuldnerausfällen zu einem Mittelabfluß aufgrund der Inanspruchnahme der Garantien kommt. Die Reserve dient dabei der Finanzierung des Garantiefonds sowie der möglicherweise zusätzlich erforderlichen Garantielei-

---

[317] Vgl. Art. 46 Abs. 4 Buchstabe a) und b) der Haushaltsordnung, Rat der EU (2002). In der alten Haushaltsordnung, Rat der EG (1977/2000), fand sich die entsprechende Regelung in Artikel 20 Abs. 5 Buchstabe a) und b).

[318] Grundlage für diese Reserve im Gesamthaushaltsplan ist die Entscheidung 94/729/EG des Rates vom 31. Oktober 1994 betreffend der Haushaltsdisziplin (Amtsblatt der EG Nr. L 293 vom 12.11.1994, S. 14–18), ersetzt durch die Verordnung (EG) Nr. 2040/2000 des Rates vom 26. September 2000 betreffend der Haushaltsdisziplin (Amtsblatt der EG Nr. L 244 vom 29.09.2000, S. 27–32), die Verordnung (EG, Euratom) Nr. 2729/94 des Rates vom 31. Oktober 1994 zur Änderung der Verordnung (EWG, Euratom) Nr. 1552/89 zur Durchführung des Beschlusses über das System der Eigenmittel der Gemeinschaften (Amtsblatt der EG Nr. L 293 vom 12.11.1994, S. 5ff.) sowie die Interinstitutionelle Vereinbarung vom 6. Mai 1999 zwischen dem Europäischen Parlament, dem Rat und der Kommission über die Haushaltsdisziplin und die Verbesserung des Haushaltsverfahrens (Teil I, Absatz E 23, Buchstabe b) (Amtsblatt der EG Nr. C 172 vom 18.06.1999, S. 1–22).

[319] Grundlage für den Garantiefonds ist die Verordnung (EG, Euratom) Nr. 2728/94 des Rates vom 31. Oktober 1994 zur Einrichtung eines Garantiefonds für Maßnahmen im Zusammenhang mit den Außenbeziehungen, Rat der EU (1994b) sowie die Verordnung (EG, Euratom) Nr. 1149/1999 des Rates vom 25. Mai 1999 zur Änderung o.g. Verordnung Nr. 2728/94, Rat der EU (1999a). Genauere Informationen über die Entwicklung des Garantiefonds finden sich in Europäische Kommission (1998c) sowie in den entsprechenden Jahresberichten der Kommission über die Situation und die Verwaltung des Garantiefonds, die diese aufgrund Artikel 7 der Verordnung Nr. 2728/94 des Rates erstellen und dem Rat, dem Europäischen Parlament sowie dem Rechnungshof zuleiten muß; vgl. exemplarisch Europäische Kommission (2000d). Die administrative, finanzielle Verwaltung des Garantiefonds wird von der EIB im Namen der Gemeinschaft durchgeführt.

stungen, falls die verfügbaren Mittel des Garantiefonds nicht ausreichen.[320] Für den Zeitraum 2000 – 2006 wird die Reserve gemäß der Finanziellen Vorausschau (Rubrik 6: Reserven) auf 200 Mio. Euro pro Jahr (in Preisen des Jahres 1999) festgesetzt. Für das Haushaltsjahr 2001 ergibt sich somit ein tatsächlich zu veranschlagender Wert von 208 Mio. Euro.[321]

Der Garantiefonds hat gemäß Artikel 1 der Verordnung Nr. 1149/1999 des Rates ein „Zielvolumen" in Höhe von 9 % der gesamten Kapitalverbindlichkeiten der Gemeinschaft, zuzüglich der fälligen und nicht gezahlten Zinsen. Seine Verwaltung wurde der EIB übertragen. Die Finanzierung des Garantiefonds erfolgt aus Übertragungen aus dem Gesamthaushaltsplan (Reserve) in Höhe von 9 % des besicherten Darlehensbetrages, aus Zinseinnahmen der Kapitalanlagen des Fonds sowie aus verspäteten Einziehungen bei säumigen Schuldnern, soweit die Garantie des Fonds in Anspruch genommen wurden.[322] Für den Fall, daß aufgrund von Schuldnerausfällen das Fondsvolumen unter 75 % des Zielvolumens fällt, kann die Einzahlungsquote für neue Transaktionen auf 10 % angehoben werden.[323] Sollte das Zielvolumen dagegen überschritten werden, so erfolgt eine Rückzahlung der überschüssigen Fondsmittel an den Gesamthaushaltsplan der Gemeinschaften.[324] Zum 30.06.2000 hatte der Garantiefonds ein Volumen von 1,376 Mrd. Euro im Vergleich zu 1,314 Mrd. Euro Ende 1999. Bei einem Gesamtbetrag der damit abgesicherten Darlehens- und Darlehensgarantietransaktionen in Höhe

---

320 Europäische Kommission (2000f), S. 108, vgl. auch Europäische Kommission (2000d), S. 4. Für den Fall, daß auch diese Mittel nicht zur Abdeckung der abgerufenen Garantieleistungen ausreichen sollten, erfolgt die weitere Finanzierung durch den eventuell verfügbaren Spielraum bis zur Obergrenze der Rubrik 4 (externe Politikbereiche) der Finanziellen Vorausschau oder durch eine Umschichtung innerhalb dieser Rubrik. Als letzte Möglichkeit käme eine Änderung der Finanziellen Vorausschau mit einer etwaigen Umschichtung innerhalb der übrigen Rubriken in Frage, Europäische Kommission (2000f), S. 108.

321 Europäische Kommission (2000f), S. 108. Bis zum Jahr 1999 betrug sie noch 300 Mio. Euro (in Preisen des Jahres 1992), vgl. Europäische Kommission (1995a), S. 146.

322 Vgl. für die operative Umsetzung und die entsprechenden Einnahmen Europäische Kommission (2000d), S. 4–6.

323 Während der Anfangsphase des Garantiefonds galten höhere Einzahlungsquoten in Höhe von 14 % , um das angestrebte Zielvolumen von damals 10 % der garantierten Kapitalverbindlichkeiten zu erreichen, was Ende 1997 gelang.

324 Vgl. Artikel 3 Abs. 3 der Verordnung Nr. 2728/94 des Rates.

von 12,052 Mrd. Euro ergibt sich ein „Deckungsgrad“ von 10,9 %.[325] Bis zum 31.12.1999 sind insgesamt 441,6 Mio. Euro an Garantieleistungen abgerufen worden. Ein Teil davon wurde jedoch von den Schuldnerländern verspätet zurückgezahlt. Die kumulierten finanziellen Bewegungen des Garantiefonds im Zusammenhang mit Schuldnerausfällen stellte sich Ende 1999 wie folgt dar:

Tabelle 7: Kumulierte Bewegungen seit Einrichtung des Garantiefonds und Stand der Schuldnerausfälle zum 31. Dezember 1999

in Mio. Euro

Land	**Inanspruchnahme Fonds**			**Wiedereinziehung durch den Fonds**			**Saldo der Schuldnerausfälle**		
	Kapital	Zinsen	Verzugszinsen	Kapital	Zinsen	Verzugszinsen	Kapital	Zinsen	Verzugszinsen[(1)]
	(1)	(2)		(3)	(4)		(5)=(1)-(3)	(6)=(2)-(4)	
Armenien	57,6		0,9	57,6		9,3			
Georgien	113,3	14,9	2,1	113,3	14,9	17,0			
Kasachstan		1,6			1,6				
Kirgisistan		0,7			0,7				
Tadschikistan	54,5	8,7	1,3			3,5	54,5	8,7	11,3
Turkmenistan	44,9	1,0	0,8	44,9	1,0	2,7			
Ukraine	31,9		1,0	31,9		1,6			
Ehemaliges Jugoslawien	37,7	60,0	8,7	6,2	13,6	7,2	31,5	46,4	32,2
Zwischensumme	**339,9**	**86,9**	**14,8**	**253,9**	**31,8**	**41,3**	**86,0**	**55,1**	**43,5**
Insgesamt	**441,6**			**327,0**			**184,6**		

(1) Diese Spalte enthält die aufgelaufenen Zinsen zwischen dem Zeitpunkt der Intervention des Fonds und dem Abschluß des Haushaltsjahres, so daß ein Abgleich zwischen den drei Spalten mit Verzugszinsen nicht möglich ist.

Quelle: Europäischer Rechnungshof (2000a), S. 176.

Zum 30.06.2000 betrugen die insgesamt ausstehenden überfälligen Zahlungsrückstände von Drittländern, inklusive der aus dem Gesamthaushalt

[325] Europäischer Rechnungshof (2000a), S. 175.

gedeckten Beträge 210,2 Mio. Euro. Dieser Betrag setzt sich zusammen aus 171,2 Mio. Euro direkter Garantieleistungen und 39,0 Mio. Euro Verzugszinsen.[326] Trotz der verspäteten Rückzahlungen durch die säumigen Schuldnerländer behält der Garantiefonds seine Funktion als Sicherungsinstrument einer ungestörten Haushaltsführung, da bis zum (zeitlich ungewissen) Zeitpunkt der verspäteten Rückzahlung die durch das Jährlichkeitsprinzip charakterisierte Haushaltsausführung nicht beeinträchtigt wird. Ohne die Überbrückungsfunktion des Garantiefonds müßte es sonst während der Haushaltsperiode zu ungewollten Mittelumschichtungen kommen. In den ersten Jahren seiner Existenz bis zum Jahr 1998 wurde der Garantiefonds bereits 40 mal in Anspruch genommen.[327] Allerdings äußerte sich der Europäische Rechnungshof kritisch zu dieser Vorgehensweise, da der Garantiefonds nach seiner Grundausstattung mit finanziellen Mitteln aus dem Gesamthaushalt eigene Einnahmen und Ausgaben generiert, die nicht mehr in der Haushaltsrechnung der Gemeinschaft ausgewiesen werden und somit möglicherweise nur schwer zu kontrollieren seien.[328]

Neben der Schutzfunktion des Gemeinschaftshaushaltes vor überraschenden Beeinträchtigungen durch erforderliche Garantiezahlungen beschränkt der Mechanismus aus Reserve und Garantiefonds auch das Volumen der jährlich neu zu vergebenden Kredite an Drittstaaten, da die neu in den Garantiefonds einzustellenden Mittel den Betrag der Reserve nicht überschreiten dürfen.[329] Insofern stellt er ein Instrument zur Sicherung der Haushaltsdisziplin dar.[330] Die zeitpunktbezogene „Darlehenskapazität“ für neue Kredite an Drittstaaten resultiert aus der Differenz zwischen dem Gesamtreservebetrag, derzeit 200 Mio. Euro in Preisen des Jahres 1999, und dem Betrag, der aufgrund beschlossener und in Vorbereitung befindlicher Darlehen dem Garantiefonds zugeführt wird, dividiert durch die „Sicherungsquote“ von 9 % bei einer unterstellten Absicherungsquote der Darlehen von 100 %. Für das Jahr 2001 beträgt der noch nicht verplante Reservebetrag 33 Mio. Euro, so daß eine

326 Vgl. Europäische Kommission (2000d), S. 3f. und (2000e), S. 13–16.

327 Europäische Kommission (1998c), S. 7.

328 Europäischer Rechnungshof (1997b), Ziffer 1.6–1.9.

329 Vgl. hierzu Europäische Kommission (2000e), S. 14 und Europäische Kommission (1995a), S. 146f.

330 Europäische Kommission (1998c), S. 6–8.

geschätzte Darlehenskapazität von ca. 370 Mio. Euro bei zu 100 % abgesicherten Darlehen und ca. 569 Mio. Euro bei zu 65 % abgesicherten Darlehen besteht.[331]

Neben der Einbeziehung der durch die EU garantierten Darlehensaktivitäten der Europäischen Investitionsbank wird insbesondere vom Europäischen Parlament gefordert, auch die restlichen Aktivitäten der EIB in den Gesamthaushaltsplan einzubeziehen.[332] Diese Argumentation findet Fürsprache in der Tatsache, daß die Aufgaben der EIB aus den Zielen der EU abgeleitet sind und einen wesentlichen Beitrag zur Unterstützung der Politik der Europäischen Gemeinschaften leisten. Dabei sind insbesondere die Bereiche Regionalentwicklung und Umsetzung der Agenda 2000, Risikokapitalfinanzierung zugunsten von kleinen und mittleren Unternehmen (KMU), die Förderung von Gesundheit und Bildung (Humankapital), die Transeuropäischen Netze (TEN) sowie die Vorbereitung der EU-Erweiterung in den Kandidatenländern zu nennen.[333] Artikel 267 Abs. 2 EG-Vertrag sieht explizit die Kombination der EIB-Aktivitäten mit anderen Instrumenten der EU, z.B. den Strukturfonds, zur Erfüllung der Aufgaben vor. Insgesamt sind die Aktivitäten der EIB durch eine Schwerpunktsetzung auf den sozialen Zusammenhalt und die Kohäsion in der EU charakterisiert, so daß die Hauptnutznießer die weniger wohlhabenden Mitgliedstaaten sind. Darüber hinaus besteht ein enger personeller Zusammenhang zwischen dem Rat der EU und dem Rat der Gouverneure als leitendem Organ der EIB, der aus den (Finanz-)Ministern der Mitgliedstaaten besteht.[334] Aufgrund der sachlich und personell engen Verknüpfung mit den Politikbereichen der Europäischen Gemeinschaften liegt demnach der Verdacht nahe, daß eine stärkere Einbeziehung der EIB aufgrund der Kontrollfunktion des Gesamthaushaltsplans geboten sein könnte. Dies wird auch daran ersichtlich, daß die EIB seit 1990 verstärkt die in-

---

331 Europäische Kommission (2000e), S. 17 sowie S. 42–44.

332 Vgl. Rossi (1997), S. 192.

333 Vgl. Europäische Investitionsbank (2000), S. 6–9. Gemäß Artikel 267 EG-Vertrag besteht die Aufgabe der EIB darin, „... zu einer ausgewogenen und reibungslosen Entwicklung des Gemeinsamen Marktes im Interesse der Gemeinschaft beizutragen“. Eigentliche Rechtsgrundlage für die Aktivitäten der EIB ist das dem EG-Vertrag beigefügte „Protokoll über die Satzung der Europäischen Investitionsbank“; vgl. auch Oppermann (1999), S. 168, Rz. 431.

334 Vgl. ausführlicher Oppermann (1999), S. 168f.

dustriepolitisch motivierten Darlehen übernommen hat, die früher im Rahmen der NGI-Darlehen durch die Gemeinschaften abgewickelt wurden.[335]

Gegen eine Einbeziehung in den Gesamthaushaltsplan spricht allerdings die Tatsache, daß es sich formell um eine juristisch unabhängige Institution mit Finanzautonomie und nicht um ein Gemeinschaftsorgan handelt, so daß die EIB in ihren Aktivitäten formalrechtlich unabhängig und nicht weisungsgebunden an andere EU-Organe ist. Darüber hinaus unterscheidet sie sich aufgrund ihrer vorwiegend bankähnlichen Aufgaben im Rahmen der Mittelbeschaffung und Mittelverwendung von den anderen Organen der EU, so daß die Kritik an der Nichteinbeziehung der EIB in den Gesamthaushaltsplan relativiert werden muß. Letztlich können auch die Forderungen des Europäischen Parlaments nach mehr Mitsprachemöglichkeiten bei der EIB politökonomisch als Versuch einer Macht- und Kompetenzausweitung interpretiert werden.[336]

Als weitere Ausnahme vom Grundsatz der Einheit des Gemeinschaftshaushalts sind die sogenannten „Satelliten-Budgets" einiger dezentralisierter Gemeinschaftseinrichtungen zu nennen. Diese Einrichtungen besitzen Rechtspersönlichkeit und jeweils eigenständige Haushaltspläne, wobei sich der Grad der Finanzautonomie teilweise unterscheidet. Sie lassen sich bezüglich ihrer Verwaltungsautonomie und finanziellen Unabhängigkeit in drei unterschiedliche Typenklassen unterteilen:[337]

- Dezentrale Einrichtungen der „ersten Generation", deren Verwaltungsräte vom Rat und vom Europäischen Parlament entlastet werden und die sich nicht selbst finanzieren.
- Dezentrale Einrichtungen der „zweiten Generation", die sich nicht selbst finanzieren und deren Entlastungsbehörde ihr eigener Vorstand oder ihr Verwaltungsrat ist.
- Dezentrale Einrichtungen, die sich ganz oder teilweise selbst finanzieren und deren Entlastungsbehörde ihr eigener Verwaltungsrat ist.

---

335 Oppermann (1999), S. 324, Rz. 865.

336 Vgl. Rossi (1997), S. 191f.

337 Vgl. für diese Unterteilung und die anschließende Auflistung insbesondere Europäischer Rechnungshof (2000a), S. 166f. sowie Europäische Kommission (1995a), S. 56f. und S. 138f.

Zur ersten Gruppe gehören das Europäische Zentrum für die Förderung der Berufsbildung (Cedefop) in Thessaloniki und die Europäische Stiftung zur Verbesserung der Lebens- und Arbeitsbedingungen in Dublin. Vom zweiten Typ sind die Europäische Umweltagentur (EUA) in Kopenhagen, die Europäische Stiftung für Berufsbildung (ESB) in Turin, die Europäische Beobachtungsstelle für Drogen und Drogensucht (EBDD) in Lissabon, die Europäische Agentur für Sicherheit und Gesundheitsschutz am Arbeitsplatz (EASG) in Bilbao sowie die im Jahr 1997 gegründete Europäische Stelle zur Beobachtung von Rassismus und Fremdenfeindlichkeit in Wien. Vertreter der dritten Kategorie sind die Europäische Agentur für die Beurteilung von Arzneimitteln (EMEA) in London, das Europäische Harmonisierungsamt für den Binnenmarkt (HABM) in Alicante, das Gemeinschaftliche Sortenamt (OCVV) in Angers sowie das Übersetzungszentrum für die Einrichtungen der Europäischen Union (ÜZEU) in Luxemburg.

Mit Ausnahme der Vertreter der letzten Gruppe erhalten die Satelliteneinrichtungen einen Großteil ihrer Einnahmen in Form von Zuschüssen aus dem Gesamthaushaltsplan. Allerdings erfolgt ihre Erfassung im Gesamthaushaltsplan angesichts eigener Haushaltspläne keineswegs detailliert, sondern lediglich im Rahmen nur einer Haushaltslinie. Die Tatsache, daß diese dezentralen Einrichtungen nur im Hinblick auf eine effizientere und administrativ flexiblere Aufgabenerfüllung geschaffen wurden, sie aber größtenteils weiterhin finanziell und sachlich eng an die EU gebunden sind, legt die Sichtwiese nahe, daß eine detailliertere Einbeziehung in den Gesamthaushaltsplan der Europäischen Gemeinschaften wünschenswert wäre.[338] Dies gilt um so mehr vor dem Hintergrund, daß die Bereitschaft der dezentralen Einrichtungen, ihre Haushaltspläne zu veröffentlichen und angemessene finanzielle Informationen über ihre Aktivitäten zu geben, mehr als eingeschränkt

[338] Vgl. Rossi (1997), S. 193. Eine gegenteilige Auffassung vertritt die Europäische Kommission (1995a), S. 139, u.a. mit dem Hinweis, daß die Zuschüsse für die jeweiligen dezentralen Einrichtungen im Gesamthaushaltsplan ausgewiesen seien, und daß die Kommission detaillierte Angaben über die Verwendung der Zuschüsse erhielte. In Verbindung mit den Kontrollen durch den Europäischen Rechnungshofs sei somit eine ausreichende Transparenz und Kontrolle bezüglich der Haushaltsentscheidungen sichergestellt.

ist.[339] Somit liegen klare Verstöße gegen den weiter unten noch genauer zu behandelnden Grundsatz der Öffentlichkeit und Transparenz vor.

Als letzte Ausnahme vom Grundsatz der Einheit sind die durch den Vertrag von Maastricht geschaffenen neuen Politikbereiche der Europäischen Union zu nennen, die auch als zweite und dritte Säule der EU bezeichnet werden: die Gemeinsame Außen- und Sicherheitspolitik (GASP)[340] sowie die Zusammenarbeit in den Bereichen Justiz und Inneres[341]. Im Gegensatz zu den bereits davor existierenden Politikbereichen der EG (der sogenannten ersten Säule), weisen sie allerdings angesichts ihrer institutionellen Ausgestaltung einen deutlich schwächeren supranationalen Charakter auf und beinhalten statt dessen vermehrt intergouvernementale Elemente. So wurden der Europäischen Kommission, dem Europäischen Parlament und dem Europäischen Gerichtshof deutlich geringere Befugnisse als in den anderen Politikbereichen zugesprochen. Dementsprechend sieht Artikel 268 des EG-Vertrages sowie Artikel 28 und Artikel 41 des EU-Vertrages auch die Möglichkeit einer Sonderregelung für die Finanzierung dieser Politikbereiche vor.[342] Während die im Zusammenhang mit diesen Politikbereichen entstehenden Verwaltungsausgaben immer zu Lasten des Gesamthaushaltsplans gehen, muß dies für die operativen Ausgaben nicht der Fall sein.[343] Letztere gehen dann zu Lasten des Gesamthaushaltes, wenn es sich nicht um Maßnahmen mit mi-

---

[339] Für das Haushaltsjahr 1999 hatten von den elf genannten Einrichtungen lediglich acht ihren Haushaltsplan im Dezember 1999 veröffentlicht, Europäischer Rechnungshof (2000a), S. 167.

[340] Eine ausführliche Darstellung der Gemeinsamen Außen- und Sicherheitspolitik der EU, ihrer institutionellen Ausgestaltung und Einbindung in die EU sowie ihrer Ziele und Aufgabenfelder findet sich u.a. in Semrau (1998), Steltemeier (1998) sowie Pechstein/Koenig (2000), S. 140–182 und S. 194–211. Ein Überblick über die einzelnen Maßnahmen geben die Jahresberichte des Rates über die Hauptaspekte der GASP, vgl. z.B. Rat der EU (2000c).

[341] Vgl. hierzu z.B. Pechstein/Koenig (2000), S. 183–211, Zott (1999), Vogel (1999) sowie den Sammelband von Müller-Graff (1996).

[342] Vgl. auch Herz (2000), S. 255–258 und Pechstein/Koenig (2000), S. 194–211. Bezüglich der GASP erfolgt durch die Interinstitutionelle Vereinbarung vom 6. Mai 1999 zwischen dem Europäischen Parlament, dem Rat und der Kommission (Teil II, Buchstabe H) eine Ergänzung der vertraglichen Regelungen, vgl. Europäisches Parlament, Rat, Kommission (1999), S. 8f.

[343] Auf die Problematik der fehlenden eindeutigen Abgrenzung dieser beiden Ausgabenkategorien weist u.a. Semrau (1998), S. 107f. hin.

litärischen oder verteidigungspolitischen Zügen handelt oder der Rat nicht einstimmig etwas anderes beschließt.[344] Bei einer Finanzierung durch den Gesamthaushaltsplan werden sie im Ausgabenplan der Kommission veranschlagt, unabhängig davon, ob ein anderes Organ anweisungsbefugt ist.[345] In diesem Fall unterliegen sie dem normalen Haushaltsverfahren und den Regelungen der Haushaltsordnung. Erfolgt keine Belastung des Gesamthaushaltes, so ist eine Aufteilung auf die Mitgliedstaaten entsprechend ihrem jeweiligen Bruttosozialproduktanteils vorgesehen, wobei auch hier der Rat einstimmig einen anderen Verteilungsschlüssel festlegen kann.[346]

Insgesamt ist aufgrund der zahlreichen Ausnahmen vom Prinzip der Einheit eine gewisse Zersplitterung der Gemeinschaftsfinanzen zu konstatieren, die zu einer zunehmenden Komplexität und Intransparenz des Haushaltssystems führt und deren Rechtfertigung nicht immer überzeugen können.

3.4.2.3 Grundsatz der Jährlichkeit

Der Grundsatz der Jährlichkeit[347] fordert allgemein, daß der Haushaltsplan ein Jahr umfaßt, so daß alle Haushaltsvorgänge an ein Haushaltsjahr gebunden sind, und steht daher in engem Zusammenhang zum Prinzip der zeitlichen

---

[344] Die ursprüngliche Regelung bei Einführung der GASP im Vertrag von Maastricht sah eine noch stärkere Betonung des „Umlageverfahrens" bei der Finanzierung der operativen Ausgaben vor (vgl. Artikel J.11 und K.8 EU-Vertrag in der Fassung von Maastricht). Danach stellte die Finanzierung durch die Mitgliedstaaten den Normalfall dar, der nur durch einen einstimmigen Ratsbeschluß aufgehoben werden konnte. Die Fassung im Amsterdamer Vertrag hat diese Sichtweise hingegen wie oben beschrieben umgekehrt, vgl. auch Tebbe (1999), S. 102.

[345] Vgl. Europäische Kommission (1995a), S. 58. Die Ausgaben für den Bereich Justiz und Inneres werden im Teileinzelplan B5 der Kommission erfaßt, die Ausgaben der GASP im eigens dafür geschaffenen Teileinzelplan B8, vgl. Europäische Kommission (2000a), S. 15f.

[346] Vgl. Pechstein/Koenig (2000), S. 207f.

[347] Die diesem Haushaltsgrundsatz zugrundeliegenden europarechtlichen Regelungen finden sich in Artikel 268, 271 und 272 EG-Vertrag sowie in Titel II Kapitel 2 der neuen Haushaltsordnung Rat der EU (2002). Die alte Haushaltsordnung, Rat der EG (1977/2000) sah ähnliche Regelungen vor. Darüber hinaus beinhaltet die Haushaltsordnung diverse weitere Bestimmungen im Zusammenhang mit der konkreten Umsetzung des Jährlichkeitsprinzips.

Spezialität. Während der Jährlichkeitsgrundsatz den Zeitraum der Haushaltsperiode festlegt, bindet das Prinzip der zeitlichen Spezialität die vorgesehenen finanziellen Mittel genau für diesen Zeitraum.[348] Für die Europäische Union entspricht das Haushaltsjahr darüber hinaus dem Kalenderjahr.[349]

Die Begrenzung der Haushaltsperiode auf ein Jahr soll der regelmäßigen Kontrolle der Aufstellung und Ausführung des Haushaltsplanes dienen. Gleichzeitig wird – vor allem bei nationalen Haushalten – die politische Programmfunktion des Haushalts unterstützt[350] und aufgrund der relativ kurzen Periodendauer eine ausreichende Flexibilität sichergestellt, um sich an im Zeitablauf verändernde Rahmenbedingungen anpassen zu können. Demgegenüber wird gegen diesen Haushaltsgrundsatz teilweise angeführt, daß zum einen die Budgetperiode von genau einem Jahr für eine ordnungsgemäße Haushaltsführung nicht zwingend erforderlich sei[351] und daß er zum anderen einer modernen Haushaltsführung, die einen Schwerpunkt auf Mehrjahresprogramme und öffentliche Investitionsgüter legt, entgegenstünde[352]. Ein Versuch, diesen Konflikt zwischen kurzfristiger Haushaltsplanung und längerfristigen Ausgabeprojekten abzuschwächen, besteht in der Planung und Vorgabe mehrjähriger „Finanzieller Vorausschauen“ im Rahmen interinstitutioneller Vereinbarungen, durch die die Grobstruktur der Ausgabenkategorien entsprechend den politischen Prioritäten sowie eine verbindliche Obergrenzen für die reale Gesamtausgabenentwicklung festgelegt werden.[353] Diese Obergrenze liegt dabei i.d.R. unter dem in den Eigenmittelbeschlüssen festgelegten maximal zulässigen Eigenmittelvolumen, um einen – wenn auch gelegentlich kleinen – Spielraum für unvorhergesehene Ereignisse zu haben.

Dennoch führt die Existenz mehrperiodig angelegter Vorhaben auch auf europäischer Ebene zu Komplikationen und Ausnahmeregelungen in den haus-

---

[348] Rossi (1997), S. 209. Vgl. allgemein zum Prinzip der zeitlichen Spezialität z.B. Neumark (1952), S. 590–593.

[349] Artikel 272 Abs. 1 EGV.

[350] Rossi (1997), S. 201.

[351] Vgl. Neumark (1952), S. 574, Keller (1970), S. 373 und Hansmeyer/Rürup (1984), S. 19.

[352] Vgl. Fugmann (1992), S. 85.

[353] Bisher gab es drei derartige Finanzielle Vorausschauen für die Zeiträume 1988 bis 1992, 1993 bis 1999 und 2000 bis 2006, vgl. auch Europäische Kommission (2000a), S. 10f.

haltsrechtlichen Bestimmungen.[354] So wird auf der Ausgabenseite gemäß Artikel 7 der neuen Haushaltsordnung zwischen getrennten und nichtgetrennten Mitteln unterschieden.[355] Die getrennten Mittel werden dabei in sog. Zahlungsermächtigungen und Verpflichtungsermächtigungen unterteilt. Während die Verpflichtungsermächtigungen die Summe der rechtlichen Zahlungsverpflichtungen umfassen, die in einem Haushaltsjahr eingegangen werden und die sich über mehr als ein Haushaltsjahr erstrecken, decken die Zahlungsermächtigungen die tatsächlichen Ausgaben des Haushaltsjahres ab, die sich aus im laufenden oder in früheren Haushaltsjahren eingegangen Verpflichtungen ergeben. Demgegenüber fallen bei den nichtgetrennten Mitteln die Ausführung der Verpflichtungs- und die Zahlungsermächtigung in voller Höhe in ein und dasselbe Haushaltsjahr.[356]

Zwar stellen die getrennten Mittel zunächst keine gravierende Verletzung des Jährlichkeitsprinzips dar, da auch die Verpflichtungsermächtigungen im Rahmen des Haushaltsverfahrens jeweils für ein Jahr genehmigt werden, ebenso wie die damit zusammenhängenden (späteren) Zahlungsermächtigungen.[357] Zu Problemen für den Haushaltsausgleich kann es jedoch kommen, wenn die Verpflichtungsermächtigungen – wie es in der EU der Fall ist – regelmäßig höher

---

[354] Vgl. ausführlich Europäische Kommission (1995a), S. 61–64, Europäische Kommission (2002d), S. 147–155 und Rossi (1997), S. 200–208. Etwas älter sind die Ausführungen bei Fugmann (1992), S. 96–101 und Strasser (1992), S. 52–57.

[355] Vgl. zu dieser Unterscheidung auch Europäische Kommission (1999), S. 6, Europäischer Rechnungshof (1997b), Ziffer 2.8.–2.18. und Strasser (1992), S. 53ff. Nachdem bereits in der Vergangenheit der (haushaltsdefinitorische) Umfang der getrennten Mittel ausgeweitet wurde, hatte der Entwurf für die neue Haushaltsordnung nur noch getrennte Mittel vorgesehen, vgl. Europäische Kommission (2000b), S. 13 sowie auch Europäischer Rechnungshof (1997b), Ziffer 2.18 für eine Begründung dieser Maßnahme. Diese Änderung wurde jedoch nicht realisiert.

[356] Neben dieser Unterscheidung kennt die europäische Haushaltspraxis noch eine weitere Begriffsunterscheidung: „Mittel für Verpflichtungen" und „Mittel für Zahlungen". Dabei setzen sich die Mittel für Verpflichtungen aus den nichtgetrennten Mitteln und den Verpflichtungsermächtigungen der getrennten Mittel zusammen. Die Mittel für Zahlungen stellen die Summe aus nichtgetrennten Mitteln und den Zahlungsermächtigungen der getrennten Mittel dar, vgl. z.B. Europäische Kommission (1995a), S. 61 und Europäische Kommission (1999), S. 6. Eine sehr eingängige grafische Darstellung der unterschiedlichen Mittelarten findet sich in Europäischer Rechnungshof (2000a), Anhang 1, S. VIIf.

[357] Vgl. Rossi (1997), S. 203 und Europäische Kommission (1995a), S. 61.

höher als die Zahlungsermächtigungen ausfallen, da sich dann ein stetig wachsender Differenzbetrag an sogenannten „Altlasten“ ansammelt, die in zukünftigen Haushaltsjahren zahlungsmäßig abgewickelt werden müssen.[358] Nachdem in der Vergangenheit dieses Phänomen teilweise von der Haushaltsbehörde unterschätzt wurde, besteht inzwischen u.a. ein festes Verhältnis zwischen den Verpflichtungs- und den Zahlungsermächtigungen, um eine kontrollierte Entwicklung des Haushalts sicherzustellen.[359] Umgekehrt weisen in der Praxis jedoch auch die nichtgetrennten Mittel gravierende Funktionsmängel bezüglich des Jährlichkeitsprinzips auf, die im wesentlichen auf vielfältigen Ausnahmeregelungen hinsichtlich ihrer Übertragbarkeit in das folgende Haushaltsjahr beruhen und die den Europäischen Rechnungshof dazu veranlaßten, festzustellen, daß „die nichtgetrennten Mittel ihm [dem Jährlichkeitsgrundsatz] vielleicht sogar noch weniger gerecht werden“.[360]

Weitere Ausnahmen vom Grundsatz der Jährlichkeit stellen zum einen die Möglichkeiten für Mittelübertragungen in das nächste Haushaltsjahr dar,[361] die jedoch zum Zwecke einer sinnvollen Politikdurchführung und einem sparsamen Umgang mit den Finanzmitteln geboten erscheinen können. Hierzu kritisch äußert sich allerdings der Europäische Rechnungshof mit dem Hinweis, daß das komplexe „Arsenal an Übertragungsmöglichkeiten“ weitgehend abgeschafft werden müßte, da die jeweiligen Begründungen nicht überzeugen könnten.[362] Zum anderen existieren sog. „zusätzliche Zeiträume“ bzw. „zusätzliche Vollzugsperioden“ im Sinne einer technischen Verlängerung des Haushaltsjahrs, um die Haushaltsabwicklung am Jahresende zu vereinfachen.[363] So können bis zum 31. Dezember eines Haushaltsjahres angeordnete Zahlungen noch bis zum 31. Januar des Folgejahres ausgeführt werden.

---

358 Vgl. hierzu ausführlicher Rossi (1997), S. 203ff. und Fugmann (1992), S. 96–102.

359 Vgl. Artikel 3 der beiden letzten Eigenmittelbeschlüsse aus den Jahren 1994 und 2000, Rat der EU (1994a) und Rat der EU (2000a).

360 Europäischer Rechnungshof (1997b), Ziffer 2.11.

361 Vgl. hierzu ausführlicher Europäische Kommission (1995a), S. 62f. und Rossi (1997), S. 205ff. Die zentralen rechtlichen Regelungen finden sich in Artikel 9 und 10 der Haushaltsordnung, Rat der EU (2002), S. 9. In der alten Haushaltsordnung fanden sie sich in Artikel 7.

362 Europäischer Rechnungshof (1997b), Ziffer 1.25f.

363 Vgl. Europäische Kommission (1995a), S. 63 und Rossi (1997), S. 207. Die entsprechende Regelung findet sich in Artikel 8 und 152 der Haushaltsordnung.

3.4.2.4 Grundsatz der Vorherigkeit

Mit dem Prinzip der Vorherigkeit des Haushaltsplanes[364] existiert ein weiterer temporal geprägter Haushaltsgrundsatz, auch wenn er auf europäischer Ebene nicht explizit als Budgetgrundsatz genannt wird. Seine Aufgabe besteht im wesentlichen in der Sicherstellung der Planungsfunktion des Haushaltes, die als Voraussetzung der nachfolgenden Kontrollfunktion anzusehen ist. Darüber hinaus kann nur im Rahmen einer rechtzeitigen Planung des Budgets die gewünschte politische Schwerpunktbildung als eine der Haushaltsfunktionen in ausreichendem Maße realisiert werden. Im EU-rechtlichen Zusammenhang ist dabei das nicht immer unproblematische Zusammenspiel der für die Haushaltsaufstellung relevanten Institutionen – Rat der EU und Europäisches Parlament – von Bedeutung. Neben der teilweise angeführten Sicherstellung einer ausreichenden Einflußmöglichkeit des Europäischen Parlamentes auf die Politik der Exekutive[365] impliziert dieses Prinzip auch einen potentiellen Einigungsdruck auf die beiden Institutionen der Haushaltsbehörde im Rahmen des Haushaltsverfahrens.[366]

Allerdings zieht eine Verletzung dieses Budgetprinzips keine Sanktionen nach sich und führt auch nicht zu einer übermäßigen finanziellen Beeinträchtigung der unmittelbaren Handlungsfähigkeit der EU, da für den Fall eines nicht rechtzeitig verabschiedeten Haushaltsplans eine Sonderregelung gemäß Artikel 273 EG-Vertrag automatisch in Kraft tritt.[367] Danach sind – in französischer Tradition – monatliche, nach Kapiteln untergliederte Ausgaben bis zu maximal einem Zwölftel des abgelaufenen Haushaltsplanes möglich (Sy-

---

[364] Dieser Haushaltsgrundsatz leitet sich europarechtlich ab aus Artikel 268 EG-Vertrag in Verbindung mit der terminlichen Ausgestaltung des Haushaltsverfahrens gemäß Artikel 272 und 273 EG-Vertrag. Detaillierte Regelungen finden sich auch in Titel III Kapitel 1 der Haushaltsordnung, Rat der EU (2002). Vgl. allgemein zu diesem Grundsatz z.B. Rossi (1997), S. 199f., Fugmann (1992), S. 84, Keller (1970), S. 372f. und Neumark (1952), S. 585ff.

[365] Dieser Aspekt findet sich beispielsweise bei Rossi (1997), S. 200; ähnlich auch Blankart (1998), S. 396.

[366] Vgl. zum organisatorischen und zeitlichen Ablauf des Haushaltsverfahrens Peffekoven (1994), S. 15–22, Europäische Kommission (2002d), S. 183–213 und Europäische Kommission (2000a), S. 8f.

[367] Detailregelungen finden sich darüber hinaus in Artikel 13 der Haushaltsordnung, vgl. Rat der EU (2002), S. 9f.

stem der provisorischen Zwölftel).[368] Dieser Betrag verringert sich jedoch, wenn die im in Vorbereitung befindlichen – aber noch nicht verabschiedeten – Haushaltsplan veranschlagten Mittel niedriger sind, so daß eine doppelte Begrenzung für den Nothaushalt besteht. Mit dieser Regelung ist eine kontinuierliche Fortführung der wichtigsten Gemeinschaftsaktivitäten gesichert, ohne daß allerdings neue kostenintensive Projekte in Angriff genommen werden können. Somit soll im Falle von divergierenden Auffassungen bezüglich der politisch anzustrebenden Haushaltspolitik ein angemessener Ausgleich des Trade-offs zwischen Handlungsfähigkeit der EU und Einigungsdruck auf die Haushaltsbehörde erzielt werden. Die Einnahmen werden im System der provisorischen Zwölftel so weitergeführt, daß bei den originären Eigenmitteln kein zusätzlicher Entscheidungsbedarf besteht, da sie in voller Höhe weiter an den Gemeinschaftshaushalt fließen. Bezüglich der MwSt.- und BSP-Eigenmittel werden der einheitliche MwSt.-Eigenmittelsatz und der BSP-Abrufsatz des vorangegangenen Jahres bis zum Inkrafttreten der neuen Sätze beibehalten.[369] Eine Anpassung an ein möglicherweise niedrigeres Ausgabevolumen wird nicht vorgenommen.

Werden während des Haushaltsjahrs aufgrund unvorhergesehener externer Schocks und Veränderungen in den Rahmenbedingungen Berichtigungshaushalte erforderlich[370], so stellen auch diese eine formale Verletzung des Vorhe-

---

[368] Der Rat kann unter gewissen Bedingungen und unter Berücksichtigung der Mitspracherechte des Parlaments mit qualifizierter Mehrheit über diesen Betrag hinausgehende Ausgaben im Sinne einer intertemporalen Verschiebung zwischen den Zwölfteln genehmigen, vgl. die Regelungen in Artikel 273 EG-Vertrag. Vgl. zu diesem „Nothaushaltsverfahren" auch Rossi (1997), S. 92–101 sowie Europäische Kommission (2002d), S. 204–207.

[369] Vgl. Artikel 2 Absatz 6 der Eigenmittelbeschlüsse aus den Jahren 1994 und 2000, Rat der EU (1994a), S. 11 und Rat der EU (2000a), S. 44.

[370] Die Möglichkeit für Berichtigungshaushalte sowie die dabei relevanten Vorschriften finden sich nicht in den primärrechtlichen Regelungen sondern in Artikel 37 und 38 der Haushaltsordnung, vgl. hierfür Rat der EU (2002), S. 14. Die alte Haushaltsordnung, Rat der EG (1977/2000) unterschied zwischen Nachtrags- und Berichtigungshaushalten, ohne daß dieser begrifflichen Differenzierung eine größere Bedeutung zugekommen wäre. Danach beinhaltete ein Nachtragshaushalt entweder eine Erhöhung des finanziellen Gesamtvolumens oder die Einbeziehung einer oder mehrerer neuer Aktionen ohne Mittelerhöhung. Demgegenüber änderte ein Berichtigungshaushalt lediglich die Struktur der Mittelverteilung, ohne dabei eine Erhöhung der finanziellen Mittel vorzunehmen oder neue Ak-

rigkeitsgrundsatzes dar. So waren im Jahr 1999 fünf Nachtrags- und Berichtigungshaushalten erforderlich, u.a. für externe Politikbereiche sowie zur Finanzierung zusätzlicher Verwaltungsausgaben.[371] Anzumerken bleibt, daß es in jedem Jahr mindestens einen Berichtigungshaushaltsplan geben muß, um den endgültigen Saldo des vorangegangenen Haushaltsjahres verbuchen zu können.

Da bei der Erstellung der Nachtrags- und Berichtigungshaushalte die gleichen Verfahrensvorschriften wie bei der Erstellung des jährlichen Gesamthaushaltsplans eingehalten werden müssen und damit eine äquivalente Beteiligung des Europäischen Parlamentes sichergestellt ist, sind diese Verletzungen aus Sicht des Grundsatzes der Vorherigkeit unbedenklich, sofern es sich tatsächlich um objektiv unvorhersehbare und außergewöhnliche Sachverhalte handelt. Ob dieser Tatbestand allerdings in allen Fällen immer erfüllt ist, muß zumindest bezweifelt werden.[372] Eine Übersicht über die Berichtigungs- und Nachtragshaushalte im Zeitraum 1990 bis 2000 gibt die folgende Aufstellung:

Tabelle 8: Berichtigungs- und Nachtragshaushalte 1990–2000

Jahr	**Art**	**Zeitpunkt der Feststellung**	**Inhalt / Hauptbestandteile**
1990	BNH 1	16. Februar	u.a. Garantien für Darlehen;
	BNH 2	11. Juli	u.a. Haushaltsüberschuß 1989, Erhöhung der Verwaltungsmittel (Kommission, Rechnungshof), Wirtschaftshilfen;
	BNH 3	13. Dezember	u.a. Erhöhung der Verwaltungsmittel (Rat), Anpassung der MwSt.- und BSP-Eigenmittel Spaniens und Portugals;
1991	BNH 1	15. Mai	u.a. Finanzierung von Hilfsprogrammen, Ausweitung der Darlehensgarantien, Haushaltsüberschuß 1990, Verwaltungsmittel;
	BNH 2	20. November	u.a. Garantien für Darlehen;
	BNH 3	20. November	u.a. Verwaltungsmittel Gerichtshof, Korrektur der Haushaltsungleichgewichte, Erstattungen an Spanien und Portugal;

tionen mit einzubeziehen. Vgl. zur Aufhebung dieser Unterscheidung auch Europäische Kommission (2000b), S. 33, Erwägungsgrund 11 sowie S. 49.

[371] Vgl. Europäische Kommission (2001b), S. 4 und S. 12f. Zwischen 1978 und 1994 wurden maximal drei Berichtigungs- und Nachtragshaushalte in einem Haushaltsjahr verabschiedet, Europäische Kommission (1995a), S. 105f. 2003 waren sieben erforderlich.

[372] Vgl. Rossi (1997), S. 102–106. Ähnlich auch bereits Ott (1982), S. 367.

1992	BNH 1	1. April	u.a. Mittel für technische Zusammenarbeit mit Drittstaaten, Erhöhung der Verwaltungs- und Kürzung der Forschungsmittel;
	BNH 2	13. Mai	u.a. Nahrungsmittelhilfe-Sonderprogramm zugunsten Afrikas ohne Erhöhung der Gesamtmittel;
	BNH 3	16. September	u.a. Verringerung der Mittel des EAGFL, Abt. Garantie, Haushaltssaldo des Vorjahres, geringere Abrufung der BSP-Eigenmittel;
1993	BNH 1	2. Dezember	u.a. Korrektur der Vorausschätzung der trad. Eigenmittel, Haushaltssaldo 1992, Mittelaufstockung des EAGFL, Abt. Garantie;
1994	BNH 1	25. April	u.a. gesonderter Einzelplan für den Wirtschafts- und Sozialausschuß sowie den Ausschuß der Regionen;
	BNH 2	15. November	u.a. Erhöhung der Verwaltungsmittel (Rat, Gerichtshof), Saldo Haushaltsjahr 1993;
1995	BNH 1	26. April	u.a. Mittel im Zusammenhang mit neuen Mitgliedern, Minderausgaben im Agrarbereich, Erstattung der MwSt.- und BSP-Salden 1994;
1996	BNH 1	27. Juli	u.a. Überschuß aus Haushaltsjahr 1995, Anpassung der Agrarausgaben, Aufstockung der Verwaltungsmittel (Rat und Parlament);
1997	BNH 1	13. November	u.a. Mittel im Zusammenhang mit „BSE-Krise", Umschichtung der Verwaltungsausgaben des Rechnungshofes, Überschuß des Haushaltsjahres 1996, Korrektur der „Haushaltungleichgewichte";
1998	BNH 1	15. Dezember	u.a. Überschuß aus dem Haushaltsjahr 1997, Kürzung der Agrarausgaben, Mittel für Parlamentsgebäude, Nahrungsmittelhilfe;
1999	BNH 1	16. September	u.a. Saldo des Haushaltsjahres 1998, aktualisierte Schätzungen der Eigenmittel, Aktualisierung der „Britenkorrektur";
	BNH 2	23. Juli	u.a. Aufstockung der Verwaltungsmittel des Rates für die GASP;
	BNH 3	16. September	u.a. Aufstockung der Mittel für den Gerichtshof und den Ausschuß der Regionen;
	BNH 4	16. September	u.a. Mittel für Wiederaufbaumaßnahmen im Kosovo, für Maßnahmen im Außenbereich und für das Amt für Betrugsbekämpfung;
	BNH 5	18. November	u.a. Ergänzungen des BNH 4: Mittelaufstockung und -umschichtungen;
2000	BNH 1	2. August	u.a. Haushaltssaldo 1999, aktualisierte Eigenmittelschätzungen, Aktualisierung der „Britenkorrektur", div. Mittelaufstockungen;
	BNH 2	6. Juli	u.a. Mittel für Gebäudepolitik des Europäischen Parlaments sowie die europäische Sicherheits- und Verteidigungspolitik;

Datenquelle: Gesamtbericht über die Tätigkeit der Europäischen Union, Jahrgänge 1990 – 2000, Luxemburg: Amt für amtliche Veröffentlichungen der Europäischen Gemeinschaften.[373]

[373] Äquivalente Angaben finden sich auch in den von der Europäischen Kommission jährlich herausgegebenen Finanzberichten.

3.4.2.5 Grundsatz des Haushaltsausgleichs

Ein weiteres Haushaltsprinzip ist der Grundsatz des Haushaltsausgleichs. Primärrechtliche Fixierung findet dieser Grundsatz in Artikel 268 EG-Vertrag, der fordert, daß „der Haushaltsplan [...] in Einnahmen und Ausgaben auszugleichen [ist]“. Darüber hinaus weist Artikel 272 Absatz 10 auf die Bedeutung dieses Budgetprinzips für die Tätigkeiten der einzelnen Organe der EU hin.[374]

Besonderes Gewicht gewinnt dieser Haushaltsgrundsatz auf europäischer Ebene durch das Verbot der fiskalisch motivierten Kreditaufnahme zum Zweck des Haushaltsausgleichs. Darin besteht einer der wesentlichen Unterschiede im Vergleich zu den nationalen Haushalten der Mitgliedstaaten, die sich durch eine entsprechende Nettokreditaufnahme immer „ausgleichen“ lassen. Somit stellt dieser Budgetgrundsatz auf die Finanzierbarkeit der ausgabenorientierten Tätigkeiten der Gemeinschaft ab.

Der „Haushaltsausgleich“ bezieht sich dabei sowohl auf die Planungsphase als auch auf den konkreten Haushaltsvollzug. Allerdings werden nur die konkreten Zahlungen bzw. Zahlungsermächtigungen und nicht auch die erst in späteren Jahren zum Tragen kommenden Verpflichtungsermächtigungen direkt berücksichtigt.[375] Wie bereits weiter oben angedeutet, können hieraus Probleme für den Haushaltsausgleich im Zeitablauf resultieren, wenn die Verpflichtungsermächtigungen die Zahlungsermächtigungen deutlich überschreiten oder ein kontinuierlich höheres Wachstum aufweisen.

Während in der Planungsphase des Haushalts der Ausgleich zwischen geplanten Einnahmen und geplanten Ausgaben genau erreicht werden kann, treten im Laufe des Haushaltsvollzugs in der Regel unvermeidliche Abweichungen von den geplanten Größen auf, so daß ein positiver oder (kleiner) negativer Saldo entsteht. Dieser wird gemäß Artikel 15 der Haushaltsordnung im Haushaltsplan des folgenden Jahres – zunächst als Schätzung – verbucht. Die Abweichung des endgültigen Wertes des Haushaltssaldos von der Schätzung wird schließlich im Wege eines Berichtigungshaushalts in den

---

[374] Die neue Haushaltsordnung, Rat der EU (2002) enthält in Artikel 14 ebenfalls den Grundsatz des Haushaltsausgleichs verbunden mit einem expliziten Kreditaufnahmeverbot.

[375] Vgl. Rossi (1997), S. 222 und Fugmann (1992), S. 89–93.

aktuellen Haushaltsplan eingesetzt.[376] Sollte sich während des Haushaltjahres ein größeres Defizit abzeichnen, so erfordert dieser Budgetgrundsatz die rechtzeitige Ergreifung von Vorkehrungen, um entweder durch eine Begrenzung der Ausgaben oder durch einen Berichtigungshaushalt den Ausgleich zwischen Ausgaben und Einnahmen wieder herzustellen.

3.4.2.6 Grundsatz der (sachlichen) Spezialität

Der Grundsatz der Spezialität[377] fordert eine detaillierte, eindeutige und betragsgenaue Mittelzuordnung – insbesondere der Ausgaben – auf festgelegte Verwendungszwecke innerhalb einer Haushaltsperiode sowie eine korrespondierende tatsächliche Verwendung dieser Mittel im Zuge der Haushaltsausführung.[378] Er impliziert somit die zeitliche und sachliche Mittelbindung. Während der zeitliche Aspekt dieses Budgetprinzips (zeitliche Spezialität) bereits im Rahmen des damit eng verbundenen Jährlichkeitsprinzips skizziert wurde, steht im folgenden die sachliche Spezialität im Sinne einer Einzelveranschlagung der Einnahmen und Ausgaben im Vordergrund. Hierbei unterscheiden einige Autoren zusätzlich zwischen einer qualitativen und einer quantitativen Spezialität.[379] Dabei bezieht sich die qualitative Spezialität auf den Aspekt der Strukturierung des Haushaltsplans und besagt, daß Ausgaben nur für die im Haushaltsplan im voraus festgelegten Verwen-

---

[376] Rat der EU (2002), S. 10. Ein Überschuß im Vorjahr wird auf der Einnahmenseite, ein Defizit bei den Zahlungsermächtigungen verbucht. Vgl. auch Europäische Kommission (2001b), S. 8 und Europäische Kommission (2002d), S. 155–159, wobei diesen Ausführungen die inhaltlich vergleichbaren Regelungen der alten Haushaltsordnung zugrunde liegen.

[377] Rechtliche Grundlage für diesen Haushaltsgrundsatz bilden Artikel 271 Abs. 3 EG-Vertrag sowie Titel II Kapitel 6 und teilweise Titel III Kapitel 2 der neuen Haushaltsordnung, Rat der EU (2002). Grundsätzliche Überlegungen zum Prinzip der Spezialität finden sich u.a. bei Neumark (1952), S. 587–590, Rürup/Hansmeyer (1984), S. 17f. Seine Bedeutung im Rahmen der EU behandeln u.a. Strasser (1992), S. 58ff., Fugmann (1992), S. 86, Europäische Kommission (1995a), S. 68–76, Rossi (1997), S. 208–219 und Europäischer Rechnungshof (1997b), Ziffer 1.15–1.21.

[378] Bezüglich der Einnahmen erfolgt eine Unterteilung gemäß ihres Entstehungsgrundes, vgl. Rossi (1997), S. 210.

[379] Vgl. z.B. Neumark (1952), S. 587–590 und Rürup/Hansmeyer (1984), S. 17f.

dungszwecke getätigt werden dürfen. Darüber hinaus sollte jede Ausgabe nur durch eine einzige Haushaltslinie ermächtigt werden, auch wenn hier in der Praxis der EU gravierende Defizite bestehen und gleichartige Ausgaben je nach Mittelverfügbarkeit unter verschiedenen Haushaltslinien verbucht werden.[380] Die quantitative Spezialität ergänzt diesen Grundsatz insofern, als sie die Einhaltung der im Haushaltsplan vorgesehenen Beträge im Sinne von Höchstgrenzen vorschreibt.[381]

Das Prinzip der Spezialität soll im wesentlichen eine ordnungsgemäße Haushaltsausführung sicherstellen.[382] Die beabsichtigte Kongruenz zwischen Haushaltsplan und –ausführung stellt sicher, daß die im Haushaltsplan enthaltenen politischen und ökonomischen Zielsetzungen der Haushaltsbehörde realisiert werden. Gleichzeitig erfordert dieser Haushaltsgrundsatz bereits während des Planungsprozesses im Vorfeld des jeweiligen Haushaltsjahres eine detaillierte Planung und Konsensfindung hinsichtlich der angestrebten Ziele und der zu ihrer Verfolgung eingesetzten Instrumente und realisiert somit die politische Programmfunktion des Budgets.[383] Sofern während des Haushaltsjahres dennoch Abweichungen vom Haushaltsplan und damit Verstöße gegen den Spezialitätsgrundsatz notwendig erscheinen, bedürfen sie einer schlüssigen Begründung. Schließlich erleichtert die Einhaltung dieses Budgetgrundsatzes aufgrund einer erhöhten Transparenz auch die dem Haushaltsvollzug nachgelagerte Kontrolle der Haushaltsausführung.

Im Rahmen des Gesamthaushaltsplans der Europäischen Union spiegelt sich der Grundsatz der Spezialität in einer horizontalen und vertikalen Gliederung des Haushaltsplans wider.[384] Die horizontale Strukturierung des Gesamthaushaltsplanes umfaßt neben einem Gesamteinnahmenplan institutio-

---

[380] Europäischer Rechnungshof (1997b), Ziffer 1.17.

[381] Nach Fugmann (1992), S. 86 ist diese Unterscheidung jedoch unnötig, da das Prinzip der quantitativen Spezialität Redundanzen mit dem Prinzip der Vollständigkeit aufweise.

[382] Rürup/Hansmeyer (1984), S. 17.

[383] Ähnlich z.B. Neumark (1952), S. 587, Europäische Kommission (1995a), S. 68 und Rossi (1997), S. 211.

[384] Die rechtliche Grundlage bilden die Artikel 40ff. der neuen Haushaltsordnung, Rat der EU (2002), S. 14f. Vgl. zum folgenden – wenn auch auf Basis der alten Haushaltsordnung und daher in Details veraltet – z.B. Europäische Kommission (1995a), S. 68–73 und Europäische Kommission (2000a), S. 12–19 sowie Wuermeling (1996), S. 258ff.

nenbezogene Einzelpläne, die jeweils die Einnahmen- und Ausgabenansätze der einzelnen europäischen Institution enthalten. Dabei handelt es sich um das Europäische Parlament, den Rat, die Kommission, den Gerichtshof der Europäischen Gemeinschaften, den Rechnungshof, den Wirtschafts- und Sozialausschuß, den Ausschuß der Regionen, den Europäischen Bürgerbeauftragten sowie den Europäischen Datenschutzbeauftragten.[385] Der volumenmäßig bedeutendste Einzelplan ist dabei derjenige der Kommission, da dieser die Ausgaben für die einzelnen europäischen Politikbereiche beinhaltet.

Demgegenüber umfaßt die vertikale Gliederung die Unterteilung jedes Einzelplans. Dabei werden die Einnahmen und Ausgaben nach Art und Zweckbestimmung in Titel, Kapitel, Artikel und Posten unterteilt.[386]

Kommt es während der Haushaltsausführung aufgrund einer Mittelübertragung zwischen einzelnen Ausgabekategorien oder aufgrund außerplanmäßiger bzw. überplanmäßiger Ausgaben zu einer vom Haushaltsplan abweichenden Mittelverwendung, so stellt dies eine formale Durchbrechung des Grundsatzes der Spezialität dar. In diesem Falle werden die oben angeführten Funktionen dieses Budgetprinzips beeinträchtigt und der Haushaltsplan verliert möglicherweise einen Teil seiner normativen Bedeutung. Dennoch erfordert die haushaltstechnische Realität diesbezüglich eine gewisse Flexibilität, da nicht alle Einflußfaktoren ex-ante bekannt oder quantifizierbar sind. Daher bestehen im Rahmen der haushaltsrechtlichen Regelungen der EU – wie auch in den relevanten Haushaltsvorschriften aller Mitgliedstaaten – entsprechende Ausnahmeregelungen, die Mittelübertragungen zwischen einzelnen Bereichen zulassen.[387] Übertragungen zwischen übergeordneten Gliederungseinheiten sind dabei von größerer Bedeutung als die Verlagerung von Mitteln auf untergeordneter Ebene, da erstere einen stärkeren Politikwechsel implizieren.[388]

---

[385] Vgl. Artikel 31 der Haushaltsordnung, Rat der EU (2002), S. 13.

[386] Vgl. Art. 41 der neuen Haushaltsordnung, Rat der EU (2002).

[387] Die rechtliche Basis für Mittelübertragungen sowie die dabei einzuhaltenden Vorschriften finden sich in Artikel 274 Abs. 3 EG-Vertrag sowie insbesondere in den Artikeln 22ff. der neuen Haushaltsordnung, vgl. Rat der EU (2002), S. 11f. In der alten Haushaltsordnung fanden sich für Mittelübertragungen relevanten Regelungen in Artikel 26, vgl. Rat der EG (1977/2000), S. 22f.

[388] Rossi (1997), S. 214.

Eine weitere partielle Durchbrechung des Prinzips der sachlichen Spezialität stellt die nach Artikel 43ff. der Haushaltsordnung mögliche Einstellung von Reserven in den Haushaltsplan dar.[389] Zum einen sind diese ohne Zweckbestimmung, zum anderen weichen sie die Funktion der Plangrößen als Obergrenzen auf. Als Reserven lassen sich unterscheiden: die „vorläufig eingesetzten Mittel", die „Negativreserve" sowie eine „Reserve für Soforthilfen zugunsten von Drittländern und eine „Reserve für Darlehen und Darlehenssicherheiten der Gemeinschaften zugunsten von Drittländern". Ihre Inanspruchnahme impliziert jeweils eine Mittelübertragung nach den Regelungen der Haushaltsordnung.

3.4.2.7 Grundsatz des effizienten, wirtschaftlichen und sparsamen Finanzmanagements

Der Grundsatz einer sparsamen und wirtschaftlichen Haushaltsführung[390] gehört zu den elementarsten Grundregeln der öffentlichen Finanzwirtschaft, da die öffentliche Erhebung und Verwendung von Haushaltsmitteln - wenn auch wie im Falle der EU über mehrere föderale Stufen hinweg – immer einen direkten Eingriff auf der individuell-privatwirtschaftlichen Ebene der Wirtschaftssubjekte im Wege der Zwangsausübung impliziert. In einer freiheitlich-demokratischen Gesellschaftsordnung, in der staatliches Handeln nie Selbstzweck sein darf, sondern sich immer an der gesellschaftlichen Wohlfahrt orientieren muß, haben die Individuen den legitimen Anspruch, daß die staatlichen Institutionen bei der Erfüllung ihrer Aufgaben auf einen effizienten Ressourceneinsatz achten, um so die unvermeidlichen staatlichen Zwangseingriffe, etwa im Rahmen der Steuererhebung, auf ein möglichst geringes Niveau zu begrenzen. Letztlich bezweckt dieser Grundsatz die An-

---

[389] Vgl. Europäische Kommission (1995a), S. 75f. und Rossi (1997), S. 217ff.

[390] Rechtliche Ausprägung dieses Grundsatzes sind Artikel 274 EG-Vertrag und Artikel 27f. sowie 48 der Haushaltsordnung, vgl. Rat der EU (2002). Der EG-Vertrag schreibt die Verwendung der Haushaltsmittel nach den „Grundsätzen der Wirtschaftlichkeit der Haushaltsführung" vor. Die Haushaltsordnung konkretisiert in Artikel 27 diesen Grundsatz der Wirtschaftlichkeit als „sparsame, wirtschaftliche und wirksame" Haushaltsführung. Vgl. allgemein zu diesem Haushaltsgrundsatz z.B. Rürup/Hansmeyer (1984), S. 19 sowie für seine Rolle auf europäischer Ebene Strasser (1992), S. 73f. und Rossi (1997), S. 229f.

wendung des „ökonomischen Prinzips“ im öffentlichen Sektor.[391] Seine grundlegende Bedeutung wird auch dadurch deutlich, daß sich im Gegensatz zu den anderen Budgetprinzipien keine Ausnahmeregelungen begründen lassen. Dementsprechend stellt auf der Ebene der Europäischen Union die Kommission fest, daß „ ... [es bei] der Wirtschaftlichkeit der Haushaltsführung [...] keine Ausnahmen geben darf“.[392] Darüber hinaus wurde durch den Vertrag von Amsterdam in Artikel 274 Absatz 1 EG-Vertrag[393] ergänzend festgelegt, daß die Mitgliedstaaten mit der Kommission zusammenarbeiten, um die Wirtschaftlichkeit der Haushaltsführung sicherzustellen. Da die Mitgliedstaaten in erheblichem Maße an der Verwendung und Kontrolle der Mittel beteiligt sind und auf ihrer Seite gleichzeitig möglicherweise die Gefahr eines Free-Rider Verhaltens besteht, erscheint diese explizite Regelung sinnvoll, auch wenn ihre Praxisrelevanz vermutlich eingeschränkt bleibt. So hat der Europäische Rechnungshof wiederholt auf „schwerwiegende, anhaltende Unzulänglichkeiten in den Verwaltungs- und Kontrollsystemen der Mitgliedstaaten“ aufmerksam gemacht.[394]

Trotz der elementaren Bedeutung dieses Budgetprinzips dürfte es aufgrund seiner unscharfen Begriffsabgrenzung zu den am schwersten zu operationalisierenden Grundsätzen gehören und sich daher einer stringenten Kontrolle entziehen. Darüber hinaus fehlen auf europäischer Ebene – wie bereits weiter oben angedeutet – zwangsläufig auch ausreichende wettbewerbliche Elemente, die zu einer effizienten Kostenkontrolle und einem wirtschaftlichem Ressourceneinsatz beitragen könnten. Dennoch kann auf Basis von

---

[391] Ähnlich Rürup/Hansmeyer (1984), S. 19. Auf europäischer Ebene wird diese Forderung eindringlich vom Europäischen Rechnungshof vertreten, vgl. Europäischer Rechnungshof (1999b), S. 5, der anmerkt, daß „... der Erfolg [und die Wirtschaftlichkeit] der Kommissionstätigkeit daran gemessen werden sollte, inwieweit die politischen Vorgaben mit möglichst geringen Kosten verwirklicht werden, [anstatt die Verwendungsrate der jährlichen Mittelzuweisungen im Haushaltsplan als wichtigsten Indikator für die Wirtschaftlichkeit der Haushaltsführung heranzuziehen]“.

[392] Europäische Kommission (2000b), S. 10.

[393] Alte Zählung: Artikel 205 EG-Vertrag Absatz 1.

[394] Europäischer Rechnungshof (2000a), S. 6. Auf die Relevanz der Mitwirkung der Mitgliedstaaten macht auch die Europäische Kommission (2001), S. 4 aufmerksam, da mehr als 80 % der EU-Ausgaben in den Mitgliedstaaten verwaltet werden und diese auch bei der Berechung und Erhebung der Eigenmittel eine wichtige Rolle zukommt.

Kosten-Nutzen-Vergleichen und der Anwendung von quantifizierbaren Indikatoren im Rahmen der Überprüfung der Zielerreichung von Politikmaßnahmen dieser Haushaltsgrundsatz verfolgt werden. Auf europäischer Ebene erfolgt dies, beginnend in der Vorschlagsphase einer Politikmaßnahme, durch sogenannte Kostenwirksamkeitsanalysen.[395] Bestehende Defizite bei der bisherigen Vorgehensweise versucht die Kommission im Rahmen der neuen Haushaltsordnung durch den Übergang zu einem „Activity-based-budgeting" sowie durch eine stärkere Betonung der Ergebnisorientierung statt einer Ressourcenorientierung zu verringern.[396] Besondere Bedeutung kommt in diesem Zusammenhang auch dem Europäischen Rechnungshof zu, dessen Aufgabe gemäß Artikel 248 Absatz 2 EG-Vertrag neben einer Überprüfung der Einnahmen- und Ausgabenvorgängen auf ihre formale, buchhalterische Korrektheit auch eine Analyse der Wirtschaftlichkeit der Haushaltsführung beinhaltet.[397] Die im Rahmen dieser Untersuchungen immer wieder festgestellten Unregelmäßigkeiten und Unzulänglichkeiten in der Haushaltsführung sowie mangelnde interne Kontrollmechanismen deuten darauf hin, daß bezüglich eines effizienten und wirtschaftlichen Finanzmanagements noch beträchtliche Fortschritte sowohl erforderlich als auch realisierbar sind. Diesbezüglich bleibt nur zu hoffen, daß die von der Kommission angekündigten Bemühungen für ein effizienteres Finanzmanagement von Erfolg gekrönt sein werden und es sich nicht nur um bloße Lippenbekenntnisse handelt.[398] Zur Bekämpfung betrügerischer Handlungsweisen wurde darüber hinaus am 1. Juni 1999 das Europäische Amt für Betrugsbekämpfung (OLAF: Office européen de lutte antifraude) als Nachfolgeinstitution der zu-

---

[395] Vgl. erläuternd Europäische Kommission (1995a), S. 51.

[396] Europäische Kommission (2000b), S. 15f.

[397] Vgl. für eine Darstellung der internen und externen Kontrollmechanismen der Haushaltsführung, bei denen dem Europäischen Rechnungshof eine entscheidende Rolle zukommt, sowie dem sich daran anschließenden Entlastungsverfahren für die Kommission, Europäische Kommission (1995a), S. 123f. sowie Comfort (1997) und Wuermeling (1996), S. 271–274. Eine ausführliche Darstellung der Finanzkontrolle in der EU findet sich bei Graf (1999).

[398] Bezüglich derartiger Bemühungen seitens der Kommission sei exemplarisch verwiesen auf einen „Aktionsplan zur Verbesserung des Finanzmanagements und der Verfahren", Europäische Kommission (2001) sowie auf den „Bericht über die Folgemaßnahmen zum Haushaltsjahr 1998", Europäische Kommission (2000m).

vor bestehenden Task-Force „Koordinierung der Betrugsbekämpfung" (UCLAF: Unité de coordination de la lutte antifraude) geschaffen.[399]

3.4.2.8 Grundsatz der Öffentlichkeit und Transparenz

Auch wenn der Grundsatz der Öffentlichkeit und Transparenz[400] in der Vergangenheit nur indirekt und allmählich Eingang in das Primär- und Sekundärrecht der Europäischen Union gefunden hat, so kommt ihm in demokratischen Gesellschaftsordnungen ebenfalls eine fundamentale Bedeutung zu, da die finanziellen Aktivitäten des „staatlichen Sektors" ein Spiegelbild seiner Politikausrichtung sind.[401] Die Einhaltung dieses Prinzips stellt eine notwendige, wenn auch nicht hinreichende Bedingung für eine öffentliche Kontrolle des staatlichen Sektors dar und trägt somit zur politischen Legitimierung der verantwortlichen Akteure bei.

Der Teilaspekt der Öffentlichkeit beinhaltet zum einen die öffentlich zugängliche und nachvollziehbare Diskussion und Beschlußfassung über das Budget und seine Ausführung. Zum anderen erfordert er die allgemein zugängliche regelmäßige Veröffentlichung der relevanten Dokumente wie Haushaltspläne, Berichte über die Rechnungslegung oder Kontrollberichte etwa in Form der Jahresberichte des Rechnungshofs.[402] Diese Publizität sollte darüber hinaus durch eine sinnvolle Kommunikation der wesentlichen Punkte an die breite Öffentlichkeit unterstützt werden. Die Europäische Union kommt diesen Verpflichtungen teilweise durch Veröffentlichungen im

---

[399] Vgl. Europäische Kommission (2000k), S. 8. Vgl. bezüglich der jüngeren Maßnahmen zur Betrugsbekämpfung auch Europäische Kommission (2001e) und (2001f). Schon länger zurückliegende Maßnahmen beschreibt Comfort (1998).

[400] Vgl. Artikel 29 der neuen Haushaltsordnung. Im Vergleich zu Artikel 10 der alten Haushaltsordnung wurde das Transparenzgebot in Artikel 29 Abs. 1 explizit aufgenommen.

[401] Vgl. Neumark (1952), S. 593–595, Keller (1970, S. 372, Rossi (1997), S. 231 und Europäischer Rechnungshof (1997), Ziffer 1.3. Teilweise weisen die Autoren in diesem Zusammenhang auch darauf hin, daß insbesondere in Diktaturen und totalitären Staaten regelmäßig kaum Informationen über das staatliche Budget an die Öffentlichkeit kommen.

[402] Neumark (1952), S. 593 erwähnt als dritten Teilaspekt des Öffentlichkeitsprinzips, daß die Äußerung von Kritik am Haushaltsplan bzw. an den finanziellen Aktivitäten des Staates nicht zu Nachteilen für den Betreffenden führen dürfen.

Amtsblatt der Europäischen Gemeinschaften, u.a. des Gesamthaushaltsplans und der Jahresberichte des Rechnungshofes, sowie durch eine entsprechende Pressearbeit nach. Unbefriedigend, weil so gut wie unmöglich, ist für Dritte allerdings die Möglichkeit eines Soll-Ist-Vergleiches, da keine dem Haushaltsplan entsprechende Rechnungslegung über die Ausführung des Haushaltsplanes veröffentlicht wird.[403] Somit kann die Forderung nach ausreichender Öffentlichkeit nur begrenzt als erfüllt betrachtet werden.

Der Teilaspekt der Transparenz dient im engeren Sinne der klaren Strukturierung und Darstellung des Haushaltsplanes und anderer relevanter finanzwirtschaftlicher Dokumente, so daß diese auch für Außenstehende nachvollziehbar und damit kontrollierbar sind. In der neuen Haushaltsordnung wurde dieser Aspekt – nicht zuletzt aufgrund der Forderungen des Europäischen Rechnungshofes – stärker als bisher betont, indem das Transparenzprinzip expressis verbis aufgenommen wurde.[404]

Darüber hinaus ist der explizite Ausweis der im Rahmen der originären Eigenmittel bestehenden pauschalen Rückerstattung für Verwaltungsaufwendungen in Höhe von derzeit 25 % (früher 10 %) – auch Negativeinnahmen genannt – ersatzlos wegfallen.[405] Nach Ansicht der Kommission „enthält dieser Begriff [Negativeinnahmen] lediglich die Aussage, daß die fraglichen Beträge nicht als Einnahmen betrachtet werden können, da sie eine von den Mitgliedstaaten an der Quelle vorgenommene Kürzung der Einnahmen darstellen und lediglich zu Informationszwecken ausgewiesen werden“[406]. Des weiteren folgert die Kommission, daß die Behandlung als „tatsächliche“ Einnahmen – und damit konsequenterweise einhergehend – die Abwicklung

---

[403] Vgl. auch Europäischer Rechnungshof (1997b), Ziffer 1.29 für dieses negative Urteil.

[404] Vgl. Art. 29 der neuen Haushaltsordnung. Vgl. Europäische Kommission (2000b), S. 14f. und S. 47 für den ursprünglichen Kommissionsentwurf und seine Begründung. Ein Beispiel für die Forderung des Rechnungshofes nach Einbeziehung des Transparenzgrundsatzes ist Europäischer Rechnungshof (1997b), Ziffer 1.3.

[405] Artikel 42 Abs. 1 der neuen Haushaltsordnung legt fest, daß im Haushaltsplan keine Negativeinnahmen veranschlagt werden dürfen. Im Kommissionsentwurf für die neue Haushaltsordnung war ursprünglich auch der Wegfall der sogenannten Negativausgaben im Bereich der Landwirtschaft und ihre Umwandlung in zweckgebundene Ausgaben vorgesehen gewesen. Diese Regelung wurde allerdings nicht in die endgültige Fassung der neuen Haushaltsordnung übernommen.

[406] Europäische Kommission (2000b), S. 15.

der Erhebungskostenpauschale über die Ausgabenseite eine künstliche Aufblähung des Haushaltsvolumens darstellen würde. Daraus schließt die Kommission, daß im Haushaltsplan nur noch Nettoeinnahmen ausgewiesen werden sollen. Dementsprechend wurde durch Artikel 42 der neugefaßten Haushaltsordnung der Informationsgehalt des Haushaltsplanes durch die völlige Nichtberücksichtigung der Erhebungskostenpauschale verringert.

Auch wenn diese Argumentation auf den ersten Blick einleuchtend erscheinen mag, so weist sie aus Sicht des Verfassers doch gravierende Schwächen auf, was zur Folge hat, daß diese Modifizierung weder sachgerecht ist noch zu einer Erhöhung der Transparenz beiträgt.[407]

Folgt man der Position der europäischen Institutionen, daß die Agrar- und Handelszölle am ehesten dem Charakter „echter Eigenmittel" der EU entsprechen, so stellt sich die Frage, weshalb die EU nicht auch die mit der Erhebung verbundenen Verwaltungsausgaben aus dem zur Verfügung stehenden Gesamthaushalt decken sollte. Gerade wenn die traditionellen Eigenmittel das Ergebnis einer europäischen Politik sind und damit der EU als „echte" Eigenmittel zugeordnet werden können, so müssen auch die damit entstehenden Kosten von der EU auf zentraler Ebene innerhalb des normalen Haushaltsverfahrens getragen werden. Die Tatsache, daß die Erhebung dieser Eigenmittel im Zuge einer einfacheren Verwaltung von den Mitgliedstaaten im Auftrag der EU ausgeführt wird, rechtfertigt nicht, daß die damit verbundenen Kosten in Form der Erhebungskostenpauschale nicht Bestandteil des Haushaltes sein sollten. Schließlich werden auch die übrigen Verwaltungsausgaben der EU aus dem Gesamthaushaltsplan finanziert, und nicht auf dem Wege eines „Vorwegabzugs" herausgerechnet, um so künstlich ein höheres Finanzvolumen für operative Politikmaßnahmen zu „generieren".

Angesichts der Erhöhung der Erhebungskostenpauschale für die Mitgliedstaaten von 10 % auf 25 % stellt sich zudem die Frage, ob eine Einnahmenkategorie, die ein Viertel ihres Volumens zur Deckung der Verwaltungskosten benötigt, eine sinnvolle Finanzierungsquelle darstellt oder ob hier nicht gegen das Prinzip der Wirtschaftlichkeit verstoßen wird.[408] Darüber hinaus

---

[407] Die im folgenden geäußerte Kritik gilt in weiten Teilen auch für die frühere Regelung der (offenen) einnahmenseitigen Verrechnung.

[408] Aus finanzieller Sicht der EU ist es dabei weitgehend irrelevant, ob den Mitgliedstaaten tatsächlich Verwaltungskosten in Höhe von 25 % des Mittelaufkommens entstehen, oder

verstößt der Ausweis von Nettoeinnahmen im Bereich der traditionellen Eigenmittel gegen das Bruttoprinzip.

Das sachgerechte Vorgehen bestünde daher darin, auf der Einnahmenseite die gesamte Bruttosumme der traditionellen Eigenmittel zu verbuchen und die Erhebungskostenpauschale an die Mitgliedstaaten über die Ausgabenseite abzuwickeln. Diese Regelung bestand bereits zu Beginn des Eigenmittelsystems und wurde erst durch den Eigenmittelbeschluß des Jahres 1988 geändert, um das für operative Aufgaben maximal zur Verfügung stehende Eigenmittelvolumen zu erhöhen. Die von der Kommission angestoßene Änderung in der neuen Haushaltsordnung hat zwar keine Auswirkung auf das maximal mögliche Finanzierungsvolumen, aber sie reduziert den Informationsgehalt des Haushaltsplans und verschleiert die Tatsache, daß die Mitgliedstaaten zu einem Viertel an den Zolleinnahmen beteiligt werden. Dem vorgegebenen Ziel einer Erhöhung der Transparenz ist diese Neuregelung daher abträglich.

Im Rahmen einer weiten Interpretation läßt sich aus dem Transparenzgebot die Forderung nach einem insgesamt klar strukturierten und verständlichen Haushaltssystem, sowohl auf der Einnahmen- wie auch auf der Ausgabenseite ableiten. Elemente, die im wesentlichen nur die Komplexität des Finanzsystems erhöhen ohne dabei signifikante Auswirkung zu haben, sollten vermieden bzw. abgeschafft werden. Gleiches gilt für Regelungen, die sich auch auf einfacherem Weg realisieren ließen. Die Forderung nach Transparenz und konzeptioneller Klarheit ist dabei nicht nur von akademischem und haushaltstechnischem Interesse. Letztlich ist ein transparentes Haushaltssystem vor allem aus Akzeptanzgründen der EU bei den Bürgern erforderlich.

Will man die Bereitschaft in der Bevölkerung für weitere vertikale und horizontale europäische Integrationsschritte nicht gefährden, so darf nicht der Eindruck entstehen, daß es sich bei dem Finanzierungssystem der EU um ein weitgehend willkürliches, von Bürokraten entworfenes, „unverständliches“ und damit nur schwer zu kontrollierendes System handle. Der supranationale Charakter der EU und die damit verbundene (nicht nur räumliche) Distanz zwischen den Bürgern und den „Entscheidungsträgern in Brüssel“ sowie der

---

ob die Erhöhung der Erhebungskostenpauschale nicht einen durch andere Gründe motivierten Rücktransfer finanzieller Mittel darstellt. Letzteres würde allerdings einen gravierenden Verstoß gegen das Transparenzprinzip, sowohl auf der Ebene der EU als auch auf der Ebene der Mitgliedstaaten bedeuten.

mangelnde institutionelle Wettbewerb auf europäischer Ebene können diesen Wahrnehmungsprozeß der Bürger noch verstärken. Konzeptionelle und abwicklungstechnische Klarheit und Transparenz könnten dagegen einen bedeutenden Beitrag für mehr Akzeptanz bei den Wirtschaftssubjekten leisten. Gleichzeitig reduziert sich in einem transparenten und nachvollziehbaren System die Gefahr einer gezielten politisch motivierten „Falschinformation" der Bevölkerung über die Kosten von Politikmaßnahmen durch einzelne Interessengruppen. Nur wenn das gesamte Haushaltssystem transparent und nachvollziehbar ist, läßt sich die Zustimmung der Bürger für die Europäische Union gewinnen.

Wie die nachfolgenden Ausführungen in Kapitel 4 für die Einnahmenseite jedoch zeigen werden, wird im Rahmen des Eigenmittelsystems massiv gegen den Grundsatz der konzeptionellen Transparenz verstoßen. Angesichts der Nähe der MwSt.- und BSP-Eigenmittel zu Finanzbeiträgen der Mitgliedstaaten erscheint das gegenwärtige Berechnungsverfahren, das in seiner Komplexität an ein klassisches, auf Steuereinnahmen beruhendes Haushaltssystem erinnert, überdimensioniert und von zu hohem Komplexitätsgrad.[409] Darüber hinaus weisen einige Autoren darauf hin, daß die seit 1988 bestehenden Interinstitutionellen Vereinbarungen entgegen ihrer üblicherweise positiven Beurteilung zu einer verstärkten Intransparenz des Haushaltsverfahrens geführt haben und auch gegen den Grundsatz der Öffentlichkeit verstoßen.[410] Ihrer Meinung nach verschleierten die daraus resultierenden Konzertierungsverfahren den Prozeß der Entscheidungsfindung, da nur noch der endgültige Kompromiß, nicht aber der Weg zu diesem Ergebnis sowie die Positionen der maßgeblichen Verantwortlichen erkennbar seien. Zudem würden die ausgehandelten Kompromisse oft zahlreiche Sonderregelungen beinhalten, so daß sie für Außenstehende nur schwer nachzuvollziehen seien.

---

[409] Vgl. auch Europäischer Rechnungshof (1998b), S. 71.

[410] Vgl. für einen Überblick Rossi (1997), S. 236f.

3.4.2.9 Grundsatz der Rechnungseinheit

Als letztes der hier zu behandelnden Haushaltsprinzipien soll der Vollständigkeit halber auf den Grundsatz der Rechnungseinheit[411] eingegangen werden. Bei diesem Grundsatz, der normalerweise auf nationaler Ebene keine Rolle spielt und nicht zu den Budgetprinzipien gezählt werden muß, handelt es sich um eine europäische Besonderheit, die aufgrund der unterschiedlichen Währungen in den Mitgliedstaaten notwendig wurde. Dieses Haushaltsprinzip gibt die Währung vor, in der der Haushaltsplan aufgestellt und ausgeführt wird. In der Anfangsphase der Gemeinschaften, die mit der Existenz des Währungssystems von Bretton-Woods zusammen fiel, wurde der EGKS-Haushaltsplan bis 1958 in US-Dollar und bis 1977/78 in einer als „Goldparität" bezeichneten Währungseinheit aufgestellt, die sich an einem bestimmten Feingoldgewicht orientierte. Diese galt ab dem Jahr 1961 auch für die zunächst getrennten Haushaltspläne der EWG und EAG. Nachdem für die kurze Frist zwischen 1978 und 1980 die sog. Europäische Rechnungseinheit (ERE), eine auf verschiedenen europäischen Währungen beruhenden Korbwährung, als Rechnungseinheit diente, wurde der Haushaltsplan zwischen 1981 und dem Beginn der dritten Stufe der Wirtschafts- und Währungsunion am 1. Januar 1999 in der Korbwährung ECU aufgestellt.[412] Seit der Einführung des Euro als gemeinschaftlicher Währung in einem Großteil der Europäischen Union[413] stellt dieser die relevante Rechnungseinheit für den Gesamthaushalt dar.

Die Einführung des Euro in der Mehrheit der Mitgliedstaaten stellt eine nicht zu vernachlässigende Vereinfachung des Haushaltsverfahrens auf der Einnahmenseite dar – zumindest für die Länder der Euro-Zone –, da keine Wechselkursschwankungen mehr auftreten, wie es zwischen dem Wert des

---

[411] Rechtsgrundlage ist Artikel 16 der neuen Haushaltsordnung, Rat der EU (2002). Vgl. auch Verordnung (EG) Nr. 1103/97 des Rates vom 17. Juni 1997 über bestimmte Vorschriften im Zusammenhang mit der Einführung des Euro, Rat der EU (1997). Vgl. hierzu auch Rossi (1997), S. 232f. sowie Europäische Kommission (1995a), S. 77–80.

[412] Vgl. Europäische Union (1995a), S. 77 für eine Übersicht über die unterschiedlichen Rechnungseinheiten seit den Gründungsverträgen.

[413] Bis zur Erweiterung im Jahre 2004 waren nur das Vereinigte Königreich, Dänemark und Schweden keine Mitglieder der Europäischen Währungsunion. In den ersten Jahren nach der Erweiterung werden auch die neuen Mitglieder ihre nationalen Währungen behalten.

ECU und den nationalen Währungen der Fall war. Damit verringert sich auch der rein wechselkursbedingte Korrekturbedarf am Ende eines Haushaltsjahres, der vor Einführung des Euro aus den im Haushaltsverfahren mehrfach notwendigen Umrechnungen der Eigenmittelbeträge zwischen nationalen Währungen und ECU resultierte.[414] Da die Eigenmittelzahlungen der Mitgliedstaaten in Landeswährung fixiert waren und nicht in ECU, bestand für die Gemeinschaft ein „Wechselkursrisiko“, das zu einem ausschließlich wechselkursbedingten Überschuß oder Defizit bei den Eigenmittelzahlungen führen konnte, wobei dieser Saldo in das nächste Haushaltsjahr übertragen werden mußte.[415] Mitgliedstaaten, deren Währung während des Haushaltsjahres tendenziell aufwerteten, trugen zu einem Überschuß bei, während Länder mit Abwertungstendenzen geringere Eigenmittelzahlungen (gemessen in ECU) als geplant abführten.

---

[414] Die Grundzüge der Wechselkursproblematik vor Einführung des Euro bezüglich der abzuführenden Eigenmittel der Mitgliedstaaten stellten sich wie folgt dar. Ausgangspunkt waren die Vorausschätzungen der Bemessungsgrundlagen in nationaler Währung, die zum jeweiligen Wechselkurs vom 1. Februar des dem Haushaltsjahr t vorausgehenden Jahres t–1 in ECU umgerechnet wurden. Die daraus abgeleiteten voraussichtlichen Eigenmittelzahlungen in ECU der Mitgliedstaaten wurden in zwölf Monatsbeträge aufgeteilt und zum Kurs des letzten Börsentages des Jahres t–1 in Landeswährung umgerechnet. Während des Haushaltsjahres t erfolgte die Umrechnung der in Landeswährung geleisteten monatlichen Eigenmittelzahlungen jeweils zum Kurs des vorletzten Werktages des jeweils vorangehenden Monats. Die (vorläufige) Endabrechnung im auf das Haushaltsjahr folgenden Jahr (t+1) sah die Ermittlung der tatsächlichen Bemessungsgrundlagen in Landeswährung und der daraus abzuleitenden Eigenmittelzahlungen vor, die mit den geleisteten „Zwölftel“ verglichen wurden. Der für die Umrechnung der daraus entstehenden Korrektursalden maßgebliche Wechselkurs war der des ersten Werktages im Dezember des laufenden Jahres (t+1). Vgl. zu diesem Vorgehen Messal (1991), S. 143–148 und Europäische Kommission (1995a), S. 79f. Die rechtliche Grundlage des Abwicklungsverfahrens bildete im wesentlichen Verordnung (EWG, Euratom) Nr. 1552/89 des Rates vom 29. Mai 1989 (Amtsblatt der EG Nr. L 155 vom 7.6.1989), geändert durch Verordnung (EG, Euratom) Nr. 2729/94 des Rates vom 31. Oktober 1994 (Amtsblatt der EG Nr. L 293 vom 12.11.1994) sowie durch die Verordnung (Euratom, EG) Nr. 1355/96 des Rates vom 8. Juli 1996 (Amtsblatt der EG Nr. L 175 vom 13.7.1996; berichtigt gemäß Amtsblatt der EG Nr. L 230, S. 23 vom 11.09.1996.

[415] Vgl. Europäische Kommission (1997d), S. 4f.

3.4.2.10 Abschließende Beurteilung

Insgesamt zeigt die Analyse der Haushaltsführung vor dem Hintergrund der klassischen Budgetkriterien ein gemischtes Bild. Während einige Ausnahmen von den Haushaltsgrundsätzen das Resultat eines erforderlichen Pragmatismus sind, so daß gute Gründe für sie sprechen, da die Einhaltung der Budgetgrundsätze kein Selbstzweck sein darf, stellen zahlreiche Ausnahmeregelungen und Verstöße gegen die Haushaltsgrundsätze keine zwingend notwendigen „Erleichterungen" dar. Statt dessen dienen sie – vorsätzlich beabsichtigt oder nicht – in erster Linie der Verfolgung politökonomischer Ziele durch die Europäischen Institutionen und die Mitgliedstaaten. Insgesamt wird dadurch die Transparenz und Klarheit des Haushaltssystems unnötig beeinträchtigt und seine Kontrolle durch externe Dritte erschwert mit der Folge, daß letztlich die ohnehin nicht immer überzeugende demokratische Legitimation des Systems leidet. Allerdings ist die Novellierung der Haushaltsordnung ein erster Schritt in die richtige Richtung. Darüber hinaus scheint sich auch auf der Ebene der Europäischen Institutionen ein – wenn auch langsamer – Prozeß des Umdenkens zu manifestieren. Als Beispiel kann der Rücktritt der Europäischen Kommission mit ihrem Präsidenten Jacques Santer am 16. März 1999 dienen[416], der diverse Reformversuche nach sich zog.[417]

---

[416] Dem Rücktritt der Kommission ging eine längere Auseinandersetzung mit dem Europäischen Parlament voraus, das gegen die Kommission Vorwürfe bezüglich Vetternwirtschaft, Korruption und Mismanagement erhob. Endgültiger Auslöser des Rücktritts war der Bericht eines externen Sachverständigengremiums, das die Vorwürfe des Parlaments weitgehend bestätigte, ohne allerdings einzelnen Kommissionsmitglieder direkt ein persönliches betrügerisches Fehlverhalten vorzuwerfen; vgl. hierzu auch Randzio-Plath (1999), Landfried (1999) und Nicolaysen (1999).

[417] Vgl. Europäischer Rechnungshof (2000a), S. 5.

4. Statistische Grundlagen und Probleme der Berechnung der Finanzbeiträge

4.1 *Traditionelle Eigenmittel*

4.1.1 Definition und Aufkommensstruktur

Die traditionellen Eigenmittel lassen sich – wie bereits in Abschnitt 3.2.1 dargestellt – am ehesten als eigenständige, tatsächliche „eigene Mittel“ der Europäischen Union interpretieren, da der ihnen zugrundeliegende Politikbereich, die Außenhandelspolitik, ausschließlich in die Kompetenz der Gemeinschaft fällt. Aufgrund dieser Tatsache findet sich teilweise auch die Bezeichnung „originäre Eigenmittel“, die dem Autonomiecharakter dieser Eigenmittelkategorie Rechnung trägt. Der jüngste Eigenmittelbeschluß (2000/597/EG, Euratom)[418] des Rates aus dem Jahr 2000 teilt die traditionellen Eigenmittel wie schon früher in Agrarabschöpfungen bzw. Agrarzölle inklusive der Abgaben für die Gemeinsame Marktorganisation für Zucker sowie in Zölle ein. Von diesen Einnahmen behalten die Mitgliedstaaten seit dem Jahr 2001 eine von davor 10 % auf 25 % erhöhte Erhebungskostenpauschale ein.[419]

Nach Artikel 2 Abs. 1 Buchstabe a des Eigenmittelbeschlusses definieren sich die Agrarabschöpfungen als „Abschöpfungen, Prämien, Zusatz- oder Ausgleichsbeträge, zusätzliche Teilbeträge und andere Abgaben auf den Warenverkehr mit Drittländern, die von den Organen der Gemeinschaften im Rahmen der gemeinsamen Agrarpolitik eingeführt worden sind oder noch eingeführt werden, sowie Abgaben, die im Rahmen der gemeinsamen Marktorganisation für Zucker vorgesehen sind“. Bei letzteren lassen sich die eigentlichen Zuckerabgaben, die von Unternehmen des Zuckersektors als Produktionsabgaben oder Lagerkostenabgaben[420] abgeführt werden und die Ab-

---

[418] Amtsblatt der EG (2000) Nr. L 253, S. 43.

[419] Vgl. Artikel 2 Absatz 3 des Eigenmittelbeschlusses (2000/597/EG, Euratom) aus dem Jahre 2000 im Vergleich zum davor gültigen Eigenmittelbeschluß (94/728/EG, Euratom).

[420] Die Produktionsabgaben dienen der Deckung der Marktstützungsausgaben während die Lagerkostenabgaben das System zum Ausgleich der Lagerkosten finanzieren, das einen regelmäßigen Zuckerabsatz gewährleisten soll, vgl. Europäische Kommission (2000a), S. 17. Vgl. zu den „Zuckerabgaben“ auch Messal (1991), S. 4–51.

gaben auf die Produktion von Isoglukose unterscheiden.[421] Durch die im Rahmen des GATT bzw. der WTO getroffenen Vereinbarungen wurden die variablen Agrarabschöpfungen, deren Zweck in der vollständigen Abschöpfung der Differenz zwischen den niedrigeren Weltmarktpreisen und den in der Gemeinschaft festgesetzten Preisen lag, größtenteils durch feste Agrarzölle substituiert.[422] Feste Agrarzölle haben aus ökonomischer Sicht den Vorteil, daß der internationale Preiswettbewerb zwischen in- und ausländischen Produzenten nicht völlig ausgeschaltet wird, da sie eine gewisse Konstanz aufweisen und sich den Schwankungen der Preisdifferenz zwischen dem Weltmarkt und der Gemeinschaft nicht perfekt anpassen können.[423]

Gemäß Artikel 2 Absatz 1 Buchstabe b fallen unter die Kategorie Zölle „Zölle des Gemeinsamen Zolltarifs und andere Zölle auf den Warenverkehr mit Drittländern, die von Organen der Gemeinschaften eingeführt worden sind oder noch eingeführt werden, sowie Zölle auf die unter den Vertrag über die Gründung der Europäischen Gemeinschaft für Kohle und Stahl fallenden Erzeugnisse“. Im Vergleich zum ersten Eigenmittelbeschluß aus dem Jahr 1970 ist diese Definition – abgesehen von der Einbeziehung der EGKS Zölle im Jahr 1988 – praktisch unverändert geblieben.

---

[421] Vgl. Europäische Kommission (1995a), S. 82. Obwohl Isoglukose kein landwirtschaftliches Erzeugnis ist, wurde eine Abgabe auf dieses Produkt im Jahre 1977 eingeführt und Anfang der 80er Jahre durch Urteile des Europäischen Gerichtshofes endgültig als zulässig erklärt.

[422] Die entsprechende Regelung findet sich in Artikel 4 Abs. 2 (Fußnote 1) des WTO-Abkommens über den Agrarsektor (Annex 1A der WTO-Vereinbarungen). Vgl. auch Trebilcock/Howse (1999), S. 262f., Josling (2000), S. 56 sowie Guth (2000), S. 73 und Senti (2000), S. 473. Einer der Erfolge der Uruguay Runde war die erstmalige Einbeziehung des Agrarsektors in die regelgebundene GATT/WTO-Struktur. Auch wenn es nur zu einer geringen direkten Absenkung des Protektionsniveaus durch die Uruguay-Runde kam, so bestehen durch die Einbeziehung für zukünftige Verhandlungen größere Erfolgschancen, vgl. für diese Einschätzung auch Hathaway/Ingco (1996), S. 58. Die bisherigen Versuche der Initiierung einer neuen Handelsrunde, u.a. in Seattle im Dezember 1999, müssen jedoch – nicht zuletzt aufgrund der Differenzen zwischen der EU, den USA und Japan u.a. über Agrarsubventionen, Wettbewerbspolitik und Anti-Dumping-Maßnahmen – als Fehlschlag bezeichnet werden, vgl. z.B. Schott (2000), S. 11ff.

[423] Vgl. Henze (2000), S. 171 sowie einführend z.B. Maennig/Wilfling (1998), S. 151–158. Agrarabschöpfungen können in ihrer Wirkungsweise mit einer Importmengensteuerung verglichen werden, da ausländische Produzenten durch ihre Preisgestaltung keinerlei Einfluß auf ihre Exportmenge nehmen können.

Die traditionellen Eigenmittel sind ein Produkt der gemeinschaftlichen Agrar- und Handelspolitik, die zu den Bereichen mit dem höchsten Integrationsgrad innerhalb der EU gehören. Ihr primäres Ziel besteht nicht in der Generierung fiskalischer Mittel für den Gesamthaushalt, sondern sie sind das Ergebnis agrar- und außenhandelspolitischer Ziele und Politikmaßnahmen.[424] Neben ihrer grundlegenden Definition im Eigenmittelbeschluß erfolgt die Abführung der traditionellen Eigenmittel in Übereinstimmung mit der Verordnung (EG, Euratom) Nr. 1150/2000 des Rates vom 22. Mai 2000[425] und auf Basis des Zollkodex der Gemeinschaften[426] sowie der dazugehörigen Verordnung der Kommission[427] mit Durchführungsvorschriften zur Festlegung des Zollkodex.

Wie bereits in Kapitel 2.2 dargestellt, blieb das absolute Gesamtaufkommen der traditionellen Eigenmittel in den 90er Jahren weitgehend konstant und schwankte in den Jahren 1991 bis 2001 zwischen 13,0 und 14,5 Mrd. Euro. Diese Entwicklung ist angesichts des während dieses Zeitraums stattfindenden realen Wirtschaftswachstums und der damit einhergehenden Ausdehnung des Handelsvolumens mit Drittstaaten durch die Absenkung der Zölle im Rahmen des GATT bzw. seiner Nachfolgeorganisation WTO zu erklären. In den Jahren 1999 bis 2001 setzten sich die (geplanten) traditionellen Eigenmittel gemäß dem Haushaltsplan für das Haushaltsjahr 2001 wie folgt zusammen:

---

[424] Vgl. Europäischer Rechnungshof (1993a), S. 6. Für eine umfassende Beurteilung ihrer Funktion innerhalb der EU sollten sie daher vor allem unter agrar- und handelspolitischen Kriterien analysiert werden, was allerdings über das Thema dieser Arbeit hinausginge; vgl. für eine kritische Evaluierung der einzelnen Teilbereiche jeweils exemplarisch Koester (1996), Freytag (1996) und Europäischer Rechnungshof (2000c).

[425] Rat der EU (2000d). Diese Verordnung ersetzt die mehrfach geänderte Verordnung (EWG, Euratom) Nr. 1552/89 des Rates vom 29. Mai 1989, Rat der EG (1989a).

[426] Rat der EG (1992). Vgl. zur Funktion des Zollkodex im Zusammenhang mit der Erhebung der traditionellen Eigenmittel auch Europäischer Rechnungshof (1999c).

[427] Europäische Kommission (1993a).

Tabelle 9: Traditionelle Eigenmittel 1999–2001

Bezeichnung	Haushaltsjahr		
	1999	2000	2001
in Mio. Euro			
Agrarzölle	**1.187,3**	**1.102,2**	**1.180,0**
Zuckerabgaben:			
Produktionsabgave für Zucker	817,5	788,3	719,6
Lagerkostenabgabe für Zucker	288,5	286,9	277,5
Produktionsabgabe für Isoglukose	7,1	6,8	6,3
Auf nichtausgeführte Mengen erhobene Beträge	0,4	p.m.	p.m.
Abgabe für die Produktion von Inulinsirup	2,0	3,0	2,9
Ergänzungsabgabe gemäß Verordnung (EWG) Nr. 1107/88	88,0	77,7	p.m.
Summe Zuckerabgaben	**1.203,6**	**1.162,7**	**1.006,3**
Zölle	**13.006,5**	**12.961,4**	**13.657,5**
Zwischensumme	**15.397,4**	**15.226,3**	**15.843,8**
abzüglich Erhebungskostenpauschale (10 % bzw. 25 %)*	**-1.539,7**	**-1.522,6**	**-3.961,0**
Traditionelle Eigenmittel	**13.857,7**	**13.703,7**	**11.882,9**

* Seit dem Jahr 2001 beträgt die Erhebungskostenpauschale 25 %; der ursprüngliche Haushaltsplan für 2001 rechnete noch mit 10 %.

Datenquelle: Europäisches Parlament (2001), S. 8ff.

Der Hauptanteil fällt mit fast 85 % auf die Zölle während die Agrarzölle und die Zuckerabgaben jeweils einen Anteil von etwas über 7 % haben. Dabei verteilt sich ihre Gesamtsumme im beispielhaft herausgegriffenen Jahr 1999 auf die Mitgliedstaaten wie in Tabelle 10 dargestellt. Es wird deutlich, daß sich die regionale Aufkommensstruktur der originären Eigenmittel sowohl signifikant von der Wirtschaftskraft als auch von der Bevölkerungszahl der Mitgliedstaaten unterscheidet. Dieser auch als Rotterdam-Antwerpen-Effekt bezeichnete Sachverhalt ist das direkte Ergebnis des gemeinsamen Binnenmarktes, in dem der grenzüberschreitende Handel zwischen den Mitgliedstaaten keinerlei tarifären Restriktionen unterliegt und Zölle ausschließlich an den Außengrenzen beim Import aus Drittstaaten erhoben werden. Die regionale Aufkommensstruktur wird damit durch die geographische Verteilung großer Handelszentren, wie etwa See- und Flughäfen bestimmt und ist weitgehend unabhängig von der tatsächlichen Konsumstruktur der Importgüter innerhalb der EU oder der Wirtschaftskraft der Mitgliedstaaten.[428]

Tabelle 10: Traditionelle Eigenmittel der Mitgliedstaaten im Jahr 2001 und Vergleichsindikatoren

Mitgliedstaaten	Traditionelle Eigenmittel		BSP		Bevölkerung		Verhältnis: Anteil der TEM zum	
	Brutto-Aufkommen (in Mio. Euro)	EU-Anteil	BSP (in Mrd. Euro)	EU-Anteil	Bevölkerung (in Mio.)	EU-Anteil	BSP-Anteil	Bevölkerungs-anteil
Belgien	1.269,40	8,01%	255,49	2,91%	10,28	2,70%	2,75	2,97
Dänemark	336,30	2,12%	166,76	1,90%	5,36	1,41%	1,12	1,51
Deutschland	3.635,70	22,95%	2.099,99	23,96%	82,34	21,63%	0,96	1,06
Griechenland	216,00	1,36%	130,22	1,49%	10,94	2,87%	0,92	0,47
Spanien	941,90	5,94%	608,27	6,94%	40,27	10,58%	0,86	0,56
Frankreich	1.659,00	10,47%	1.435,52	16,38%	60,91	16,00%	0,64	0,65
Irland	201,20	1,27%	94,78	1,08%	3,85	1,01%	1,17	1,25
Italien	1.460,00	9,21%	1.169,59	13,34%	57,93	15,22%	0,69	0,61
Luxemburg	23,70	0,15%	19,74	0,23%	0,44	0,12%	0,66	1,29
Niederlande	1.855,70	11,71%	411,23	4,69%	16,04	4,21%	2,50	2,78
Österreich	277,30	1,75%	206,07	2,35%	8,03	2,11%	0,74	0,83
Portugal	212,40	1,34%	112,88	1,29%	10,30	2,71%	1,04	0,50
Finnland	147,40	0,93%	129,43	1,48%	5,19	1,36%	0,63	0,68
Schweden	409,00	2,58%	257,07	2,93%	8,90	2,34%	0,88	1,10
Vereinigtes Königreich	3.198,80	20,19%	1.668,14	19,03%	59,94	15,74%	1,06	1,28
Summe:	15.843,80	100,00%	8.765,16	100,00%	380,71	100,00%	1,00	1,00

Quelle: Europäisches Parlament (2001), S. 128 und S. 136, European Commission (2004), S. 340f. sowie eigene Berechnungen.

Ein überdurchschnittlich hohes Aufkommen haben Belgien und die Niederlande, nach deren Haupthandelszentren der Effekt benannt ist. Ihr Anteil an den traditionellen Eigenmitteln übersteigt ihren BSP- bzw. Bevölkerungsanteil um mehr als das 2,5fache. Ein im Vergleich zu den Referenzindikatoren ebenfalls höherer Anteil ergibt sich für Irland und das Vereinigte Königreich. Der gegenteilige Effekt ist insbesondere bei Frankreich, Italien und Finnland sowie in abgeschwächter Form bei Österreich zu erkennen. Diese Länder erhalten einen Großteil ihrer außereuropäischen Importgüter über

[428] Vgl. auch Wissenschaftlicher Beirat beim Bundesministerium für Wirtschaft und Technologie (1999), S. 6. Vgl. zum Rotterdam-Antwerpen-Effekt auch Europäischer Rechnungshof (1983), S. 61f.

andere Mitgliedsländer der EU, so daß sie bezogen auf ihre Wirtschaftskraft und Bevölkerungszahl unterdurchschnittlich hohe traditionelle Eigenmittel abführen. Diese regionale Willkür der Aufkommensverteilung, die zu großen Teilen aus geographischen Zufälligkeiten resultiert, ist das Hauptargument, das für eine Zuordnung dieser Einnahmequelle auf die EU-Ebene spricht, anstatt die Mittel den jeweiligen Nationalstaaten direkt zu überlassen.[429] Ansonsten wären Länder mit einer für Importe aus Nichtmitgliedstaaten geographisch ungünstigen Lage benachteiligt. Daraus folgt auch, daß die unkorrigierte Berücksichtigung der traditionellen Eigenmittel bei der Berechnung von finanziellen Nettopositionen, unabhängig von deren tatsächlichen Aussagekraft, zu verzerrten Ergebnissen führt. Will man – aus politischen Gründen – sinnvolle Nettosalden berechnen, so sollte man die traditionellen Eigenmittel dabei ausklammern[430] oder im Rahmen einer fiktiven Aufteilung gemäß anderer Indikatoren berücksichtigen.[431] Gleichermaßen begünstigt die im jüngsten Eigenmittelbeschluß vorgenommene Erhöhung der Erhebungskostenpauschale auf 25 % diejenigen Länder, die ein besonders hohes relatives Aufkommen an traditionellen Eigenmitteln haben. Ihnen fließt ein Teil der Zolleinnahmen zu, die aus Importgütern resultieren, deren endgültiger Verbrauch in anderen Mitgliedstaaten erfolgt. Ein numerisches Beispiel kann diesen Sachverhalt illustrieren. Unterstellt man vereinfachend, daß der tatsächliche „endverbrauchwirksame" Importanteil eines Mitgliedstaates seinem BSP-Anteil entspricht und abstrahiert man darüber hinaus von unterschiedlichen Importgüterstrukturen und von güterspezifischen Zolltarifen, so hatte z.B. Belgien im Jahr 2001 ein um 808 Mio. Euro „überhöhtes" Aufkommen. Für die Niederlande berechnet sich ein entsprechender Wert von 1.113 Mio. Euro. Nach den Regelungen des neuen Eigenmittelbeschlusses steht den Staaten ein Viertel dieser Einnahmen zu, so daß Belgien ca. 202

---

429 Padoa-Schioppa et al. (1998), S. 54.

430 Daher unterscheidet der Wissenschaftliche Beirat beim Bundesministerium für Wirtschaft und Technologie (1999), S. 10 zwischen den – wenig aussagekräftigen – Nettopositionen und den Nettobeiträgen, die nur die MwSt.- und BSP-Eigenmittel berücksichtigen.

431 Diese Vorgehensweise erfolgt implizit bei der Berechnung der Korrektur für das Vereinigte Königreich, da bei den Zahlungen der Mitgliedstaaten an die EU nur der Anteil der britischen MwSt- und BIP-Zahlungen am EU-weiten Aufkommen dieser beiden Eigenmittelkategorien berücksichtigt wird, vgl. Europäische Kommission (1998a), Anhang 3, S. 5 und Rolle (2000), S. 198.

Mio. Euro und die Niederlande ca. 278 Mio. Euro an Zolleinnahmen erhalten, die eigentlich anderen Mitgliedstaaten zustünden. Berücksichtigt man außerdem die Kosten der Zollerhebung und geht man davon aus, daß der frühere Satz der Erhebungskostenpauschale in Höhe von 10 % in etwa den tatsächlichen Kosten entspricht, so reduziert sich der Vorteil Belgiens auf 121 Mio. Euro und der der Niederlande auf 167 Mio. Euro.

4.1.2 Beurteilung der traditionellen Eigenmittel

Zunächst ist festzuhalten, daß die traditionellen Eigenmittel aus außenhandelspolitischer Sicht aufgrund ihrer negativen allokativen Wirkungen und der damit verbunden Wohlfahrtsverluste eindeutig abzulehnen sind. Sie stellen einen klaren Verstoß gegen das Freihandelspostulat dar und behindern somit die internationale Arbeitsteilung.[432] Ihr protektionistischer Charakter kommt im wesentlichen einzelnen gruppenspezifischen Sonderinteressen auf Kosten der Allgemeinheit zugute. In diesem Sinn verstößt diese Eigenmittelkategorie auch gegen das „Gerechtigkeitskriterium", da sie ohne Bezug zum Leistungsfähigkeitsprinzip einzelne Gruppen bevorzugt bzw. benachteiligt.

Diese negative Grundeinschätzung bleibt aus Sicht des Verfassers auch dann bestehen, wenn man gemäß der Optimalzolltheorie aufgrund der Größe der EU von positiven Terms of Trade Effekten und damit „inländischen" Wohlfahrtsgewinnen durch die Zollerhebung ausgeht. Zum einen führt auch ein solches Vorgehen zu einer Reduzierung der „Weltgesamtwohlfahrt", zum anderen erscheint es in einer globalen Welt mit im wesentlichen drei großen regionalen Handelsblöcken[433] fraglich, wie sich ein Optimalzoll ohne Gegenmaßnahmen, d.h. ohne Retorsionszölle der externen Handelspartner, rea-

---

[432] Vgl. für einen komprimierten Überblick über die traditionelle Außenhandelstheorie Hagen (1997), S. 239–249. Eine alternative – ordoliberale – Begründung für Freihandel entwickelt Gerken (1999). Hertel (2000) schätzt in einer General-Equilibrium-Model-Simulation die potentiellen Wohlfahrtsgewinne für verschiedene Liberalisierungsszenarien auf bis zu 350 Mrd. US$ im Jahre 2005.

[433] Dies sind die Europäische Union, die USA bzw. die NAFTA sowie Japan.

lisieren lassen soll. Die resultierenden „Handelskriege" führen zumeist zu einer Minderung der Wohlfahrt bei allen Beteiligten.[434]

In diesem Zusammenhang kann auch die ursprüngliche Begründung der Kommission für die Erhöhung der Erhebungskostenpauschale, die u.a. auf Kosten für die Überwachung von Kontingenten, gesundheitspolizeiliche Kontrollen und die Überwachung von Sicherheitsanforderungen verwies[435], als Indiz für einen zunehmenden handelspolitischen Protektionismus der EU gegenüber Drittstaaten im Bereich der „versteckten" nichttarifären Handelshemmnisse gedeutet werden. Aus ökonomischer Sicht sollte statt dessen der weitere Abbau protektionistischer Maßnahmen eines der Hauptziele der EU für die im Rahmen der WTO geführten Nachfolgeverhandlungen der Uruguay Runde sein, auch wenn die traditionellen Eigenmittel dadurch weiter an fiskalischer Bedeutung verlieren würden.

Abgesehen von dieser handelspolitisch motivierten Kritik, die aus Sicht des Verfassers das Hauptargument gegen die Beibehaltung dieser Eigenmittelquelle darstellt, weisen die traditionellen Eigenmittel weitere systemimmanente Schwachpunkte auf. Zum einen liegen diese darin begründet, daß die traditionellen Eigenmittel direkt an den Transaktionen der Wirtschaftssubjekte ansetzen und aus diesem Grund sehr verwaltungsaufwendig sind.[436] Zum anderen erscheint die Trennung von Gestaltungs- und Ertragskompetenz auf der einen Seite und der Durchführungskompetenz auf der anderen Seite bei dieser Eigenmittelkategorie besonders problematisch. Da die administrative Verwaltung sowie der Großteil der Kontrolltätigkeiten auf der Ebene der Mitgliedstaaten erfolgt[437], ohne daß diese signifikant an den Einnahmen partizipieren,

---

434 Vgl. Rose/Sauernheimer (1995), S. 595. Dies muß jedoch nicht immer der Fall sein. Johnson (1953/54) und Kennan/Riezman (1988) zeigen etwa, daß die Wohlfahrt eines Landes in einem „Handelskrieg" trotz Retorsionszöllen auch steigen kann.

435 Europäische Kommission (1999b), S. 4.

436 So stellte der Europäische Rechnungshof bereits im Jahr 1993 fest, daß es sich bei der Erhebung der originären Eigenmittel „um eine traditionelle, alteingeführte Tätigkeit [handelt], die eine schwerfällige Verwaltungsinfrastruktur erfordert ...". Vgl. zu den (Mindest-)Anforderungen an die nationalen Verwaltungen der Mitgliedstaaten auch Europäische Kommission (2001i), S. 12–17.

437 Vgl. Europäischer Rechnungshof (1993), S. 6ff. und Europäische Kommission (2001h), S. 7f. Gemäß Artikel 8 der Eigenmittelbeschlüsse der Jahre 1994 (Beschluß 94/728/EG, Euratom) und 2000 (Beschluß 2000/597/EG, Euratom) werden die traditionellen Eigen-

sind Kontroll- und Moral Hazard Probleme sowie national unterschiedlich effizient arbeitende Verwaltungen praktisch vorprogrammiert.[438] Zwar führt auch die Kommission ergänzend drei Arten von Kontrollen durch[439], um die regelkonforme Erhebung der traditionellen Eigenmittel zu überwachen. Angesichts ihres – vor allem im Bereich der Vor-Ort-Kontrollen – nur punktuellen Charakters bleibt jedoch fraglich, ob dies eine ausreichende Vergleichbarkeit und Harmonisierung der nationalen Verwaltungstätigkeiten sicherstellen können.[440] Da die Mitgliedstaaten lediglich einen begrenzten Anteil des Zollaufkommens in Form der Erhebungskostenpauschale für sich behalten dürfen, bestehen auf nationaler Ebene nur geringe Anreize, die Vollständigkeit der Erhebung der traditionellen Eigenmittel umfassend zu kontrollieren. Diese Befürchtung bestätigt implizit auch der Europäische Rechnungshof in seinem Jahresbericht zum Haushaltsjahr 1998, der die Kommission auffordert, „... die Mitgliedstaaten weiterhin zur Verbesserung der Verwaltung und Kontrolle der traditionellen Eigenmittel anzuhalten, um wiederkehrende Unregelmäßigkeiten zu beseitigen“[441].

---

mittel nach innerstaatlichen Rechts- und Verwaltungsvorschriften erhoben, die gegebenenfalls den Erfordernissen der Gemeinschaftsregelung anzupassen sind. Die Mitgliedstaaten stellen die jeweiligen Ansprüche fest, erheben diese, erfassen sie buchmäßig und stellen sie der Kommission durch Gutschrift bereit. Vgl. für eine Übersicht über die Kontrolltätigkeiten der Mitgliedstaaten und die ihren Erfolg im Bereich der traditionellen Eigenmittel Europäische Kommission (2000n).

438 Europäischer Rechnungshof (1993), S. 9. Vgl. auch Europäische Kommission (2000n), insb. S. 6f., die feststellt, daß „die Kontrollen in [den Mitgliedstaaten; *der Verfasser*] nicht nur unterschiedlich gestaltet sind, sondern daß auch die Kontrollfrequenz je nach Zollverwaltung verschieden ist“.

439 Dazu gehören die Kontrolle der Rechts- und Verwaltungsvorschriften, die Kontrolle der Unterlagen und die Kontrollen vor Ort in den Mitgliedstaaten, vgl. Europäische Kommission (2001h), S. 7–11.

440 Vgl. Europäischer Rechnungshof (1993), S. 7f. Einen ausführlichen Überblick über die Zielsetzung und Durchführung der Kontrolltätigkeit der Kommission im Zusammenhang mit den traditionellen Eigenmitteln gibt der gemäß Artikel 18 Absatz 5 der Verordnung Nr. 1150/2000 des Rates jeweils im Drei-Jahres-Rhythmus zu erstellende Bericht der Kommission, vgl. für den Zeitraum 1997–1999 Europäische Kommission (2001h). In diesem Zeitraum führte die Kommission 70 Kontrollen in den Mitgliedstaaten durch, 25 autonom und 45 gemeinsam mit den Mitgliedstaaten. Weitere Kontrollen werden vom Europäischen Rechnungshof vorgenommen.

441 Europäischer Rechnungshof (1998a), S. 14f.

Im Versuch, dieses Moral Hazard Problem zu verringern, könnte das einzig sinnvolle Argument für die Erhöhung der Erhebungskostenpauschale auf 25 % liegen, da damit die Anreize der nationalen Verwaltungen für eine gewissenhafte Erhebung der traditionellen Eigenmittel steigen. Kommt es aufgrund der verwaltungstechnischen Komplexität und schwierigen Kontrollierbarkeit zu Einnahmeausfällen bei den traditionellen Eigenmitteln, müssen diese durch eine entsprechende Erhöhung der BSP-Eigenmittel ausgeglichen werden. Letztere implizieren jedoch für diesen „Differenzbetrag" eine deutlich abweichende Verteilung der Finanzierungslasten zwischen den Mitgliedstaaten.

Akzeptiert man realistischerweise, daß in der mittleren – und vermutlich auch in der langen – Frist nicht mit einer vollständigen Abschaffung der traditionellen Eigenmittel zu rechnen ist, so stellt ihre Zuordnung auf die europäische Ebene eine aus ökonomischer Sicht second-best optimale Entscheidung dar.[442] Da die Erhebung von Zöllen naturgemäß verwaltungsintensiv und damit fehleranfällig ist, unabhängig welche föderale Ebene über die Durchführungskompetenz verfügt, erscheint auch die gegenwärtige Verwaltungsstruktur akzeptabel, da sie vermutlich positive Skaleneffekte mit anderen hoheitlichen Aufgaben der Mitgliedstaaten, z.B. im Bereich der Personenkontrollen an den Grenzen zu Drittstaaten generiert. Allerdings schließt dies nicht eine engere Zusammenarbeit und Koordination der Zollverwaltungen aus, die beispielsweise durch die Einrichtung gemeinsamer Fachdienststellen für Planungs- und Kontrollaufgaben auf Gemeinschaftsebene erfolgen könnte.[443] Bestehende Harmonisierungsprobleme der gemeinschaftlichen Verwaltungsvorgaben in den Mitgliedstaaten sollten prinzipiell lösbar sein, auch wenn Fortschritte nur langsam zu erzielen sind.[444] Die Alternative einer vollständigen EU-eigenen zentralisierten Verwaltung erscheint dagegen als wenig wünschenswert und würde darüber hinaus auch gegen das Subsidiaritätsprinzip verstoßen.

---

[442] Die First-best Lösung bestünde im vollständigen internationalen Freihandel.

[443] Vgl. Europäischer Rechnungshof (1998a), S. 15 für diesen Vorschlag.

[444] Vgl. Europäische Kommission (2000n). Der Europäische Rechnungshof kommt in seinem Jahresbericht für das Haushaltsjahr 1999 zu einem zufriedenstellenden Gesamtergebnis hinsichtlich der Zuverlässigkeit der Rechnungsführung und der ihr zugrundeliegenden Vorgänge, vgl. Europäischer Rechnungshof (2000a), S. 17.

4.2 Mehrwertsteuereigenmittel

4.2.1 Vorbemerkungen

Die Erhebung der MwSt.-Eigenmittel wurden bereits im ersten Eigenmittelbeschluß aus dem Jahr 1970 beschlossen[445], ihre tatsächliche Anwendung begann jedoch erst ab dem Jahr 1979.[446] Artikel 2 Absatz 1 Buchstabe c des jüngsten Eigenmittelbeschlusses (2000/597/EG, Euratom) definiert sie als „Einnahmen, die sich aus der Anwendung eines für alle Mitgliedstaaten einheitlichen Satzes auf die nach Gemeinschaftsvorschriften bestimmte einheitliche MwSt.-Eigenmittelbemessungsgrundlage eines jeden Mitgliedstaats ergeben. Die für diese Zwecke heranzuziehende Bemessungsgrundlage darf 50 % des nach Absatz 7 definierten BSP eines jeden Mitgliedstaats nicht überschreiten“[447]. Diese Bestimmung ist inhaltlich identisch mit der Vorgängerregelung des Eigenmittelbeschlusses (94/728/EG, Euratom) aus dem Jahr 1994, der nach einer anfänglichen, kontinuierlichen Absenkung der Kappung der Bemessungsgrundlage ab dem Jahr 1999 ebenfalls für alle Mitgliedstaaten eine Begrenzung der MwSt.-Eigenmittelbemessungsgrundlage in Höhe von 50 % des BSP vorsah.[448] Eine deutliche Erhöhung der Komplexität erhält diese Eigenmittelquelle darüber hinaus durch die Einbeziehung der Finanzierung des Korrekturmechanismus zugunsten des Vereinigten Königreichs in die Berechnung des einheitlichen Satzes.[449]

Weitere relevante Rechtsgrundlagen sind die Verordnung (EG, Euratom) Nr. 1150/2000 des Rates vom 22. Mai 2000 zur Durchführung des Beschlusses (94/728/EG, Euratom) über das System der Eigenmittel der Gemeinschaften[450], die Verordnung (EWG, Euratom) Nr. 1553/89 des Rates vom 29. Mai

---

445 Beschluß des Rates vom 21. April 1970 über die Ersetzung der Finanzbeiträge der Mitgliedstaaten durch eigene Mittel der Gemeinschaft (70/243/EGKS, EWG, Euratom).

446 Vgl. Europäische Kommission (2000a), S. 42.

447 Rat der EU (2000a), S. 44.

448 Rat der EU (1994a), S. 10.

449 Die Abwicklung des Korrekturmechanismus zugunsten des Vereinigten Königreichs im Rahmen der MwSt.-Eigenmittel folgt aus Artikel 2 Absatz 4 des Eigenmittelbeschlusses (2000/597/EG, Euratom) bzw. (94/728/EG, Euratom).

450 Rat der EU (2000d); diese Verordnung ersetzt die mehrfach geänderte Verordnung (EWG, Euratom) Nr. 1552/89 des Rates vom 29. Mai 1989, Rat der EG (1989a).

1989 über die endgültige einheitliche Regelung für die Erhebung der Mehrwertsteuereigenmittel[451] sowie die Richtlinie (89/130/EWG, Euratom) des Rates vom 13. Februar 1989 zur Harmonisierung der Erfassung des Bruttosozialprodukts zu Marktpreisen[452].

Wie die folgenden Ausführungen zeigen, gehen in die Berechung der MwSt.-Eigenmittel statistische und makroökonomische Parameter ein, so daß im Gegensatz zur Mehrwertsteuer auf nationaler Ebene nur eine indirekte Verbindung zu den einzelnen Transaktionen der Wirtschaftssubjekte besteht. Die ursprüngliche Bestrebung, die MwSt.-Eigenmittel zu einer direkten und europaweit einheitlichen Konsumsteuer weiterzuentwickeln, wurde nicht erreicht.[453] Statt dessen ließen sich die MwSt.-Eigenmittel aufgrund der signifikanten Unterschiede zwischen den nationalen MwSt.-Regelungen der Mitgliedstaaten, insbesondere was die Höhe der Steuersätze betrifft, nur als Einnahmequelle mit Finanzbeitragscharakter realisieren.[454]

Die divergierenden nationalen Mehrwertsteuersätze sowie die teilweise unterschiedliche Abgrenzung der steuerpflichtigen Umsätze in den einzelnen Mitgliedstaaten sind der Grund dafür, daß nicht direkt an den jeweiligen nationalen Mehrwertsteueraufkommen angesetzt werden kann.[455] Bei einem solchen Vorgehen hätten Staaten mit hohen MwSt.-Sätzen und/oder einer breit abgegrenzten Bemessungsgrundlage eine relativ höhere Belastung zu tragen, so daß die Zahlungen an die EU letztlich von der Ausgestaltung des jeweiligen nationalen Steuersystems abhängig wären.[456] Da dies nicht erwünscht ist, benötigt man eine durch entsprechende Berechnungen harmoni-

---

[451] Rat der EG (1989b).

[452] Rat der EG (1989c).

[453] Vgl. Europäischer Rechnungshof (1998b), S. 61 sowie Europäischer Rechnungshof (1993a), S. 10.

[454] Allerdings bestehen auch bei der Abgrenzung der nationalen Bemessungsgrundlagen signifikante Unterschiede. So weist der Europäische Rechnungshof (1996b) darauf hin, daß die Mitgliedstaaten nach den MwSt.-Richtlinien in 60 Fällen Wahlmöglichkeiten haben und von der Kommission in rund 125 Fällen Ausnahmen zugestanden bekamen.

[455] Vgl. Messal (1991), S. 63f.

[456] Die von einem solchen System möglicherweise ausgehenden Wirkungen auf den Steuerwettbewerb zwischen den Mitgliedstaaten sollen an dieser Stelle nicht diskutiert werden.

sierte Bemessungsgrundlage auf die dann ein einheitlicher Abrufsatz angewendet werden kann. Die drei zentralen Elemente der MwSt.-Eigenmittel, d.h. die harmonisierte Bemessungsgrundlage, ihre Kappungsgrenze bei 50 % des BSP sowie der „einheitliche Satz“, sollen im folgenden kritisch analysiert werden.

4.2.2 Ermittlung der harmonisierten Mehrwertsteuerbemessungsgrundlage

Nachdem zunächst drei alternative Vorgehensweisen zur Ermittlung der jeweiligen harmonisierten MwSt.-Bemessungsgrundlage eines Mitgliedstaates diskutiert worden waren und teilweise bis zum Jahr 1985 auch zum Einsatz kamen, legt Artikel 3 der Verordnung (EWG, Euratom) Nr. 1553/89 des Rates[457] die sogenannte Einnahmenmethode (revenue-method) als verbindliches Berechnungsverfahren fest. Dabei handelt es sich um eine statistische Vorgehensweise, bei der in jedem Mitgliedstaat von den tatsächlichen Mehrwertsteuernettoeinnahmen unter Berücksichtigung des „gewogenen mittleren Mehrwertsteuersatzes“ auf die jeweilige nationale MwSt.-Bemessungsgrundlage zurückgeschlossen wird.[458] Im Verlauf dieses Verfahrens werden zwei Korrekturen, die sogenannten „Berichtigungen“ und „Ausgleichsbeträge“, vorgenommen, um eine einheitlich abgegrenzte Bemessungsgrundlage in allen Mitgliedsländern zu erhalten.[459]

---

[457] Rat der EG (1989b).

[458] Vgl. auch Europäischer Rechnungshof (1993b), S. 21 und (1998b), S. 61 sowie ausführlich Messal (1991), S. 65. Die zur Einnahmenmethode alternativ diskutierten Verfahren waren zum einen die Methode der „Festlegung anhand der Steuererklärungen der Steuerpflichtigen“, die auf den tatsächlich eingereichten Umsatzsteuererklärungen der Steuerpflichtigen basiert und die von zei Ländern bis zum Jahr 1985 angewendet wurde, sowie zum anderen die Methode „nach den Daten der Volkswirtschaftlichen Gesamtrechnung“; vgl. auch Begg et al. (1997), S. 8.

[459] Vgl. zum folgenden insbesondere Kraff (1997), S. 332–334, Europäischer Rechungshof (1996b), S. 36–39, Europäischer Rechnungshof (1993b), S. 20–30, Peffekoven (1994), S. 52–55, Seidel (1992), S. 126ff. und Messal (1991), S. 65–70. Die harmonisierte Ermittlung der MwSt.-Eigenmittelbemessungsgrundlage erfolgt nach Maßgabe der Verordnung (EWG, Euratom), Nr. 1553/89 des Rates, die sich als Ausgangspunkt auf die Sechste Richtlinie (77/388/EWG) des Rates vom 17. Mai 1977 bezieht, Rat der EG (1977).

Grundlage der Vorgehensweise sind die nationalen Mehrwertsteuernettoeinnahmen E_i^t eines Mitgliedstaates i in der betrachteten Periode t.[460] Diese werden zunächst um einen Betrag K_i^t (sogenannte Berichtigungen) korrigiert, der Divergenzen zwischen den nationalen und den gemeinschaftlichen Regelungen erfaßt.[461] Hierzu gehören u.a. Pauschalregelungen für landwirtschaftliche Erzeuger und Umsätze von Kleinunternehmern. Die so berichtigten Einnahmen werden durch den jeweiligen gewogenen mittleren MwSt.-Satz s_i^{t-2} dividiert, so daß man zu einer „intermediären Bemessungsgrundlage" kommt. Die Gewichtung der verschiedenen Mehrwertsteuersätze eines Landes erfolgt in der Regel anhand von statistischen Daten, die ein Time-lag von zwei Perioden zum betrachteten Haushaltsjahr aufweisen.[462] In einem letzten Schritt wird die intermediäre Bemessungsgrundlage um Umsätze U_i^t (sogenannte Ausgleichsbeträge) korrigiert, deren Besteuerung aufgrund nationaler Ausnahmeregelungen von den gemeinschaftlichen Regelungen abweicht.[463] Der formale Unterschied zwischen den beiden Korrekturgrößen besteht darin, daß es sich bei den Berichtigungen um Korrekturen auf der Ebene der Mehrwertsteuereinnahmen handelt, während die Ausgleichsbeträge auf der Ebene der zugrundeliegenden Bemessungsgrundlage selbst ansetzen.

Sowohl die Berichtigungen als auch die Ausgleichsbeträge können per Saldo für ein Mitgliedsland einen positiv oder negativen Wert annehmen, wobei in

[460] In der Praxis stehen, unbeschadet von späteren Revisionen, die in einer Periode realisierten Werte erst in der Folgeperiode zur Verfügung. Die endgültigen Berechnungen für die das Jahr t können daher erst im Jahr $t+1$ durchgeführt werden. Während einer Periode müssen die Daten auf vorläufiger Basis geschätzt werden und anschließend durch entsprechende Salden im Folgejahr den tatsächlichen Gegebenheiten angepaßt werden, vgl. Europäischer Rechnungshof (1996b), S. 36.

[461] Messal (1991), S. 68 und Europäischer Rechungshof (1993b), S. 27–30.

[462] Vgl. Artikel 4 Absatz 4 der Verordnung (EWG, Euratom) Nr. 1553/89 des Rates sowie Europäischer Rechnungshof (1993b), S. 25 und Europäische Kommission (2001i), S. 19. Allerdings können Mitgliedsländer in Ausnahmefällen auch bis zu fünf Jahre alte Daten verwenden.

[463] Vgl. z.B. Walthes (1996), S. 197, Europäischer Rechnungshof (1993b), S. 21f. sowie Messal (1991), S. 69.

der Realität beide Fälle beobachtet werden können.[464] Positive und negative Korrekturen gleichen sich somit per Saldo – sowohl innerhalb der Berichtigungen und Ausgleichsbeträge als auch insgesamt – teilweise aus, so daß ihr Gesamteffekt auf die harmonisierte ungekappte Bemessungsgrundlage nicht sonderlich hoch ist. Für das Jahr 1994 resultierte der Saldo der Berichtigungen in einer 1,65prozentigen Erhöhung der MwSt.-Bemessungsgrundlage, während die saldierten Ausgleichsbeträge gleichzeitig zu einer 0,95prozentigen Verringerung führten, so daß die harmonisierte ungekappte MwSt.-Bemessungsgrundlage insgesamt ca. 0,7 Prozent höher war, als die Summe der aggregierten nationalen Bemessungsgrundlagen.[465] Für die einzelnen Mitgliedstaaten bewegten sich die Korrekturen zwischen 0,09 % und -5,66 % der Bemessungsgrundlage.[466]

Da die Mehrwertsteuerbemessungsgrundlage auf 50 % des BSP begrenzt ist, sind diese Berechnungen in den Mitgliedstaaten, in denen die Kappung angewendet wird, (weitgehend) irrelevant, so daß ihre Gesamtbedeutung relativ gering ist. Daher relativieren sich auch die in der Praxis festzustellenden Unzulänglichkeiten bei der Berechnung der Berichtigungen und Ausgleichsbeträge, über deren konkretes Ausmaß allerdings keine einheitliche (qualitative) Meinung besteht.[467] Ergänzend ist eine im Zeitablauf zunehmende An-

---

[464] Vgl. Europäischer Rechnungshof (1996b), S. 37 und Europäischer Rechnungshof (1993b), S. 22 für eine nach Mitgliedstaaten getrennte Aufschlüsselung des Berechnungsverfahrens.

[465] Eigene Berechnungen auf Basis der Zahlenangaben in Europäischer Rechnungshof (1996b), S. 37. Die Bedeutung der erläuterten Korrekturen ist jedoch deutlich höher, wenn man das insgesamt korrigierte Bruttovolumen (ohne Saldierung) betrachtet. Die betragsmäßige Aufsummierung der Korrekturen ergibt einen Betrag, der ca. 4,9 % der MwSt-Bemessungsgrundlage entspricht. Im Jahr 1991 betrug dieser Anteil noch 11,33 %, wobei große länderspezifische Unterschiede festzustellen waren, vgl. Europäischer Rechnungshof (1993b), S. 22. Die entsprechenden Werte für 1989 finden sich in Europäischer Rechnungshof (1991), S. 36f.

[466] Europäischer Rechnungshof (1998b), S. 65.

[467] Vgl. Europäischer Rechnungshof (1993b), S. 27–30 sowie Europäischer Rechnungshof (1993a), S. 14, Ziffer 30f. Während der Europäische Rechnungshof signifikante Defizite bemängelt, teilt die Europäische Kommission in ihren Antworten auf die Kritik des Rechnungshofes diese Meinung nicht, vgl. Europäischer Rechnungshof (1993b), S. 262f.

gleichung der Regelungen in den Mitgliedstaaten zu beobachten, die ebenfalls zu einer sinkenden Fehlerquote bei den Berechnungen führt.

Die hier skizzierte Vorgehensweise läßt sich auch als einfache Formel für die Berechnung der harmonisierten unbegrenzten MwSt.-Bemessungsgrundlage $MwStB_i^t$ des Mitgliedstaates i in der Periode t zusammenfassend wiedergeben:[468]

$$MwStB_i^t = \frac{\left(E_i^t + K_i^t\right)}{s_i^{t-2}} + U_i^t,$$

wobei:[469]

$MwStB_i^t$: Harmonisierte ungekappte Mehrwertsteuerbemessungsgrundlage des Mitgliedstaats i in Periode t.

E_i^t: Nationale Mehrwertsteuereinnahmen des Mitgliedstaates i in Periode t.

K_i^t: Berichtigungen des Mitgliedstaates i in Periode t, wobei K_i^t positive oder negative Werte annehmen kann.

U_i^t: Ausgleichsbeträge des Mitgliedstaates i in Periode t, wobei U_i^t positive oder negative Werte annehmen kann.

s_i^{t-2}: Gewogener mittlerer Satz; Gewichtung gemäß den relevanten Umsätzen in Periode $t-2$ (oder einer anderen Periode in der Vergangenheit bis maximal $t-5$).

Die Anwendung eines durchschnittlichen nationalen MwSt.-Satzes ist notwendig, da in allen Mitgliedstaaten mindestens zwei unterschiedliche Mehrwertsteuersätze existieren, aus denen ein gewichteter Durchschnitt berechnet werden muß, um vom jeweiligen Mehrwertsteueraufkommen auf die nationale Bemessungsgrundlage schließen zu können. Eine Übersicht über die in

---

468 Vgl. z.B. Kraff (1997), S. 333 in Anlehnung an Messal (1991), S. 69 sowie Seidel (1992), S. 127.

469 Der in der Literatur vorzufindenden Verwendung unterschiedlicher Vorzeichen im Zusammenhang mit der Berücksichtigung der beiden Korrekturbeträge, $\frac{(E_i - K_i)}{s_i} + U_i$, wird hier nicht gefolgt, da beide Korrekturbeträge sowohl negative als auch positive Werte annehmen können.

den 15 alten EU-Mitgliedstaaten am 1. Juli 2003 geltenden MwSt.-Sätze gibt die folgende Tabelle:

Tabelle 11: Mehrwertsteuersätze (in %) in den Mitgliedstaaten der Europäischen Union

Stand: 1. Juli 2003

Mitgliedstaat	Normalsatz	Ermäßigte Steuersätze	Stark ermäßigter Satz	Nullsatz[1)]
Belgien	21	6 / 12	-	ja
Dänemark	25	-	-	ja
Deutschland	16	7	-	-
Griechenland	18	8	4	ja
Spanien	16	7	4	-
Frankreich	19,6	5,5	2,1	-
Irland	21	13,5	4,3	ja
Italien	20	10	4	-
Luxemburg	15	6 / 12	3	-
Niederlande	19	6	-	-
Österreich	20	10 / 12	-	-
Portugal	19	5 / 12	-	
Finnland	22	8 / 17	-	ja
Schweden	25	6 / 12	-	ja
Vereinigtes Königreich	17,5	5	-	ja

[1)] Nullsatz = Steuerbefreiung mit Vorsteuerabzug.

Quelle:[470] Bundesministerium der Finanzen (2003), S. 37.

Als Gewichtungsfaktoren der Mehrwertsteuersätze dienen die den jeweiligen Sätzen zurechenbaren Anteile an der gesamten Bemessungsgrundlage (d.h. an den steuerpflichtigen Umsätzen) des jeweiligen Mitgliedstaates. Die hierzu erforderlichen statistischen Daten werden im wesentlichen aus der

[470] Detailliertere Angaben zu den einzelnen Steuersätzen und ihren jeweiligen Anwendungsbereichen finden sich neben der angegebenen Quelle auch in Mennel/Förster (2004/1980), passim.

Volkswirtschaftlichen Gesamtrechnung ESVG[471] oder anderen geeigneten Quellen entnommen.[472] Da die Aggregate und sonstigen Daten des ESVG primär nicht für steuerliche Gesichtspunkte konzipiert wurden, weisen sie für diesen Zweck teilweise unpassende Abgrenzungen und Strukturierungen auf, so daß sie für die Berechnung des gewogenen mittleren Satzes nur eingeschränkt geeignet sind.[473] Noch größere Probleme sind in den Fällen zu vermuten, in denen keine ausreichenden ESVG-Daten vorliegen und auf Schätzungen sowie andere, manchmal nur schwer miteinander vergleichbare Quellen, zurückgegriffen werden muß.[474] Damit einhergehend befürchtet der Europäische Rechnungshof signifikante Unterschiede in der Datenqualität der Mitgliedstaaten, die den Berechnungen zugrunde liegen, so daß mit entsprechenden – nur schwer zu evaluierenden – Verzerrungen und Unsicherheiten bezüglich des jeweiligen gewogenen mittleren Satzes eines Mitgliedstaates zu rechnen ist. Seine Berechnung auf vier Dezimalstellen stellt somit lediglich eine Scheingenauigkeit dar.[475] Aus diesem in der Praxis komplizierte und aufwendige Berechnungsverfahren resultieren daher auch entsprechende Kontrollprobleme für die Europäische Kommission hinsichtlich einer

---

[471] Das Europäische System Volkswirtschaftlicher Gesamtrechnungen (ESVG) stellt das einheitliche Rechensystem und damit die Umsetzung des allgemeinen Konzepts der Volkswirtschaftlichen Gesamtrechnung (VGR) auf europäischer Ebene dar.

[472] Vgl. Artikel 4 der Verordnung (EWG, Euratom), Nr. 1553/89 des Rates, Rat der EG (1989b) sowie Europäischer Rechnungshof (1996b), S. 38.

[473] Vgl. Europäischer Rechnungshof (1993b), S. 20–27 für eine detaillierte Darstellung der Defizite der VGR-Daten im Rahmen mehrwertsteuerlicher Problemstellungen. Ähnlich auch Europäischer Rechnungshof (1993a), S. 13f., der den gewogenen mittleren Satz im Sinne eines statistischen statt eines steuerlichen Begriffs interpretiert.

[474] Kommen andere Datenquellen als das ESVG zur Anwendung, so sollen sie gemäß Artikel 4 Absatz 5 der Verordnung (EWG, Euratom) Nr. 1553/89 an das ESVG angepaßt werden. Allerdings sind dabei gravierende Defizite festzustellen, vgl. Europäischer Rechnungshof (1993b), S. 24–26. Die diesbezüglichen Antworten der Kommission auf die Kritik des Rechnungshofes auf S. 258f. der genannten Publikation können nur eingeschränkt überzeugen.

[475] Europäischer Rechnungshof (1996b), S. 38. Ähnlich bereits Europäischer Rechnungshof (1993b), S. 26f.

einheitlichen Berechnung des gewogenen mittleren Satzes in den Mitgliedstaaten.[476]

Gleichzeitig führt die Verwendung statistischer Daten für die Berechnung des gewogenen mittleren Satzes auch zu einem mindestens zwei-periodigen Time-lag der Gewichtungsfaktoren, da eine zuverlässige Datenbereitstellung zu einem früheren Zeitpunkt in der Regel nicht möglich ist. Es kommt somit zu einer Verknüpfung unterschiedlicher zeitlicher Bezugspunkte. Angesichts von im Zeitablauf schwankender Konsumstrukturen, z.B. aufgrund externer Schocks oder konjunktureller Schwankungen, können daraus Verzerrungen bei der Berechnung der Bemessungsgrundlage und damit auch bei den MwSt.-Eigenmitteln eines Jahres entstehen, insbesondere wenn Mitgliedstaaten im Rahmen der geschilderten Ausnahmeregelungen jeweils unterschiedliche Time-lags im Berechnungsverfahren einsetzen.

Insgesamt muß die Qualität der Berechnung des gewogenen mittleren Satzes in den einzelnen Mitgliedstaaten aufgrund der genannten Punkte zumindest als unklar eingestuft werden. Letztlich scheint auch die Europäische Kommission die vom Europäischen Rechnungshof geäußerte Kritik zu teilen, daß die Berechnung des gewogenen mittleren Satzes möglicherweise durch gravierende Schwächen charakterisiert ist.[477]

Die quantitative Hauptfehlerquelle bei der Berechnung der harmonisierten MwSt.-Bemessungsgrundlage dürfte jedoch vermutlich in den nationalen Mehrwertsteuereinnahmen E_i^t selbst liegen, da grundsätzlich steuerpflichtige Umsätze, die aufgrund von Steuerhinterziehung oder Schwarzarbeit nicht oder nur unzureichend zum nationalen Mehrwertsteueraufkommen beitragen, nicht erfaßt werden.[478] Allein für Deutschland wird von einem zweistelligen Milliardenbetrag beim Umsatzsteuerbetrug ausgegangen.

---

[476] Vgl. Europäischer Rechnungshof (1993b), S. 26 für genauere Erläuterungen zur Kontrollproblematik in der Praxis. Der Europäische Rechnungshof (1993a), S. 14 (Absatz 29) weist darüber hinaus darauf hin, daß während des „schwerfälligen und komplizierten Berechnungsverfahrens" weder von den Mitgliedstaaten noch von der Kommission ausreichende Kontrollen vorgenommen werden.

[477] Vgl. die Antworten der Kommission in Europäischer Rechnungshof (1993b), S. 260, Absatz 1.42–1.45.

[478] Vgl. zur Problematik von Betrugsvergehen im Bereich der Mehrwertsteuer sowie den Kontroll- und Gegenmaßnahmen auf europäischer Ebene u.a. Europäische Kommission

Ist der Anteil dieser illegalen Aktivitäten an der gesamtwirtschaftlichen Aktivität in den Mitgliedstaaten unterschiedlich hoch, so kommt es zu Verzerrungen bei der Berechnung der harmonisierten MwSt.-Bemessungsgrundlage: In Ländern mit einem hohen Anteil des informellen Sektors fällt diese Bemessungsgrundlage vergleichsweise niedrig aus.

Das bedeutet, daß Unterschiede in der Effizienz der einzelnen staatlichen Verwaltungen bei der Steuererhebung und der Verhütung von Steuerhinterziehung die Lastenverteilung bei der Finanzierung des EU-Haushaltes verzerren können.[479] Der Europäische Rechnungshof wies diesbezüglich 1994 darauf hin, daß „sowohl im Bereich der Steuererhebung als auch im Bereich der Steuerprüfung [...] zwischen den Mitgliedstaaten erhebliche Unterschiede hinsichtlich der Verwaltungsverfahren sowie der materiellen und personellen Ausstattung [bestehen]“[480]. Unterschiede in der „Verwaltungseffizienz“ der Mitgliedsländer können also nicht ausgeschlossen werden. Daraus resultierende Mindereinnahmen bei den MwSt.-Eigenmitteln müssen durch erhöhte BSP-Eigenmittel ausgeglichen werden, die von allen Mitgliedstaaten finanziert werden. Damit hat eine geringe Effizienz bei den Erfassungs-, Erhebungs- und Kontrollverfahren der nationalen MwSt.-Einnahmen, die zu einer niedrigeren MwSt.-Bemessungsgrundlage in den Mitgliedstaaten führt, zur Folge, daß es zu einer Überwälzung der Finanzierungslasten auf die anderen Mitgliedstaaten, in Form erhöhter BSP-Zahlungen kommt. Die konkreten Verlagerungswirkungen hängen dabei vom relativen Effizienzgrad des Steuersystems des jeweiligen Mitgliedstaats sowie von seinen Anteilen an der gemeinschaftlichen MwSt.-Bemessungsgrundlage und am EU-BSP ab.[481] Erfolgt darüber hinaus die Berechnung des BSP anhand der Steuerstatistiken, so können sich Ineffizienzen bei der MwSt.-Erhebung und -Kontrolle auch auf die Berechnung der BSP-Grundlage auswirken.

(2000o), Europäische Kommission (1998f) sowie Europäischer Rechnungshof (1998b), S. 68–71 und (1998c). Insbesondere der Europäische Rechnungshof äußert sich kritisch zum Stand der Betrugsbekämpfung in der Gemeinschaft, mit der Schlußfolgerung, daß es zu beträchtlichen MwSt.-Einnahmeausfällen auf nationaler und damit auch bei den MwSt.-Eigenmitteln auf europäischer Ebene kommt.

479 Darauf weist auch die Europäische Kommission (1995b), S. 7 hin.

480 Europäischer Rechnungshof (1994), S. 26.

481 Vgl. hierfür und für weitere potentiell auftretende Probleme Europäische Kommission (1995b), S. 7f.

Allerdings sollten die Mitgliedstaaten einen relativ starken Anreiz haben, einen hohen Grad der „Verwaltungseffizienz“ bei der Mehrwertsteuer zu erreichen, da diese jeweils eine nationale Steuer darstellt und damit das inländische Steueraufkommen der Mitgliedstaaten beeinflußt[482]. Auch wenn sicherlich Unterschiede bezüglich der Erfassungs-, Erhebungs- und Kontrolleffizienz in den verschiedenen Mitgliedstaaten zu beobachten sind, so bleibt fraglich, ob die daraus resultierenden Verzerrungen ein nicht mehr akzeptables Niveau erreichen oder ob sie lediglich ein aufgrund der dezentralen Erhebung unvermeidliches und vertretbares Element der MwSt.-Eigenmittel darstellen. Da die Problematik unterschiedlich effizienter nationaler Verwaltungssysteme von den EU-Institutionen erkannt worden ist, könnte vermutet werden, daß im Zeitablauf Fortschritte hinsichtlich einer Verringerung der genannten Verzerrungen erzielt werden.[483] Allerdings kommt der Europäische Rechungshof aufgrund seiner Analysen zu dem Ergebnis, daß sich das Gesamtausmaß der MwSt.-Hinterziehung in der EU seit Mitte der 80er Jahre deutlich erhöht hat und daß mit erheblichen MwSt.-Einnahmeausfällen zu rechnen ist.[484] Eine mögliche Ursache hierfür war die Realisierung des Binnenmarktes zum 1. Januar 1993 und der damit verbundene Wegfall systematischer Kontrollen an den Binnengrenzen der EU.

Nicht zu vergessen ist auch, daß Verzerrungen aufgrund von Steuerhinterziehung und Schattenwirtschaft nicht nur ein Problem der MwSt.-Eigenmittel darstellen, sondern auch auf die übrigen Eigenmittelquellen und insbesondere die BSP-Eigenmittel Auswirkungen haben können.[485] Ist die Erfassung des BSP davon stärker betroffen als die der mehrwertsteuerpflichtigen Umsätze, so kann es u.U. auch zu einer „ungerechtfertigten“ Kappung der MwSt.-Eigenmittelbemessungsgrundlage kommen, da das statistisch unzureichend erfaßte BSP die tatsächliche Wirtschaftskraft nicht korrekt wi-

---

[482] Bezüglich der nationalen MwSt.-Nettoeinnahmen, die den Ausgangspunkt der Berechnung für die MwSt.-Eigenmittel bilden, kommt auch der Europäischer Rechnungshof (1993a), S. 11f. (Absatz 27) zu dieser Vermutung.

[483] Vgl. u.a. den Bericht der Europäischen Kommission (1995b) für eine Darstellung der Maßnahmen, die in den Mitgliedstaaten ergriffen worden sind, um eine möglichst vollständige und zeitgerechte Erfassung der MwSt-Einnahmen zu gewähren.

[484] Europäischer Rechungshof (1998b), S. 68–70 sowie Europäischer Rechnungshof (1998c), S. 3.

[485] Vgl. hierzu auch die Ausführungen in Kapitel 4.3.2.2.

derspiegelt.[486] Darüber hinaus führt eine statistische Unterschätzung des BSP – im Gegensatz zur Situation bei den MwSt.-Eigenmitteln – zu einer Verringerung der maximal möglichen Gesamteinnahmen der EU.

Bezüglich der Berechnung der harmonisierten MwSt.-Bemessungsgrundlage bleibt damit festzuhalten, daß das aus theoretischer Sicht einleuchtende Konzept, wie es in der oben dargestellten mathematischen Formel zum Ausdruck kommt, bezüglich seiner praktischen Realisierung erhebliche Probleme und Fehlerquellen aufwerfen kann, die darüber hinaus mangels zuverlässiger Daten teilweise nur schwer abgeschätzt werden können. Letztlich ist eine Beurteilung der Berechnung der harmonisierten MwSt.-Bemessungsgrundlage auch davon abhängig, welches Ausmaß an Unsicherheit und möglicher Fehlerquellen man zu akzeptieren bereit ist, und wie die Datenqualität möglicher alternativer Eigenmittelbemessungsgrundlagen zu bewerten ist.

Die folgende Tabelle 12 gibt einen Überblick über die Entwicklung der ungekappten harmonisierten MwSt.-Eigenmittelbemessungsgrundlage der einzelnen Mitgliedstaaten in Mrd. Euro für den Zeitraum zwischen 1989 und 2001. Das durchschnittliche, um neue Mitgliedsstaaten unbereinigte jährliche Wachstum der gemeinschaftlichen ungekappten MwSt.-Eigenmittelbemessungsgrundlage betrug während dieses Zeitraums 5,45 %. Damit hat sich ihr Wachstum trotz der Einbeziehung von drei neuen Mitgliedstaaten im Vergleich zu den 80er Jahren, als das durchschnittliche jährliche Wachstum ca. 8 % betrug, deutlich verringert.[487] Bezieht man die einzelnen MwSt.-Bemessungsgrundlagen auf die gesamte gemeinschaftliche Bemessungsgrundlage, so resultieren die in Tabelle 13 aufgeführten prozentualen Anteile. Dabei ist zu beachten, daß ein Teil der Anteilsverschiebungen aus dem Beitritt neuer Mitgliedstaaten resultiert.

---

[486] Europäische Kommission (1995b), S. 7.

[487] Vgl. für die Angaben bezüglich der 80er Jahre Messal (1991), S. 69f.

Tabelle 12: Entwicklung der ungekappten, harmonisierten MwSt.-Bemessungsgrundlage der Mitgliedstaaten zwischen 1989 und 2001

Mitgliedstaat	1989	1990	1991	1992	1993	1994	1995	1996*	1997*	1998*	1999*	2000*	2001*
(in Mrd. Euro / ECU)													
Belgien	64,56	66,80	70,84	73,95	75,68	81,81	81,24	91,00	89,55	89,86	94,15	97,61	105,41
Dänemark	38,96	39,58	41,20	44,38	40,25	48,93	51,24	54,30	57,15	60,14	63,00	65,50	66,66
Deutschland	526,66	583,22	708,75	762,55	785,20	897,83	895,30	970,00	991,70	927,46	948,60	978,00	1019,93
Griechenland	31,93	36,90	40,31	43,75	43,95	44,33	46,83	48,00	49,80	58,81	59,61	62,95	67,00
Spanien	180,76	196,68	213,78	240,82	214,76	231,13	207,89	201,00	229,16	235,02	273,18	288,53	348,11
Frankreich	458,24	470,35	483,83	487,12	478,65	541,05	553,99	570,98	598,42	597,85	625,49	648,80	675,43
Irland	17,14	17,80	18,93	20,29	20,99	22,56	25,49	25,46	27,18	36,17	40,58	44,44	51,04
Italien	319,59	354,08	394,68	394,41	391,07	337,94	371,90	357,39	358,30	386,48	412,17	430,47	452,31
Luxemburg	5,27	5,50	6,26	6,45	6,93	7,23	7,88	8,30	8,51	8,97	9,81	10,12	11,95
Niederlande	104,67	111,19	115,88	118,61	121,75	131,43	141,13	146,21	152,00	163,52	181,00	187,70	205,94
Österreich	-	-	-	-	-	-	79,27	87,07	91,16	94,40	94,35	97,69	100,17
Portugal	32,42	37,05	40,35	42,03	38,88	49,64	48,15	50,23	53,03	55,00	63,33	66,84	78,96
Finnland	-	-	-	-	-	-	35,95	41,75	44,51	44,54	49,15	51,01	54,80
Schweden	-	-	-	-	-	-	78,37	70,13	80,26	90,97	88,03	97,42	112,55
Vereinigtes Königreich	429,02	479,72	421,35	432,20	442,55	416,32	471,72	470,00	466,00	627,03	614,06	682,30	824,21
Summe:	2209,22	2398,87	2556,16	2666,56	2660,66	2810,20	3096,35	3191,82	3296,74	3476,21	3616,50	3809,38	4174,47

* Im jeweiligen Gesamthaushaltsplan veranschlagte Werte für die unbegrenzte, harmonisierte MwSt.-Bemessungsgrundlage.

Quelle: Europäische Kommission (Generaldirektion Haushalt – GD XIX), übermittelt durch den Europäischen Rechnungshof; Europäische Kommission (1996e), S. 14f., Gesamthaushaltspläne der Jahre 1997-2001.

Tabelle 13: Anteil der Mitgliedstaaten an der gemeinschaftlichen MwSt.-Bemessungsgrundlage zwischen 1989 und 2001

Mitgliedstaat	1989	1990	1991	1992	1993	1994	1995	1996*	1997*	1998*	1999*	2000*	2001*
(in Prozent)													
Belgien	2,92	2,78	2,77	2,77	2,84	2,91	2,62	2,85	2,72	2,59	2,60	2,56	2,53
Dänemark	1,76	1,65	1,61	1,66	1,51	1,74	1,65	1,70	1,73	1,73	1,74	1,72	1,60
Deutschland	23,84	24,31	27,73	28,60	29,51	31,95	28,91	30,39	30,08	26,68	26,23	25,67	24,43
Griechenland	1,45	1,54	1,58	1,64	1,65	1,58	1,51	1,50	1,51	1,69	1,65	1,65	1,60
Spanien	8,18	8,20	8,36	9,03	8,07	8,22	6,71	6,30	6,95	6,76	7,55	7,57	8,34
Frankreich	20,74	19,61	18,93	18,27	17,99	19,25	17,89	17,89	18,15	17,20	17,30	17,03	16,18
Irland	0,78	0,74	0,74	0,76	0,79	0,80	0,82	0,80	0,82	1,04	1,12	1,17	1,22
Italien	14,47	14,76	15,44	14,79	14,70	12,03	12,01	11,20	10,87	11,12	11,40	11,30	10,84
Luxemburg	0,24	0,23	0,24	0,24	0,26	0,26	0,25	0,26	0,26	0,26	0,27	0,27	0,29
Niederlande	4,74	4,64	4,53	4,45	4,58	4,68	4,56	4,58	4,61	4,70	5,00	4,93	4,93
Österreich	-	-	-	-	-	-	2,56	2,73	2,77	2,72	2,61	2,56	2,40
Portugal	1,47	1,54	1,58	1,58	1,46	1,77	1,56	1,57	1,61	1,58	1,75	1,75	1,89
Finnland	-	-	-	-	-	-	1,16	1,31	1,35	1,28	1,36	1,34	1,31
Schweden	-	-	-	-	-	-	2,53	2,20	2,43	2,62	2,43	2,56	2,70
Vereinigtes Königreich	19,42	20,00	16,48	16,21	16,63	14,81	15,23	14,73	14,14	18,04	16,98	17,91	19,74
Summe:	100,00	100,00	100,00	100,00	100,00	100,00	100,00	100,00	100,00	100,00	100,00	100,00	100,00

* Im jeweiligen Gesamthaushaltsplan veranschlagte Werte für die unbegrenzte, harmonisierte MwSt.-Bemessungsgrundlage.

Quelle: Europäische Kommission (Generaldirektion Haushalt – GD XIX), übermittelt durch den Europäischen Rechnungshof; Europäische Kommission (1996e), S. 14f., Gesamthaushaltspläne der Jahre 1997-2001.

Die in den Tabellen angegebenen Daten geben allerdings nur die ungekappte MwSt.-Bemessungsgrundlage wieder. Für die tatsächliche Berechnung der MwSt.-Eigenmittel ist jedoch seit dem Eigenmittelbeschluß des Jahres 1988 die gekappte Bemessungsgrundlage relevant. Dabei spielt der Anteil der harmonisierten MwSt.-Bemessungsgrundlage am BSP die entscheidende Rolle.[488] Wie bereits in der Übersicht über die Eigenmittelbeschlüsse erwähnt, wurde die ursprünglich vereinbarte Kappungsgrenze, die bei 55 % lag, zwischen 1995 bis 1999 sukzessive auf 50 % reduziert. Für die vier „Kohäsionsländer", deren Pro-Kopf-BSP unter 90 % des EU-Durchschnitts lag, galt bereits ab 1995 die 50 %-Kappungsgrenze. Seit dem Jahr 1999 wird die harmonisierte MwSt.-Bemessungsgrenze daher für alle Mitgliedstaaten auf 50 % ihres jeweiligen BSP begrenzt.

Ziel dieser Vereinbarung ist eine Verringerung der unterstellten regressiven Wirkungen des Eigenmittelsystems[489] und eine stärkere Ausrichtung am BSP. Für Länder, deren tatsächliche MwSt.-Bemessungsgrundlage über der Kappungsgrenze liegt, vermindert sich die Höhe der abzuführenden MwSt.-Eigenmittel im Vergleich zu einer Situation ohne Kappungsgrenze. Im Jahr 2001 sind dies gemäß den Angaben im Gesamthaushaltsplan[490] Griechenland, Spanien, Irland, Luxemburg, die Niederlande und Portugal. In den beiden Vorjahren kam die Begrenzung darüber hinaus auch für das Vereinigte Königreich zur Anwendung.[491] Die Entwicklung der Anteile der MwSt.-Bemessungsgrundlage am BSP zeigt die folgende Übersicht in Tabelle 14. Die Fälle, in denen die Begrenzung der MwSt.-Bemessungsgrundlage zum Tragen kamen, sind durch Fettdruck hervorgehoben. Abbildung 6 gibt eine grafische Übersicht über die Entwicklung.

---

[488] Die gegenwärtige Rechtsgrundlage für die Kappung der MwSt-Bemessungsgrundlage ist Artikel 2 Absatz 1 Buchstabe c des Eigenmittelbeschlusses aus dem Jahr 2000 (2000/597/EG, Euratom), Rat der EU (2000a).

[489] Vgl. hierzu auch Abschnitt 5.1.5, der die Bedeutung der angeblich regressiven Wirkungen des gegenwärtigen Eigenmittelsystems genauer analysiert.

[490] Europäisches Parlament (2001), S. 128.

[491] Vgl. Europäisches Parlament (2000b), S. 126 und Europäisches Parlament (1999c), S. 42.

Tabelle 14: Anteil der ungekappten MwSt.-Bemessungsgrundlage am jeweiligen nationalen BSP zwischen 1989 und 2001

Mitgliedstaat	1989	1990	1991	1992	1993	1994	1995	1996*	1997*	1998*	1999*	2000*	2001*
(in Prozent)													
Belgien	46,16	45,60	44,78	43,96	43,41	42,57	40,79	41,87	40,53	40,03	40,36	40,28	41,26
Dänemark	42,76	42,90	41,84	43,36	38,44	41,83	41,86	40,07	40,45	40,91	41,18	41,07	39,97
Deutschland	48,38	48,80	50,17	50,49	50,71	52,76	50,55	50,51	51,34	48,93	48,53	48,32	48,57
Griechenland	48,36	48,26	46,96	50,70	48,20	47,64	48,36	**50,53**	48,21	**51,41**	**51,48**	**50,69**	**51,45**
Spanien	**56,28**	51,57	51,41	52,52	45,34	50,04	47,00	45,48	46,11	47,95	**51,53**	**51,39**	**57,23**
Frankreich	51,85	51,57	49,79	48,95	47,62	48,74	48,08	46,42	47,34	47,15	47,17	46,95	47,05
Irland	**59,12**	**56,80**	**56,02**	**56,77**	**54,85**	**57,06**	**57,09**	**55,32**	**56,97**	**61,30**	**56,44**	**56,47**	**53,85**
Italien	41,13	41,78	42,57	41,10	39,39	37,83	40,39	38,50	36,64	37,12	38,31	38,29	38,67
Luxemburg	**56,24**	54,40	**55,40**	54,71	**57,75**	54,77	**57,52**	**56,62**	**55,99**	**57,18**	**54,52**	**53,39**	**60,55**
Niederlande	50,10	50,80	49,20	48,58	48,23	46,85	48,35	46,94	46,33	48,57	**51,53**	**51,55**	**50,08**
Österreich	-	-	-	-	-	-	47,87	46,69	48,96	50,37	47,97	47,72	48,61
Portugal	**68,31**	**66,70**	**66,39**	**61,37**	**51,81**	**62,46**	**63,01**	**58,60**	**59,32**	**60,32**	**61,99**	**61,70**	**69,95**
Finnland	-	-	-	-	-	-	42,28	41,72	43,41	41,66	42,76	42,22	42,34
Schweden	-	-	-	-	-	-	44,28	39,18	41,83	45,34	46,43	46,27	43,78
Vereinigtes Königreich	**59,34**	**56,58**	53,58	51,21	50,24	51,47	50,52	49,28	50,49	**51,01**	**50,55**	**50,78**	49,41
EU-Durchschnitt	50,38	49,82	49,18	48,62	47,10	48,53	47,69	46,62	46,96	46,93	47,29	47,22	47,63

* Im jeweiligen Gesamthaushaltsplan veranschlagte Werte für die unbegrenzte, harmonisierte MwSt.-Bemessungsgrundlage sowie das BSP.

Quelle: Europäische Kommission (Generaldirektion Haushalt – GD XIX), übermittelt durch den Europäischen Rechnungshof; Europäische Kommission (1996e), S. 14f., Gesamthaushaltspläne der Jahre 1997-2001 sowie eigene Berechnungen.

Abbildung 6: Anteil der ungekappten MwSt.-Bemessungsgrundlage am BSP in den Mitgliedstaaten zwischen 1989 und 2001

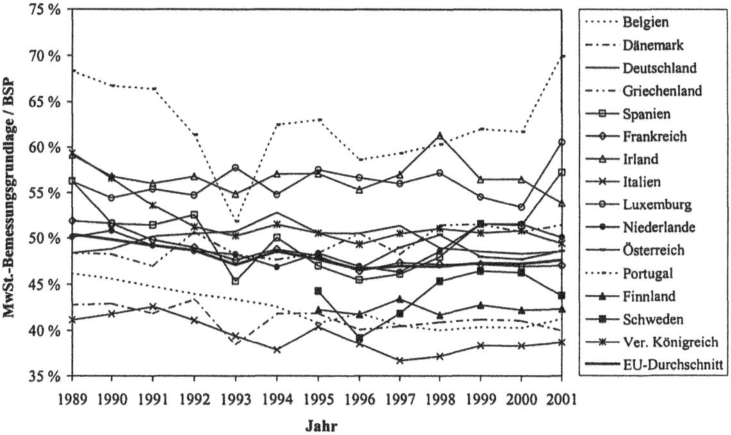

Quelle: Vgl. Tabelle 14.

Unterstellt man auch in Zukunft ähnliche Größenordnungen für die nationalen Anteile der MwSt.-Bemessungsgrundlagen am jeweiligen BSP, so könnte die Kappungsgrenze potentiell für bis zu 10 Mitgliedstaaten relevant werden, deren harmonisierte MwSt.-Bemessungsgrundlage sich gegenwärtig über oder nur knapp unter der 50 %-Begrenzung befindet. Neben den sieben genannten Ländern sind dies Deutschland, Frankreich sowie Österreich. In allen drei Ländern gab es seit 1989 Perioden, in denen die MwSt.-Bemessungsgrundlage die gegenwärtig gültige Kappungsgrenze überschritt. Da die MwSt.-Eigenmittel im Falle der Kappung faktisch zu BSP-Eigenmittel mutieren, besteht für die Mitgliedsländer, deren MwSt.-Bemessungsgrundlage begrenzt wird, letztlich kein Unterschied zwischen den MwSt.- und den BSP-Eigenmitteln. Für die übrigen Staaten nimmt der Unterschied um so stärker ab, je mehr sich die der Anteil der MwSt.-Bemessungsgrundlage der Kappungsgrenze annähert. Für zwei Drittel der 15 Mitgliedstaaten kann der Unterschied zwischen beiden Eigenmittelarten daher als marginal bezeichnet werden, so daß der eigenständige Charakter der MwSt.-Eigenmittel verloren geht.[492] Insofern stellt sich die Frage, welchen Sinn eine Beibehaltung überhaupt noch macht. Ihre Substitution durch BSP-Eigenmittel könnte zu einer erheblichen Vereinfachung und Transparenzsteigerung des Eigenmittelsystems beitragen.

4.2.3 Der Mehrwertsteuereigenmittelsatz

Neben der begrenzten harmonisierten MwSt.-Bemessungsgrundlage wird die Höhe der MwSt.-Eigenmittel, die zur Ausgabendeckung zur Verfügung stehen, durch den einheitlichen MwSt.-Eigenmittelsatz bestimmt, der auf die Bemessungsgrundlage angewendet wird.[493] In diesem Zusammenhang kommt dem Korrekturmechanismus für das Vereinigte Königreich eine besondere

---

[492] Vgl. Kraff (1997), S. 344.

[493] Vgl. zum folgenden u.a. Messal (1991), S. 76–89. Die Tatsache, daß sich seine Ausführungen ausschließlich auf den Eigenmittelbeschluß (88/376/EWG, Euratom) aus dem Jahr 1988 beziehen, ist insofern unproblematisch, da mit Ausnahme einiger geänderter Zahlenwerte und Ausnahmeregelungen für das Jahr 1988 die grundlegenden Bestimmungen weitgehend identisch sind mit denen der Eigenmittelbeschlüsse aus den Jahren 1994 (94/728/EG, Euratom) und 2000 (2000/597/EG, Euratom).

Bedeutung zu.[494] Entscheidend dabei ist, daß die Verrechnung des britischen Ausgleichsbetrags zwischen den Mitgliedstaaten gemäß den Regelungen im Eigenmittelbeschluß[495] hauptsächlich über die MwSt.-Eigenmittel erfolgt, woraus eine nicht unerhebliche Verkomplizierung des Eigenmittelsystems resultiert.[496] Konkret bedeutet dies, daß die MwSt.-Eigenmittelzahlungen des Vereinigten Königreichs um den Korrekturbetrag verringert werden und die zur Finanzierung erforderlichen Zahlungen der übrigen Mitglieder im Verhältnis ihrer Anteile am BSP erhöht werden. Eventuell auftretende Restbeträge, z.B. weil der Korrekturbetrag die MwSt.-Eigenmittelzahlungen des Vereinigten Königreichs übersteigt oder weil einige Mitgliedstaaten den maximal zulässigen Höchstsatz der MwSt.-Eigenmittel überschreiten müßten, werden über die BSP-Eigenmittel abgewickelt. Diese Vorgehensweise hat sich im wesentlichen historisch herausgebildet, und ließe sich deutlich vereinfachen.

Ausgangspunkt für die MwSt.-Eigenmittel bildet der vertraglich festgelegte maximale Abrufsatz bzw. Höchstsatz[497], der auf die MwSt.-Bemessungsgrundlage angewendet werden darf. Während dieser Höchstsatz zwischen 1985 und 1994 bei 1,40 % lag, wurde in den beiden letzten Eigenmittelbeschlüssen seine sukzessive Absenkung bis auf 0,50 % ab dem Jahr 2004 vereinbart.

---

[494] An dieser Stelle sollen Aspekte des britischen Korrekturmechanismus nur insoweit erwähnt und erläutert werden, wie sie für das Verständnis der Funktionsweise der MwSt.-Eigenmittel essentiell sind. Eine genauere Darstellung und Analyse dieses Korrekturmechanismus findet sich in Kapitel 5.2.

[495] Vgl. Artikel 2 Absatz 4 in Verbindung mit Artikel 5 Absatz 2 des Eigenmittelbeschlusses (2000/597/EG, Euratom) aus dem Jahr 2000, Rat der EU (2000a).

[496] Aufgrund einer systemimmanenten Inkonsistenz in den offiziellen Bestimmungen muß ein Teil der Finanzierung des britischen Korrekturbetrages auch über die BSP-Eigenmittel abgewickelt werden.

[497] Die vertragliche Festlegung erfolgt in den Eigenmittelbeschlüssen; gegenwärtig in Artikel 2 Absatz 4 Buchstabe a) des Eigenmittelbeschlusses (2000/597/EG, Euratom) aus dem Jahr 2000,Rat der EU (2000a).

Im Zeitablauf stellt sich seine Entwicklung wie folgt dar:

Jahr:	1994	1995	1996	1997	1998	1999	2000	2001	2002	2003	2004*
MwSt.-Höchstsatz (in %):	1,40	1,32	1,24	1,16	1,08	1,00	1,00	1,00	0,75	0,75	0,50

* Der Höchstsatz von 0,50 % gilt so lange, bis ein neuer Eigenmittelbeschluß verabschiedet wird und in Kraft tritt.

Dabei ist zu beachten, daß sich der Höchstsatz der MwSt.-Eigenmittel nicht nur auf die aggregierte MwSt.-Bemessungsgrundlage der Gemeinschaft bezieht, sondern für die einzelnen Mitgliedstaaten definiert ist. Kein Mitgliedstaat darf daher MwSt.-Eigenmittel abführen, die das Produkt aus dem jeweiligen Höchstsatz und seiner gekappten nationalen MwSt.-Bemessungsgrundlage übersteigen. Wäre der Höchstsatz statt dessen nur für die gemeinschaftliche MwSt.-Bemessungsgrundlage insgesamt definiert, so könnten im Rahmen einer Durchschnittsbildung einige Mitgliedstaaten höhere MwSt.-Eigenmittel abführen, wenn für andere Mitgliedstaaten gleichzeitig ein unter dem Höchstsatz liegender Abrufsatz zur Anwendung käme.[498]

Da der Korrekturbetrag zugunsten des Vereinigten Königreichs hauptsächlich über die MwSt.-Eigenmittel abgewickelt wird und der maximale Abrufsatz jeweils für die einzelnen Mitgliedstaaten separat gilt, steht nicht das gemäß dem Höchstsatz maximal mögliche Aufkommen dieser Eigenmittelkategorie zur Finanzierung der Ausgabenseite zur Verfügung. Der Grund hierfür ist einfach: Die MwSt.-Eigenmittelzahlungen des Vereinigten Königreichs liegen aufgrund des Korrekturmechanismus regelmäßig deutlich unter dem maximal möglichen Niveau, das durch den Höchstsatz vorgegeben ist. Gleichzeitig sind die MwSt.-Eigenmittelzahlungen der anderen Mitgliedstaaten, die den britischen Rabatt – wenn auch teilweise in unterschiedlichem Ausmaß – finanzieren müssen, auf den Höchstsatz beschränkt. Zum einen schöpfen also nicht alle Mitgliedsländer den Höchstsatz der MwSt.-Eigenmittel aus, zum anderen kann auch nicht der Gesamtbetrag der MwSt.-Eigenmittel derjenigen Mitgliedsländer, die den Höchstsatz ausschöpfen, zur Ausgabendeckung herangezogen werden, da mit einem Teil der britische Beitragsnachlaß finanziert wird.

[498] Vgl. auch Messal (1991), S. 77f.

Für Finanzierungszwecke tatsächlich nutzbar ist lediglich ein MwSt.-Eigenmittelvolumen, das man dadurch erhält, indem man den sogenannten „einheitlichen Satz" auf die MwSt.-Bemessungsgrundlage anwendet. Der daraus resultierende Betrag, der ein Kernstück der MwSt.-Eigenmittelbestimmungen darstellt[499], ist um den Bruttobetrag (auch Bruttoausgleichsbetrag oder Brutto-Äquivalent genannt)[500] des britischen Korrekturmechanismus niedriger als die MwSt.-Eigenmittel zum Höchstsatz. Aufgrund der folgenden drei Einflußfaktoren ist der Bruttobetrag höher als der eigentliche Beitragskorrekturbetrag, den das Vereinigte Königreich erhält:[501]

- Der auf die einzelnen Mitgliedstaaten definierte Höchstsatz für die MwSt.-Eigenmittel,
- die Nichtbeteiligung des Vereinigten Königreichs an der Finanzierung seines eigenen Korrekturbetrages,
- die Minderbeteiligung Deutschlands, der Niederlande, Österreichs und Schwedens an der Finanzierung des Korrekturbetrages. Diese Länder müssen jeweils nur ein Viertel ihres „normalen" Anteils beitragen.[502]

Für das Haushaltsjahr 2000 war eine Beitragsermäßigung für das Vereinigte Königreich in Höhe von 3635,982 Mio. Euro veranschlagt, die zu einem Bruttobetrag von 5.106,997 Mio. Euro führt.[503] Im Gesamthaushaltsplan 2001 wurden 5.230,463 Mio. Euro für den Korrekturbetrag und 7.533,0743 Mio. Euro für den Bruttobetrag veranschlagt.[504]

---

[499] In Artikel 2 Absatz 1 Buchstabe c) des Eigenmittelbeschlusses aus dem Jahr 1994 (Beschluss: 94/728/EG, Euratom) sowie des Eigenmittelbeschlusses aus dem Jahr 2000 (Beschluss: 2000/597/EG, Euratom) werden die MwSt.-Eigenmittel über den einheitlichen Satz definiert. Die Vorgehensweise zur Berechnung des einheitlichen Satzes wird jeweils in Absatz 4 dieses Artikels festgelegt.

[500] Genauere Erläuterungen zum Bruttobetrag und seiner Berechnung finden sich in Kapitel 5.2. über den Korrekturmechanismus zugunsten des Vereinigten Königreichs.

[501] Diese Auflistung orientiert sich stark an Messal (1991), S. 78.

[502] Bis zum Eigenmittelbeschluß des Jahres 2000 kam nur die Bundesrepublik Deutschland in den Genuß einer ähnlichen Vergünstigung. Die Minderung betrug allerdings nur ein Drittel des „normalen" Anteils.

[503] Vgl. Europäisches Parlament (2000b), S. 133.

[504] Vgl. Europäisches Parlament (2001), S. 135.

Den einheitlichen Satz (ES^t) für ein Jahr t erhält man, indem man den Bruttobetrag (BB^t) vom maximal möglichen MwSt.-Eigenmittelvolumen subtrahiert und diese Differenz auf die gekappte MwSt.-Bemessungsgrundlage ($MwStB^t_{gek.}$) bezieht. Für das Haushaltsjahr 2001 gilt also beispielsweise unter Berücksichtigung des damals gültigen Höchstsatzes (HS^t) von 1,00 % ein einheitlicher Satz (ES^t) in Höhe von 0,8162676560 %, der sich wie folgt berechnet:[505]

$$ES^{2001} = \frac{HS^{2001} \cdot MwStB^{2001}_{gek.} - BB^{2001}}{MwStB^{2001}_{gek.}} = HS^{2001} - \frac{BB^{2001}}{MwStB^{2001}_{gek.}}$$

$$= 1{,}00\% - \frac{7{,}533073874 \text{ Mrd. Euro}}{4.100{,}0260 \text{ Mrd. Euro}} = 0{,}816267656021327\%$$

Der Quotient $\frac{BB^{2001}}{MwStB^{2001}_{gek.}}$ wird auch als „eingefrorener Satz“ bzw. „taux gélé“ bezeichnet. Er nimmt im Haushaltsjahr 2001 den Wert 0,183732343978673 % an und charakterisiert den Teil der MwSt.-Eigenmittelbemessungsgrundlage, der aufgrund des Korrekturmechanismus zugunsten des Vereinigten Königreichs nicht zur Ausgabendeckung genutzt werden kann. Dadurch daß der Bruttobetrag auf die gekappte MwSt.-Bemessungsgrundlage bezogen wird, ist der einheitliche Satz niedriger, als wenn die ungekappte Bemessungsgrundlage relevant wäre.[506] Für einen gegebenen Bruttobetrag ist damit bei sinkender Kappungsgrenze, wie sie in der Realität zwischen 1994 und 1999 anzutreffen war, ceteris paribus mit einem abnehmenden einheitlichen Satz zu rechnen. Zusätzlich impliziert die Kappung der MwSt.-Bemessungsgrundlage im Jahr 2001 eine Erhöhung des Bruttobetrages, was diesen Effekt noch verstärkt.[507] Das gegenwärtige System beinhaltet somit zwei Faktoren,

---

[505] Im Jahr 2001 beträgt der Höchstsatz 1,00 %, so daß ein maximales MwSt.-Eigenmittelvolumen von 1,00 % multipliziert mit der gekappten MwSt.-Bemessungsgrundlage resultiert. Vgl. für die Zahlenwerte Europäisches Parlament (2001).

[506] Vgl. für die Beziehung zwischen einheitlichem Satz und Kappung der MwSt.-Bemessungsgrundlage auch Messal (1991), S. 81.

[507] Ohne Kappung der MwSt.-Bemessungsgrundlage würde im Jahr 2001 der Bruttobetrag auf Basis der im Gesamthaushaltsplan veranschlagten Werte 7.468.051.284 Euro statt

die eine Absenkung des einheitlichen Satzes mit sich bringen und zu einem relativen Rückgang der MwSt.-Eigenmittel am Gesamtvolumen der EU-Einnahmen führen: Zum einen den abnehmenden Höchstsatz der MwSt.-Eigenmittel und zum anderen die durch die Kappung begrenzte MwSt.-Bemessungsgrundlage. Allerdings ist der Effekt durch die Verringerung des zulässigen Höchstsatzes bei weitem gravierender. Während die Halbierung des Höchstsatzes bis zum Jahr 2004 in etwa auch eine Halbierung des einheitlichen Satzes nach sich zieht, bewirkt die Kappung der MwSt.-Bemessungsgrenze lediglich einen kaum merklichen Effekt. Würde man den Berechnungen für das Jahr 2001 statt der begrenzten die unbegrenzte MwSt.-Bemessungsgrundlage zugrunde legen, so ergäbe sich unter Berücksichtigung des niedrigeren Bruttobetrages ein einheitlicher Satz von 0,821101634 % anstatt des oben berechneten tatsächlichen Satzes von 0,8162676560 %.

Der einheitliche Satz gibt jedoch noch nicht den von den Mitgliedstaaten endgültig abzuführenden MwSt.-Eigenmittelbetrag an, da die finanzielle Umverteilung durch den britischen Korrekturmechanismus noch nicht direkt berücksichtigt wurde. Zu diesem Zweck müssen zusätzlich noch die über die MwSt.-Eigenmittel abzurechnenden – aber gemäß einem BSP-Schlüssel ermittelten – Finanzierungsanteile der einzelnen Mitgliedstaaten an diesem Korrekturmechanismus berücksichtigt und bis zum erreichen des Höchstsatzes zum einheitlichen Satz hinzuaddiert werden. Erst daraus resultieren die für die einzelnen Länder relevanten „effektiven MwSt.-Eigenmittelsätze“. Das im Haushaltsplan angewendete „Berechnungsverfahren“ für die tatsächlich abzuführenden MwSt.-Eigenmittel ist in der folgenden Tabelle 15 für das Jahr 2001 dargestellt.[508]

der tatsächlichen 7.533.073.874 Euro betragen; vgl. für die Formel zur Berechnung des Bruttobetrages Rat der EU (1994c), S. 8 sowie die Ausführungen in Abschnitt 5.2.

[508] Der Haushaltsplan für das Jahr 2001, Europäisches Parlament (2001), beinhaltet noch die Regelung des Eigenmittelbeschlusses aus dem Jahr 1994, daß nur Deutschland einen geringeren Anteil an der Finanzierung des britischen Korrekturmechanismus tragen muß.

Tabelle 15: Ermittlung der abzuführenden MwSt.-Eigenmittel für das Haushaltsjahr 2001

In Euro

Mitglied-staaten	Begrenzte MwSt.-Bemessungs-grundlage	MwSt.-Eigen-mittel zum einheitlichen Satz	Korrektur zugunsten des VK	Insgesamt	MwSt.-Eigenmittel zum Höchstsatz	Tatsächliche MwSt.-Eigenmittel-zahlungen	Effektiver MwSt.-Eigenmittel-satz
Belgien	105.411.400.000	860.439.164	214.667.907	1.075.107.071	1.054.114.000	1.054.114.000	1,000000%
Dänemark	66.663.100.000	544.149.324	140.119.216	684.268.540	666.631.000	666.631.000	1,000000%
Deutschland	1.019.927.100.000	8.325.335.032	1.031.787.709	9.357.122.741	10.199.271.000	9.357.122.741	0,917431%
Griechenland	65.112.400.000	531.491.461	109.419.459	640.910.920	651.124.000	640.910.920	0,984315%
Spanien	304.134.500.000	2.482.551.554	511.089.018	2.993.640.572	3.041.345.000	2.993.640.572	0,984315%
Frankreich	675.425.600.000	5.513.280.713	1.206.170.300	6.719.451.013	6.754.256.000	6.719.451.013	0,994847%
Irland	47.389.950.000	386.828.834	79.637.407	466.466.241	473.899.500	466.466.241	0,984315%
Italien	452.311.800.000	3.692.074.928	982.726.641	4.674.801.569	4.523.118.000	4.523.118.000	1,000000%
Luxemburg	9.867.800.000	80.547.660	16.582.546	97.130.206	98.678.000	97.130.206	0,984315%
Niederlande	205.613.400.000	1.678.355.681	345.527.228	2.023.882.909	2.056.134.000	2.023.882.909	0,984315%
Österreich	100.165.100.000	817.615.314	173.145.837	990.761.151	1.001.651.000	990.761.151	0,989128%
Portugal	56.439.050.000	460.693.711	94.844.152	555.537.863	564.390.500	555.537.863	0,984315%
Finnland	54.804.300.000	447.349.775	108.747.859	556.097.634	548.043.000	548.043.000	1,000000%
Schweden	112.546.600.000	918.681.494	215.998.168	1.134.679.662	1.125.466.000	1.125.466.000	1,000000%
Vereinigtes Königreich	824.213.900.000	6.727.791.482	-5.230.463.447	1.497.328.035	8.242.139.000	1.497.328.035	0,181667%
Summe	4.100.026.000.000	33.467.186.126	0	33.467.186.126	41.000.260.000	33.259.603.651	0,811205%

Quelle: Europäisches Parlament (2001), S. 129f.

Diese Vorgehensweise ist durch eine konzeptionelle Inkonsistenz charakterisiert, die sich in ähnlicher Form auch im jüngsten Eigenmittelbeschluß (2000/597/EG, Euratom) aus dem Jahr 2000 wiederfindet.[509] Sie besteht darin, daß für die Berechnung des Bruttobetrages gemäß Artikel 2 Absatz 4 Buchstabe b des Eigenmittelbeschlusses (94/728/EG, Euratom) aus dem Jahr 1994 die gekappten nationalen MwSt.-Bemessungsgrundlagen maßgebend sind, während sich die tatsächlichen Finanzierungsanteile der Mitgliedstaaten zur Deckung des britischen Korrekturbetrags gemäß Artikel 5 Absatz 1 dieses Beschlusses an den BSP-Anteilen orientieren. Zu den MwSt.-Eigenmittelzahlungen gemäß dem einheitlichen Satz kommt für jedes Land der nach dem BSP-Finanzierungsschlüssel ermittelte Anteil am britischen Korrekturbetrag hinzu. Da der Bruttobetrag, dessen einziger Zweck darin

[509] Vgl. zum folgenden insbesondere Messal (1991), S. 81–84. Diese Problematik wird in Kapitel 5.2. in Zusammenhang mit der Analyse des Korrekturmechanismus zugunsten des Vereinigten Königreichs noch genauer behandelt werden.

bestehen sollte, die Finanzierung des britischen Ausgleichsbetrages innerhalb der MwSt.-Eigenmittel zu ermöglichen, jedoch auf einem anderen Verrechnungsschlüssel als dem tatsächlichen Finanzierungsschlüssel beruht, tritt der Fall ein, daß der Höchstsatz der MwSt.-Eigenmittel durch den Korrekturmechanismus in einigen Ländern überschritten würde, wenn man den gesamten Korrekturbetrag innerhalb der MwSt.-Eigenmittel verbuchen würde. Die Verknüpfung der auf Basis des BSP aufgeteilten Finanzierungsanteile am britischen Korrekturmechanismus mit den MwSt.-Eigenmitteln führt aufgrund der unterschiedlichen Anteilsrelationen dazu, daß nicht – wie eigentlich bezweckt – der gesamte britische Ausgleichsbetrag im Rahmen der MwSt.-Eigenmittel abgerechnet werden kann, sondern für einige Mitgliedstaaten „Restbeträge" übrig bleiben, die zusätzlich über die BSP-Eigenmittel verbucht werden müssen, während andere Mitgliedstaaten den maximal möglichen Höchstbetrag noch nicht ausgeschöpft haben. Eine direkte Folge daraus sind die – trotz der Existenz eines *„einheitlichen Satzes"* – unterschiedlichen effektiven MwSt.-Eigenmittelsätze, die in der letzten Spalte von Tabelle 15 wiedergegeben sind.

Diese Regelung, kann aus konzeptioneller Sicht in keinster Weise überzeugen und sollte in zukünftigen Beschlüssen über die Eigenmittel reformiert werden. Zum einen hat sie so gut wie keinen direkten Einfluß auf die finanzielle Gesamtbelastung der Mitgliedstaaten durch den britischen Korrekturmechanismus, da diese – abgesehen von länderspezifischen Sonderregelungen[510] – eindeutig durch den jeweiligen BSP-Anteil der Mitgliedstaaten festgelegt ist.[511] Zum anderen stellt das gegenwärtige Berechnungsverfahren eine völlig unnötige Verkomplizierung des Eigenmittelsystems dar, das dadurch

---

[510] Im Eigenmittelbeschluß aus dem Jahr 1994 beteiligte sich Deutschland nur zu zwei Drittel seines eigentlichen Anteils. Nach dem Eigenmittelbeschluß des Jahres 2000 müssen sich Deutschland, die Niederlande, Österreich und Schweden nur mit einem Viertel ihres eigentlichen Anteils beteiligen.

[511] Ein marginaler Effekt resultiert aus dem unterschiedlichen effektiven MwSt.-Eigenmittelsatz, der im Vergleich zu einer Situation, in der alle Mitgliedstaaten MwSt.-Eigenmittel zum Höchstsatz und damit etwas geringere BSP-Eigenmittel abführen würden, zu einer geringfügig anderen Aufteilung der Finanzierungslasten führt.

in hohem Ausmaß an Transparenz verliert.[512] Somit steht die gegenwärtige Verrechnung der Finanzierung des britischen Korrekturbetrages in eklatantem Widerspruch zum Budgetgrundsatz der Öffentlichkeit und Transparenz.

Die Berechnung des einheitlichen Satzes unter Berücksichtigung des Bruttobetrages des britischen Korrekturbetrages verfehlt im gegenwärtigen System ihr ursprüngliches Ziel und verliert somit ihre haushaltstechnische Rechtfertigung. Statt dessen beeinträchtigt sie ausschließlich die konzeptionelle Klarheit des gesamten Systems.

Unter der Annahme, daß der britische Korrekturbetrag beibehalten werden soll, wäre als „Minimalreform" beispielsweise vorstellbar, daß die Verrechnung des Korrekturbetrages ausschließlich über die BSP-Eigenmittel erfolgt.[513] Dies wäre aus systematischen Gründen insofern naheliegend, als auch die Berechnung der Finanzierungsanteile auf Anteilen am BSP basiert. Darüber hinaus hat diese Eigenmittelkategorie die Funktion der „Restfinanzierung" übernommen, so daß sie für die Verrechnung jährlich schwankender Ausgleichszahlungen an das Vereinigte Königreich, die von ganz unterschiedlichen Faktoren abhängen können, besonders gut geeignet erscheint. Aus einer derartigen Vorgehensweise würde nur ein einziger MwSt.-Eigenmittelsatz resultieren, da die MwSt.-Eigenmittel vom Korrekturmechanismus nicht mehr tangiert werden würden. Allerdings käme es unter der Voraussetzung, daß die Aufteilung des Korrekturbetrages wie bisher erfolgt, zu drei unterschiedlichen Sätzen bei den BSP-Eigenmitteln: einem Satz für das Vereinigte Königreich, einem Satz für die vier bei der Finanzierung begünstigten Mitgliedstaaten sowie einem Satz für die übrigen Mitgliedstaaten. Dies hätte den Vorteil, daß das gegenwärtige „Durcheinander" von unterschiedlichen effektiven Sätzen bei den MwSt.-Eigenmitteln zumindest teilweise durch eine transparentere Lösung ersetzt werden würde. Zudem entgeht man dem Problem, daß der Korrekturbetrag, den das Vereinigte Königreich erhält, aufgrund der Halbierung des Höchstsatzes der MwSt.-Eigenmittel, seine eigentlich abzuführenden MwSt.-Eigenmittel übersteigt und dann ebenfalls zusätzlich über die BSP-Eigenmittel verrechnet werden

---

[512] Vgl. auch Messal/Klein (1993), S. 380 für die Forderung nach einer vereinfachten Festlegung des einheitlichen Satzes. Sie schlagen vor, den MwSt.-Eigenmittelsatz im Eigenmittelbeschluß nicht mehr als Höchstsatz, sondern als Definitivsatz festzulegen.

[513] Dieser Vorschlag findet sich bereits bei Messal (1991), S. 82 sowie S. 136.

muß.[514] Umgekehrt besteht angesichts der wachsenden volumenmäßigen Bedeutung der BSP-Eigenmittel keine Gefahr, daß der Korrekturbetrag zugunsten des Vereinigten Königreichs seine BSP-Eigenmittelzahlungen übersteigen könnte, so daß die einfache Abwicklung des Korrekturmechanismus gesichert wäre. Darüber hinaus wäre diese Vorgehensweise mit vergleichsweise geringen Modifikationen des Eigenmittelbeschlusses zu realisieren.

Will man die Verrechnung des britischen Korrekturbetrages aus „traditionellen" Gründen weiterhin über die MwSt.-Eigenmittel vornehmen, so sollte die Berechnung des Bruttobetrages auf der Basis des tatsächlichen Finanzierungsschlüssels erfolgen, also entsprechend den BSP-Anteilen.[515] Damit wäre gesichert, daß der gesamte Korrekturbetrag über die MwSt.-Eigenmittel abgewickelt werden könnte, ohne daß es zu einer Überschreitung des maximal erlaubten Höchstsatzes käme. Gegen eine solche Regelung spricht allerdings, daß sich aufgrund der unterschiedlichen Anteilsverhältnisse bei der MwSt.-Bemessungsgrundlage und dem BSP für jedes Land ein anderer effektiver MwSt.-Abrufsatz ergibt. Lediglich das Land mit der niedrigsten Relation von MwSt.-Bemessungsgrundlage zu BSP würde den erlaubten Höchstsatz erreichen, alle anderen Länder blieben bei ihren MwSt.-Eigenmittelzahlungen darunter.

Als weitaus drastischere Vereinfachung und deshalb den oben genannten Vorschlägen vorzuziehen ist jedoch, den britischen Korrekturbetrag, soweit er überhaupt noch als sinnvoll erachtet werden kann,[516] aus dem Eigenmittelsystem auszugliedern und auf die Ausgabenseite des EU-Haushaltes zu verlagern. Neben den Ausgleichszahlungen an das Vereinigte Königreich würden die Mitgliedstaaten, die sich nicht in vollem Umfang an seiner Finanzierung beteiligen, ebenfalls entsprechende Summen erhalten. Dies brächte einen deutlichen Zugewinn an Transparenz mit sich, da auf der Einnahmenseite keine unterschiedlichen Erhebungssätze auf die harmonisierte MwSt.-

---

514 Aus vertragstechnischer Sicht würde diese Situation zwar keinerlei Problem darstellen, da die Eigenmittelbeschlüsse aus den Jahren 1994 und 2000 jeweils eine Verrechnung sowohl mit den MwSt.-Eigenmitteln als auch mit den BSP-Mitteln zulassen. Allerdings stellt sich auch hier wieder die Frage, wieso man die Dinge unnötig verkomplizieren soll, wenn sich einfachere Lösungen förmlich aufdrängen.

515 Vgl. Messal (1991), S. 82f.

516 Vgl. zu dieser Problematik die Ausführungen in Abschnitt 5.2.

Bemessungsgrundlage und das BSP mehr notwendig wären. Da darüber hinaus die Ursachen für die britische Forderung nach einem Korrekturmechanismus weitgehend auf der Ausgabenseite liegen, wäre diese Vorgehensweise auch aus konzeptioneller Sicht im Sinne der inneren Logik des Haushalts als superiore Lösung zu beurteilen.

Allerdings ist mit diesem Vorschlag nicht gemeint, daß auf EU-Ebene künstlich neue Ausgabenprogramme für das Vereinigte Königreich ins Leben gerufen werden sollten,[517] deren Hauptziel lediglich in der Verringerung der britischen Nettozahlerposition bestünde. Gegen ein solches Vorgehen sprechen mindestens drei Argumente. Unterstellt man eine positive Gesamtwirkung solcher Projekte etwa im Sinne einer Cost-Benefit-Analyse, so stellt sich zunächst die Frage, wieso sie nicht schon im Status-quo innerhalb der allgemeinen EU-Politik durchgeführt werden. Zum zweiten würden einzelne Interessengruppen, denen die im Rahmen einer solchen Politik beschlossenen Ausgabenprogramme zugute kämen, gegenüber dem Rest der Bevölkerung privilegiert werden. Neben der allgemeinen (unerwünschten) Umverteilungswirkung, die dabei von der Allgemeinheit hin zu bestimmten gesellschaftlichen Gruppierungen entstünde, ist mit signifikanten – gesellschaftlich unproduktiven – Lobbyaktivitäten zu rechnen, um in den Genuß der Privilegien zu gelangen. Als drittes Gegenargument sind die negativen allokativen Effekte einer zweckgebundenen Ausgabenpolitik zu nennen, insbesondere dann, wenn die eigentliche Zielsetzung einen distributiven Hintergrund hat und in der Verringerung des Finanzierungssaldos eines Mitgliedstaates liegt. Schlußfolgerung dieser Argumentation ist, daß eine ausgabenseitige Abwicklung des Korrekturmechanismus zugunsten des Vereinigten Königreichs durch einen allokativ neutralen, ungebundenen Finanztransfer erfolgen sollte. Dieser hätte für das Vereinigte Königreich eine ähnliche Wirkung wie der gegenwärtige Korrekturmechanismus, da es de facto einen geringeren Anteil seines allgemeinen Steueraufkommens für Zahlungen an die EU benötigen würde.

---

[517] Die folgenden Aussagen gelten natürlich auch für die Mitgliedstaaten, die sich nicht in vollem Ausmaß an der Finanzierung des Korrekturbetrages beteiligen müssen und daher bei einer Abwicklung des Gesamtmechanismus über die Ausgabenseite ebenfalls – wenn auch in geringerem Ausmaß – berücksichtigt werden müßten.

4.3 Eigenmittel auf Basis des Bruttosozialprodukts

4.3.1 Grundsätzliche Regelungen

Seit dem Eigenmittelbeschluß des Jahres 1988 verfügt die Europäische Union mit den sogenannten BSP-Eigenmitteln über eine Finanzierungsquelle, die sich am jeweiligen Bruttosozialprodukt der Mitgliedstaaten orientiert. Sie wird auch als vierte Eigenmittelquelle oder „Ergänzende Einnahme“[518] bezeichnet und soll die Restfinanzierung des Haushalts übernehmen, d.h. den Teil der geplanten Ausgaben abdecken, der nicht bereits von den drei übrigen Eigenmittelquellen und den sonstigen Einnahmen finanziert wird.

Artikel 2 Absatz 1 Buchstabe d des jüngsten Eigenmittelbeschlusses (2000/597/EG, Euratom) aus dem Jahr 2000 definiert sie als „Einnahmen, die sich ergeben aus der Anwendung eines im Rahmen des Haushaltsverfahrens unter Berücksichtigung aller übrigen Einnahmen festzulegenden Satzes auf den Gesamtbetrag des BSP aller Mitgliedstaaten“[519]. Diese Definition ist konzeptionell identisch mit der Vorgängerregelung der Eigenmittelbeschlüsse (88/376/EWG, Euratom und 94/728/EG, Euratom) aus den Jahren 1988 und 1994, unterscheidet sich jedoch implizit hinsichtlich der konkreten statistischen Erfassungsvorschriften für das BSP. Während die Vorgängerbeschlüsse aus den Jahren 1988 und 1994 die Ermittlung des gemeinschaftlichen BSP entsprechend der Richtlinie 89/130/EWG des Rates der EG[520] in Anlehnung an das ESVG 2. Auflage (ESVG 79)[521] vorsahen, definiert der

---

[518] Die Bezeichnung "Ergänzende Einnahme" findet sich teilweise im offiziellen Gesamthaushaltsplan der Europäischen Union. Im Rahmen dieser Arbeit soll in Anlehnung an die übliche Vorgehensweise für diese Eigenmittelkategorie aus Vereinfachungsgründen der Begriff „BSP-Eigenmittel“ verwendet werden, da so die Bemessungsgrundlage immer gegenwärtig bleibt und eine Verwechslung mit sonstigen Einnahmen, die keine Eigenmittel darstellen, vermieden wird; vgl. zur Begriffsbildung auch Messal (1991), S. 91.

[519] Rat der EU (2000a), S. 44.

[520] Rat der EG (1989c), ergänzt durch Europäische Kommission (1994).

[521] Die deutsche Ausgabe der 2. Auflage des ESVG erschien erst im Jahr 1985, Europäische Kommission (1985), vgl. auch Europäische Kommission (1996c), S. 1. Da jedoch im üblichen Sprachgebrauch der Europäischen Institutionen die Begriffe „ESVG 2. Auflage“ und „ESVG 79“ synonym verwendet werden, soll dieser Sprachregelung auch hier gefolgt werden und – unter Vernachlässigung des deutschen Veröffentlichungszeitpunkts – vom Begriff eines „ESVG 85“ abgesehen werden. Das Europäische System

Eigenmittelbeschluß des Jahres 2000 das BSP als Bruttovolkseinkommen (BVE) bzw. Bruttonationaleinkommen (BNE) zu Marktpreisen entsprechend den Regelungen des neuen Europäischen Systems Volkswirtschaftlicher Gesamtrechnungen (ESVG 95)[522].

Die alte Regelung leitet das BSP aus dem BIP ab, indem das BIP entsprechend der traditionellen Vorgehensweise um den Saldo der Arbeitnehmerentgelte und Vermögenseinkommen zwischen Inländern und der übrigen Welt korrigiert wird.[523] Demgegenüber wird das Bruttonationaleinkommen (zu Marktpreisen) im ESVG 95 entsprechend der Einkommensverteilungsrechnung als Summe der von den inländischen Einheiten per saldo empfangenen Primäreinkommen definiert und betont somit stärker den Einkommenscharakter im Gegensatz zum Produktionscharakter des BIP.[524] Zwar kommen beide Methoden aufgrund ihrer weitgehenden konzeptionellen Übereinstimmung zu einem aus theoretischer Sicht praktisch identischen Er-

---

Volkswirtschaftlicher Gesamtrechnungen (ESVG) orientiert sich stark am System of National Accounts (SNA), das unter Beteiligung der Vereinten Nationen entwickeltet wurde. Eine erste Fassung des ESVG stammt aus dem Jahr 1970 in Umsetzung des ersten SNA aus dem Jahre 1968, vgl. Eichmann (1985), S. 519 und Reich/Braakmann (1995), S. 21–24. Kritisch bezüglich der Vergleichbarkeit dieser beiden (alten) Systeme äußert sich Zwer (1994), S. 125.

522 Das ESVG 95 wurde durch die Verordnung (EG) Nr. 2223/96 des Rates vom 25. Juni 1996 eingeführt, Rat der EU (1996); vgl. auch Europäische Kommission (1996c). Artikel 8 dieser Verordnung legt dabei fest, daß während der Gültigkeit des Eigenmittelbeschlusses (94/728/EG, Euratom) aus dem Jahr 1994 noch das alte ESVG 79 angewendet werden mußte, auch wenn das neue ESVG 95 bereits zur Anwendung hätte kommen können, vgl. hierzu auch kritisch Europäischer Rechnungshof (2000a), S. 20. Das ESVG 95 stellt die europäische Umsetzung der Neufassung des international gültigen „System of National Accounts 1993“ dar, das 1993 von den Vereinten Nationen angenommen wurde, wobei eine vollständige konzeptionelle Übereinstimmung beider Systeme angestrebt wurde, vgl. United Nations et al. (1993) sowie Moore (1993), S. 802f. Lützel (1993) und (1994) diskutiert die Modifikationen, die sich aus der Neufassung der VGR-Systeme ergeben. Vgl. auch den von Kendrick (1996) herausgegebenen Sammelband für eine ausführliche Diskussion des System of National Accounts 1993.

523 Vgl. Artikel 1 Abs. 2 der Richtlinie 89/130/EWG, Euratom, Rat der EU (1989c), S. 26, Europäische Kommission (1985), S. 15, Ziffer 129, Rat der EU (1996), S. 244 und allgemein Frenkel/John (1999), S. 51–55.

524 Rat der EU (1996), S. 243f. und Europäische Kommission (1996c), S. 208. Vgl. zur Konzeption der statistischen Einkommensverteilungsrechnung auch Frenkel/John (1999), S. 97–100.

gebnis, allerdings beinhaltet der Übergang vom ESVG 2. Auflage zum ESVG 95 einige Änderungen in den statistischen Erfassungs- und Bewertungsvorschriften, so daß in der Praxis Abweichungen auftreten. Diese mit dem neuen ESVG verbundenen Methodikänderungen führen zu Unterschieden in der Höhe des BSP und in ähnlicher Weise auch für das BIP. Beispielhaft sei diesbezüglich auf die unterschiedliche Abgrenzung des Staatssektors (Konsumausgaben des Staates) sowie der Investitionen und Abschreibungen im ESVG 95 verglichen mit dem ESVG 79 hingewiesen.[525] Neben derartigen Änderungen im Rahmen der Verwendungsrechnung kommt es auch innerhalb der Entstehungsrechnung zu konzeptionellen Änderungen und veränderten Zuordnungen, was die Untergliederung der Wirtschaftsbereiche und Sektoren betrifft.[526] Während die hochaggregierten makroökonomischen Indikatoren wie das BIP oder das BSP aufgrund einer Vielzahl von sich gegenseitig aufhebenden Änderungen nur geringfügige (positive) Unterschiede aufweisen, kommt es bei ihren einzelnen Teilkomponenten teilweise zu deutlich stärker ausgeprägten Änderungen.[527]

Die BSP-Eigenmittel sind durch ein variables, jedes Jahr neu zu bestimmendes Volumen charakterisiert. Ihre maximale Höchstgrenze ist implizit definiert über die Begrenzung der Summe aller Eigenmittel als Anteil am BSP der Europäischen Gemeinschaft. Seit dem Jahr 1999 war diese bei 1,27 % des BSP festgeschrieben. Allerdings sah der Eigenmittelbeschluß (2000/597/EG, Euratom) in Artikel 3 eine geringfügige Korrektur vor, um die angedeuteten statistischen Effekte, die sich aus dem neuen ESVG 95 er-

---

[525] Vgl. hierzu ausführlich Bleses/Essig/Hartmann/Strohm (1999) sowie De March/Newson (1999), Brautzsch/Grunert (1999), Essig/Hartmann (1999) und den Arbeitskreis VGR des Deutsches Instituts für Wirtschaftsforschung, DIW (1999). Bis auf die erstgenannte Quelle geben alle auch einen Überblick über die quantitativen Auswirkungen der Umstellung der Volkswirtschaftlichen Gesamtrechnung, wobei sich Brautzsch/Grunert (1999), Essig/Hartmann (1999) und DIW (1999) auf die deutschen Daten beschränken.

[526] So gibt es keinen umfassenden Unternehmenssektor mehr, der alle unternehmerischen Aktivitäten beinhaltet, vgl. Brautzsch/Grunert (1999), S. 32.

[527] Vgl. De March/Newson (1999), S. 6ff. Für die EU liegt die Abweichung beim BIP im Bezugsjahr 1995 bei +2,0 %, wobei die Korrekturen von +0,2 % (Irland) bis zu +6,4 % (Dänemark) reichen. Für Deutschland wird ein Wert von +2,3 % angegeben. Ähnlich auch DIW (1999) und Essig/Hartmann et al. (1999).

geben, auszugleichen.[528] Daher liegt die gegenwärtig gültige Eigenmitelobergrenze bei 1,24 % des BSP. Vom finanziellen Volumen ist sie mit der ursprünglich Obergrenze von 1,27 % identisch und bleibt während der GülGültigkeit des jüngsten Eigenmittelbeschlusses bestehen.

Eine besondere Situation trat während des Übergangszeitraums zwischen Herbst 1999 und dem Inkrafttreten des neuen Eigenmittelbeschlusses (2000/597/EG, Euratom) aus dem Jahr 2000 zum 1. Januar 2002[529] auf, in dem die Volkswirtschaftliche Gesamtrechnung in der EU bereits (größtenteils) auf das ESVG 95 umgestellt war, aber gleichzeitig noch der alte Eigenmittelbeschluß (94/728/EG, Euratom) aus dem Jahre 1994 Gültigkeit hatte. Da Artikel 8 der Verordnung (EG) 2223/96 zur Einführung des ESVG 95 die Anwendung des neuen statistischen Regelwerks im Rahmen dieses Eigenmittelbeschlusses explizit ausschloß, mußte eine ausschließlich durch die BSP-Eigenmittel veranlaßte „Rückwärtskonvertierung" der BSP-Daten vom ESVG 95 zum ESVG 79 erfolgen. Dieses Vorgehen war – wenn auch erfolglos – insbesondere vom Europäischen Rechnungshof sowie auch von der Europäischen Kommission aufgrund des damit verbundenen Mehraufwands und des erhöhten Fehlerrisikos kritisiert worden.[530] Die Entwicklung der

---

[528] Die korrigierte Eigenmittelobergrenze wurde gemäß Artikel 3 des Eigenmittelbeschlusses (2000/597/EG, Euratom) von der Kommission im Dezember 2001 nach der folgenden Formel berechnet:

$$\text{Eigenmittelobergrenze} = 1{,}27\% \cdot \frac{1998+1999+2000 \text{ BSP ESVG 2. Auflage}}{1998+1999+2000 \text{ BSP ESVG 95}}.$$

Dieser Berechnung zufolge beträgt die derzeit gültige Eigenmittelobergrenze 1,24 % des Gesamtbetrags des BSP der Mitgliedstaaten. Die Details der Berechnung enthält Europäische Kommission (2001p). An dieser Vorgehensweise übte im Vorfeld der Verabschiedung des neuen Eigenmittelbeschlusses insbesondere das Europäische Parlament (1999a), S. 29 Kritik, ohne sich allerdings durchsetzen zu können, vgl. auch die Ausführungen in Abschnitt 2.1.6.

[529] Da der neue Eigenmittelbeschluß aus dem Jahr 2000 Ende 2001 noch nicht von allen Mitgliedstaaten ratifiziert worden war, behielt der alte Eigenmittelbeschluß des Jahres 1994 zunächst seine Gültigkeit. Allerdings trat nach Abschluß des Ratifizierungsprozesses in allen Mitgliedstaaten der neue Eigenmittelbeschluß rückwirkend zum 1.1.2002 in Kraft, vgl. Europäische Kommission (2001o).

[530] Europäischer Rechnungshof (2000a), S. 20 und Europäischer Rechnungshof (1998b), S. 63 und S. 78.

Bemessungsgrundlage dieser Eigenmittelkategorie zwischen 1989 und 2001 ist in der folgenden Tabelle 16 wiedergegeben.

Tabelle 16: Entwicklung des nationalen BSP in den Mitgliedstaaten zwischen 1989 und 2001

Mitgliedstaat	1989	1990	1991	1992	1993	1994	1995	1996*	1997*	1998*	1999*	2000*	2001*
(in Mrd. Euro / ECU)													
Belgien	139,87	146,49	158,21	168,23	174,35	192,19	199,19	217,34	220,97	224,50	233,28	242,30	255,49
Dänemark	91,11	92,27	98,47	102,36	104,72	116,98	122,42	135,52	141,27	147,02	152,98	159,49	166,76
Deutschland	1088,53	1195,24	1412,79	1510,30	1548,34	1701,61	1771,04	1920,50	1931,70	1895,50	1954,50	2023,90	2099,99
Griechenland	66,02	76,46	85,84	86,30	91,18	93,05	96,84	95,00	103,30	114,38	115,79	124,19	130,22
Spanien	321,17	381,41	415,82	458,49	473,64	461,88	442,31	442,00	497,03	490,16	530,10	561,46	608,27
Frankreich	883,79	912,00	971,77	995,11	1005,15	1110,00	1152,24	1230,00	1264,13	1267,88	1325,90	1382,00	1435,52
Irland	28,99	31,34	33,79	35,74	38,27	39,54	44,65	46,02	47,71	59,00	71,90	78,70	94,78
Italien	776,95	847,58	927,10	959,71	992,71	893,24	920,71	928,37	977,90	1041,25	1075,91	1124,30	1169,59
Luxemburg	9,37	10,11	11,30	11,79	12,00	13,20	13,70	14,66	15,20	15,69	17,99	18,96	19,74
Niederlande	208,94	218,86	235,53	244,14	252,43	280,53	291,88	311,50	328,10	336,66	351,24	364,14	411,23
Österreich							165,60	186,50	186,22	187,42	196,68	204,71	206,07
Portugal	47,46	55,55	60,78	68,49	75,04	79,48	76,42	85,72	89,39	91,18	102,16	108,33	112,88
Finnland							85,03	100,06	102,53	106,89	114,94	120,81	129,43
Schweden							176,99	179,00	191,90	200,66	189,58	210,56	257,07
Vereinigtes Königreich	722,99	847,84	786,46	844,00	880,83	808,85	933,68	953,64	922,93	1229,18	1214,83	1343,55	1668,14
Summe:	4385,19	4815,15	5197,86	5484,66	5648,66	5790,55	6492,70	6845,83	7020,27	7407,37	7647,79	8067,39	8765,16

* Im jeweiligen Gesamthaushaltsplan veranschlagte Werte für das BSP.

Quelle: Europäische Kommission (Generaldirektion Haushalt – GD XIX), übermittelt durch den Europäischen Rechnungshof; Europäische Kommission (1996e), S. 14f., Gesamthaushaltspläne der Jahre 1997-2001.

Die Entwicklung des auf diese Bemessungsgrundlage anzuwendenden einheitlichen BSP-Abrufsatzes stellt sich in diesem Zeitraum wie folgt dar:

Jahr:	1989	1990	1991	1992	1993	1994	1995	1996	1997	1998	1999	2000	2001
Einheitlicher BSP-Abrufsatz (in %):	0,0675	-	0,1422	0,1487	0,2832	0,3175	0,2212	0,4502	0,4989	0,4780	0,4905	0,5336	0,4934

Quelle: Europäische Kommission (1996e), S. 26 sowie die Gesamthaushaltspläne für die Haushaltsjahre 1997-2001.

Für das Haushaltsjahr 2001 betrug der geplante einheitliche Satz der BSP-Eigenmittel rund 0,4933793 %, was einem Volumen von etwa 43.245,46 Mio. Euro entspricht.[531] Dieser BSP-Eigenmittelbetrag beinhaltet auch einen

[531] Vgl. Europäisches Parlament (2001), S. 131.

Betrag in Höhe von 916,0 Mio. Euro zur Finanzierung der Währungsreserve, der Reserve für Darlehensgarantien und der Soforthilfereserve, sofern die entsprechenden Mittel von den Mitgliedstaaten tatsächlich benötigt und abgerufen werden.[532]

Da jedoch, wie im vorangegangenen Kapitel gezeigt wurde, der Korrekturbetrag zugunsten des Vereinigten Königreichs aufgrund des MwSt.-Höchstsatzes nicht vollständig über die MwSt.-Eigenmittel finanziert werden kann und ein Restbetrag über die BSP-Eigenmittel abgewickelt werden muß, folgt daraus, daß einige Mitgliedstaaten BSP-Eigenmittel abführen, die über das durch den einheitlichen BSP-Eigenmittelsatz gegebene Niveau hinausgehen[533]. Es sind dies im Jahr 2001 – wie auch zumeist in den vorhergehenden Jahren – die fünf Mitgliedstaaten Belgien, Dänemark, Italien, Finnland und Schweden. Insgesamt handelt es sich um ein Volumen von 207,582 Mio. Euro, also ca. 3,97 % des gesamten britischen Korrekturbetrages. Das geplante Gesamtvolumen der abzuführenden BSP-Eigenmittel betrug für das Jahre 2001 damit 43.453,04 Mio. Euro[534] und verteilte sich wie folgt auf die Mitgliedstaaten.

[532] Vg. hierzu ausführlicher Europäische Kommission (1995a), S. 84ff. sowie Europäisches Parlament (2001), S. 132f.

[533] Im Jahr 1997 waren dies beispielsweise: Belgien, Dänemark, Italien, Finnland und Schweden. Dies ist auch der Grund dafür, daß beispielsweise im Jahr 1990 trotz eines BSP-Eigenmittelsatzes von Null BSP-Eigenmittel abgeführt wurden, vgl. Tabelle 2 in Kapitel 2.2.

[534] Vgl. Europäisches Parlament (2001), S. 132.

Tabelle 17: Ermittlung der abzuführenden BSP-Eigenmittel für das Haushaltsjahr 2001

In Euro

Mitglied-staaten	BSP	BSP-EM zum einheitlichen BSP-Satz	BSP-EM, Reserven ausgenommen	BSP-EM, Finanzierung der Reserven	Restbetrag VK-Korrektur	Abzuführender Gesamtbetrag der BSP-EM	Effektiver BSP-EM-Satz
Belgien	255.485.500.000	1.260.512.529	1.233.813.093	26.699.436	20.993.071	1.281.505.600	0,501596%
Dänemark	166.761.900.000	822.768.667	805.341.264	17.427.403	17.637.540	840.406.207	0,503956%
Deutschland	2.099.989.300.000	10.360.912.163	10.141.453.403	219.458.760		10.360.912.163	0,493379%
Griechenland	130.224.800.000	642.502.185	628.893.081	13.609.104		642.502.185	0,493379%
Spanien	608.269.000.000	3.001.073.234	2.937.506.261	63.566.973		3.001.073.234	0,493379%
Frankreich	1.435.515.100.000	7.082.534.115	6.932.516.035	150.018.080		7.082.534.115	0,493379%
Irland	94.779.900.000	467.624.392	457.719.446	9.904.946		467.624.392	0,493379%
Italien	1.169.585.200.000	5.770.491.080	5.648.263.925	122.227.155	151.683.569	5.922.174.649	0,506348%
Luxemburg	19.735.600.000	97.371.362	95.308.899	2.062.463		97.371.362	0,493379%
Niederlande	411.226.800.000	2.028.907.840	1.985.932.705	42.975.135		2.028.907.840	0,493379%
Österreich	206.068.300.000	1.016.698.302	995.163.195	21.535.107		1.016.698.302	0,493379%
Portugal	112.878.100.000	556.917.161	545.120.869	11.796.292		556.917.161	0,493379%
Finnland	129.425.500.000	638.558.605	625.033.032	13.525.573	8.054.634	646.613.239	0,499603%
Schweden	257.068.700.000	1.268.323.710	1.241.458.822	26.864.888	9.213.662	1.277.537.372	0,496963%
Vereinigtes Königreich	1.668.142.000.000	8.230.267.048	8.055.938.363	174.328.685		8.230.267.048	0,493379%
Summe	8.765.155.700.000	43.245.462.393	42.329.462.393	916.000.000	207.582.476	43.453.044.869	0,495748%

Quelle: Europäisches Parlament (2001), S. 131f.

Der tatsächliche effektive BSP-Abrufsatz kann somit für einige Mitgliedstaaten über dem einheitlichen BSP-Satz liegen, so daß nicht nur, wie im vorigen Kapitel behandelt, unterschiedliche effektive MwSt.-Eigenmittelsätze existieren, sondern auch die BSP-Eigenmittel durch unterschiedliche Abrufsätze charakterisiert sind. Unter dem Gesichtspunkt der Transparenz ist eine solche Regelung als äußerst unglücklich zu beurteilen, zumal sie im vorliegenden Fall auch überflüssig ist. Die bereits im Rahmen der Diskussion der MwSt.-Eigenmittel skizzierten Verfahrensmodifikationen könnten zu einer grundlegenden Vereinfachung und erhöhten Transparenz des Systems beitragen, ohne daß grundlegende materielle Änderungen erforderlich wären.

Einer der ursprünglichen Hauptgründe für die Einführung dieser vierten Eigenmittelquelle durch den Eigenmittelbeschluß (88/376/EWG, Euratom)[535] und ihre nachfolgende Ausweitung war neben dem gestiegenen Finanzbedarf

[535] Rat der EG (1988).

der Europäischen Union auch die weit verbreitete Auffassung, daß die MwSt.-Eigenmittel sich aufgrund regressiver Effekte nicht in ausreichendem Maße an der „Leistungsfähigkeit" der Mitgliedstaaten orientieren und somit keinen adäquaten Indikator für die „Beitragskapazität" der Mitgliedstaaten repräsentieren würden. Das BSP sei demgegenüber ein allgemein akzeptiertes Maß für die wirtschaftliche Leistungsfähigkeit und das Wohlstandsniveau einer Volkswirtschaft, das als Grundlage für eine gerechte Verteilung der Finanzierungslasten anerkannt sei.[536] Somit trat neben die Lastenverteilung entsprechend dem nationalen Konsum eine Lastenverteilung, die sich am nationalen Bruttosozialprodukt orientiert. Akzeptiert man diese Argumentation, so handelt es sich bei den BSP-Eigenmitteln – angesichts des gegenwärtigen Integrationsgrades – um ein theoretisch einleuchtendes Konzept, dessen Anwendung in der Praxis allerdings einige Probleme mit sich bringt. Zwar erweist sich der konstante Abrufsatz der BSP-Eigenmittel – abgesehen vom geschilderten Einfluß durch die unbefriedigende technische Ausgestaltung der Briten-Korrektur – in der operativen Handhabung als unproblematisch,[537] jedoch trifft dies nicht in gleicher Weise auch für die Ermittlung der Bemessungsgrundlage zu. Ähnlich wie bei den MwSt.-Eigenmitteln können statistische Probleme im Rahmen der BSP-Eigenmittel zu unerwünschten Verzerrungen zwischen den Mitgliedstaaten führen und die angestrebte Zielsetzung einer „gerechten" und allgemein akzeptierten Verteilung der Finanzierungslasten in Frage stellen.

---

[536] Vgl. Europäische Kommission (1995a), S. 84.

[537] Die Frage, ob man einen konstanten oder einen variablen (z.B. mit dem Pro-Kopf-Einkommen ansteigenden) BSP-Satz bevorzugt, soll an dieser Stelle ausgeklammert bleiben.

4.3.2 Das Bruttosozialprodukt als Bemessungsgrundlage

4.3.2.1 Anforderungen an das Bruttosozialprodukt als Bemessungsgrundlage

Das Bruttosozialprodukt ist ein umfassender Ausdruck für die von Inländern in einer Periode erbrachten wirtschaftlichen Leistungen und die daraus resultierenden Primäreinkommen.[538] Es stellt den Wert der Güter und Dienstleistungen dar, die mit Hilfe der Faktorleistungen der Inländer in einer Periode produziert werden, unabhängig davon, ob diese Faktorleistungen im Inland oder im „Rest der Welt" erbracht werden. Damit entspricht es der Summe der Erwerbs- und Vermögenseinkommen, die inländischen Wirtschaftssubjekten zugeflossen sind.[539] Vom Bruttoinlandsprodukt (BIP), aus dem es lange Zeit gemäß Artikel 1 der sogenannten BSP-Richtlinie des Rates (89/130/EWG, Euratom)[540] abgeleitet wurde, unterscheidet es sich lediglich durch den Saldo der Erwerbs- und Vermögenseinkommen zwischen dem Inland und dem Rest der Welt.[541] Aufgrund dieses engen Zusammenhangs gelten die nachfolgenden Ausführungen prinzipiell sowohl für das BSP als auch das BIP, auch

---

538 Nach den Regelungen des ESVG 95 setzt sich das Bruttonationaleinkommen zu Marktpreisen (und damit das BSP) wie folgt zusammen: empfangene Arbeitnehmerentgelte, Produktions- und Importabgaben abzüglich der Subventionen, per saldo empfangene Vermögenseinkommen, Bruttobetriebsüberschuß und Bruttoselbständigeneinkommen, vgl. Rat der EU (1996), S. 243.

539 Vgl. Strohm (1994), S. 60f.

540 Rat der EU (1989c), S. 26.

541 Das BSP wird im ESVG 2. Aufl. nicht direkt als volkswirtschaftliche Gesamtgröße nachgewiesen, sondern nur aus dem BIP abgeleitet. Das BIP wiederum läßt sich definieren als die Summe der Bruttowertschöpfungen zu Marktpreisen der einzelnen Produktionsbereiche zuzüglich der nichtabzugsfähigen Mehrwertsteuer und der Nettoeinfuhrabgaben. Alternativ gesehen entspricht es der gesamten Produktion von Waren und Dienstleistungen einer räumlich abgegrenzten Volkswirtschaft abzüglich der gesamten Vorleistungen und zuzüglich der nichtabzugsfähigen Mehrwertsteuer und der Nettoeinfuhrabgaben, vgl. Europäische Kommission (1985), S. 15, Ziffer 128f. und Brümmerhoff/Lützel (1994), S. 56–58.

wenn zum gegenwärtigen Zeitpunkt das BSP die Grundlage des Eigenmittelsystems bildet.[542]

Prinzipiell kann das BSP im Rahmen der Volkswirtschaftlichen Gesamtrechnung nach drei verschiedenen Ansätzen berechnet werden.[543] Dies sind die sogenannte Entstehungsrechnung, die Verwendungsrechnung sowie die Verteilungsrechnung. Artikel 2 der BSP-Richtlinie (89/130/EWG, Euratom)[544] sprach in diesem Zusammenhang vom Produktionsansatz, Ausgabenansatz und Einkommensansatz. Allerdings haben in der Vergangenheit nicht alle Mitgliedstaaten ihre BSP-Berechnungen nach allen drei Ansätzen durchgeführt, wie in der folgenden Übersicht des Europäischen Rechnungshofs aus dem Jahr 2000 deutlich wird (vgl. Tabelle 18). Die meisten Mitgliedstaaten ermitteln das BSP gemäß der Entstehungsrechnung (Produktionsansatz) und der Verwendungsrechnung (Ausgabenansatz), wobei die Entstehungsrechung zumeist dominiert.[545]

---

542 Dieser enge konzeptionelle Zusammenhang der beiden makroökonomischen Aggregate bleibt vom Übergang zum ESVG 95 unberührt.

543 Vgl. für Einzelheiten z.B. Frenkel/John (1999), S. 84–110, Haslinger (1995), S. 68–73, Statistisches Bundesamt (1989), S. 16–20 sowie die Übersicht im Jahresgutachten des Sachverständigenrates, z.B. Sachverständigenrat zur Begutachtung der gesamtwirtschaftlichen Entwicklung (1999), S. 209–212.

544 Rat der EU (1989c), S. 26f.

545 Europäischer Rechnungshof (2000d), S. 5. Vgl. bezüglich der unterschiedlichen in der Praxis angewandten Verfahren auch Europäischer Rechnungshof (1994), S. 31 und (1995), S. 43 sowie für Deutschland Cordes (1996), S. 9 und Statistisches Bundesamt (1989), S. 20–23.

Tabelle 18: Ansätze zur BSP-Berechnung in den Mitgliedstaaten

Mitgliedstaat	Insgesamt angewendete berechnungsansätze	Vorherrschender Ansatz	Methode der Integrierung
Belgien	Produktion/Ausgaben/ Einkommen	Durchschnitt aus den drei Ansätzen	Auf der Aggregationsebene
Dänemark	Produktion/Ausgaben	Produktion	Nach Gütern
Deutschland	Produktion/Ausgaben	Keiner	Auf der Aggregationsebene
Griechenland	Produktion/Ausgaben	Produktion	Nach Gütern
Spanien	Produktion/Ausgaben	Produktion	Nach Gütern
Frankreich	Produktion/Ausgaben/ Einkommen	Einkommen	Nach Gütern
Irland	Ausgaben/Einkommen	Einkommen	Auf der Aggregationsebene
Italien	Produktion/Ausgaben	Produktion	Nach Gütern
Luxemburg	Produktion/Ausgaben	Produktion	Nach Gütern
Niederlande	Produktion/Ausgaben/ Einkommen	Produktion	Nach Gütern
Österreich	Produktion/Ausgaben	Produktion	Auf der Aggregationsebene
Portugal	Produktion/Ausgaben/ Einkommen	Produktion/ Ausgaben	Nach Gütern
Finnland	Produktion/Ausgaben	Produktion	Auf der Aggregationsebene
Schweden	Produktion/Ausgaben/ Einkommen	Ausgaben	Nach Gütern
Vereinigtes Königreich	Produktion/Ausgaben/ Einkommen	Durchschnitt aus den drei Ansätzen	Nach Gütern

Quelle: Europäischer Rechnungshof (2000d), S. 16.

Da das BSP eine der wesentlichen Bemessungsgrundlagen des Eigenmittelsystems darstellt, muß es in der praktischen Anwendung zumindest zwei Bedingungen genügen. Zum einen sollte auf nationaler Ebene der quantitativ ermittelte Wert ein möglichst guter Schätzer für den theoretisch wahren Wert des BSP sein, der sich ergäbe, wenn man alle relevanten Transaktionen entsprechend den vorgegebenen Regeln vollständig erfassen könnte. Die statistisch gemessenen Größen müssen ein korrektes, umfassendes und verläßliches Bild der Realität wiedergeben.

Zum anderen – wenn auch damit zusammenhängend – müssen die von den Mitgliedstaaten ermittelten BSP-Daten sowohl bezüglich ihrer konzeptionellen Abgrenzung als auch ihrer praktischen Ermittlung untereinander vergleichbar sein. Konkret bedeutet das, daß sowohl die konzeptionellen Erfassungsregeln, Definitionen und Normen als auch die tatsächlich verwendeten Datenquellen, Basisstatistiken und statistischen Verfahren in den Mitgliedstaaten einen hohen Homogenitätsgrad aufweisen sollten.[546] Neben der Vereinheitlichung des grundlegenden, abstrakten Regelwerks muß auch ein vergleichbar hoher Effizienzgrad der nationalen Erhebungsinstrumente und -institutionen sichergestellt sein, damit das BSP aus operativer Sicht als eine geeignete Bemessungsgrundlage für die Finanzierung des EU-Haushaltes angesehen werden kann. Nur wenn die europaweite Vergleichbarkeit im Rahmen akzeptabler und unvermeidlicher statistischer Fehler gesichert ist, kann das BSP – wie prinzipiell jedes andere Aggregat der ESVG auch – als sinnvolle zieladäquate Maßgröße für die Beitragskapazität der Mitgliedstaaten herangezogen werden. Wäre dies nicht der Fall, so daß die nationalen Zahlungen an die EU durch hohe meßtechnisch bestimmte stochastische Schwankungen und Verzerrungen charakterisiert wären, so würde das Ziel einer horizontal gerechten Lastenaufteilung von vornherein ad absurdum geführt und es käme zu einer willkürlichen Bevorzugung oder Benachteiligung einzelner Mitgliedstaaten.

Im Vergleich zu internationalen Konjunkturanalysen, die üblicherweise auf der Basis von Wachstumsraten erfolgen, stellt die Verwendung von Niveauwerten im Rahmen des Eigenmittelsystems eine zusätzliche Verkomplizie-

[546] Vgl. für dieses zweigeteilte Anforderungsschema auch Europäischer Rechnungshof (2000d), S. 5 sowie Europäischer Rechnungshof (1996), S. 42. Als weiteres – übergeordnetes – Problem stellt sich die Frage, inwieweit das BSP oder andere von der Volkswirtschaftlichen Gesamtrechnung generierte Größen überhaupt als Wohlstandsindikator geeignet sind. Vgl. zum Problem der Vergleichbarkeit von BSP-Daten im Rahmen des Eigenmittelsystems auch Messal (1991), S. 92–96.

rung dar, da Strukturunterschiede und unterschiedliche Effizienzgrade der nationalen statistischen Erfassungssysteme, auch wenn sie im Zeitablauf konstant bleiben, erfaßt werden müßten.[547] Während der internationale Vergleich von Wachstumsraten beispielsweise nicht dadurch beeinträchtigt wird, daß sich der Effizienzgrad der nationalen Erfassungssysteme um einen konstanten Faktor – z.B. was die Einbeziehung der Schattenwirtschaft betrifft – unterscheidet, spielen solche Unterschiede bei der Berechnung von Absolutwerten eine entscheidende Rolle. Darüber hinaus hat die internationale Gegenüberstellung von Wachstumsraten den Vorteil, daß keine Umrechung in eine einheitliche Währung erforderlich ist, und somit die Frage nach dem „richtigen" Wechselkurs vernachlässigt werden kann.[548]

Eine einheitliche und zuverlässige Ermittlung des BSP bzw. des BIP ist neben der Funktion als Bemessungsgrundlage im Eigenmittelsystem auch deshalb von entscheidender Bedeutung, da diesen Aggregaten der VGR auch in anderen Teilbereichen der Europäischen Union und ihres Haushalts eine wichtige Rolle zukommt: Zu denken ist hierbei u.a. an die Kappung der MwSt.-Bemessungsgrundlage, die Berechnung der Finanzierung der Korrektur für das Vereinigte Königreich, die Gesamtobergrenze der Eigenmittel sowie die Rolle des BSP/BIP auf der Ausgabenseite des Haushalts, etwa im Rahmen der Begrenzung des maximal zulässigen Ausgabenbetrages für den Europäischen Ausrichtungs- und Garantiefonds für die Landwirtschaft, Abteilung Garantie (EAGFL-Garantie) oder der Definition von Anspruchskriterien in der Struktur- und Kohäsionspolitik.[549]

Das potentielle Argument, daß das BSP bereits früher im Rahmen von Übergangsregelungen als Grundlage für (temporär begrenzte) Finanzbeiträge gedient hat, obwohl die europaweite Harmonisierung der volkswirtschaftlichen Gesamtrechnungssysteme weitaus weniger weit fortgeschritten war, so daß auch die gegenwärtigen BSP-Eigenmittel auf der Basis einer unzureichend

---

[547] Ändert sich dagegen der Anteil der nichterfaßten wirtschaftlichen Aktivität, so werden davon auch Wachstumsraten beeinflußt und verfälscht.

[548] Vgl. auch Eichmann (1985), S. 519f.

[549] Darüber hinaus spielt das BIP eine tragende Rolle im Rahmen des Stabilitäts- und Wachstumspakts der Wirtschafts- und Währungsunion, vgl. für die Bedeutung des BSP/BIP in der EU u.a. Europäischer Rechnungshof (2000d), S. 3f., Europäischer Rechnungshof (1994), S. 29 und Europäischer Rechnungshof (1992), S. 41.

harmonisierten und wenig verläßlichen Bemessungsgrundlage erhoben werden könnten, kann nicht überzeugen. Neben dem o.g. Gerechtigkeitsaspekt kommt hinzu, daß es sich damals um zeitlich befristete Ausnahmeregelungen handelte, die in Ermangelung besserer Alternativen als Behelfsmaßnahmen zu interpretieren sind. Das gegenwärtige System (inklusive potentieller Neuregelungen) erhebt dagegen den Anspruch, den Zustand eines „Provisoriums" hinter sich zu haben und eine regelgerechte Aufteilung der Zahlungen zu generieren, die von unerwarteten und unbekannten Schocks und Verzerrungen in der statistischen Erfassung weitgehend unabhängig sein sollte. Darüber hinaus hat sich das Eigenmittelvolumen in der Zwischenzeit deutlich erhöht, so daß sich meßtechnische Verzerrungen ceteris paribus in immer größeren absoluten Fehlern auswirken. Von daher stellt die Einheitlichkeit der Erfassungsmethoden der nationalen Volkswirtschaftlichen Gesamtrechnungen im ESVG und die daraus resultierende Vergleichbarkeit der Datenbasis, nicht zuletzt auch unter dem Aspekt der fortschreitenden europäischen Integration, eine conditio sine qua non für die sinnvolle Anwendung der BSP-Eigenmittel dar.

Spätestens mit der Einführung der BSP-Eigenmittelkategorie im Jahre 1988 entstand somit ein nicht unerheblicher Harmonisierungsbedarf im ESVG, um eine einheitliche und für alle Mitgliedstaaten vergleichbare Bemessungsgrundlage zu erhalten. Zu diesem Zweck wurde vom Rat die Richtlinie (89/130/EWG, Euratom)[550] vom 13. Februar 1989 zur Harmonisierung des Bruttosozialproduktes zu Marktpreisen beschlossen. Durch den Übergang zum ESVG 95 wurde mit dem Inkrafttreten des neuen Eigenmittelbeschlusses eine solche Detailregelung für ein einzelnes makroökonomisches Aggregat überflüssig, da die konzeptionelle Struktur der gesamten Definitionen und Normen des ESVG 95 für alle Mitgliedstaaten verbindlich ist. Nichtsdestoweniger ist damit zunächst nur auf der übergeordneten Definitionsebene eine ausreichende Harmonisierung erreicht.

Die Hauptprobleme bei der Anwendung des Bruttosozialprodukts als Bemessungsgrundlage im Rahmen des Eigenmittelsystems resultieren jedoch auf der Ebene der konkreten empirischen Messungen aus der Tatsache, daß es sich dabei um eine rein statistische Größe mit einem potentiellen Unsicher-

---

[550] Europäischer Rat (1989c) ergänzt durch eine Entscheidung der Europäischen Kommission (1994).

heitsbereich handelt und nicht um eine nach strengen steuerlichen Kriterien ermittelte Bemessungsgrundlage.[551] Die Buchungen im System der Volkswirtschaftlichen Gesamtrechnung können sich nicht an direkt meß- und nachprüfbaren Angaben und Geschäftsvorfällen orientieren, sondern sie erfolgen auf der Basis primär- und sekundärstatistisch gewonnener Daten aus einer Vielzahl verschiedener Berichtssysteme.[552] Somit gehen in die Berechnung des BSP „... Schätzungen, Abgleiche zwischen verschiedenen Quellen, Modellierungen und Expertenzahlen" ein mit der Folge, daß der tatsächliche Wert unbekannt bleibt.[553] Hinzu kommt, daß die VGR als das für das BSP grundlegende „Rechenwerk" ein offenes, historisch gewachsenes und auf Konventionen beruhendes System ist, das unterschiedliche Informationszwecke erfüllen soll. Dementsprechend stellen die Vereinten Nationen bezüglich ihres revidierten internationalen Leit- und Referenzsystems „System of National Accounts" (SNA) aus dem Jahre 1993 fest:[554] „The System is inevitably a compromise intended to yield the maximum benefits to different kinds of users and may not therefore be optimal for any one purpose taken in isolation".

Im folgenden sollen zunächst die potentiellen Problembereiche diskutiert werden, die sich hinsichtlich der Datenqualität und -genauigkeit innerhalb eines Mitgliedstaates ergeben. Im Anschluß daran wird auf die erforderliche Harmonisierung und die Probleme bei ihrer Umsetzung auf europäischer Ebene eingegangen.

---

[551] Einschränkend muß an dieser Stelle bemerkt werden, daß auch die Erhebung steuerlicher Bemessungsgrundlagen nicht frei von Fehlern ist und in ihrer Qualität u.a. in starkem Maße von der Effizienz der jeweiligen Steuerbehörden und Kontrollmechanismen abhängen kann.

[552] Vgl. Statistisches Bundesamt (1989), S. 22f., Stobbe (1994), S. 401f., Cordes (1996), S. 18f., Brümmerhoff (1994), S. 423f. und Frenkel/John (1999), S. 111f. Es gehen Daten aus der gesamten amtlichen und nichtamtlichen Wirtschafts-, Finanz- und Sozialstatistik sowie verwandter Statistikbereiche in die Berechnung ein, wobei teilweise Hochrechnungen, ergänzende Schätzungen sowie Inter- und Extrapolationen notwendig sind, so daß ein gewisses Maß an Willkür nicht zu vermeiden ist.

[553] Europäischer Rechnungshof (2000d), S. 3.

[554] United Nations et al. (1993), S. 15.

4.3.2.2 Genauigkeit und Zuverlässigkeit von (nationalen) BSP-Daten

4.3.2.2.1 Systemimmanente Meß- und Bewertungsprobleme

Die Zuverlässigkeit und Genauigkeit von BSP-Daten im Sinne einer Übereinstimmung mit den wahren, aber nicht direkt beobachtbaren Werten wird bereits auf nationaler Ebene durch verschiedene Fehlerquellen eingeschränkt.[555] Diese resultieren im wesentlichen aus Abgrenzungsproblemen sowie aus der teilweise schwierigen und unsicheren Datenlage. Ein Großteil der zur Berechnung verwendeten Daten entstammt aus Primär- oder Sekundärstatistiken[556], die für unterschiedliche Anwendungen konzipiert sind. Je nach dem, ob das BSP gemäß der Entstehungsrechnung, Verwendungsrechnung oder Verteilungsrechnung ermittelt wird, bilden andere Datenquellen die Berechnungsgrundlage. Aufgrund dieser Datenunsicherheit lassen sich verschiedene Fehlerquellen unterscheiden.[557]

Zunächst kann es aufgrund des erforderlichen Abstimmungsbedarfs zwischen den unterschiedlichen Datenquellen zu konzeptionellen Fehlern bei der notwendigen Anpassung – insbesondere von Daten aus Sekundärstatistiken – an das Konzept der Sozialproduktsberechnung und dessen Abgrenzungen, Definitionen und Klassifizierungen kommen.[558] Ähnliche Probleme treten auf, wenn für eine Größe mehrere Datenquellen mit jeweils unterschiedlichen Ergebnissen existieren, unter denen man sich entscheiden oder die man auf geeignete Weise verknüpfen muß, so daß ein subjektives Element in die Berechnungen eingeht. Neben Fragen der Auswahl, Umrechnung und Kombination verschiedener Sekundärstatistiken hängt die Zuverlässigkeit der BSP-Daten

---

[555] Vgl. u.a. Stobbe (1994), S. 388–407 oder Brümmerhoff (1995), S. 60–94. Ähnlich auch Europäische Rechnungshof (1996a), S. 42f. Vgl. zur Qualität der (deutschen) Volkswirtschaftlichen Gesamtrechnung auch Stahmer (1993) und Rinne (1998), (1994b) sowie zur Qualität statistischer Daten allgemein Neubauer (1993). Eine ausführliche Auseinandersetzung mit den Problemen der statistischen Sozialproduktsmessung findet sich bei Rinne (1967).

[556] Als Sekundärstatistiken der VGR werden Datenquellen bezeichnet, die nicht eigenständig zum Zwecke der VGR erhoben werden, sondern für andere Zwecke als Primärstatistiken dienen.

[557] Vgl. zum folgenden insbesondere Frenkel/John (1999), S. 111–116.

[558] Vgl. auch Statistisches Bundesamt (1989), S. 22f.

auch entscheidend von ihrer jeweiligen Qualität ab. Grundsätzlich kann es bei der Datenerhebung immer zu Verzerrungen, Ungenauigkeiten oder Erfassungsfehlern kommen. Teilweise müssen Daten, die nur selten beobachtet bzw. erhoben werden, extrapoliert oder durch Schätzungen substituiert werden.[559] Darüber hinaus treten gerade im Unternehmenssektor verschiedene Bewertungsprobleme auf, beispielsweise bei der Berechnung von Abschreibungen oder Vorratsänderungen (Lagerbestandsänderungen), die einen gewissen Ermessensspielraum lassen.[560] Grundsätzlich bestehen Bewertungsprobleme bei allen Transaktionen, für die kein direkter Marktpreis existiert und man auf „marktpreisähnliche“ Ersatzkonstruktionen zurückgreifen muß. Bedeutendes Beispiel hierfür ist die Produktionstätigkeit des Staates, die in der Regel zu „Kostenpreisen“ angesetzt wird, ohne daß darin der tatsächliche Wert zum Ausdruck kommen muß[561]. Daneben wird die Genauigkeit der Berechnung auch dadurch eingeschränkt, daß teilweise Transaktionen unterstellt werden oder anders in die Berechnung eingehen, als sie tatsächlich stattgefunden haben. Hierbei ist z.B. an die Nutzung von Wohneigentum durch die Eigentümer zu denken. Bei diesen fiktiven Transaktionen müssen für die BSP-Berechnung unterstellte Einkünfte, die einen nicht unerheblichen Ermessensspielraum implizieren, angesetzt werden, da kein tatsächlicher Transaktionspreis existiert.[562] Schließlich kann es auch zu Doppel- oder Mehrfachzählungen kommen, wobei hier u.a. an die nicht immer eindeutige Trennung zwischen Vorleistungen und Endprodukten zu denken ist.[563]

---

[559] Vgl. u.a. Stobbe (1994), S. 402f. und Cordes (1996), S. 19, der darauf hinweist, daß einige Schätzungen nur anhand von Plausibilitätsüberlegungen erfolgen.

[560] Vgl. auch Haslinger (1995), S. 60f. und Rinne (1994a).

[561] Vgl. Europäische Kommission (1985), S. 46–48, insbesondere Nr. 317 sowie Rat der EU (1996), S. 32 für die entsprechenden Regelungen im ESVG 2. Aufl. und ESVG 95; vgl. auch Brümmerhoff (1995), S. 75ff. und Cordes (1996), S. 17. Der Produktionsbegriff der Volkswirtschaftlichen Gesamtrechnung stellt also nicht ausschließlich auf Marktvorgänge ab, sondern ist umfassender definiert, vgl. u.a. Brümmerhoff (1995), S. 61–73 sowie Lützel (1993), S. 713 für die im SNA der Vereinten Nationen getroffenen Regelungen.

[562] Vgl. Rat der EU (1996), S. 61–73, Europäische Kommission (1985), S. 165f. und Frenkel/John (1999), S. 114f. In diese Kategorie fällt z.B. auch der Eigenverbrauch von landwirtschaftlichen Erzeugnissen. Vgl. auch Cordes (1996), S. 15f., Stobbe (1994), S. 447 und Reich/Braakmann (1995), S. 92–95.

[563] Vgl. ausführlicher Rinne (1994a).

4.3.2.2.2 Erfassungsprobleme im informellen Sektor

Eine weitere bedeutsame Beeinträchtigung der Zuverlässigkeit und Genauigkeit der Ergebnisse der Volkswirtschaftlichen Gesamtrechnung stellt möglicherweise die (Nicht)-Erfassung der Schattenwirtschaft bzw. des sogenannten informellen Sektors dar.[564] Werden bedeutende Teilbereiche der wirtschaftlichen Aktivität nicht oder nur unzureichend erfaßt, so daß das BSP bzw. BIP zu geringe Werte ausweist, kann dies die Funktionsfähigkeit des Eigenmittelsystems beeinträchtigen und zu unerwünschten Verzerrungen in den Beitragslasten der Mitgliedstaaten führen.[565] Dies wäre beispielsweise immer dann der Fall, wenn sich der informelle Sektor in den einzelnen Ländern der Europäischen Union größenmäßig signifikant unterscheiden würde. Da europaweit seit den 70er Jahren von einem stetigen Anstieg der Schattenwirtschaft ausgegangen wird, sowohl absolut als auch relativ, könnte diesem Aspekt ein immer stärkeres Gewicht zukommen. Auch wenn die Erfassungsprobleme der Schattenwirtschaft im Grunde nur ein weiteres „systemimmanentes" Problem der VGR darstellen und somit nahtlos an die Ausführungen des letzten Abschnitts anknüpfen, erscheint eine eigenständige Behandlung dieses Themenbereichs im Zusammenhang mit der Ermittlung der BSP-Eigenmittelgrundlage aufgrund des möglicherweise gravierenden quantitativen Ausmaßes angemessen. Schätzungen deuten auf einen Anteil der Schattenwirtschaft von teilweise deutlich über 20 % des BSP in den Mitgliedstaaten der EU hin, so daß eine signifikante Beeinträchtigung der Funktionsweise der BSP-Eigenmittel nicht ausgeschlossen werden kann.[566]

---

[564] Neben diesen Begriffen finden sich eine ganze Reihe alternativer Bezeichnungen für die Schattenwirtschaft oder einzelner Teilbereiche, wie etwa nichterfaßte Wirtschaft, illegale Wirtschaft, Untergrundwirtschaft oder Schwarzarbeit, die entweder synonym oder zumindest mit ähnlicher Intention verwendet werden. Feige (1989), S. 16, Smith, S. (1986), S. 6 und Macafee (1980), S. 81 nennen exemplarisch jeweils einige der im englischen Sprachgebrauch anzutreffenden Synonyme. Dazu gehören u.a. "underground, subterranean, shadow, informal, hidden, parallel, dual, black, grey, clandestine, second, twilight und cash economy".

[565] Vgl. auch Europäischer Rechnungshof (1998b), S. 68.

[566] Vgl. für eine umfassende Übersicht über die der quantitativen Ergebnisse verschiedener Untersuchungen zum Ausmaß der Schattenwirtschaft insbesondere Schneider/Enste (2000a), Schneider (2000a), (2000b) und Schneider (1997). Allerdings ist ihre Bedeu-

Hierzu ist zunächst eine problemadäquate Arbeitsdefinition des Begriffs der Schattenwirtschaft bzw. des informellen Sektors erforderlich, da in der Literatur keine einheitliche Abgrenzung existiert und eine solche angesichts der unterschiedlichen Untersuchungsschwerpunkte und Erkenntnisobjekte letztlich auch gar nicht sinnvoll möglich ist.[567] Vor allem im Hinblick auf die Interpretation der zahlreichen empirischen Schätzversuche zum Umfang der Schattenwirtschaft ist eine klare inhaltliche und begriffliche Abgrenzung des problemrelevanten Teils der Schattenwirtschaft unerläßlich, da die Kongruenz zwischen verwendetem Schätzansatz und der spezifisch interessierenden Abgrenzung nicht immer sichergestellt ist.

Weit gefaßte Definitionen des informellen Sektors, die auch die Selbstversorgungswirtschaft im Sinne eigenerstellter Leistungen privater Haushalte einschließen, sind für das hier interessierende Problem der möglichst vollständigen Erfassung des BSP nicht dienlich, da eigenerstellte Leistungen nach den Konventionen der Volkswirtschaftlichen Gesamtrechnung nicht erfaßt werden.[568] Ebenso können aber auch engere Abgrenzungen der Schattenwirtschaft, bei denen die dem Staat (inklusive Sozialversicherungen) entgangenen Einnahmen im Mittelpunkt stehen, ungeeignet sein, da die VGR nicht (nur) auf Steuerstatistiken basiert, so daß derartige „steuerlich verheimlichte" Transaktionen in aggregierter Form teilweise durchaus registriert werden können.

---

tung für die Funktionsfähigkeit des Eigenmittelsystems vor dem Hintergrund der folgenden Ausführungen zu relativieren.

567 Vgl. z.B. Frey (1984), S. 103, Blades (1982a), S. 30, (1982b), S. 15, Cassel (1982), S. 343 und Döhrn (1986/87), S. 367–370 sowie die Ausführungen bei Petry/Wied-Nebbeling (1987), S. 5–25 und Langfeldt (1984), S. 4–12. Je nach Interessenschwerpunkt können z.B. die dem Staat durch die Schattenwirtschaft entgehenden Einnahmen im Mittelpunkt stehen oder aber die im Bereich der nicht-offiziellen Wirtschaft erbrachte Wertschöpfung.

568 Dennoch kann eine solche Abgrenzung auch im Rahmen des Eigenmittelsystems der EU von Bedeutung sein, wenn man die grundsätzliche Eignung des BSP oder des BIP als Wohlstandsindikator hinterfragt, an dem sich die Zahlungen der Mitgliedstaaten im Sinne des „Leistungsfähigkeitsprinzips" orientieren. Da die Höhe des amtlich ausgewiesenen Sozialprodukts ceteris paribus eine steigende Funktion des Grades an Arbeitsteilung ist, können hieraus Verzerrungen zwischen den Mitgliedstaaten entstehen. Gerade im Hinblick auf die EU-Osterweiterung und der damit verbundenen strukturellen Heterogenität der Volkswirtschaften könnte diesem Punkt eine gewisse Bedeutung zukommen.

Statt dessen beinhaltet die hier relevante Definition der Schattenwirtschaft alle ökonomischen Tätigkeiten, die aufgrund bestehender Konventionen in der Volkswirtschaftlichen Gesamtrechnung erfaßt werden müßten, aber aus welchem Grund auch immer, nicht ausgewiesen werden.[569] Um Verwechslungen mit anderen Abgrenzungen der Schattenwirtschaft zu vermeiden, soll daher im weiteren auch der Begriff der „unrecorded economy" im Sinne der statistisch nicht erfaßten Wirtschaft als Synonym verwendet werden. Entsprechend der Konzeption des ESVG 95 berücksichtigt diese Definition auch alle illegalen „produktiven" Wirtschaftsaktivitäten, unabhängig davon, ob sie per se verboten sind (z.B. Produktion und Handel mit Drogen), oder ob der illegale Charakter einer an sich legalen Tätigkeit erst aus ihrer Verheimlichung vor dem Staat zum Zwecke der Vermeidung bzw. Hinterziehung von staatlichen Zwangsabgaben (u.a. Steuern, Zölle, Sozialversicherungsabgaben, Gebühren) resultiert.[570] Das Zusammenspiel zwischen der hier gewählten Abgrenzung der Schattenwirtschaft (unrecorded economy) im Verhältnis zur gesamten wirtschaftlichen Aktivität einer Volkswirtschaft und der statistischen Messung des BSP im Rahmen der VGR läßt sich in Anlehnung an Cassel (1982) verdeutlichen (vgl. Abbildung 7).

Dabei wird eine Volkswirtschaft zunächst in zwei Teilbereiche untergliedert: die offizielle Wirtschaft (first economy, formal economy) und die Schattenwirtschaft im weiteren Sinne (second economy, informal economy).[571]

---

[569] So etwa auch die Definition bei Schneider/Enste (2000a), S. 78, Tanzi (1980), S. 428, Macafee (1980), S. 81 und Blades (1982a), S. 30 sowie (1982b), S. 15; ähnlich auch Frey (1984), S. 103.

[570] Rat der EU (1996), S. 22, S. 61 und S. 85. So auch Europäischer Rechnungshof (2000d), S. 7.

[571] Vgl. Cassel (1982), S. 344–347. Cassel selbst spricht in diesem Zusammenhang nur von offizieller Wirtschaft versus Schattenwirtschaft. Die Ergänzung „im weiteren Sinne" erscheint jedoch an dieser Stelle im Hinblick auf die weitere Diskussion zur Begriffsverdeutlichung hilfreich, ohne jedoch inhaltliche Änderungen zu implizieren.

Abbildung 7: Schattenwirtschaft und VGR

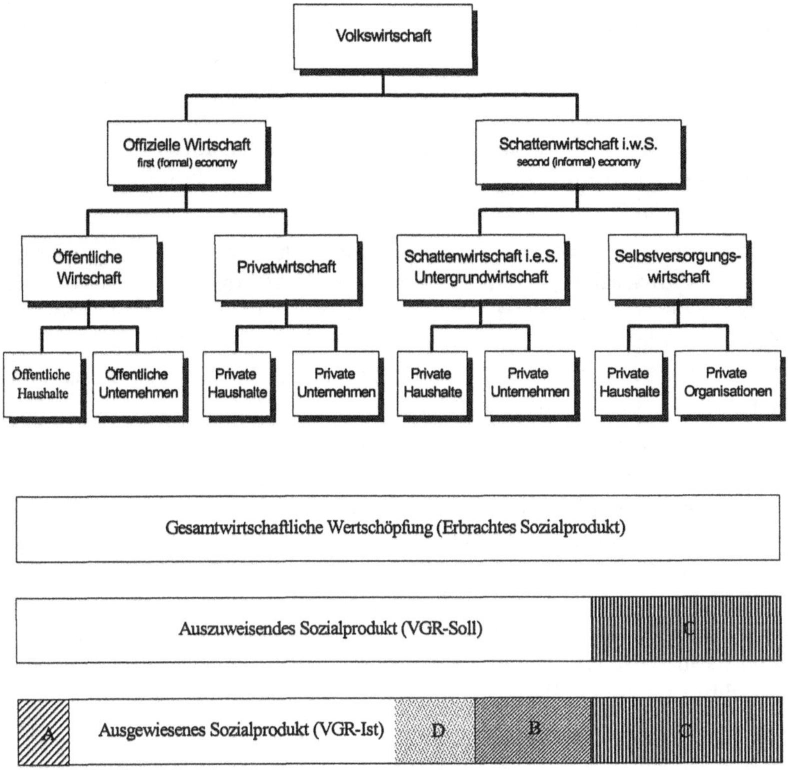

Quelle: Cassel (1982), S. 345 mit Ergänzungen von Petry/Wied-Nebbeling (1987), S. 11.

Die grau markierten Flächen in der unteren Ebene des Organigramms sind dabei wie folgt zu interpretieren:

A: Auszuweisendes Sozialprodukt, das offenkundig und legal erbracht wird, aber wegen unzureichender Erfassungsmethoden nicht ausgewiesen ist.

B: Auszuweisendes Sozialprodukt, das legal oder illegal erbracht, aber verheimlicht wird und deshalb offiziell nicht ausgewiesen werden kann (= „unrecorded economy"; statistisch nicht erfaßte Wirtschaft).

C: Erbrachtes Sozialprodukt, das aufgrund bestehender internationaler VGR-Konventionen von der VGR nicht ausgewiesen wird.

D: Im ausgewiesenen Sozialprodukt enthaltene Schätzungen für schattenwirtschaftliche Aktivitäten

Die offizielle Wirtschaft unterteilt sich in öffentliche Wirtschaft und Privatwirtschaft, wobei jeweils noch zwischen Haushalten und Unternehmen unterschieden werden kann. Die Schattenwirtschaft i.w.S., die als Oberbegriff für alle Arten „nicht-offiziellen" Wirtschaftens mit positiver Wertschöpfung verstanden werden kann, untergliedert sich nach Cassel in die beiden Teilbereiche Untergrundwirtschaft (hier auch als Schattenwirtschaft i.e.S. oder hidden economy bezeichnet)[572] und Selbstversorgungswirtschaft. Als Abgrenzungskriterium dient dabei, ob die statistische Erfassung der jeweiligen ökonomischen Aktivitäten gemäß den Konventionen des ESVG vorgeschrieben ist oder nicht.

Während die Untergrundwirtschaft dadurch gekennzeichnet ist, daß sie aufgrund ihres „marktlichen" Charakters in der VGR ausgewiesen werden sollte, umfaßt die Selbstversorgungswirtschaft ökonomische Tatbestände, die in der Sozialproduktsberechnung bewußt nicht berücksichtigt werden. Wie bereits angedeutet ist dies im wesentlichen die Produktion von Haushalten an Gütern des sekundären und tertiären Sektors für den Eigenbedarf.[573]

Da der Bereich der Selbstversorgungswirtschaft (Fläche C) bewußt nicht in der VGR berücksichtigt werden muß, stellt seine Nichterfassung auch kein Problem für die statistische Ermittlung des BSP dar. Für die Frage, ob und inwieweit die amtlichen Sozialproduktsberechnungen das tatsächlich erbrachte Sozialprodukt aufgrund von Schattenwirtschaft unterschätzen, ist dieser Bereich somit irrelevant, da der für die Fragestellung „sinnvoll" abgegrenzte Schattenwirtschaftsbegriff im Sinne der unrecorded economy nur solche ökonomischen Tatbestände umfassen darf, die auch in der VGR berücksichtigt werden sollten.

---

[572] Die Untergrundwirtschaft kommt der landläufigen Interpretation der Schattenwirtschaft am nächsten,. Sie umfaßt – unabhängig von der statistischen Erfassung – alle produktiven wirtschaftlichen Transaktionen, die entweder direkt illegal sind oder zum Zwecke der Abgabenhinterziehung illegal ausgeübt werden.

[573] Vgl. hierzu genauer Blades (1982a), S. 30f. Als bedeutende Ausnahme sei an dieser Stelle nur auf selbstgenutztes Wohneigentum hingewiesen, das in der VGR berücksichtigt wird. Genauere Angaben über die Abgrenzung der im ESVG nicht berücksichtigten Aktivitäten finden sich u.a. in Rat der EU (1996), S. 61, Ziffer 3.08 und 3.09. Vgl. auch United Nations et al. (1993), S. 4f.

Weniger eindeutig stellt sich die Situation im Bereich der Schattenwirtschaft i.e.S. (Untergrundwirtschaft) dar. Hierbei handelt es sich um marktliche Transaktionen, die jedoch nicht Teil der offiziellen Wirtschaft sind, weil die Akteure für ihre direkt oder indirekt illegalen Handlungsweisen das Licht der „staatlichen Öffentlichkeit“ scheuen. Im wesentlichen läßt sich die Untergrundwirtschaft in drei Hauptkomponenten unterteilen.[574] Zum einen Güter und Dienstleistungen, deren Produktion und Weitergabe grundsätzlich legal ist, die jedoch illegal gehandelt werden, um Steuern und Abgaben zu vermeiden. Hier sei auf die „klassische“ Schwarzarbeit oder den Schwarzhandel verwiesen. Zum anderen existieren daneben zweitens Aktivitäten, deren Ausführung grundsätzlich verboten sind, wie etwa Drogenhandel u.ä. Als dritter Teilbereich ist schließlich die fehlerhafte Erfassung bestimmter „Einkommen in Güterform“ zu nennen, die als Vorleistungen in der VGR erfaßt werden und zu einer Unterschätzung des Inlandsprodukts führen. Hierzu zählt beispielsweise der Warendiebstahl im Unternehmensbereich.[575]

Zwar gestaltet sich die Erfassung dieser Wirtschaftsaktivitäten schwierig, allerdings ist es keineswegs so, daß sie bei der Berechnungen des BSP vollständig unberücksichtigt blieben. Statt dessen wird ein Teil über Umwege und indirekte Schätzungen im Rahmen der VGR erfaßt.[576] In Abbildung 7 findet sich dieser Sachverhalt in Form der hellgrau markierten Fläche D wieder, die ein Teil des ausgewiesenen Sozialprodukts (VGR-Ist) repräsentiert. Auch Blades weist darauf hin, daß die meisten OECD-Länder versuchen, Teile der Schattenwirtschaft im BIP zu erfassen:[577] Entweder über die Verwendung von Basisquellen, von denen vermutet wird, daß sie ver-

---

[574] Vgl. Blades (1982a), S. 31f. sowie Brümmerhoff (1995), S. 71. Eine ausführlichere Auflistung der zur Untergrundwirtschaft zu rechnenden Aktivitäten findet sich z.B. bei Cassel (1982), S. 348.

[575] Vgl. Cassel (1982), S. 347. Warendiebstahl im Unternehmensbereich erhöht die Vorleistungen, so daß sich das ausgewiesene Sozialprodukt verringert, vgl. auch Blades (1982a), S. 28. Hierzu kritisch dagegen Barthelemy (1988), S. 191.

[576] Vgl. Petry/Wied-Nebbeling (1987), S. 10: „Immer dann, wenn c. p. Output und Vorleistungen auf dem Wege der Erhebung oder Schätzung zutreffend ermittelt werden, spielt es für die Höhe der ausgewiesenen Wertschöpfung keine Rolle, ob Teile des Inputs durch Tätigkeiten erbracht werden, die nach allgemeinem Verständnis zu den schattenwirtschaftlichen Aktivitäten zählen“. Vgl. auch die Grafik bei Blades (1982a), S. 32.

[577] Blades (1982a), S. 28 und (1982b), S. 15f.

gleichsweise wenig verzerrt sind, oder durch explizite Korrekturen von Basisquellen, die einen zu geringen Ausweis vermuten lassen. Da in der Volkswirtschaftlichen Gesamtrechnung neben Steuerstatistiken auch eine Vielzahl anderer Quellen herangezogen wird, bilden sich fehlerhafte Steuererklärungen nicht in vollem Umfang in den Schätzungen der VGR-Aggregate ab.[578] Beispielsweise erfolgt in Deutschland die Ermittlung von Zinseinkommen auf Basis von Geldvermögensbeständen und nicht anhand von Steuererklärungen. Die Verwendung unterschiedlicher, voneinander unabhängiger Datenquellen für ein und denselben Sachverhalt kann somit zu einer erhöhten Vollständigkeit bezüglich der statistischen Erfassung der VGR beitragen.[579]

Mit diesem Sachverhalt ist auch die Tatsache kompatibel, daß die unterschiedlichen Berechnungsansätze der Volkswirtschaftlichen Gesamtrechnung – Entstehungsrechnung, Verwendungsrechnung und Verteilungsrechnung – in der Regel unterschiedliche Werte aufweisen, wobei die auf den Einkommen basierende Verteilungsrechnung tendenziell die niedrigsten Werte aufweist.[580] Die aus den unterschiedlichen Ansätzen resultierende Differenz für das BSP bzw. BIP wird teilweise auch als Untergrenze der Schattenwirtschaft interpretiert.[581] Aufgrund ihrer statistischen Einbeziehung in das BSP ist sie allerdings kein Bestandteil der unrecorded economy und trägt daher auch nicht zu Verzerrungen der makroökonomischen Aggregate bei.[582] Hier wird nochmals die bedeutende Rolle einer der Fragestellung angemessenen Abgrenzung der Schattenwirtschaft deutlich. Eine mögliche Beein-

---

578 So auch Tanzi (1999), S. F344f. und Reuter (1982).

579 Lützel (1982), S. 290. Vgl. auch Brümmerhoff (1995), S. 72 und Wolff (1994a), S. 332 und (1994b), S. 382.

580 Macafee (1980), S. 81–83.

581 Vgl. für diesen Ansatz zur Messung der Schattenwirtschaft u.a. Macafee (1980), S. 85, Frey/Pommerehne (1982), S. 7–9, Blades (1982a), S. 33f., Barthelemy (1988), S. 189–192, Feige (1989), S. 29–31 und Schneider/Enste (2000a), S. 92f. Allerdings wird dieses Schätzverfahren aufgrund diverser Schwächen insgesamt als sehr kritisch und unzuverlässig eingeschätzt. Da im Rahmen der VGR-Berechnungen die unterschiedlichen Ansätze aufeinander abgestimmt werden, reflektieren die veröffentlichten Werte der makroökonomischen Aggregate diese Diskrepanzen nur noch unzureichend.

582 Vgl. für die Trennung zwischen Untergrundwirtschaft und unrecorded economy auch Petry/Wied-Nebbeleing (1987), S. 10–25 und Lützel (1982), S. 289–291.

trächtigung der BSP-Eigenmittel kann somit nur aus Fläche B resultieren, also dem Teilbereich der Untergrundwirtschaft, der im Rahmen der VGR nicht erfaßt wird, obwohl er dies eigentlich sollte.[583] Zusammenfassend läßt sich der Zusammenhang auch wie folgt darstellen:

Abbildung 8: Untergrundwirtschaft und unrecorded economy

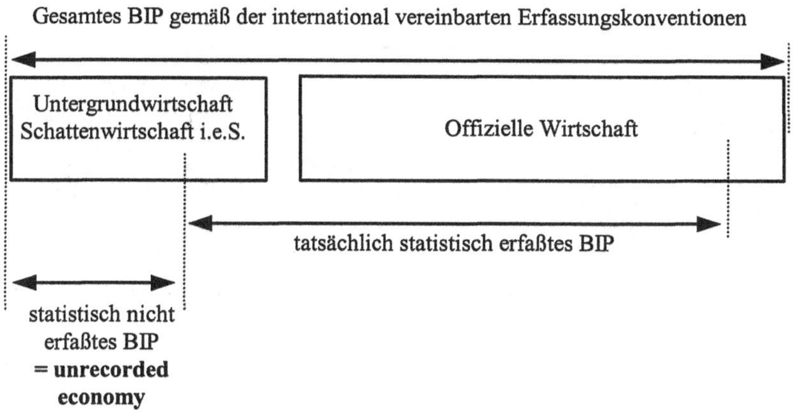

Quelle: In Anlehnung an Blades (1982a), S. 32.

Aus diesem Sachverhalt resultieren gravierende Implikationen für die Interpretation der üblicherweise genannten Schätzungen des Volumens der Schattenwirtschaft in bezug auf die Funktionsfähigkeit der BSP-Eigenmittel. Solche Schätzungen über das Ausmaß der Untergrundwirtschaft und der unrecorded economy sind grundsätzlich schwierig, da es sich dabei um einen Bereich ökonomischer Aktivität handelt, bei dem die Akteure gerade darum bemüht sind, möglichst wenig nachvollziehbare und damit meßbare Spuren zu hinterlassen. Das Verwischen nachvollziehbarer Spuren stellt quasi ein konstitutives Element der Schattenwirtschaft dar. Dennoch – oder gerade deshalb – wurden vielfältige Versuche unternommen, Anhaltspunkte über

583 Für andere Fragestellungen bezüglich des Ausmaßes der Schattenwirtschaft, etwa im Bereich der entgangenen Einnahmen der gesetzlichen Sozialversicherungen, kann dagegen das Gesamtausmaß der Untergrundwirtschaft, also Fläche B und D relevant sein.

die Größenordnung der Untergrundwirtschaft zu erhalten. Die folgende Grafik skizziert überblicksartig die zahlreichen entwickelten Verfahren (vgl. Abbildung 9).

Abbildung 9: Verfahren zur Quantifizierung des Umfangs der Schattenwirtschaft

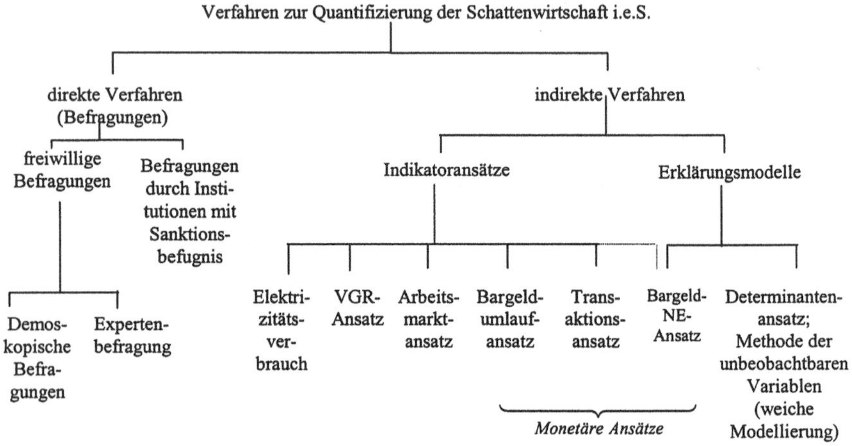

Quelle: Darstellung in Anlehnung an Petry/Wied-Nebbeling (1987), S. 45. Übersichten über die Verfahren finden sich darüber hinaus – ohne Anspruch auf Vollständigkeit – u.a. in Schneider/Enste (2000a), (2000b), Schneider (2000a), Feige (1989), Kirchgässner (1984), Schrage (1984) sowie Frey/Pommerehne (1983) und (1984) und Weck/Pommerehne/Frey (1984).

Daß die verschiedenen Verfahren angesichts des empirisch nur schwer zu fassenden Phänomens zu sehr unterschiedlichen Ergebnissen führen, ist daher wenig verwunderlich. Die Übersicht in Schneider/Enste (2000a) spricht hierzu eine eindeutige Sprache.[584] Für die Industrieländer finden sich je nach Land und betrachtetem Zeitraum durchschnittliche Unterschiede vom Faktor 3 bis 4, wobei im Extremfall die Schätzwerte über das 10fache voneinander

[584] Schneider/Enste (2000a), S. 104–107. Ähnlich auch Schneider/Enste (2000b), S. 37–40.

abweichen.[585] Allerdings wird dadurch weder die Interpretation der Ergebnisse noch das Ableiten eindeutiger Schluß- und Handlungsempfehlungen erleichtert.

Besondere Aufmerksamkeit und Bedeutung unter den Verfahren haben die monetären Schätzansätze gewonnen.[586] Zum einen können sie vergleichsweise unproblematisch durchgeführt werden und sind nicht auf die Mitwirkungsbereitschaft der in der Schattenwirtschaft Tätigen angewiesen, zum anderen erscheint die zugrundeliegende Überlegung, daß Aktivitäten der Untergrundwirtschaft hauptsächlich über Bargeld abgewickelt werden und sich entsprechende Spuren in den monetären Aggregaten nachweisen lassen können, einleuchtend. Umfangreiche Untersuchungen wurden insbesondere mit dem Bargeldnachfrage-Ansatz gemacht.[587] Dabei wird über multiple Regressionen zunächst versucht, den Einfluß der unterschiedlichen Determinanten der Geldnachfrage zu quantifizieren. Als Haupteinflußfaktoren werden zusätzlich zu den wichtigen ökonomischen Größen wie Einkommen, Zinsen, Preisniveau und Zahlungsgewohnheiten auch die vermuteten Ursachen der Schattenwirtschaft berücksichtigt. Hierzu zählen u.a. Steuersätze, Regulierungsdichte und Komplexität des Steuersystems.[588] Unter Verwendung der so erhaltenen Koeffizienten wird eine theoretische Bargeldnachfrage simuliert, bei der die vermuteten Determinanten der Schattenwirtschaft auf niedrigem Niveau konstant gehalten werden. Diese simulierte Bargeldnachfrage repräsentiert eine Welt ohne bzw. mit niedriger Schattenwirtschaft, da ihre Entstehungsgründe (fiktiv) ausgeschaltet bzw. begrenzt werden. Aus der Differenz zwischen tatsächlicher und theoretischer Bargeldhaltung schließt man

---

[585] So unterschieden sich für Kanada angegebenen Schätzungen in der Periode 1986–1990 um den Faktor 15,1.

[586] Erste monetäre Schätzversuche zur Bestimmung der Größe der Schattenwirtschaft unternahmen Gutmann (1977) mit dem Bargeldumlaufansatz, Feige (1979) mit dem auf der Fisher'schen Quantitätsgleichung aufbauenden Transaktionsansatz sowie Tanzi (1980), (1983) und Klovland (1984) mit dem Bargeldnachfrage-Ansatz, dessen Grundüberlegungen sich auf Cagan (1958) zurückführen lassen. Insbesondere die ersten monetären Schätzverfahren wurden aufgrund ihrer einfachen Struktur und der teilweise hohen Schätzergebnisse stark kritisiert. Vgl. für einen Überblick neben den in Abbildung 9 genannten Quellen auch Karmann (1986) und Hofreither/Schneider (1987).

[587] Vgl. die Übersicht bei Schneider/Enste (2000a), S. 94–109.

[588] Oftmals beschränkt man sich aus Vereinfachungsgründen auf die Steuersätze.

unter Berücksichtigung der Umlaufsgeschwindigkeit des Geldes auf das Ausmaß der Untergrundwirtschaft.[589] Für die überwiegende Mehrzahl der Mitgliedstaaten der EU wurden von Schneider/Enste (2000a) und Schneider (2000b) die folgenden Werte für die Größe der Schattenwirtschaft zusammengestellt:

Tabelle 19: Geschätzte Schattenwirtschaft in den Mitgliedstaaten der EU

Mitgliedstaat	**Größe der Schattenwirtschaft als Anteil am BIP (Bargeldnachfrage-Ansatz)**		
	Durchschnitt 1994-95[1)]	**Durchschnitt 1996-97[1)]**	**1998[2)]**
Belgien	*21,5 %*	22,2 %	22,6 %
Dänemark	17,8 %	18,2 %	18,4 %
Deutschland	13,5 %	14,8 %	14,7 %
Griechenland	29,6 %	30,1 %	29,0 %
Spanien	22,4 %	23,0 %	23,4 %
Frankreich	14,5 %	14,8 %	14,9 %
Irland	15,4 %	16,0 %	16,3 %
Italien	26,0 %	27,2 %	27,8 %
Luxemburg	k. A.	k. A.	k. A.
Niederlande	13,7 %	13,8 %	13,5 %
Österreich	7,0 %	8,6 %	9,1 %
Portugal	22,1 %	22,8 %	k. A.
Finnland	k. A.	k. A.	k. A.
Schweden	18,6 %	19,5 %	20,0 %
Vereinigtes Königreich	12,5 %	13,0 %	13,0 %

[1)] Schneider/Enste (2000a), S. 104.

[2)] Schneider (2000b), S. 18.

Quelle: Schneider/Enste (2000a), S: 104, Schneider (2000b), S. 18.

---

[589] Vgl. auch Schneider/Volkert (2000), S. 7–10.

Allerdings ist auch der Bargeldnachfrage-Ansatz teilweise heftig kritisiert worden.[590] So wird zunächst darauf hingewiesen, daß nicht alle Transaktionen in der Schattenwirtschaft mit Bargeld bezahlt werden. Darüber hinaus wird als Ursache der Schattenwirtschaft in den meisten Untersuchungen nur die Steuerbelastung berücksichtigt, nicht aber sonstige Einflußfaktoren, wie z.B. Regulierungsdichte oder „Steuerzahlungsmoral". Ähnliche Kritik wird auch bezüglich der Einbeziehung veränderter Zahlungsgewohnheiten vorgebracht, die nur rudimentär erfolgt. Darüber hinaus besteht für einige der betrachteten Landeswährungen das Problem, daß ein Großteil des Bargelds im Ausland gehalten wird oder wurde, wobei der genaue Anteil jedoch unbekannt ist.[591] Schließlich wird auch die mangels besserer Alternativen aufgestellte Hypothese in Frage gestellt, daß die Geldumlaufsgeschwindigkeit in der Schattenwirtschaft genauso hoch sei wie in der offiziellen Wirtschaft. Schließlich wird als letzter Kritikpunkt angeführt, daß beim Bargeldnachfrage-Ansatz ein Basisjahr benötigt wird, in dem annahmegemäß keine (oder nur in sehr geringem Umfang) Schattenwirtschaft existierte.

Neben diesen grundsätzlichen Kritikpunkten am Bargeldnachfrage-Ansatz ist aus Sicht der hier interessierenden Fragestellung zusätzlich anzumerken, daß die gesamte Untergrundwirtschaft gemessen wird und nicht nur der Anteil der unrecorded economy.[592] Auch wenn mangels verfügbarer Daten keine genauen Aussagen über das quantitative Verhältnis der unrecorded economy zur Untergrundwirtschaft gemacht werden können, so kann doch vermutet werden, daß die üblicherweise genannten Größenordnungen der Schattenwirtschaft, die für die Mitgliedstaaten der EU zwischen 7 % und 30 % liegen, die tatsächliche Beeinträchtigung der VGR durch die unrecorded economy erheblich überschätzen dürften.

---

590 Vgl. für die folgende Zusammenstellung der Hauptkritikpunkte Schneider/Enste (2000a), S. 95f. Die geäußerten Kritikpunkte können sowohl sowohl auf eine höhere als auch auf eine niedrigere Schattenwirtschaft hindeuten. Vgl. auch Thomas, J. (1999), S. F382–F388.

591 Vgl. zu dieser Problematik u.a. Feige (1994), (1996) und Rogoff (1998).

592 Darüber hinaus erfassen diese Schätzversuche auch „unproduktive" illegale Aktivitäten, die aus grundsätzlichen Erwägungen in der Volkswirtschaftlichen Gesamtrechnung nicht berücksichtigt werden, aber dennoch in Form von Bargeldtransaktionen durchgeführt werden, vgl. Blades (1982a), S. 31.

Die mit monetären Schätzansätzen gewonnenen empirischen Ergebnisse über das Ausmaß der Schattenwirtschaft dürfen also nicht ohne weiteres als nichterfaßtes Bruttosozialprodukt bzw. Bruttoinlandsprodukt interpretiert werden. Zwar können monetäre Ansätze in der Tat dazu verwendet werden, den Umfang der Untergrundwirtschaft abzuschätzen, die schlichte Hinzuaddierung der so erhaltenen Resultate zum offiziell ausgewiesenen BSP oder BIP birgt jedoch die Gefahr einer teilweisen Doppelzählung.

Würden die in Tabelle 19 dargestellten Schätzungen tatsächlich die statistisch nicht erfaßte Wertschöpfung korrekt widerspiegeln, so bedeutete dies angesichts der gravierenden Unterschiede zwischen den Mitgliedstaaten in der Tat eine erhebliche Beeinträchtigung für das Eigenmittelsystem im allgemeinen und die BSP-Eigenmittel im speziellen. Die Überlegungen zu Beginn dieses Abschnittes deuten jedoch darauf hin, daß die Fehlergröße bei der Messung des BSP geringer ist als der Gesamtumfang der Untergrundwirtschaft, wobei Schätzungen über die Größenordnung jedoch reine Spekulation bleiben müssen.

In diesem Zusammenhang ist auch anzumerken, daß die Europäische Kommission seit längerem darum bemüht ist, die Vollständigkeit der im Rahmen des ESVG ausgewiesenen makroökonomischen Aggregate zu erhöhen, so daß sich der Anteil der unrecorded economy an der Untergrundwirtschaft verringert.[593] Bezüglich der BSP-Eigenmittel ist dabei insbesondere die Entscheidung (94/168/EG, Euratom) der Europäischen Kommission (1994) zu nennen, die eine Ergänzung der BSP-Richtlinie (89/130/EWG, Euratom) darstellte und die die einheitliche Berücksichtigung aller Wirtschaftsaktivitäten der Untergrundwirtschaft, die nicht als solche illegal sind, bei der BSP-Ermittlung forderte.[594] Allerdings muß das Ziel einer gesicherten vollständigen Erfassung der Untergrundwirtschaft durch das ESVG als unrealistisch bezeichnet werden. Diese Einschätzung scheint auch der Europäische Rechungshof (1997a) zu teilen, der feststellt, daß die Schwierigkeiten der

---

593 Vgl. Moore (1993), S. 803, Stobbe (1994), S. 400 und Wolff (1994b). Vgl. auch Europäischer Rechnungshof (1998b), S. 70, der daran erinnert, daß die Mitgliedstaaten daran gehalten sind, die Schattenwirtschaft angemessen zu berücksichtigen.

594 Gemäß dem ESVG 95 müssen dagegen alle produktiven Transaktionen der Untergrundwirtschaft berücksichtigt werden. Daraus schließt der Europäische Rechnungshof (2000d), S. 7, daß illegale Aktivitäten in den einzelnen Mitgliedstaaten zuvor unterschiedlich behandelt wurden.

Erfassung der Schattenwirtschaft noch ein für alle Mitgliedstaaten ungelöstes Problem darstellen.[595] Insgesamt ist also davon auszugehen, daß eine hundertprozentige Genauigkeit für die BSP-Berechnung nicht erreicht werden kann und Fehler bei der Ermittlung von Aggregaten der Volkswirtschaftlichen Gesamtrechnung unvermeidlich sind.[596]

Eine Möglichkeit, diesen Unsicherheitsbereich darzustellen, besteht in der Angabe von subjektiven vermuteten Fehlerbereichen durch Experten.[597] Dieses Verfahren wird beispielsweise vom britischen Statistischen Zentralamt angewendet, das seine Jahresangaben je nach dem Grad ihrer Verläßlichkeit in vier Kategorien unterteilt. Das BSP fällt dabei in die sogenannte Kategorie A, für die ein Unsicherheitsbereich von ± 3 % unterstellt wird. Eine ähnliche Größenordnung nennen auch Frenkel/John (1999) für die Inlandsproduktzahlen der Bundesrepublik Deutschland, die auf eine Größenordnung von etwa 3 % verweisen, dabei allerdings zu Recht anfügen, daß die Beurteilung der Qualität dieser Daten notwendigerweise subjektiv ist.[598]

In diese Richtung gehen auch Vorschläge des Europäischen Rechnungshofes, der sich in den 90er Jahren in seinen Jahresberichten mehrfach mit der Qualität und Zuverlässigkeit der Volkswirtschaftlichen Gesamtrechnungen im allgemeinen und den BSP-Schätzungen im speziellen beschäftigt hat.[599] Ausgehend davon, daß die verschiedenen Unsicherheitsquellen die Gesamtzuverlässigkeit der Volkswirtschaftlichen Gesamtrechnung bestimmen, schlägt der Europäische Rechnungshof die Berechnung von „subjektiven Konfidenzintervallen" vor. Voraussetzung hierfür ist, daß für die einzelnen Fehlerquellen Unsicherheitsbereiche angegeben werden können bzw. sich

---

595 Europäischer Rechnungshof (1997a), S. 32.

596 So auch Stobbe (1994), S. 403.

597 Vgl. zum folgenden Rinne (1998), S. 217–219, (1994b), S. 151f. und ausführlich Rinne (1967), S. 301–314 sowie Stobbe (1994), S. 403ff., Hamer (1970), S. 83–88 und auch Reich/Braakmann (1995), S. 193–195. Insbesondere Rinne äußert sich kritisch zu dieser Vorgehensweise, die bereits in den 40er Jahren von Rao (1940) für Indien und Kuznets (1941), S. 501–540 für die USA angewendet wurde.

598 Frenkel/John (1999), S. 116; so auch Stobbe (1994), S. 403, der bezüglich der britischen Vorgehensweise ebenfalls darauf hinweist, daß die Angabe von Unsicherheitsbereichen auf Vermutungen beruht, die durch kein objektives Verfahren erhärtet werden.

599 Vgl. hierzu u.a. Europäischer Rechnungshof (1996a), S. 42–44, der diesbezüglich auf zwei Pilotuntersuchungen hinweist: Calzaroni/Puggioni (1995) und Penneck (1995).

die Konsequenzen der Unsicherheiten in statistischen Konzepten ausdrücken lassen. Die Konfidenzintervalle gäben dann einen Bereich an, der den tatsächlichen Wert des BSP mit einer bestimmten Wahrscheinlichkeit umschließt. Allerdings befinden sich die Überlegungen zur Berechnung von Konfidenzintervallen für Aggregate des ESVG noch in einem Anfangsstadium. Kritisch an einer solchen Vorgehensweise ist u.a., daß es sich bei den angegebenen Fehlermargen um subjektive Schätzungen handelt, die von Dritten nicht nachvollziehbar sind.[600] Da die Erhebungsfehler im Rahmen der VGR vermutlich keine stochastischen Zufallsfehler sind, sondern einen systematischen Einfluß ausüben, ist eine objektive, wahrscheinlichkeitstheoretisch fundierte Angabe von Konfidenzintervallen dagegen nicht möglich.[601] Somit sind die Fehlerschätzwerte nur deskriptiv verwendbar und stellen keine Schwankungs- oder Konfidenzintervalle im strengen wahrscheinlichkeitstheoretischen Sinne dar. Auf statistische Instrumente und Konzepte aus der Theorie der Fehlerschätzung kann man daher im Rahmen der Abschätzung des statistischen Fehlers in der VGR so gut wie nicht zurückgreifen.[602] Eine alternative Methode zur Darstellung der Qualität von Größen der VGR besteht in der Vergabe von Gütegraden, wie sie beispielsweise von Clark (1938, S. 61–65) oder für die VGR-Komponenten der USA von Young (1974) vorgenommen wurde.[603]

Letztendlich zeigen diese Überlegungen, daß eine völlig fehlerfreie und eindeutige Erfassung und Berechnung der nationalen Bruttosozialprodukte nicht möglich ist. Zusätzliche Probleme, die im folgenden behandelt werden, ergeben sich, wenn man von der nationalstaatlichen Ebene der Volkswirtschaftlichen Gesamtrechnung auf die europäischen Ebene übergeht.[604]

---

600 Eine ausführlichere Darstellung der Kritikpunkte findet sich in Rinne (1998), S. 218f. und (1994b), S. 149ff.

601 Vgl. Rinne (1967), S. 301.

602 Als weiteren Kritikpunkt, der im Rahmen des Eigenmittelsystems allerdings nur von untergeordneter Rolle ist, führt Rinne (1998), S. 218f. an, daß sich die Fehlermargen nur auf Niveaugrößen beziehen, so daß mangels Gültigkeit der Gesetze der Fehlerfortpflanzung keine direkte Berechnung für Wachstumsraten oder Strukturquoten möglich sei.

603 Vgl. hierzu auch Rinne (1994b), S. 151f. sowie Rinne (1998), S. 218f.

604 Es sei jedoch darauf hingewiesen, daß diese beiden Bereiche nicht völlig unabhängig voneinander sind.

4.3.2.3 Zur Vergleichbarkeit von BSP-Daten auf europäischer Ebene

Da die Bruttosozialprodukte der einzelnen Mitgliedstaaten als Bemessungsgrundlage herangezogen werden, ist eine möglichst gute Vergleichbarkeit ihrer absoluten Niveauwerte anzustreben, um Verzerrungen zu vermeiden. Nur so läßt sich eine zieladäquate Durchführung des Eigenmittelbeschlusses durchführen. Wie bereits erwähnt, resultieren daraus im Vergleich zur Berechnung von Wachstumsraten besondere Anforderungen an die statistischen Institutionen, da konstant bleibende strukturelle Erfassungsunterschiede zu permanenten „Fehlern" in der Berechung der BSP-Eigenmittel führen.

Allgemein setzt die internationale Vergleichbarkeit der BSP-Daten zweierlei Dinge voraus.[605] Zum einen müssen die verwendeten Definitionen, Begriffsabgrenzungen und Verbuchungsregeln harmonisiert sein und einen ausreichenden Übereinstimmungsgrad aufweisen. Hier geht es also im wesentlichen um die rechnungskonzeptionelle Angleichung und Rahmensetzung bezüglich der nationalen Volkswirtschaftlichen Gesamtrechnungen mit dem Ziel einer Vereinheitlichung der statistischen Normen. Zum anderen müssen aber auch die konkreten statistischen Erhebungs-, Bewertungs- und Berechnungsverfahren sowie die zugrundeliegenden Primär- und Sekundärstatistiken möglichst äquivalent sein, um den diskretionären Handlungs- und Ermessensspielraum der nationalen statistischen Ämter einzuschränken und somit eine einheitliche Datengrundlage zu generieren.[606] Darüber hinaus kann außerhalb der Europäischen Währungsunion auch der zur Umrechnung verwendete Wechselkurs eine entscheidende Rolle spielen. Je nach Fragestellung erweist sich die Anwendung von nominalen Wechselkursen oder von Kaufkraftparitäten als ökonomisch sinnvoll.

---

605 Vgl. zum folgenden z.B. Cordes (1996), S. 28f. und S. 35 sowie Europäischer Rechnungshof (2000d), S. 5, (1998b), S. 66 und (1996a), S. 42, der von konzeptioneller und praktischer Vergleichbarkeit spricht. Diese Unterscheidung findet sich auch bereits in den Erwägungsgründen der BSP-Richtlinie (89/130/EWG, Euratom), Rat der EG (1989c), S. 26.

606 Einschränkend ist allerdings anzumerken, daß bei einer zu starken europaweiten Vereinheitlichung die Gefahr besteht, daß spezifische nationale Anforderungen an die Volkswirtschaftliche Gesamtrechnung nicht mehr ausreichend berücksichtigt werden können, vgl. Moore (1993), S. 803.

Für die ersten Jahre nach Einführung der vierten Eigenmittelkategorie muß man davon ausgehen, daß die Harmonisierung der Erfassungsmethoden, sowohl in konzeptioneller als auch in praktischer Hinsicht, nur begrenzt realisiert war.[607] Außerdem wurde zum damaligen Zeitpunkt befürchtet, daß eine adäquate Vereinheitlichung, die befriedigende Ergebnisse liefern würde, nicht innerhalb weniger Jahre zu bewerkstelligen sei.[608]

Inzwischen ist allerdings auf definitorischer Ebene eine praktisch vollständige Harmonisierung erreicht worden und es ist davon auszugehen, daß auch die notwendige Umsetzung der damit verbundenen konzeptionellen Änderungen in den einzelnen Ländern zum größten Teil bereits realisiert wurde oder in naher Zukunft fertiggestellt wird. Neben der BSP-Richtlinie des Rates (89/130/EWG, Euratom) ist hierfür vor allem die Einführung des ESVG 95 verantwortlich[609], mit dem ein für alle Mitgliedstaaten der EU verbindliches statistisches Regelwerk geschaffen wurde und das zu erheblichen Änderungen in den bis dato existierenden nationalen VGR-Systemen führte.[610] Seit April 1999 erfolgen die ersten Teillieferungen nach den neuen Regelungen, wobei zunächst nur mit den Hauptaggregaten begonnen wurde. Eine vollständige Anwendung des ESVG auf alle Teilbereiche war erst für das Jahr 2003 vorgesehen, wobei den Mitgliedstaaten jeweils zusätzliche Ausnahmeregelungen bis zum Jahr 2005 eingeräumt wurden.[611] Aus konzeptio-

---

607 Vgl. die Ausführungen des Europäischen Rechnungshofes in seinen Jahresberichten, insbesondere Europäischer Rechnungshof (1992), S. 43, der auf zahlreiche ungelöste Fragen bezüglich einer europaweiten Vereinheitlichung der VGR-Regelungen zum damaligen Zeitpunkt hinweist.

608 Vgl. z.B. Messal (1991), S. 94.

609 Vgl. Rat der EU (1996) für das ESVG 95.

610 Frenkel/John (1999), S. 122 sprechen beispielsweise von den gravierendsten Änderungen, denen sich das deutsche System der Volkswirtschaftlichen Gesamtrechnung seit seiner Einführung gegenübersieht. Konsequenterweise wird es aus Kapazitäts- und Kostengründen nach der vollständigen Einführung des ESVG 95 kein eigenständiges deutsches System Volkswirtschaftlicher Gesamtrechnungen mehr geben. Vgl. auch Lützel (1994), S. 110f. und S. 113 sowie Cordes (1996), S. 33. Zwar besteht zunächst nur die Verpflichtung, die ESVG-Regeln innerhalb des sogenannten VGR-Lieferprogramms einzuhalten, so daß theoretisch ein eigenständiges nationales System weitergeführt werden könnte. Allerdings wird der Aufwand für ein solches Vorgehen als zu hoch eingeschätzt.

611 Vgl. Rat der EU (1996), Anhang B, S. 422–469.

neller Sicht ist durch das ESVG 95 eine EU-weite Harmonisierung der statistischen Konzepte, Klassifikationen und Buchungsregeln sichergestellt, so daß die Voraussetzungen für eine zuverlässige und vergleichbare quantitative Beschreibung der Volkswirtschaften der Mitgliedstaaten geschaffen wurden.[612]

Bezüglich der praktischen Vergleichbarkeit ist dagegen weiterhin von einem gewissen Unsicherheitsbereich auszugehen, da eine vollständige Harmonisierung der statistischen Erfassungsmethoden aufgrund nationaler Besonderheiten in der Verfügbarkeit der Datenquellen kaum realisierbar ist.[613] In diesem Bereich besteht somit möglicherweise noch Handlungsbedarf, um eine bessere Vergleichbarkeit der BSP-Daten zu gewährleisten.[614] Diesbezüglich sind auch die Bestrebungen des Europäischen Rechnungshofs erwähnenswert, der seit längerem die Entwicklung und Einführung von Indikatoren für die Vergleichbarkeit der BSP-Daten zwischen den Mitgliedstaaten fordert, allerdings bisher ohne durchschlagenden Erfolg.[615] Die Bedeutung einer europaweiten Harmonisierung und Verbesserung der Berechnung von VGR-Aggregaten manifestiert sich nicht zuletzt an den teilweise drastischen Erhöhungen, die im Rahmen bereits vollzogener Maßnahmen bei der BSP-Berechnung zu beobachten waren. Insbesondere die BSP-Werte von Grie-

---

612 Bleses/Essig/Hartmann/Strohm (1999), S. 257.

613 Europäischer Rechnungshof (1998b), S. 66, Europäischer Rechnungshof (1996a), S. 42 sowie die Antwort der Kommission auf S. 53. Vgl. auch den Hinweis in DIW (1999), S. 1, auf die weiterhin unterschiedliche Qualität der Primärstatistiken und Europäische Kommission (2001i), S. 26.

614 Implizit findet sich diese Forderung auch in Europäischer Rechnungshof (1998b) und (2000d), S. 9. Der kritischen Sicht des Rechnungshofes aus früheren Jahren hat sich auch das Europäische Parlament angeschlossen, das die Kommission aufgefordert hat, „...die erforderlichen Vorschriften zur Verbesserung und Harmonisierung der BSP-Grundlagen vorzulegen und die diesbezüglichen Kontrollen sicherzustellen“, Europäisches Parlament (1995b), S. 60; vgl. ausführlicher auch Europäisches Parlament (1995a), S. 20–22.

615 Europäischer Rechnungshof (2000d), S. 10, Europäischer Rechnungshof (1998b), S. 66 und erstmals Europäischer Rechnungshof (1996a), S. 42–44. Die Europäischen Kommission mißt diesem Ansatz jedoch nur eine eingeschränkte Bedeutung bei und beschränkte sich bisher auf die Prüfung möglicher Lösungsalternativen, vgl. die Antwort der Kommission in Europäischer Rechungshof (1996a), S. 53 und Europäischer Rechnungshof (2000d), S. 20.

chenland, Portugal und Luxemburg wurden in einer Größenordnung von 10-20 % nach oben korrigiert.[616] Auch in anderen Ländern gab es Bemühungen für eine Verbesserung der BSP-Ermittlung, wenngleich sich die Korrekturen in deutlich geringeren Größenordnungen bewegten.[617]

Um die methodische Harmonisierung der BSP-Berechnungen voranzubringen, machte die Europäische Kommission in der Vergangenheit sogenannte „Vorbehalte“ zu den von den Mitgliedstaaten gemachten BSP-Berechnungen, die sich teilweise auf alle oder auch nur auf bestimmte Mitgliedstaaten bezogen.[618] Sie haben zur Folge, daß die von den Mitgliedstaaten übermittelten BSP-Daten auch nach der sonst üblichen Frist von 4 Jahren noch geändert werden können, da ein mit „Vorbehalten“ belegtes BSP für ein gegebenes Haushaltsjahr von der Kommission nicht als endgültig feststehend angesehen wird und die Mitgliedstaaten zur Vornahme entsprechender Berichtigungen aufgefordert werden können.[619] Bei den alle Länder betreffenden Problembereichen handelte es sich dabei u.a. um die Vollständigkeit des BSP und hier insbesondere um die Erfassung der Schattenwirtschaft, den Übergang vom BIP zum BSP, die Behandlung der Dienstleistungen im Wohnungssektor, die Berücksichtigung von Subventionen und die Klassifikation von Steuern sowie die Behandlung der staatlichen und privaten Verwaltungen.[620] Ende 1999 bestanden noch 69 Vorbehalte, wobei ein Großteil auf die im Jahr 1995 neu beigetretenen Mitgliedstaaten fiel oder den Übergang vom ESVG 79 zum ESVG 95 betraf.[621]

---

[616] Vgl. Europäischer Rechnungshof (1996a), S. 52 (Antworten der Kommission). Ähnlich auch Europäischer Rechnungshof (1994), S. 32, der darauf hinweist, daß es auch für Irland zu Beginn der 90er Jahre eine signifikante Korrektur gab.

[617] Vgl. Europäischer Rechnungshof (1994), S. 32 und Europäischer Rechungshof (1996a), S. 52.

[618] Vgl. Europäischer Rechnungshof (2000d), S. 4.

[619] Vgl. Europäischer Rechnungshof (1994), S. 32 und vor allem Europäischer Rechnungshof (1993), S. 32. Vgl. allgemeiner bezüglich der „Vorbehalte“ Europäischer Rechnungshof (1997), S. 32ff. und Europäischer Rechnungshof (2000d), S. 4f. Die Mehrzahl der Vorbehalte, 128 von insgesamt 157, wurde im Jahr 1992 mitgeteilt, vgl. auch Europäischer Rechnungshof (1993b), S. 31f.

[620] Vgl. für eine nach Mitgliedstaaten differenzierten Auflistung Europäische Kommission (1997e), S. 34–39.

[621] Europäischer Rechnungshof (2000d), S. 6.

Während ein Großteil der Vorbehalte im Rahmen der Einführung des ESVG 95 gelöst wurde,[622] dürfte es sich im Bereich der Messung der Unrecorded economy um ein systemimmanentes Problem handeln, das zwar formal durch die Aufhebung der Vorbehalte behoben werden kann, bei dem aber letztlich immer mit einem nicht zu vernachlässigenden Mindestmaß an Unsicherheit bezüglich der Vergleichbarkeit der statistisch erfaßten BSP-Werte zu rechnen ist. Geht man davon aus, daß sich die im vorangegangenen Abschnitt skizzierte unterschiedliche Größe des informellen Sektors in ähnlicher Weise auch in der unrecorded economy niederschlägt, so kann – je nach Umfang der unrecorded economy – eine signifikante Beeinträchtigung der Vergleichbarkeit der BSP-Daten der Mitgliedstaaten nicht ausgeschlossen werden.

4.3.3 Schlußfolgerungen bezüglich der statistischen Eignung des Bruttosozialprodukts als Bemessungsgrundlage

Aufgrund der geschilderten Tatbestände ist eine hundertprozentige Genauigkeit der BSP-Daten, bezogen auf ein vorgegebenes definitorisches Regelwerk, nicht zu realisieren. Es bleibt immer ein unvermeidlicher Unsicherheitsbereich hinsichtlich der tatsächlichen Höhe des Bruttosozialprodukts bestehen, so daß die ausgewiesenen Werte grundsätzlich eine Scheingenauigkeit implizieren. Allerdings kann das Ausmaß der potentiellen Fehler und des daraus resultierenden Unsicherheitsgrades durch entsprechend gewählte Anpassungen und Kontrollen statistischer Verfahren innerhalb gewisser Grenzen variiert werden. Als problematisch muß dabei die Evaluierung der tatsächlichen Unsicherheitsmargen und der daraus resultierenden Verzerrungen im ESVG angesehen werden, da es hierfür keine zuverlässigen Daten gibt. Inwieweit die Anregungen des Europäischen Rechnungshofes, der die Angabe von Konfidenzintervallen auf nationaler Ebene und die Entwicklung eines Systems von Vergleichsindikatoren auf internationaler Ebene vorschlägt, dazu beitragen können, dieses Problem objektiv zu lösen, muß letztlich im Rahmen der empirischen Wirtschaftsforschung beantwortet werden.

Grundsätzlich müssen Maßnahmen, die nur mit dem Ziel ergriffen werden, die Genauigkeit und Vergleichbarkeit statistischer Daten zu verbessern, un-

---

[622] Vgl. z.B. Europäischer Rechnungshof (1995), S. 44, der auf länderspezifische Unterschiede bei der Realisierung der Lösungen hinweist.

ter Kosten-Nutzen-Aspekten diskutiert werden. Im europäischen Kontext ist darüber hinaus eine „politische“ Einigung darüber erforderlich, inwieweit man potentielle Verzerrungen in der Aufteilung der Finanzierungslasten zwischen den Mitgliedstaaten akzeptiert. Allerdings sollte sich eine entsprechende Kosten-Nutzen-Analyse nicht auf das Eigenmittelsystem und seine Funktionsfähigkeit beschränken, sondern auch die zahlreichen weiteren Verwendungszwecke von ESVG-Aggregaten in der Europäischen Union berücksichtigen. Es ist dabei zu bedenken, daß auch alternative Finanzierungsformen des EU-Haushalts, die auf statistischen Größen beruhen, in der Regel mit ähnlichen Fehlern behaftet sind. Explizit ist diesbezüglich die Kategorie der MwSt.-Eigenmittel zu nennen, die zum Teil ebenfalls auf statistischen Hilfsgrößen basiert. Aber auch eine eigenständige europäische Steuer oder die direkte Beteiligung der EU an einer harmonisierten Steuerbemessungsgrundlage in den Mitgliedstaaten, etwa in Form einer direkten Beteiligung der EU an der Mehrwertsteuer oder an einer harmonisierten Einkommensteuer, hätte mit den Problemen der Steuerhinterziehung und unterschiedlich effizienter Verwaltungen zu kämpfen. Daher erscheinen das BSP oder auch andere umfassende Aggregate der Volkswirtschaftlichen Gesamtrechnung bei angemessener Harmonisierung durchaus dazu geeignet zu sein, als legitime Bemessungsgrundlage im Eigenmittelsystem zu fungieren.

Es steht außer Frage, daß sowohl in den Mitgliedstaaten als auch den Europäischen Institutionen erhebliche Anstrengungen unternommen worden sind, um eine vergleichbare und zufriedenstellende Datenqualität sicherzustellen.[623] Da es sich bei der Volkswirtschaftlichen Gesamtrechnung um ein hochkomplexes und sehr umfangreiches Daten- und Rechenwerk handelt, sind verbessernde Modifikationen und Änderungen, die eine erhöhte Genauigkeit und Vergleichbarkeit generieren, nur langsam möglich. Mit Abschluß der vollständigen Einführung des ESVG 95 sollte jedoch eine – unter Kosten-Nutzen-Aspekten – ausreichend zuverlässige und harmonisierte Bemessungsgrundlage vorliegen.

[623] Vgl. für eine implizite Beschreibung und Auflistung der Verbesserungen und Fortschritte, die im Zeitablauf seit Einführung der BSP-Eigenmittel realisiert wurden, die jeweiligen Kapitel über die BSP-Eigenmittel in den Jahresberichten des Europäischen Rechungshofes und die Antworten der Kommission.

Allerdings erfordert die möglichst genaue Berechung des BSP einen vergleichsweise langen Zeitraum. Dies wird nicht zuletzt an den Korrekturen deutlich, die teilweise erst Jahre nach der ersten veröffentlichten vorläufigen Schätzung erfolgen. Im Rahmen des Eigenmittelsystems werden daher Änderungen des BSP, die bis zum 30. September des vierten auf ein bestimmtes Haushaltsjahr folgenden Jahres erfolgen, regulär berücksichtigt.[624] Während des Haushaltsverfahrens muß daher auf vorläufige Schätzungen zurückgegriffen werden, die teilweise erhebliche Fehlerquoten im Vergleich zu den endgültigen Werten aufweisen.[625] Ein zu diesem Verfahren sinnvolle Alternative könnte in der Orientierung an statistisch abgesicherten und korrigierten Vergangenheitswerten liegen. Die BSP-Eigenmittel des Haushaltsjahres t würden sich beispielsweise am BSP des Jahres $t-4$ als Bemessungsgrundlage orientieren. Ein ähnliches Verfahren könnte im übrigen auch bezüglich der MwSt.-Eigenmittel gewählt werden, bei denen sich das Problem der Vorausschätzungen mit anschließenden multiplen Korrekturen in ähnlicher Weise stellt.

Zum einen ließe sich somit ein Großteil der aus operativer Sicht unbefriedigenden Korrektursalden in späteren Haushaltsjahren vermeiden, was einer erhöhten Transparenz gleichkäme. Zum anderen ließen sich die prozyklischen Effekte, die das Eigenmittelsystem im Status-quo aufweist, dadurch abschwächen.[626] Da der EU ein Ausgleich von operativen Haushaltsdefiziten durch Kreditaufnahme untersagt ist, impliziert die Orientierung am (geschätzten) BSP für die Ermittlung der maximal erlaubten Eigenmittelobergrenze eine konjunkturverstärkende Wirkung. Dies gilt zumindest dann,

---

[624] Vgl. Artikel 10 Abs. 8 der Verordnung (EG, Euratom) Nr. 1150/2000 des Rates zur Durchführung des Beschlusses 94/728/EG, Euratom über das System der Eigenmittel der Gemeinschaften, Rat der EU (2000d), S. 7. Sofern von der Europäischen Kommission Vorbehalte gegen die Daten gemacht werden, können auch noch Änderungen für weiter zurückliegende Jahre berücksichtigt werden. Im Haushaltsplan für das Jahr 2001 finden sich Korrekturen, die bis Anfang der 80er Jahre zurückreichen, vgl. Europäisches Parlament (2001), S. 29–33.

[625] Vgl. Europäische Kommission (1996d), S. 26 und Europäischer Rechnungshof (1995), S. 41f.

[626] Vgl. zur Prozyklik des Eigenmittelsystems z.B. Walthes (1996), S. 203, Peffekoven (1994), S. 93f. und Europäische Kommission (1993b), S. 23. Allerdings sollte die konjunkturpolitische Bedeutung des EU-Budgets nicht überschätzt werden. Zum einen ist sein finanzielles Volumen dafür schlicht zu gering, zum anderen verläuft die konjunkturelle Entwicklung in den Mitgliedstaaten der EU keineswegs immer parallel.

wenn der so definierte maximal zulässige Finanzrahmen weitgehend ausgeschöpft ist. In Jahren hohen Wirtschaftswachstums kann auch das Eigenmittelvolumen stark ansteigen, während in rezessiven Phasen nur geringe Ausgabenerhöhungen – wenn überhaupt – möglich sind. Geht man von einem typischerweise 6-8 Jahre dauernden Konjunkturzyklus aus, so könnte die vorgeschlagene Verzögerung als eine Art automatischer Stabilisator fungieren. Alternativ käme auch die Anwendung gleitender Durchschnitte von Vergangenheitswerten des BSP in Frage, womit das Problem der (variablen) Dauer von Konjunkturzyklen abgemildert würde. Auch wenn die Ausführungen in Kapitel 3 nahe legen, daß der Europäischen Union keine direkte stabilitätspolitische Aufgabenkompetenz zugeordnet werden sollte, könnte eine systeminhärente stabilisierende Wirkung – auch aus politökonomischer Perspektive – positiv beurteilt werden, insbesondere da aufgrund der automatischen Wirkungsweise keine diskretionären, defizitgenerierenden Politikentscheidungen getroffen werden müßten. Mit der Orientierung an Vergangenheitswerten wäre aufgrund des feststehenden maximalen Haushaltsvolumens auch ein erhöhtes Maß an Planungssicherheit verbunden, insbesondere in Phasen konjunktureller Wendepunkte, wenn die Prognosen des Wirtschaftswachstums sich als besonders schwierig und unzuverlässig erweisen.

5. Verteilungsgerechtigkeit und Beitragspflichten der Mitgliedstaaten

5.1 Das Eigenmittelsystem unter dem Aspekt der Beitragskapazität der Mitgliedstaaten

5.1.1 Vorbemerkungen

Praktisch mit Beginn der Einführung des Eigenmittelsystems begann eine Diskussion über die „gerechte“ Aufteilung der finanziellen Belastungen (und Leistungen) der Gemeinschaft zwischen den Mitgliedstaaten, die bis in die Gegenwart immer wieder in politischen Auseinandersetzungen über die Nettozahlungspositionen kulminiert.[627] Konkreter Ausfluß dieser Diskussion war zum einen ein im Jahre 1976 vereinbarter und auf sieben Jahre befristeter allgemeiner Korrekturmechanismus – auch Finanzmechanismus genannt –, der jedoch nie zur Anwendung kam, da kein Mitgliedstaat alle Voraussetzungen gleichzeitig erfüllte.[628] Zum anderen konnte das Vereinigte Königreich im Jahre 1984 auf dem Gipfel des Europäischen Rates in Fontainebleau einen Korrekturmechanismus zu seinen Gunsten durchsetzen, der im Eigenmittelbeschluß (85/257/EWG, Euratom) aus dem Jahr 1985 erstmals verbindlich kodifiziert wurde und der bis heute – angepaßt an die Modifikationen im Eigenmittelsystem – Bestand hat.

Während die Bedeutung von Nettozahlungspositionen – zurecht – umstritten ist, besteht weitgehende politische Einigkeit darüber, daß im gegenwärtigen System die zur Deckung des EU-Haushalts erforderlichen Beitragszahlungen

---

627 Treibende Kraft war nach seinem Beitritt im Jahr 1973 das Vereinigte Königreich, vgl. Messal (1991), S. 112, Messal (1989), S. 25f., Peffekoven (1994), S. 55 und Europäische Kommission (1995a), S. 18f.

628 Die grundsätzliche Einigung auf einen Ausgleichsmechanismus fand am 10. und 11. März 1975 durch den Europäischen Rat in Dublin statt, vgl. Messal (1991), S. 122ff. und Peffekoven (1994), S. 55ff. Der Wortlaut des Finanzmechanismus findet sich in Verordnung Nr. 1172/76 des Rates vom 17. Mai 1976 zur Schaffung eines Finanzmechanismus, Rat der EG (1976), geändert durch die Verordnung 2743/80 des Rates vom 27. Oktober 1980, Rat der EG (1980). Eine detailliertere Beschreibung seiner Funktionsweise enthält u.a. Nittka (1979), S. 286–294 und Europäische Kommission (1993b), S. 102.

der Mitgliedstaaten den jeweiligen nationalen Wohlstand in angemessener Weise reflektieren sollten. Wohlhabendere Länder müssen nach dieser Vorstellung einen höheren Pro-Kopf-Beitrag an die EU abführen, da man davon ausgeht, daß diese Mitgliedstaaten eine höhere nationale „Beitragskapazität" bzw. „Leistungsfähigkeit" besitzen.

Die Umsetzung dieser Zielsetzung in der Praxis und die entsprechende Ausrichtung der Beitragszahlungen erfordert meßbare ökonomische Indikatoren, die verläßliche Informationen über den jeweiligen nationalen Wohlstand und die daraus abgeleitete Beitragskapazität eines Mitgliedstaates liefern. Angesichts der Notwendigkeit einer klaren Operationalisierbarkeit potentieller Indikatoren werden zu diesem Zweck vor allem makroökonomische Größen der Volkswirtschaftlichen Gesamtrechnung vorgeschlagen, die ein hochaggregiertes und möglichst umfassendes Bild der wirtschaftlichen Lage geben sollen. Im gegenwärtigen Eigenmittelsystem basieren vor allem die BSP-Eigenmittel auf diesen Überlegungen.

Eine auf der Ebene aller Mitgliedstaaten durchgeführte Betrachtung der Wohlstandniveaus berücksichtigt jedoch interpersonelle und regionale Disparitäten innerhalb eines Landes, die ein erhebliches Ausmaß annehmen können, nur rudimentär. Für einen Mitgliedstaat mit einer insgesamt homogenen regionalen Einkommensstruktur kann ein vergleichbares statistisches Wohlstandsniveau durch das BSP gemessen werden, wie für ein Land, das sich aus einer „reichen" und einer „armen" Region zusammensetzt,[629] ohne daß die tatsächlichen Lebensverhältnisse in den drei Regionen auch nur annähernd identisch sein müssen. So lag der durchschnittliche Wert des BIP je Einwohner in Deutschland in den Jahren 1995 bis 1997 bei 22.901 Euro, wobei Hamburg mit 41.329 Euro die Spitzenposition einnahm, während Thüringen mit 13.605 Euro, also gerade einmal einem Drittel, das Schlußlicht bildete.[630] Ähnliche Unterschiede finden sich auch in den anderen Mitgliedstaaten der EU. Da jedoch im gegenwärtigen Eigenmittelsystem, abgesehen von der Ausnahme der traditionellen Eigenmittel, weder die Wirtschaftssub-

---

629 Vgl. hierzu u.a. Scheuer (1993), S. 575. Gleiches gilt natürlich auch auf der Ebene von individuellen Wirtschaftssubjekten.

630 Vgl. Behrens (2000), S. 4. Dort findet sich auch eine umfassende Übersicht über die regionale Struktur des Pro-Kopf-BIP in der Europäischen Union, sowohl zu nominalen Wechselkursen als auch zu Kaufkraftparitäten umgerechnet.

jekte noch die kommunalen und regionalen Jurisdiktionen direkte Schuldner der Eigenmittelzahlungen sind, ist zwar denkbar, aber keineswegs sichergestellt, daß derartige lokale Disparitäten innerhalb der Mitgliedstaaten, etwa im Rahmen der nationalen Steuersysteme, adäquat berücksichtigt werden.

Ausgehend von der Annahme, daß eine am Wohlstand und der „Beitragskapazität" der Mitgliedstaaten orientierte Finanzierung des EU-Haushaltes politisch gewünscht wird, sollen im folgenden alternative makroökonomische Aggregate der Volkswirtschaftlichen Gesamtrechnung im Hinblick auf ihre Eignung als Wohlstandsindikatoren diskutiert werden. Grundsätzlich ist hierbei bereits an dieser Stelle anzumerken, daß die Mitgliedstaaten je nach ausgewähltem Indikator unterschiedliche Positionen auf der „EU-Wohlstandsskala" einnehmen können, so daß jede Reihung gewisse willkürliche Elemente enthält.[631]

5.1.2 Zur Eignung makroökonomischer Aggregate als Wohlstandsindikatoren

Die Aufteilung der Finanzierungslasten auf die einzelnen Mitgliedstaaten anhand makroökonomischer Aggregate aus der Volkswirtschaftlichen Gesamtrechnung basiert auf der grundsätzlichen Vorstellung, daß diese adäquate Indikatoren für den Wohlstand von Staaten sowie für internationale Wohlstandsvergleiche zwischen Mitgliedsländern sind. Diese Sichtweise ist – zurecht – nicht unumstritten, da die statistischen Rechensysteme der Volkswirtschaftlichen Gesamtrechnung nicht mit dem Ziel einer allgemeinen Wohlfahrtsmessung konzipiert wurden.[632] Kritiker bringen im wesentlichen zwei Gruppen von Gegenargumenten gegen die Verwendung von VGR-Aggregaten als Wohlstandsindikatoren vor.[633] Zum einen wird bemängelt,

---

[631] Vgl. z.B. Scheuer (1993).

[632] Vgl. United Nations et al. (1993), S. 14f. und Rat der EU (1996), S. 24. Ähnlich äußert sich auch Eichmann (1985), S. 519. Lützel (1993), S. 717f. weist darauf hin, daß nach dem Verständnis der Autoren des Systems of National Accounts 1993 das BIP [oder andere Aggregate der VGR, der Verfasser] kein Maßstab für den Wohlstand oder die Wohlfahrt einer Nation sein soll

[633] Vgl. zum folgenden überblicksartig z.B. Haslinger (1995), S. 221–224, Stobbe (1994), S. 391–395, Brümmerhoff (1995), S. 227–235 oder Frenkel/John (1999), S. 159–162.

daß bestimmte wohlstandsrelevante Vorgänge in der Volkswirtschaftlichen Gesamtrechnung überhaupt nicht berücksichtigt werden. Zum anderen richtet sich die Kritik auf die unzureichende oder falsche Erfassung von Transaktionen, die der zugrundeliegenden Systematik der VGR zuwiderlaufen kann. Konkret können u. a. die folgenden Aspekte zu einer Fehleinschätzung der „tatsächlichen" Wohlfahrt anhand von Sozialproduktsgrößen führen:[634]

- Die teilweise Nichterfassung der Schattenwirtschaft sowie die Nichterfassung von Eigenleistungen der privaten Haushalte;
- die Nichterfassung sozialer Kosten und Erträge im Sinne externer Effekte;
- die Nichtberücksichtigung der Zeitallokation der Bevölkerung, z. B. zwischen Arbeit und Freizeit;
- die Nichtberücksichtigung möglicher Beeinträchtigungen des Wohlstandspotentials zukünftiger Generationen;
- die fehlende direkte Berücksichtigung der Einkommensverteilung;
- die Nichtberücksichtigung wohlstandsrelevanter, nicht-ökonomischer Größen wie z.B. politische Freiheiten;
- die Bewertung staatlicher Leistungen zu Herstellungskosten;
- die Behandlung sämtlicher staatlicher Leistungen als Endprodukte;
- die Behandlung sämtlicher Ausgaben privater Haushalte als Käufe von Endprodukten.

Für den internationalen Vergleich resultieren zusätzliche Probleme aus heterogenen Wirtschaftsstrukturen in unterschiedlichen Staaten, die verzerrende Effekte mit sich bringen können. Dabei ist neben der bereits erwähnten Schattenwirtschaft bzw. Unrecorded economy an den Umfang von Eigenleistungen privater Haushalte, die Wertschätzung von Freizeit sowie den – nicht verteilungspolitisch motivierten – Staatsanteil in den einzelnen Ländern zu denken.

Aufgrund dieser und weiterer Kritikpunkte an der Meßbarkeit des nationalen Wohlstandes mit Hilfe der Volkswirtschaftlichen Gesamtrechnung, wurden Versuche unternommen, alternative Konzepte für eine adäquate Wohl-

---

[634] Die ersten sechs Argumente gehören der ersten Gruppe an, die letzten drei dagegen der zweiten Argumentationsgruppe.

fahrtsmessung zu entwickeln.[635] Dazu gehören u.a. Überlegungen von Juster (1973), der unter Einbeziehung einer weitgefaßten Vermögensrechnung ein „wohlstandsorientiertes Inlandsprodukt“ [636] vorschlägt, oder von Nordhaus/Tobin (1972, 1973), die einen als „Measure of Economic Welfare“ (MEW) bezeichneten Index aus der Volkswirtschaftlichen Gesamtrechnung ableiten.

Neben diesen eindimensionalen Größen, denen als Ausgangspunkt „korrekturbedürftige“ makroökonomische Aggregate der VGR zugrunde liegen, finden sich auch Vorschläge für Systeme von sozialen Indikatoren, die eine Vielzahl von Einflußfaktoren auf die Lebensqualität einer Gesellschaft zu berücksichtigen versuchen.[637] Hierzu gehören das System der OECD (1982, 1986) sowie der „Human Development Index“ (HDI) des United Nations Development Program (UNDP 1999)[638]. Ein älteres Beispiele stellt die Untersuchung von Hauser/Lörch (1973) zum Vergleich des Lebensstandards in Deutschland und Japan dar, die sich am 1966 entwickelten Standard of Living Index des United Nations Research Institute for Social Development (UNRISD) orientieren.[639]

Des weiteren wurden in den letzten Jahren verstärkte Bemühungen unternommen, das System der Volkswirtschaftlichen Gesamtrechnung in Nebenrechnungen um zusätzliche wohlstandsrelevante Faktoren zu ergänzen. Diesbezüglich ist in Deutschland insbesondere die Umweltökonomische Gesamtrechnung sowie das Satellitensystem Haushaltsproduktion zu nennen.[640]

---

[635] Vgl. Mamalakis (1996), Frenkel/John (1999), S. 162–169 und Haslinger (1995), S. 228–251; ähnlich auch Brümmerhoff (1995), S. 229–235. Kritisch zu diesen Weiterentwicklungen äußert sich von der Lippe (1996a).

[636] Zu den Vermögenskategorien von Juster zählen u.a. auch das aus den natürlichen Ressourcen einer Gesellschaft gebildete „natürliche Vermögen“ und das „sozialpolitische Vermögen“, das Sicherheits- und politische Freiheitsaspekte beinhaltet.

[637] Vgl. von der Lippe (1996a), für die Unterscheidung zwischen monetären Indikatoren (z.B. in Form von Korrekturen am Sozialprodukt) und reinen Indexmethoden.

[638] Vgl. zur Berechnung und Interpretation des HDI und anderer vom UNDP berechneter Indizes insbesondere UNDP (1999), S. 127–163.

[639] Vgl. auch von der Lippe (1996a), S. 50ff. und Drewnowski (1970).

[640] Die Konzeption der Umweltökonomischen Gesamtrechung wird von Radermacher/Stahmer (1994) und (1995) behandelt. Aaheim/Nyborg (1995) und Radermacher/Stahmer (1996) diskutieren Möglichkeiten und Probleme einer Umweltökonomischen Gesamtrechnung bzw. eines Ökosozialprodukts. Letztere verweisen explizit dar-

Da die auf der Grundlage dieser Kritik entwickelten verschiedenen Alternativkonzepte jedoch ebenfalls mit beträchtlichen theoretischen und praktischen Problemen zu kämpfen haben, erscheint die Verwendung von makroökonomischen Aggregaten als Indikator für die „nationale Wohlfahrt" der Mitgliedstaaten der EU unter Kosten-Nutzen-Überlegungen gerechtfertigt. Der vergleichbare Entwicklungsstand sowie nicht allzu stark differierende wirtschaftliche Strukturen der Mitgliedstaaten unterstützen dieses Vorgehen, da sie einen ähnlichen Einfluß der nichtberücksichtigten Wohlstandsfaktoren auf alle Mitgliedstaaten vermuten lassen. Dementsprechend weist die Rangfolge der Länder im Rahmen komplexer Indikatorsysteme eine gute – aber bei weitem nicht perfekte – Korrelation mir ihrem Rang bei volkswirtschaftlichen Aggregaten auf.

Im Rahmen der Auswahl entsprechender VGR-Indikatoren für die Beitragskapazität auf europäischer Ebene sind im wesentlichen zwei grundlegende Probleme zu lösen. Zum einen müssen sich die Mitgliedstaaten der EU auf eine Größe des ESVG einigen, die sie als Vergleichsmaßstab zugrunde legen wollen. Zum anderen stellt sich die Frage nach dem adäquaten Umrechnungskurs von Landeswährung in Euro, da nicht alle EU-Mitglieder auch an der Währungsunion teilnehmen. Da diese Entscheidungen zum Teil mit erheblichen finanziellen Auswirkungen für die Mitgliedstaaten verbunden sein können, bestehen immer wieder divergierende Auffassungen darüber, welche Variante zu präferieren ist.

---

auf, daß mit der Umweltökonomischen Gesamtrechnung nicht der Berechnungsversuch eines neuen Wohlfahrtsmaßes gemacht werden sollte, vgl. Radermacher/Stahmer (1996), S. 174f. Schäfer/Schwarz (1994) geben einen Überblick über das Satellitensystem Haushaltsproduktion. Vgl. für einen Überblick über beide „Nebenrechnungssysteme" auch Frenkel/John (1999), S. 169–189.

5.1.3 Alternative Wirtschaftsindikatoren im Rahmen der VGR

5.1.3.1 Alternative makroökonomische Aggregate der VGR

Im Rahmen der Volkswirtschaftlichen Gesamtrechnung werden mehrere unterschiedlich abgegrenzte makroökonomische Aggregate berechnet und ausgewiesen.[641] Dabei können verschiedene Abgrenzungskriterien unterschieden werden: dabei handelt es sich um die die räumliche und zeitliche Dimensionen sowie um alternative Bewertungsansätze.

Die Unterscheidung zwischen Inlands- und Inländerkonzept (d.h. Sozialproduktskonzept) stellt für eine offene Volkswirtschaft eine räumliche Abgrenzung hinsichtlich der Einkommensentstehung dar. Gemäß dem Inlandskonzept erfolgt eine territoriale Abgrenzung, unabhängig davon, in welchem Umfang inländische oder ausländische Wirtschaftssubjekte an der wirtschaftlichen Aktivität innerhalb der Grenze der Volkswirtschaft beteiligt sind. Umgekehrt beinhaltet das Sozialprodukt das den Inländern, d.h. Gebietsansässigen, aus produktiver Tätigkeit zugeflossene Einkommen, unabhängig vom Ort der Entstehung. Eine zeitliche Komponente bilden die Abschreibungen, die das Kriterium zur Unterscheidung zwischen Brutto- und Nettogrößen sind. Der Einfluß von indirekten Steuern und von Subventionen spiegelt sich in der Bewertung der einzelnen Transaktionen wider. Dementsprechend wird zwischen VGR-Größen zu Marktpreisen und zu Faktorkosten unterschieden.

Eine in internationalen Vergleichen häufig verwendete Größe ist das Bruttoinlandsprodukt zu Marktpreisen (BIP), das ein Maß für den Wert der Gütererzeugung im Inland darstellt. Es entspricht (nach der Entstehungsrechnung) dem Produktionswert der Waren und Dienstleistungen innerhalb einer räumlich abgegrenzten Volkswirtschaft, abzüglich der Vorleistungen und zuzüglich der Mehrwertsteuer und der Nettoeinfuhrabgaben. Alternativ läßt sich das BIP auch nach der Verwendungsrechnung als Summe von privatem Verbrauch, Staatsverbrauch, Bruttoinvestitionen und Nettoexporten darstellen. Subtrahiert man vom BIP zu Marktpreisen die Abschreibungen, so erhält man das Nettoinlandsprodukt zu Marktpreisen. Dieses entspricht dem Ge-

---

[641] Die folgende Übersicht orientiert sich u.a. an Frenkel/John (1999), S. 50–57, Reich/Braakmann (1995), S. 14ff. und S. 49–52, Haslinger (1995), S. 46–50, Brümmerhoff (1995), S. 44–59, sowie Brümmerhoff/Lützel (1994) und Härtel (1994).

samtwert des Konsums, der Nettoinvestitionen und dem Außenbeitrag einer Volkswirtschaft. Es unterscheidet sich vom Nettoinlandsprodukt zu Faktorkosten durch die Berücksichtigung der indirekten Steuern abzüglich von Subventionen. Damit entspricht letzteres wertmäßig genau den im Inland entstandenen Faktoreinkommen bzw. der Summe der Nettowertschöpfungen aller Produktionsbereiche einer Volkswirtschaft.[642]

Analoge Überlegungen sind prinzipiell auch für das Bruttosozialprodukt zu Marktpreisen (BSP) möglich, wobei statt der „Inlandsprodukte" dann die entsprechenden „Sozialprodukte" entstehen. Im Gegensatz zum BIP, das die Wirtschaftsaktivität innerhalb eines Landes unabhängig davon erfaßt, ob es sich um in- oder ausländische Produktionsfaktoren handelt, beruht das BSP auf dem Inländerkonzept: Das Inlandsprodukt plus dem Saldo der Erwerbs- und Vermögenseinkommen zwischen Inländern und der übrigen Welt (d.h. zuzüglich Einkommen aus dem Ausland und abzüglich gezahlter Einkommen an das Ausland) ergibt das Sozialprodukt. Übersteigt das BSP das BIP, so erhalten inländische Wirtschaftssubjekte mehr Einkommen aus dem Ausland als an ausländische Wirtschaftssubjekte fließt, d.h. der Saldo der Erwerbs- und Vermögenseinkommen zwischen Inländern und der übrigen Welt ist dann positiv. Während das BIP den Gesamtwert der im Inland erzeugten Güter darstellt, unabhängig davon, ob in- oder ausländische Wirtschaftssubjekte dazu beigetragen haben, stellt das BSP auf den gesamten Einkommensbetrag ab, der Inländern während einer Periode zufließt, unabhängig davon, ob er aus Produktionsaktivitäten im In- oder Ausland resultiert. Die bisherigen Aussagen dieses Abschnitts faßt die folgende Abbildung 10 nochmals überblicksartig zusammen.

---

[642] Vgl. Haslinger (1995), S. 47f.

Abbildung 10: Übersicht über die Berechnung von Inlands- und Sozialprodukten

Inlandskonzept (Gütersphäre)		Inländerkonzept (Einkommenssphäre)
Summe der Produktionswerte - Vorleistungen = Bruttowertschöpfung + nichtabzugsfähige Umsatzsteuer (Mehrwertsteuer) + (Netto)-Einfuhrabgaben	*(Entstehungsrechnung)*	
= BIP zu Marktpreisen = Privater Verbrauch + Staatsverbrauch + Bruttoinvestitionen + Ausfuhr - Einfuhr *(Verwendungsrechnung)*	+ Saldo der Erwerbs- und Vermögenseinkommen zwischen Inländern und der übrigen Welt, d.h. + Erwerbs- und Vermögenseinkommen aus der übrigen Welt - Erwerbs- und Vermögenseinkommen an die übrige Welt	= BSP zu Marktpreisen
- Abschreibungen		- Abschreibungen
= Nettoinlandsprodukt zu Marktpreisen	+ Saldo der Erwerbs- und Vermögenseinkommen zwischen Inländern und der übrigen Welt	= Nettosozialprodukt zu Marktpreisen
- Indirekte Steuern + Subventionen		- Indirekte Steuern + Subventionen
= Nettoinlandsprodukt zu Faktorkosten (= Nettowertschöpfung)	+ Saldo der Erwerbs- und Vermögenseinkommen zwischen Inländern und der übrigen Welt	= Nettosozialprodukt zu Faktorkosten (= Volkseinkommen)
= Summe der im Inland entstandenen Erwerbs- und Vermögenseinkommen		= Summe der den Inländern zugeflossenen Erwerbs- und Vermögenseinkommen
Weitere Untergliederung im Rahmen der *Verteilungsrechnung* möglich		Weitere Untergliederung im Rahmen der *Verteilungsrechnung* möglich

Quelle: Eigene Darstellung in Anlehnung an Haslinger (1992), S. 49, Brümmerhoff (1995), S. 45, Reich/Braakmann (1995), S. 50 sowie Frenkel/John (1999), S. 54 und S. 109.

5.1.3.2 Alternative Wechselkurse

Im Rahmen internationaler Vergleiche kommt aufgrund der unterschiedlichen Währungen noch ein Umrechnungsproblem hinzu, bevor man die makroökonomischen Aggregate der VGR auch hinsichtlich ihrer absoluten Höhe tatsächlich vergleichen kann. Prinzipiell lassen sich hierbei nominale Wechselkurse (stichtagsbezogen oder als Durchschnittswerte)[643] und Kaufkraftparitäten unterscheiden. Die Notwendigkeit einer Unterscheidung zwischen nominalen Wechselkursen und Kaufkraftparitäten ist gleichbedeutend mit der Tatsache, daß die Kaufkraftparitätentheorie nur einen eingeschränkten Erklärungswert für die Entwicklung des nominalen Wechselkurses hat. Während die relative Kaufkraftparitätentheorie zumindest in der (ganz) langen Frist als Erklärungsmodell für Wechselkursbewegungen gelten kann, wird die Gültigkeit der für Niveauvergleiche erforderlichen absoluten Kaufkraftparität übereinstimmend als nicht gegeben angesehen.[644]

Zwar hat sich innerhalb der Europäischen Union das Problem der Wechselkursumrechnung durch die Einführung des Euro in 12 der 15 alten Mitgliedstaaten insofern verringert, als für diese 12 Staaten Schwankungen eines nominalen Wechselkurses – mangels seiner Existenz – unerheblich geworden sind. Doch nicht zuletzt angesichts der Osterweiterung der EU ist bisher nicht absehbar, ob alle Mitgliedstaaten jemals der Währungsunion beitreten werden, so daß das Problem schwankender nominaler Wechselkurse auch innerhalb der EU noch nicht vollständig ad acta gelegt werden kann.

Aber selbst in einer Währungsunion kann angesichts unterschiedlicher nationaler oder regionaler Preisniveaus für manche Fragestellungen ein Vergleich der Aggregate in Kaufkraftparitäten sinnvoll sein. Kaufkraftparitäten erfassen die Preisrelationen für einen einheitlichen, repräsentativen Warenkorb zwischen verschiedenen Ländern und berücksichtigen so die Divergenzen des räumlichen Preisniveaus.[645] Im Rahmen der EU erfolgen solche Um-

---

[643] Sofern (neue) Mitgliedstaaten zunächst noch nicht Mitglied in der Währungsunion sind, aber bereits am Europäischen Wechselkursmechanismus EWS II teilnehmen, sind als Umrechnungskurs auch die „normativen" Zielkurse des EWS II denkbar.

[644] Einen Überblick über die Kaufkraftparitätentheorie gibt z.B. Rogoff (1996). Trotz älterer Vorläufer gehen ihre modernen Ursprünge vor allem auf Arbeiten von Gustav Cassel zu Beginn der 20er Jahre des 20. Jahrhunderts zurück.

[645] Vgl. Roemer (2000), S. 370.

rechnungen mit Hilfe sogenannter Kaufkraftstandards (KKS). Dabei handelt es sich um transitive Kaufkraftparitäten, die so normiert sind, daß das BSP der Europäischen Union in KKS wertmäßig mit dem BSP in Euro übereinstimmt.[646]

Während nominale Wechselkurse den Vorteil der schnellen und einfachen Verfügbarkeit besitzen, sind sie durch zwei gravierende Nachteile charakterisiert. Zum einen sind sie in erster Linie nur für international handelbare Güter von Bedeutung. Zum anderen werden sie kurz- und mittelfristig durch eine Vielzahl all jener Faktoren bestimmt, die Auswirkungen auf das Angebot und die Nachfrage nach Devisen haben. Hierbei ist hauptsächlich an internationale Kapitalbewegungen zu denken, die ein Vielfaches des aufgrund realwirtschaftlicher Transaktionen vorgenommenen Devisenhandels ausmachen, so daß es bei internationalen Vergleichen realer Größen zu Verzerrungen kommen kann.[647] Dies gilt insbesondere dann, wenn die Wechselkurse durch eine hohe Volatilität gekennzeichnet sind und sich – wie in der Realität – längerfristig von den realwirtschaftlichen Fundamentaldaten entfernen können. Somit decken sich die nominalen Umrechnungskurse selten mit den Kaufkraftverhältnissen.

Kaufkraftparitäten messen demgegenüber die Kaufkraft zwischen Währungen bezogen auf gleiche Mengen bestimmter Güter und gleichen somit nominale Wechselkursschwankungen und Preisniveauunterschiede zwischen den Ländern aus.[648] Sie geben an, wie viele ausländische Geldeinheiten erforderlich sind, um im Ausland die gleiche Menge an Gütern zu erwerben, die man im Inland für eine inländische Geldeinheit erhält. Ihr Vorteil besteht darin, daß sie genauere Volumenvergleiche ermöglichen und somit zu einer besseren gütermäßigen Vergleichbarkeit der nationalen Ergebnisse der Volkswirtschaftlichen Gesamtrechnungen beitragen, als es bei Anwendung nominaler Wechselkurse der Fall ist. Insbesondere bei Vergleichen zwischen Staaten, die einen ausgeprägten Unterschied in ihrem Entwicklungsstand

---

[646] Vgl. für genauere Erläuterungen bezüglich des Kaufkraftstandards z. B. Europäische Kommission (1998e), S. 15ff. und Krug (1995). Vgl. allgemein zur Verwendung von Kaufkraftparitäten in internationalen Vergleichen auch Roemer (2000).

[647] Vgl. u.a. Strack/Helmschrott/Schönherr (1997), S. 7f., Mayer (1994), S. 216f. und Eichmann (1985), S. 520.

[648] Vgl. u.a. Eichmann (1985), S. 519f., Scheuer (1993), S. 574 und Dennis (2000).

aufweisen, hat die Umrechnung mit Kaufkraftparitäten eine gewisse Prominenz erlangt.[649] Die Grundlage für Kaufkraftparitäten bilden vergleichbare Preise eines für alle Länder identischen repräsentativen Warenkorbs.[650] Gerade die Bildung dieses *repräsentativen* Warenkorbes stellt eines der Hauptprobleme in der Praxis dar.

5.1.4 Geeignete Indikatoren für die Beitragskapazität auf europäischer Ebene

Die konkrete Beurteilung verschiedener makroökonomischer Aggregate als potentielle Indikatoren für die Beitragskapazität der EU-Mitgliedstaaten sollte unter zwei Aspekten erfolgen. Zum einen spielen konzeptionelle Überlegungen eine Rolle, d. h. es ist der Frage nachzugehen, welche Größen die Beitragskapazität aus theoretischer Sicht am besten widerspiegeln. Daneben ist aber auch der statistischen Datenlage Rechnung zu tragen und auf Aspekte der praktischen Eignung einzugehen. Neben der Datenqualität ist dabei u. a. der Zeitraum bis zur Datenverfügbarkeit sowie die Datenvergleichbarkeit zwischen den Mitgliedstaaten von Bedeutung.

Da es auf europäischer Ebene um die Beitragskapazität von Nationalstaaten geht, erscheinen umfassende makroökonomische Aggregate des ESVG wie das BIP oder das BSP als sinnvoll, die auch bei sonstigen internationalen Vergleichen hinsichtlich der Wirtschaftskraft eines Landes die Hauptrolle spielen. Trotz der eingangs dargestellten Kritik sind sie am ehesten geeignet, den wirtschaftlichen Wohlstand in den Mitgliedstaaten auf vergleichbare Art und Weise zu messen und somit als Grundlage der finanziellen Belastung der Mitgliedstaaten zu fungieren. Im folgenden sollen sich daher die Überlegungen schwerpunktmäßig auf die Entscheidung zwischen Bruttosozialprodukt (Bruttonationaleinkommen) und Bruttoinlandsprodukt sowie auf die Wahl der geeigneten Umrechnungsmethode richten.

---

[649] Vgl. Menck (1996).

[650] Scheuer (1993), S. 574.

5.1.4.1 BIP versus BSP

Vergleicht man die jeweiligen nominalen Werte für das BIP und BSP der Mitgliedstaaten, so fällt auf, daß die relativen Unterschiede für die meisten Länder nicht allzu groß sind. Erwartungsgemäß besteht tendenziell eine – allerdings nicht besonders stark ausgeprägte – negative Korrelation zwischen der Ländergröße und dem Absolutbetrag der Differenz zwischen BIP und BSP. Ursächlich hierfür dürfte der mit steigender Ländergröße abnehmende Grad der außenwirtschaftlichen Verflechtungen einer Volkswirtschaft i.S. der internationalen Faktormobilität sein, da mit steigender Staatsgröße die relative Bedeutung der im Inland generierten Einkommen zunimmt. Die folgende Tabelle 20 verdeutlicht dies für die letzten Jahre.

Tabelle 20: BIP und BSP zu Marktpreisen, 1997–2000

Mitgliedstaat	BIP (Mrd. Euro)	BSP (Mrd. Euro)	Differenz (in %)*	BIP (Mrd. Euro)	BSP (Mrd. Euro)	Differenz (in %)*	BIP (Mrd. Euro)	BSP (Mrd. Euro)	Differenz (in %)*	BIP (Mrd. Euro)	BSP (Mrd. Euro)	Differenz (in %)*
	1997			1998			1999			2000		
Belgien	216,40	220,05	-1,69%	224,31	228,70	-1,96%	235,54	240,31	-2,03%	248,34	254,41	-2,44%
Dänemark	149,17	147,03	1,44%	155,88	154,19	1,09%	165,37	164,67	0,42%	176,49	174,11	1,35%
Deutschland	1863,49	1854,42	0,49%	1916,38	1902,66	0,72%	1974,20	1961,93	0,62%	2025,53	2017,88	0,38%
Griechenland	107,01	110,02	-2,81%	108,47	111,90	-3,17%	117,08	121,23	-3,55%	122,99	125,99	-2,44%
Spanien	495,63	491,70	0,79%	525,44	520,85	0,87%	565,48	558,56	1,22%	608,79	601,90	1,13%
Frankreich	1241,13	1244,00	-0,23%	1297,57	1303,62	-0,47%	1350,16	1359,05	-0,66%	1404,78	1416,06	-0,80%
Irland	70,61	63,44	10,15%	77,24	68,90	10,80%	89,03	76,79	13,75%	103,47	87,99	14,96%
Italien	1029,99	1020,52	0,92%	1068,80	1056,87	1,12%	1107,78	1099,94	0,71%	1165,68	1157,82	0,67%
Luxemburg	15,56	15,90	-2,17%	16,89	17,03	-0,87%	18,43	18,01	2,28%	20,93	18,95	9,49%
Niederlande	332,65	336,38	-1,12%	351,65	345,92	1,63%	373,66	375,17	-0,40%	401,09	404,65	-0,89%
Österreich	181,64	180,49	0,63%	188,65	187,20	0,76%	196,66	193,39	1,66%	204,84	201,96	1,41%
Portugal	93,92	92,47	1,55%	99,62	98,01	1,62%	106,99	105,46	1,43%	114,03	112,06	1,72%
Finnland	108,07	105,91	2,00%	115,26	112,44	2,44%	120,49	118,53	1,62%	131,67	129,67	1,52%
Schweden	210,82	205,83	2,36%	213,70	210,32	1,58%	226,49	224,17	1,03%	246,62	243,53	1,25%
Vereinigtes Königreich	1171,55	1173,43	-0,16%	1271,09	1284,57	-1,06%	1368,18	1369,45	-0,09%	1547,90	1552,88	-0,32%
EUR 15	7287,65	7261,60	0,36%	7630,94	7603,18	0,36%	8015,55	7986,67	0,36%	8523,14	8499,88	0,27%

* Positiv für BIP > BSP; Das BSP entspricht dem Bruttonationaleinkommen; Summieruungsdifferenzen beruhen auf Rundungsfehlern

Quelle: Europäische Kommission, Datenbank „New Cronos", Oktober 2001,

Lediglich für Irland liegt bei steigender Tendenz eine nennenswerte systematische Abweichung von etwas über 10 % vor. Die übrigen Mitgliedstaaten weisen in der Regel Abweichungen von deutlich unter 3 % auf, wobei insbesondere bei den großen Ländern kaum signifikante Unterschiede festzustellen sind.

Bei der Beurteilung, ob man zur Messung der Beitragskapazität das BIP oder BSP zugrundelegen soll, scheinen unter praktischen Gesichtspunkten die

Argumente für das BIP zu sprechen. Zum einen ist das BIP eine der Referenzgrößen im Vertrag von Maastricht und wird darüber hinaus üblicherweise für internationale Vergleiche gewählt. Daneben ist das BIP die originäre Größe im ESVG. Demgegenüber stellt das BSP eine abgeleitete Größe dar und dürfte daher mit einer höheren systematischen Unsicherheit behaftet sein. Dies ist insbesondere auch deshalb zu erwarten, da die Differenz zwischen beiden Aggregaten, d.h. der Saldo mit dem Rest der Welt aus empfangenen und geleisteten Primäreinkommen, im Rahmen der Zahlungsbilanz ermittelt wird, die diesbezüglich einen nicht zu unterschätzenden Unsicherheitsbereich hat.

Auf konzeptioneller Ebene gelangt man dagegen zu der Schlußfolgerung, daß das BSP die geeignetere Größe für Vergleiche der internationalen Wohlfahrt und der volkswirtschaftlichen Einkommen sei.[651] Ursächlich hierfür ist die Tatsache, daß das BSP auch die Einkommensströme mit dem Ausland und die damit verbundenen Verfügungsrechte über das erwirtschaftete Einkommen berücksichtigt. Es mißt den Gesamtwert der Einkommen bzw. Güter, die Inländern gemäß dem Wohnsitzprinzip zufließen und von ihnen auch verwendet werden können.[652]

Demgegenüber wird im Rahmen des BIP nur die innerhalb einer Volkswirtschaft getätigte Produktion erfaßt, unabhängig davon, wer die daraus resultierenden Einkommen erhält. Somit ist das BIP ein Maß für die Produktion oder die Einkommensentstehung, nicht aber für die Güterversorgung oder den Lebensstandard, die dem Bereich des Konsums bzw. der Einkommensverwendung angehören.[653] Sofern man bei der Ermittlung der Beitragskapazität am erhaltenen Einkommen einer Volkswirtschaft anknüpfen will, kann eine Orientierung am BIP aufgrund der Nichtberücksichtigung von im Ausland erwirtschafteten Einkommensteilen bzw. von an das Ausland fließenden

---

651 Vgl. z. B. Lippe (1996b), S. 182, Stobbe (1994), S. 136, Scheuer (1993), S. 573, Europäische Kommission (1993b), S. 86 und Europäischer Rechnungshof (1993a), S. 49 und (1998b), S. 62. Für Vergleiche der inländischen Produktionsleistung, des wirtschaftlichen Wachstums oder von Konjunkturschwankungen ist dagegen das BIP die geeignetere Vergleichsgröße. Da internationale Vergleiche oft im Hinblick auf Konjunktur- und Wachstumsanalysen vorgenommen werden, erklärt dies auch die erwähnte Bevorzugung des BIP in internationalen Statistiken.

652 Vgl. Stobbe (1994), S. 136, Scheuer (1993), S. 573 und Frenkel/John (1999), S. 83f.

653 Härtel (1994), S. 20.

Einkommensteilen zu Verzerrungen führen. Daher wird das BSP als der aus theoretischer Sicht adäquatere Maßstab für Vergleiche der wirtschaftlichen Wohlfahrt angesehen.

Aufgrund der relativ geringen Unterschiede zwischen beiden Größen erscheint diese Unterscheidung allerdings hauptsächlich akademischer Natur zu sein. Darüber hinaus ist aufgrund einer wachsenden Integration in Europa davon auszugehen, daß das BIP bei international mobilen Produktionsfaktoren deutlich einfacher und genauer zu messen ist. Ähnliche Probleme, die man bisher innerhalb einzelner Mitgliedstaaten hat, regionale Bruttosozialprodukte zu ermitteln, sind grundsätzlich auch für ein hochintegriertes Europa von Relevanz. Hierbei ist insbesondere an die statistischen Probleme zu denken, denjenigen Anteil der Faktoreinkommen aus regionalen Produktionsprozessen zu ermitteln, der den Bewohnern dieser Region zufließt und welcher Anteil demgegenüber Wirtschaftssubjekten aus anderen Regionen zusteht.[654]

5.1.4.2 Nominale Wechselkurse versus Umrechnung zu Kaufkraftstandards (KKS)

Während die Unterschiede zwischen dem BIP und dem BSP für die meisten Länder verhältnismäßig gering sind, ergeben sich teilweise gravierende Differenzen, je nach dem, ob der internationale Vergleich durch nominale Wechselkurse oder Kaufkraftstandards erfolgt.[655] Einen Überblick über das Ausmaß der Abweichungen für die Mitgliedstaaten findet sich in Tabelle 21.

Positive prozentuale Abweichungen bedeuten, daß das in Euro berechnete BSP über dem BSP zu Kaufkraftstandards liegt. Umgekehrt resultieren negative Differenzen, wenn die Umrechnung mit KKS zu einem höheren BSP führt. Für die EU als Ganzes ist die Umrechnung mit Kaufkraftstandards so

---

[654] Vgl. für diese Argumentation Stobbe (1994), S. 136 und ähnlich Frenkel/John (1999), S. 54f. Während bei einer räumlich engen Betrachtung (z.B. Stadt-Umland) vor allem Arbeitseinkommen die Berechnung eines regionalen Bruttosozialprodukts erschweren, ist auf zwischenstaatlicher Ebene auch an Kapitalströme und die daraus resultierenden Erträge zu denken.

[655] Vgl. auch Dennis (2000) und Strack/Helmschrott/Schönherr (1997), S. 9–14.

normiert, daß für die EU der gleiche Gesamtwert resultiert, wie es bei Anwendung der nominalen Euro-Kurse der Fall ist.

Tabelle 21: BSP zu jeweiligen Marktpreisen in Euro und in Kaufkraftstandards (KKS), 1997–2000

Mitgliedstaat	BSP (Mrd. Euro)	BSP (Mrd. KKS)	Differenz (in %)*	BSP pro Kopf (in Euro)	BSP pro Kopf (in KKS)	BSP (Mrd. Euro)	BSP (Mrd. KKS)	Differenz (in %)*	BSP pro Kopf (in Euro)	BSP pro Kopf (in KKS)
	1997					1998				
Belgien	220,05	224,16	-1,86%	21.620	22.020	228,70	234,16	-2,39%	22.410	22.950
Dänemark	147,03	121,26	17,53%	27.850	22.970	154,19	127,05	17,60%	29.080	23.960
Deutschland	1.854,42	1.708,61	7,86%	22.600	20.820	1.902,66	1.753,09	7,86%	23.200	21.370
Griechenland	110,02	137,91	-25,36%	10.480	13.140	111,90	146,50	-30,92%	10.650	13.940
Spanien	491,70	605,52	-23,15%	12.500	15.390	520,85	628,45	-20,66%	13.200	15.930
Frankreich	1.244,00	1.152,39	7,36%	20.830	19.290	1.303,62	1.209,73	7,20%	21.750	20.180
Irland	63,44	66,14	-4,26%	17.330	18.070	68,90	70,87	-2,87%	18.600	19.130
Italien	1.020,52	1.128,16	-10,55%	17.740	19.620	1.056,87	1.194,97	-13,07%	18.350	20.750
Luxemburg	15,90	14,72	7,45%	37.530	34.740	17,03	15,70	7,85%	39.690	36.570
Niederlande	336,38	344,38	-2,38%	21.550	22.070	345,92	361,25	-4,43%	22.030	23.000
Österreich	180,49	172,81	4,26%	22.360	21.410	187,20	178,11	4,86%	23.170	22.050
Portugal	92,47	141,49	-53,02%	9.300	14.230	98,01	144,86	-47,80%	9.830	14.530
Finnland	105,91	97,07	8,35%	20.610	18.890	112,44	103,20	8,22%	21.820	20.030
Schweden	205,83	171,31	16,77%	23.270	19.370	210,32	179,35	14,73%	23.760	20.260
Vereinigtes Königreich	1.173,43	1.175,76	-0,20%	19.880	19.920	1.284,57	1.256,04	2,22%	21.690	21.210
EUR 15	7.261,60	7.261,60	0,00%	19.350	19.350	7.603,18	7.603,18	0,00%	20.210	20.210

Mitgliedstaat	BSP (Mrd. Euro)	BSP (Mrd. KKS)	Differenz (in %)*	BSP pro Kopf (in Euro)	BSP pro Kopf (in KKS)	BSP (Mrd. Euro)	BSP (Mrd. KKS)	Differenz (in %)*	BSP pro Kopf (in Euro)	BSP pro Kopf (in KKS)
	1999					2000				
Belgien	240,31	245,63	-2,21%	23.510	24.030	254,41	264,03	-3,78%	24.810	25.750
Dänemark	164,67	133,89	18,69%	30.950	25.160	174,11	142,94	17,90%	32.619	26.780
Deutschland	1.961,93	1.825,83	6,94%	23.900	22.240	2.017,88	1.926,92	4,51%	24.560	23.450
Griechenland	121,23	155,82	-28,53%	11.520	14.800	125,99	166,87	-32,45%	11.960	15.840
Spanien	558,56	667,67	-19,53%	14.100	16.850	601,90	715,04	-18,80%	15.070	17.910
Frankreich	1.359,05	1.275,80	6,13%	22.590	21.210	1.416,06	1.355,53	4,27%	23.430	22.430
Irland	76,79	77,00	-0,28%	20.510	20.560	87,99	86,32	1,90%	23.240	22.800
Italien	1.099,94	1.247,70	-13,43%	19.080	21.640	1.157,82	1.312,77	-13,38%	20.060	22.740
Luxemburg	18,01	16,59	7,89%	41.340	38.080	18,95	17,52	7,56%	42.840	39.610
Niederlande	375,17	389,17	-3,73%	23.730	24.620	404,65	422,62	-4,44%	25.420	26.550
Österreich	193,39	185,17	4,25%	23.900	22.880	201,96	196,53	2,69%	24.900	24.230
Portugal	105,46	154,47	-46,47%	10.560	15.460	112,06	163,17	-45,61%	11.200	16.309
Finnland	118,53	108,90	8,13%	22.950	21.080	129,67	118,28	8,78%	25.050	22.850
Schweden	224,17	189,84	15,31%	25.310	21.430	243,53	201,14	17,41%	27.450	22.670
Vereinigtes Königreich	1.369,45	1.313,38	4,09%	23.040	22.100	1.552,88	1.410,48	9,17%	26.020	23.640
EUR 15	7.986,67	7.986,67	0,00%	21.180	21.180	8.499,88	8.499,88	0,00%	22.460	22.460

* Positiv für BSP in Euro > BSP in KKS

Quelle: Europäische Kommission, Datenbank „New Cronos“, Oktober 2001.

Wie man in der Tabelle unschwer erkennen kann, nehmen die Abweichungen für einzelne Länder ein teilweise beträchtliches Ausmaß an. Differenzen von über 20 % sind keine Seltenheit, wobei durchaus noch höhere Abweichungen zu verzeichnen sind. Die größten Abweichungen finden sich für Portugal, dessen Bruttosozialprodukt in Kaufkraftstandards im betrachteten Zeitraum im Durchschnitt um fast 50 % höher als in Euro ist. Gleichgerichtete zweistellige Abweichungen finden sich auch für Griechenland, Spanien und Italien. Der umgekehrte Fall, daß das in Euro berechnete BSP das BSP in Kaufkraftstandards übertrifft, trifft insbesondere für Dänemark und Schweden zu. Auch Deutschland weist ein solches positives Vorzeichen auf, allerdings liegt hier die Differenz zwischen den beiden Berechnungsmethoden „nur“ zwischen 4,5 % und 7,9 %.

Vergleicht man diese umrechnungsbedingten Abweichungen mit dem Pro-Kopf-BSP der jeweiligen Länder, so zeigt sich, daß ein ausgeprägter Zusammenhang zwischen der umrechnungsinduzierten Differenz und der Höhe des Pro-Kopf-BSP besteht. Für Länder mit einem vergleichsweise geringeren Wohlstandsniveau ist das in KKS umgerechnete BSP deutlich höher als das BSP in Euro. Demgegenüber tritt bei Ländern mit einem überdurchschnittlichen Pro-Kopf-BSP tendenziell der gegenteilige Effekt auf. Ihre Bruttosozialprodukte sind bei einer Umrechnung mit KKS in der Regel niedriger. Dieser Zusammenhang verdeutlicht die folgende Abbildung 11. Hierzu wird das durchschnittliche Pro-Kopf-BSP der Jahre 1997-2000 in Euro mit der durchschnittlichen relativen Abweichung zwischen einer Berechnung in Euro und in Kaufkraftstandards in diesen Jahren in Verbindung gesetzt.

Sowohl die Daten aus Tabelle 21 als auch Abbildung 11 zeigen, daß das in Euro berechnete Bruttosozialprodukt der weniger wohlhabenden Länder deutlich niedriger ist als es bei einer Umrechnung mit Kaufkraftstandards der Fall wäre. Für die wohlhabenderen Länder mit höherem Pro-Kopf-Einkommen wird tendenziell der gegenteilige Effekt deutlich. Ein Sozialproduktsvergleich in Euro läßt sie wohlhabender erscheinen als ein Vergleich zu Kaufkraftstandards.

Abbildung 11: Differenz zwischen dem BSP in Euro und in KKS in Relation zum ‚relativen Wohlstand' (1997–2000)

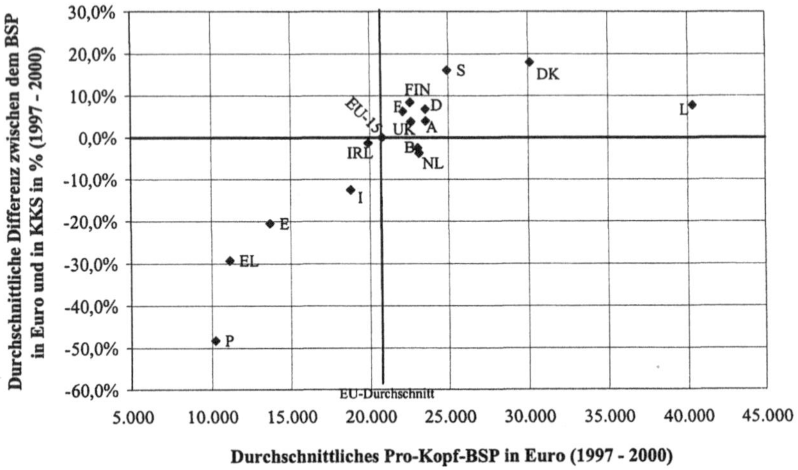

Datenquelle: Europäische Kommission, Datenbank „New Cronos", Oktober 2001.

Daraus folgt, daß das Pro-Kopf-Einkommensgefälle zwischen den Mitgliedstaaten bei der Umrechnung mit Kaufkraftstandards im Vergleich zu einer Betrachtung in Euro deutlich abnimmt. Ursächlich hierfür ist im wesentlichen das in wohlhabenderen Ländern tendenziell höhere Preisniveau für international nicht-handelbare Güter, das sich im gesamtwirtschaftlichen Preisniveau niederschlägt. Diese Beobachtung ist in der Literatur auch unter dem Namen Balassa-Samuelson-Effekt bekannt.[656]

---

[656] Vgl. Balassa (1964), S. 585f. und S. 596 sowie Samuelson (1964). Wohlhabende Länder weisen tendenziell mehr Sektoren mit hoher Produktivität auf, die sich vor allem im Bereich der handelbaren Güter finden. Ihr Preisniveau ist über den Weltmarktpreis (bzw. den Preis im europäischen Ausland) weitgehend festgelegt (Law of one price). Die in diesen Sektoren gezahlten produktivitätsangepaßten hohen Löhne diffundieren über die intersektorale Arbeitsmobilität auch in weniger produktive Sektoren und resultieren dort in einem erhöhten Preisniveau. Diese Sektoren finden sich insbesondere im Bereich der nicht-handelbaren Güter, deren Preisniveau nicht durch ausländische Wettbewerber be-

Bezüglich des Eigenmittelsystems ergeben sich aus dieser Situation interessante Implikationen. Sieht man Kaufkraftstandards als die für internationale Wohlstandsvergleiche zu präferierenden Wechselkurse an, weil so ein echter gütermäßiger Vergleich zwischen den Ländern möglich ist, so würde dies eine deutliche Mehrbelastung der weniger wohlhabenden Länder bedeuten und gleichzeitig die Länder mit hohem Pro-Kopf-BIP entlasten. Im Umkehrschluß resultieren aus der Umrechnung zu nominalen Wechselkursen bzw. aus der Berechnung auf Basis des Euro aufgrund des hiermit verbundenen größeren Einkommensgefälles „progressive“ Elemente in der Lastenverteilung der Eigenmittel. Die immer wieder geäußerte Kritik an den vermuteten regressiven Wirkungen des Eigenmittelsystems kann daher bereits an dieser Stelle abgeschwächt werden.[657]

Die Unterschiede zwischen den Umrechnungsverfahren gewinnen angesichts der Erweiterung der Europäischen Union ab dem Jahr 2004 noch an Bedeutung. Die neuen Mitgliedstaaten – mit Ausnahme Sloweniens und Zyperns – weisen alle deutlich niedrigere Pro-Kopf-Sozialprodukte als die gegenwärtig weniger wohlhabenden „alten“ Mitgliedstaaten auf,[658] so daß die Einkommensdisparitäten innerhalb der EU durch die Erweiterung deutlich zunehmen. Damit vergrößert sich auch die Differenzen zwischen einer Berechnung des BSP in Euro gegenüber einer Berechnung in Kaufkraftstandards.

In der wissenschaftlichen Literatur wird die Umrechnung mit Kaufkraftstandards als das theoretisch überlegene Konzept bewertet.[659] Dies gilt insbesondere für Phasen hoher Wechselkursvolatilität, da die sich dann ergebenden Umbewertungen auf rein nominellen Effekten beruhen, ohne daß sich die realen Lebensverhältnisse in gleichem Umfang verändert haben. Allerdings

---

einflußt werden kann. Insgesamt resultiert daraus in wohlhabenderen, d.h. produktiveren Ländern ein höheres Preisniveau als in weniger wohlhabenden Ländern, die durch weniger produktive Sektoren gekennzeichnet sind. Vgl. auch für eine einfache statische Interpretation des Balassa-Samuelson-Effekts, Burda/Wyplosz (1997), S. 179f. sowie Strack/Helmschrott/Schönherr (1997), S. 14. Einen Überblick bezüglich des Balassa-Samuelson-Effekts gibt auch Asea/Corden (1994).

657 Vgl. zur angeblichen Regressivität des Eigenmittelsystems auch das nachfolgende Kapitel 5.1.5.

658 Vgl. Europäische Kommission (2001l), S. 89.

659 Vgl. z. B. Heston/Summers (1996), S. 23, Scheuer (1993), S. 573ff., Europäische Kommission (1993), S. 86. Ähnlich auch Haslinger (1992), S. 205–209.

wirft die Berechnung von Kaufkraftstandards gravierende praktische Probleme auf, die sich oft nur unvollkommen lösen lassen.[660] Es sei an dieser Stelle nur auf Aspekte der adäquaten Warenkorbdefinition und den Zeitraum bis zur Verfügbarkeit verläßlicher Daten hingewiesen.

Der Vorzug einer Umrechnung der Sozialprodukte in Euro liegt demgegenüber in ihrer Einfachheit, wodurch eine schnelle und kostengünstige Vergleichbarkeit ermöglicht wird. Auch vor dem Hintergrund der noch jungen Währungsunion dürfte auf europäischer Ebene die Einführung von Kaufkraftstandards als neue, künstlich berechnete Wechselkurse in das Eigenmittelsystem den Bürgern nur schwer kommunizierbar sein. Allerdings ist die Verwendung von Kaufkraftstandards innerhalb der Europäischen Union keineswegs ungewöhnlich. So bestimmt sich etwa die geographische Abgrenzung der durch die Strukturfonds förderfähigen Gebiete nach dem Pro-Kopf-BIP, gemessen in Kaufkraftstandards.[661] Da die erforderlichen Berechnungen im Rahmen des Eigenmittelsystems jedoch eine deutlich höhere Frequenz aufweisen, treten die operativen Anwendungsprobleme von Kaufkraftstandards dabei deutlicher zutage als bei Entscheidungen, die nur in mehrjährigem Abstand getroffen werden müssen.

Akzeptiert man, daß auch auf nationaler Ebene ähnliche regionale Wohlstandsunterschiede – wenn auch in der Regel in abgeschwächter Form – bestehen können, ohne daß sie entsprechende kaufkraftorientierte Umrechnungen zur Folge haben,[662] so spricht neben praktischen Gesichtspunkten auch die immer tiefer werdende europäische Integration dafür, auf die Verwendung von Kaufkraftstandards zu verzichten. Die mit ihrer Verwendung einhergehenden (potentiellen) Umverteilungswirkungen lassen sich grundsätzlich auch durch entsprechende Parameteränderungen im Finanzierungssystem der EU transparenter und für die Bürger nachvollziehbarer lösen.

---

660 Ähnlich auch Busch (1998), S. 40 und Walter (1996), S. 165

661 Vgl. Rat der EU (1999b), S. 8, Artikel 3.

662 Vgl. Eurostat (2001) und Behrens (2000), die das BIP sowie das BIP-Pro-Kopf für die 211 Regionen der EU sowohl in Euro bzw. ECU als auch in Kaufkraftstandards angeben. Scheuer (1993), S. 575 weist auf regionale Unterschiede in den USA und in der Schweiz hin.

5.1.5 Zur Regressivität des Eigenmittelsystems

Im Rahmen der Diskussion der politischen Gerechtigkeitszielsetzung des Eigenmittelsystems in Kapitel 3.2.2 wurde deutlich, daß die Mitgliedstaaten eine grundsätzlich „gerechte Lastenverteilung" anstreben, die sich an der wirtschaftlichen Beitragskapazität orientiert, ohne allerdings genau zu spezifizieren, ob und wie sich „Gerechtigkeit" zwischen den Mitgliedstaaten genau definieren läßt. Ein in diesem Zusammenhang häufig vorgebrachte Standardkritik am gegenwärtigen Finanzierungskonzept der EU ist der Vorwurf der Regressivität des Eigenmittelsystems.[663] Als Hauptursache für die angeblich „ungerechte" Aufteilung der Finanzierungslasten zwischen wohlhabenden und weniger wohlhabenden Mitgliedstaaten werden – in Analogie zu einzelwirtschaftlichen Überlegungen – die konsumabhängigen MwSt.-Eigenmittel sowie teilweise auch die traditionellen Eigenmittel vermutet. Dahinter verbirgt sich die Vermutung, daß Länder mit niedrigerem Pro-Kopf-Einkommen eine höhere Konsum- und Importquote hätten und somit – im Vergleich zu einer rein BSP-orientierten Lastenverteilung – höhere Mitgliedsbeiträge abführen müßten.[664] Über die konkrete Belastung der einzelnen Individuen wird dabei allerdings keine Aussage gemacht. Insofern stehen die folgenden Ausführungen unter einem ähnlichen Vorbehalt wie in Kapitel 3.2.2, da die personelle Einkommensverteilung unberücksichtigt bleibt.

Regressive Wirkungen der Mehrwertsteuer liegen im allgemeinen dann vor, wenn die Konsumquote mit wachsendem Einkommen sinkt und deshalb eine konsumorientierte Steuer bei Beziehern höherer Einkommen eine relativ geringere Belastung als eine (vergleichbare) einkommensorientierte Steuer bewirkt.[665] Im Falle der Europäischen Union wird die üblicherweise einzelwirt-

---

[663] Vgl. z. B. Europäische Kommission (1995a), S. 46f. und Europäische Kommission (1998a), S. 6f. Auch der Rat der EU spricht in den Erwägungsgründen des jüngsten Eigenmittelbeschlusses (2000/597/EG, Euratom) vom 29. September 2000 von der Notwendigkeit, die regressiven Elemente im bis dahin gültigen alten System zu korrigieren, vgl. Rat der EU (2000a), S. 43.

[664] Vgl. zustimmend z.B. Peffekoven (1994), S. 58; kritischer dagegen Caesar (1996b), S. 150.

[665] Vgl. Walthes (1996), S. 197f. Technisch gesprochen wirkt eine Steuer regressiv, wenn der durchschnittliche Steuersatz mit steigendem Einkommen fällt.

schaftlich orientierte Inzidenzbetrachtung auf die aggregierte nationalstaatliche Ebene der Mitgliedstaaten übertragen. Man unterstellt, daß wohlhabendere Staaten einen geringeren (steuerpflichtigen) nationalen Konsumanteil bezogen auf das BSP haben als weniger wohlhabende.[666] Da sich die MwSt.-Eigenmittel durch die Anwendung eines mehr oder weniger einheitlichen effektiven Satzes auf die Bemessungsgrundlage ergeben, können die auf einzelwirtschaftlicher Ebene existierenden Steuerbefreiungen und ermäßigten Steuersätze auf EU-Ebene keine vergleichbare Abmilderung der Regressivität erzeugen. Die MwSt.-Eigenmittel führen nach dieser Sichtweise dazu, daß reichere Mitgliedstaaten einen geringeren Finanzierungsanteil beitragen, als es ihrem relativen Anteil am europäischen BSP entspricht. Eine zum BSP proportionale Lastenverteilung wird jedoch in einem Großteil der politischen und wissenschaftlichen Literatur als angemessener und „gerechter“ Referenzmaßstab zur Beurteilung regressiver Wirkungen gesehen.[667] Darüber hinausgehende, zusätzlich gewünschte Umverteilungsmaßnahmen im Sinne vertikaler Gerechtigkeitsüberlegungen sollen über die ausgabenwirksamen Politiken der EU sichergestellt werden.[668]

Der Vorwurf der Regressivität gegenüber dem gegenwärtigen Eigenmittelsystem ist aus mehreren Gründen fraglich. Zum einen ist die vermutete Regressivität konsumorientierter Steuern auf mikroökonomischer Ebene nicht unwidersprochen geblieben.[669] So weisen in der jüngeren Diskussion über die Vor- und Nachteile von konsumorientierten Steuern im Vergleich zu Einkommensteuern einige Autoren darauf hin, daß die regressiven Effekte ersterer aufgrund der üblicherweise vorgenommenen kurzfristigen Periodenbetrachtung signifikant überschätzt würden. Legt man statt der Einperiodenbetrachtung eine Lebenszyklusbetrachtung zugrunde, so resultiert eine Inzi-

---

[666] Peffekoven (1994), S. 58f. und Seidel (1992), S. 240.

[667] Vgl. Walthes (1996), S. 200f., Caesar (1996a), S. 255f. Europäische Kommission (1993b), S. 84ff., Laffan (1997), S. 44ff. , Zangl (1993), S. 113 und Langes (1992), S. 4. Vgl. auch die Ausführungen in Kapitel 3.2.2.

[668] Vgl. für diese Position z.B. Europäische Kommission (1998a), Anhang 2, S. 2f.

[669] Vgl. z.B. Fullerton/Metcalf (2001), S. 81–100, Metcalf (1997), Metcalf (1994), Caspersen/Metcalf (1994) sowie auch Davies/St-Hilaire/Whalley (1984) und Poterba (1989) für Verbrauchsteuern.

denz mit deutlich geringerer Regressivität.[670] Geht man im einfachsten Fall beispielsweise davon aus, daß der Gegenwartswert des Lebenskonsums dem des Lebenseinkommens entspricht, so wirkt eine einheitliche Konsumsteuer bezogen auf das Lebenseinkommen proportional.[671] Da das Lebenseinkommen ein besserer Indikator für den Lebensstandard und damit den Wohlstand als das Gegenwartseinkommen sei, sollte auch steuerlich an einem Indikator für das Lebenseinkommen angesetzt werden. Hierzu ist der Gegenwartskonsum bei annähernder Gültigkeit der lebenszyklusorientierten Permanent-income-Hypothese von Friedman[672] besser als das Gegenwartseinkommen geeignet.[673] Abbildung 12 zeigt diesen Zusammenhang in stilisierter Form.

Abbildung 12: Lebenseinkommen und Permanent Income Hypothese

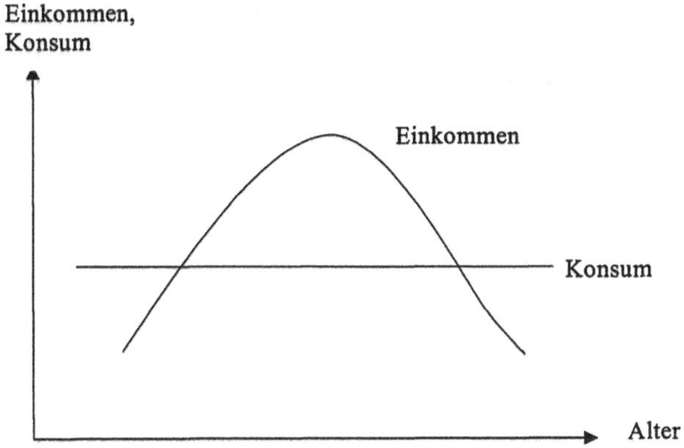

Quelle: Fullerton/Metcalf (2001), S. 121.

---

670 Vgl. für eine Analyse der steuerlichen Verteilungswirkungen im Rahmen einer Lebenszyklusbetrachtung Fullerton/Rogers (1993) sowie Caspersen/Metcalf (1994), S. 732ff., Metcalf (1994) und (1996), S. 100f. und Fullerton/Rogers (1995), S. 263.

671 Neben dem Tatbestand der Vererbung können je nach zeitlichen Verlauf der Konsum- und Einkommensstruktur auch Zinseffekte die Analyse komplizieren.

672 Vgl. zur Permanent-income-Hypothese Friedman (1957).

673 Vgl. Smith (1992), S. 118, Caspersen/Metcalf (1994), S. 732f. und Poterba (1989), S. 327.

Diese Überlegungen werden von Smith (1992) ansatzweise auf die Ebene der Europäischen Union übertragen. Ausgehend von der skizzierten mikroökonomischen Inzidenzbetrachtung bezweifelt er, daß das (periodenbezogene) BSP eine adäquate Referenzgröße zur Beurteilung der regressiven Wirkungen des Eigenmittelsystems sei: „Analogously, it could be argued that GNP, which includes investment, is not the appropriate indicator of relative living standards in Member States, and that some measure of consumption (...) should be used to judge whether Member States' contributions have a regressive distributional incidence".[674]

Während diese Argumentation für eine direkte Beteiligung der EU an der individuellen MwSt.-Belastung der Bürger zutreffend wäre,[675] verliert sie im gegenwärtigen System von Finanzbeiträgen der Mitgliedstaaten an Gewicht. Konträr zu dem im Lebenszyklus stark schwankenden Einkommensverlauf eines Individuums, umfassen Staaten Individuen aus allen Alterskohorten, so daß das periodenbezogene BSP einen weitgehend konstanten Verlauf aufweist.[676] Eine Lebenszyklusbetrachtung von Staaten macht in diesem Zusammenhang wenig Sinn. Angesichts der sich bereits in der Diskussion befindlichen Überlegungen für eine mittelfristig zu schaffende eigene EU-Steuerkompetenz,[677] die direkt an den individuellen Gegebenheiten der Bürger ansetzt, können diese Überlegungen jedoch jederzeit an Relevanz gewinnen.

Doch auch wenn man der gängigen Auffassung folgt und sich auf eine kurzfristige Periodenbetrachtung beschränkt, sind die Ergebnisse hinsichtlich der gegenwärtigen und zukünftigen Regressivität des Eigenmittelsystems keineswegs so eindeutig, wie vielfach angenommen wird. Außerdem sprechen

---

[674] Smith (1992), S. 118.

[675] Die Argumentation ist dann identisch wie bei einer nationalen Mehrwertsteuer. Der einzige Unterschied bestünde in einer anderen föderalen Zuordnung des Steueraufkommens.

[676] Von Konjunkturschwankungen sowie einem Wachstumstrend sei an dieser Stelle aufgrund der stilisierten Darstellung abstrahiert.

[677] Vgl. z.B. die Diskussion zwischen Schreyer (2001), Haug (2001), Mutén (2001) und Caesar (2001) in der September/Oktober-Ausgabe der Zeitschrift Intereconomics unter dem Generalthema „Does the EU Need a Tax of Its Own?". Konkrete Überlegungen für eine geeignete Bemessungsgrundlage finden sich bereits in Europäische Kommission (1998a) und Begg et al. (1997).

gute Gründe dafür, potentiell regressive Wirkungen des Eigenmittelsystems, insbesondere dann, wenn sie statistisch nicht allzu ausgeprägt sind, nicht als ein schwerwiegendes Problem anzusehen.

Abstrahiert man von den Wirkungen, die vom künstlich geschaffenen und nicht überzeugenden Ausgleichsmechanismus für das Vereinigte Königreich auf den Erhebungssatz der MwSt.-Eigenmittel ausgehen, und beschränkt man sich auf eine Gegenüberstellung der harmonisierten MwSt.-Bemessungsgrundlagen mit dem BSP, so ergeben sich aus dem Haushaltsplan für das Jahr 2001 die folgenden (vorausgeschätzten) Werte:

Tabelle 22: Länderanteile am EU-BSP und an der MwSt.-Bemessungsgrundlage im Jahr 2001 (in %)

Mitgliedstaat	Anteil am EU-BSP	Anteil an der ungekappten MwSt.-Bemessungsgrundlage der EU	Anteil an der gekappten MwSt.-Bemessungsgrundlage der EU	Anteil der der ungekappten MwSt.-Bemessungsgrundlage am BSP
(in Prozent)				
Belgien	2,91	2,53	2,57	41,26
Dänemark	1,90	1,60	1,63	39,98
Deutschland	23,96	24,43	24,88	48,57
Griechenland*	1,49	1,60	1,59	51,45
Spanien*	6,94	8,34	7,42	57,23
Frankreich	16,38	16,18	16,47	47,05
Irland*	1,08	1,22	1,16	53,85
Italien	13,34	10,84	11,03	38,67
Luxemburg*	0,23	0,29	0,24	60,55
Niederlande*	4,69	4,93	5,01	50,08
Österreich	2,35	2,40	2,44	48,61
Portugal*	1,29	1,89	1,38	69,95
Finnland	1,48	1,31	1,34	42,34
Schweden	2,93	2,70	2,75	43,78
Vereinigtes Königreich	19,03	19,74	20,10	49,41
Summe bzw. EU-Durchschnitt	100,00	100,00	100,00	47,63

* Mitgliedstaaten, für die die Kappung der MwSt.-Bemessungsgrundlage wirksam ist.

Quelle: Europäisches Parlament (2001), S. 128ff., eigene Berechnungen.

Für diejenigen Länder, deren Quotient aus MwSt.-Bemessungsgrundlage und BSP höher als der EU-Durchschnitt (2001: 47,63 %) ist, gilt, daß sie im Falle einheitlicher (hypothetischer) Erhebungssätze auf die MwSt.-Bemessungsgrundlage einen höheren Eigenmittelanteil zu tragen haben, als es bei einer rein auf BSP-Anteilen aufbauenden Finanzierung der Fall wäre.[678] Durch die (willkürlich) gewählte Kappungsgrenze der MwSt.-Bemessungsgrundlage in Höhe von 50 % des BSP erfährt dieser Belastungsunterschied jedoch eine deutliche Abschwächung. Im Jahr 2001 sind davon die Mitgliedstaaten Griechenland, Spanien, Irland, Luxemburg, die Niederlande und Portugal positiv betroffen. Da die Kappungsgrenze aber über dem EU-Durchschnitt liegen muß, würde der Übergang zu einem reinen BSP-Eigenmittelsystem diese Staaten dennoch besser stellen.

Um beurteilen zu können, ob unterschiedliche Quotienten aus MwSt.-Bemessungsgrundlage und BSP tatsächlich einen regressiven Effekt implizieren, werden sie im folgenden dem Pro-Kopf-BSP als Indikator für den relativen Wohlstand in den jeweiligen Mitgliedstaaten gegenübergestellt. Eine regressive Wirkung der MwSt.-Eigenmittel würde eine deutlich negative Korrelation zwischen dem Pro-Kopf-BSP und dem Verhältnis aus MwSt.-Bemessungsgrundlage und BSP voraussetzen. In der Vergangenheit ist die wissenschaftliche Literatur diesbezüglich nicht zu einer eindeutigen Antwort gekommen. Zwar wird in der Regel eine schwach regressive Wirkung akzeptiert, doch gehen aufgrund des nicht besonders guten statistischen Zusammenhangs und der Veränderungen im Zeitablauf die Interpretationen der Ergebnisse auseinander.[679] Die Problematik der Interpretation der statistischen Ergebnisse zeigt sich auch an den exemplarisch betrachteten Werten für das Jahr 2001.

---

[678] Ein über dem EU-Durchschnitt liegendes Verhältnis von MwSt.-Bemessungsgrundlage zu BSP ist gleichbedeutend damit, daß der Anteil des Mitgliedstaats an der EU-MwSt.-Bemessungsgrundlage seinen Anteil am EU-BSP übersteigt.

[679] Die These, daß tendenziell regressive Wirkungen bestehen wird u. a von Kraff (1997), S. 431f., Europäischer Rechnungshof (1993a), S. 26–32, Ohly/Reichenbach (1991), S. 142 und Biehl/Winter (1990), S. 74f. vertreten. Kritisch äußern sich dagegen Messal/Klein (1993), S. 383, Messal (1991), S. 75, Seidel (1992), S. 240ff. und Teutemann (1992), S. 317ff. Eine Diskussion der Problematik findet sich u.a. auch in Böker (1994), S. 79ff., Messal (1989), S. 86–92 sowie Ott (1987), S. 67–87.

Abbildung 13: MwSt.-Bemessungsgrundlage und Pro-Kopf-BSP im Jahr 2001

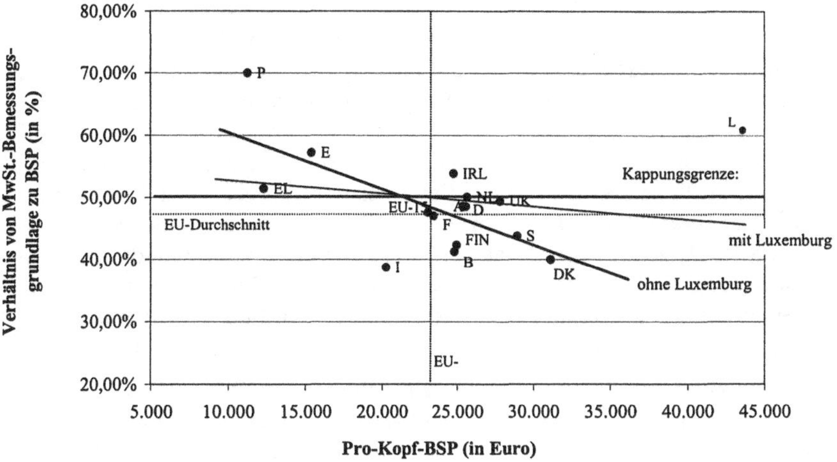

Anmerkung: Durch die Verwendung ungewichteter Daten liegt der Datenpunkt für die gesamte EU nicht auf der Regressionsgeraden.

Datenquelle: Europäisches Parlament (2001), S. 128 und Europäische Kommission (2001m), S. 130f.

Sieht man von Luxemburg aufgrund seiner geringen Größe als statistischem Sonderfall ab, so zeigt die Regressionsgerade den erwarteten negativen Verlauf. Auffällig sind aber die hohen Streubreiten zwischen den Mitgliedstaaten. So weisen Italien und Dänemark einen vergleichbaren „Konsumanteil" auf, obwohl Dänemark ein um 50 % höheres Pro-Kopf-Einkommen als Italien hat. Dabei ist anzumerken, daß Italien den insgesamt niedrigsten Anteil der MwSt.-Bemessungsgrundlage am BSP hat, obwohl es das viertniedrigste Pro-Kopf-BSP aufweist.[680] Die Situation für Dänemark entspricht dagegen der Erwartung. Hier geht ein hohes Pro-Kopf-Einkommen mit einer niedri-

[680] Als ein Erklärungsansatz für dieses „Mißverhältnis" wird häufig die unzureichende Datenlage im Sinne einer Nichterfassung der Schattenwirtschaft genannt.

gen Konsumquote einher. Noch drastischer stellt sich die Situation für Griechenland und Irland dar. Bei einem annähernd doppelt so hohen Pro-Kopf-Einkommen weist Irland sogar eine geringfügig höhere „Konsumquote" als Griechenland auf.

Von den neun Mitgliedstaaten mit einem überdurchschnittlich hohen Anteil der MwSt.-Bemessungsgrundlage (Deutschland, Griechenland, Spanien, Irland, Luxemburg, Niederlande, Österreich, Portugal, Vereinigtes Königreich) weisen sechs Länder auch ein überdurchschnittliches Pro-Kopf-BSP auf. Lediglich Griechenland, Spanien und Portugal sind durch einen überdurchschnittlichen Konsumanteil bei unterdurchschnittlicher Einkommenssituation charakterisiert. Bezogen auf den EU-Durchschnitt befindet sich nur gut die Hälfte der Mitgliedstaaten im jeweils erwarteten Quadranten. Insgesamt zeigen sich für einzelne Mitgliedstaaten teilweise deutliche Abweichungen vom erwarteten Verlauf, so daß nicht von einem engen, allgemeingültigen statistischen Zusammenhang gesprochen werden kann.

Grundsätzlich muß bei diesen Überlegungen beachtet werden, daß es sich um eine hochaggregierte Analyse und Darstellung handelt, die regionale Unterschiede in den einzelnen Mitgliedstaaten sowie Größenunterschiede zwischen den Ländern nicht wiedergibt.[681] Damit ist allerdings der Vorteil verbunden, daß regionale, innerstaatliche Transfers – in Deutschland etwa von den alten in die neuen Bundesländer – das Bild nicht zusätzlich verzerren.[682]

Für eine Regressivitätsbeurteilung des gegenwärtigen Eigenmittelsystems ist zusätzlich zu den bisherigen Überlegungen noch die Kappung der MwSt.-Bemessungsgrenze auf 50 % des BSP zu berücksichtigen. Diese ist, wie bereits erwähnt, im Jahr 2001 für sechs Mitgliedstaaten relevant und stellt eine künstliche Obergrenze für die Belastung durch die MwSt.-Eigenmittel dar. Da die drei Mitgliedstaaten mit dem niedrigsten Pro-Kopf-BSP von dieser Begrenzung – wenn auch in unterschiedlichem Ausmaß – profitieren, werden regressive Effekte insofern vermieden, als sich die MwSt.-Eigenmittel im-

---

[681] Vgl. für die regionalen Unterschiede im Pro-Kopf-BSP beispielsweise Eurostat (2001).

[682] Aufgrund der Transfers weisen die neuen Bundesländer eine im Vergleich zu ihrem BSP übermäßig hohe Konsumquote auf. Den damit verbundenen Anteil an der deutschen MwSt.-Bemessungsgrundlage darf aber nicht zur regionalen Wirtschaftskraft in bezug gesetzt werden, da letztlich die Transfergeber den Großteil der Eigenmittelzahlungen übernehmen.

mer stärker den BSP-Eigenmitteln anpassen. Am Beispiel Luxemburgs und Irlands wird aber auch hier deutlich, daß der Kappungsmechanismus kein perfektes Instrument zu Verminderung der Regressivität im Eigenmittelsystem ist, da auch diese beiden Mitgliedstaaten mit überdurchschnittlichem Pro-Kopf-BSP Vorteile erhalten.

Sowohl durch die Kappung der Bemessungsgrundlage als auch durch die politisch gewollte Absenkung des maximalen Erhebungssatzes verlieren die MwSt.-Eigenmittel an eigenständiger Bedeutung. Angesichts dieser Entwicklung könnte im gegenwärtigen System ganz auf sie verzichtet werden.[683] Dies trüge entscheidend zur Erhöhung der Transparenz bei und würde das Eigenmittelsystem drastisch vereinfachen. Gleichzeitig würde der Finanzbeitragscharakter des Eigenmittelsystems auch für die Bürger deutlicher hervortreten.

Abschließens sei nochmals auf eines der Hauptdefizite der hier in Anlehnung an die Literatur verwendeten Analysemethode hingewiesen. Die Beurteilung potentieller regressiver Effekte auf der Ebene der Mitgliedstaaten impliziert eine organische Staatsauffassung und ignoriert – abgesehen von wenig aussagekräftigen statistischen Durchschnittsbetrachtungen – die eigentlich relevante Ebene der Individuen. Besonders deutlich wird dieses Defizit, wenn man neben der Einnahmenseite auch die Ausgabenseite in die bisherige Betrachtung mit einbezieht. Danach würde eine in bezug auf das BSP proportional oder höchstens leicht regressiv wirkende Verteilung der Finanzierungslasten mit einer stärker redistributiv ausgestalteten Ausgabenseite kombiniert werden, um so das politisch gewünschte Umverteilungsniveau zu erreichen.[684] Als Beurteilungsmaßstab auf der Ebene der Mitgliedstaaten wäre dann das Konzept der Nettofinanzierungspositionen faßt unausweichlich. Eine potentielle Regressivität der EU-Politik würde im Rahmen eines Vergleichs zwischen Pro-Kopf-BSP und Nettofinanzierungsposition beurteilt werden. Regressive Effekte auf der Einnahmenseite könnten beispielsweise durch gegenläufige Transfers und ausgabenwirksame Politikmaßnahmen zugunsten weniger wohlhabender Mitgliedstaaten auf der Ausgabenseite überkompensiert werden. Allgemeingültige Schlußfolgerungen für die Ebene der Individuen können daraus aber nicht gezogen werden.

---

683 Vgl. auch Kraff (1997), S. 434.

684 Vgl. Europäische Kommission (1993b), S. 85f.

Angesichts der interessengruppenspezifischen Politikmaßnahmen der EU, wie sie insbesondere in der Agrarpolitik deutlich werden, haben Nettofinanzierungspositionen kaum etwas mit den finanziellen Kosten- und Nutzeneffekten der europäischen Integration für die Mehrheit der Wirtschaftssubjekte zu tun. Die „gesamtwirtschaftliche" Interpretation der Verteilungswirkungen im Sinne der Nettofinanzierungspositionen macht auf der Ebene der Mitgliedstaaten daher keinen Sinn, da die finanziellen Begünstigungen der Politikmaßnahmen in der Regel nur einer kleinen Interessengruppe zugute kommen.[685]

Dennoch hat die Fixierung auf die Nettofinanzierungspositionen der Mitgliedstaaten Mitte der 80er Jahre in Form des Korrekturmechanismus zugunsten des Vereinigten Königreichs traurige Berühmtheit erlangt. Ihm ist das folgende Kapitel gewidmet.

5.2 Der Korrekturmechanismus zugunsten des Vereinigten Königreichs

5.2.1 Ausgangssituation

Der im Jahr 1985 eingeführte Korrekturmechanismus zugunsten des Vereinigten Königreichs stellt eine Sonderregelung im Eigenmittelsystem der EU dar. Er ist nach dem Finanzmechanismus aus dem Jahr 1976 der zweite institutionalisierte Versuch, die finanzielle Lastenverteilung der Mitgliedstaaten in der EU zu korrigieren. Während der – allerdings nie zur Anwendung gekommene – Finanzmechanismus vor allem auf relative Wohlstandsunterschiede zwischen den Mitgliedstaaten, das Ausmaß ihrer Verringerung sowie einen am BIP orientierten Referenzwert abstellte und die Höhe der Nettozahlungen eines Mitgliedstaates nur als ergänzende Restriktion aufnahm,[686] reduziert sich das „Entscheidungskriterium" des

---

[685] Weitere Kritikpunkte am Konzept der Nettofinanzierungspositionen finden sich u.a. in Europäische Kommission (1998a), Anhang 3, S. 1f., Europäische Kommission (1993b), S. 102ff., Issing (1991), S. 34–39 und Deutscher Industrie- und Handelstag (1994). Einen Überblick über den Stand der Diskussion Anfang der 80er Jahre gibt Ott (1984).

[686] Konkret bestanden die Voraussetzungen des Finanzmechanismus aus dem Jahre 1976 bzw. 1980 darin, daß der Mitgliedstaat das durchschnittliche Pro-Kopf-BIP der EU um mindestens 15 % unterschreitet, daß die reale Wachstumsrate des Pro-Kopf-BIP geringer als 120 % des EG-Durchschnitts ist und daß der Finanzierungsanteil am Haushalt der

duziert sich das „Entscheidungskriterium“ des Korrekturmechanismus zugunsten des Vereinigten Königreichs ausschließlich auf das Konzept des Finanzierungssaldos bzw. der Nettofinanzierungsposition eines Landes. Grundlage des britischen Korrekturmechanismus ist ein allgemeiner Ausgleichsgrundsatz, der in die Erwägungsgründe des Eigenmittelbeschlusses (85/257/EWG, Euratom) aus dem Jahr 1985 aufgenommen wurde. Dieser besagt, daß „jeder Mitgliedstaat, der gemessen an seinem relativen Wohlstand eine zu große Haushaltslast trägt, zu gegebener Zeit in den Genuß einer Korrekturmaßnahme gelangen kann“[687]. Eine explizite Konkretisierung der beiden entscheidenden Kriterien „relativer Wohlstand“ und „zu große Haushaltslast“ wurde nicht vorgenommen. Daher reduziert sich die Frage der Inanspruchnahme dieses zunächst unbestimmten Ausgleichsmechanismus im wesentlichen auf das politische Verhandlungsgeschick und Durchsetzungsvermögen statt auf die Anwendung überprüfbarer Entscheidungsgrundlagen.[688]

Bis heute ist Großbritannien allerdings das einzige Land geblieben, das einen konkreten Korrekturmechanismus zur Verringerung seiner finanziellen Belastung durchsetzen konnte. Ökonomische Begründung für seine Schaffung war die Tatsache, daß das Vereinigte Königreich in den 80er Jahren neben der Bundesrepublik Deutschland praktisch der einzige Nettozahler in der Europäischen Union war, obwohl es, gemessen am Pro-Kopf-BSP, einen unterdurchschnittlichen Wohlstand aufwies. Ursächlich für diese Situation war zum einen ein relativ kleiner und im Vergleich zu den übrigen Mitgliedstaaten anders strukturierter Agrarsektor, der vergleichsweise geringe Rückflüssen aus der gemeinschaftlichen Agrarpolitik mit sich brachte. Zum anderen wurde angeführt, daß das Vereinigte Königreich einen im Vergleich zu anderen Mitgliedstaaten überdurchschnittlich hohen Anteil an der harmonisierten

Europäischen Gemeinschaften den BIP-Anteil um mehr als 10 % übersteigt. Als weitere Nebenbedingung wurde festgelegt, daß bei Anwendung des Finanzmechanismus der ermittelte Ausgleichsbetrag die Nettozahlungen eines Mitgliedstaates nicht überschreiten durfte; vgl. Rat der EG (1976) und Rat der EG (1980).

[687] Rat der EG (1985), S. 15.

[688] Messal (1991), S. 122

MwSt.-Bemessungsgrundlage im Vergleich zu seinem Anteil am BSP der Gemeinschaft habe.[689]

Diese Situation hat sich inzwischen deutlich gewandelt, ohne daß der Korrekturmechanismus an die veränderten ökonomischen Rahmenbedingungen angepaßt worden wäre. So hat Großbritannien inzwischen ein überdurchschnittlich hohes Pro-Kopf-BSP, unabhängig davon, ob der Vergleich zu nominalen Wechselkursen oder zu Kaufkraftstandards durchgeführt wird.[690] Darüber hinaus haben inzwischen je nach Berechnungsmethode und betrachtetem Jahr zwischen sieben und zehn Mitgliedstaaten einen negativen operativen „Netto-Finanzierungssaldo" mit der EU.[691] Dennoch ist aus politökonomischer Perspektive in absehbarer Zukunft nicht mit gravierenden Modifikationen am britischen Korrekturmechanismus zu rechnen, die das Vereinigte Königreich schlechter als im Status quo stellen, da Änderungen des Eigenmittelbeschlusses nur einstimmig vom Rat der EU vorgenommen werden können.

Die finanzielle Nettoposition eines Mitgliedstaates ergibt sich allgemein als Differenz zwischen den an die EU abgeführten Zahlungen und den von der Gemeinschaftsebene erhaltenen Rückflüsse. In der Praxis ist die Berechnung aber keineswegs so eindeutig und unproblematisch, wie man zunächst vermuten könnte.[692] Auf der Einnahmenseite (der EU) besteht das Hauptproblem in der angemessenen Berücksichtigung der traditionellen Eigenmittel. Als einzige echte Eigenmittelkategorie sind sie das Ergebnis einer gemeinschaftlichen Politik und unterliegen aufgrund des Rotterdam-Antwerpen-Effekts einer willkürlichen regionalen Aufkommensstruktur. Dies spricht dafür, sie bei der Berechnung von mitgliedstaatsorientierten Finanzierungssalden nicht zu berücksichtigen. Diese Vorgehensweise fordert etwa der Wissenschaftlichen Beirat beim Bundesministerium für Wirtschaft und Technologie[693], der zwischen Nettopositionen und Nettobeiträgen unterscheidet, wobei letztere

---

689 Vgl. z.B. Europäische Kommission (1998a), Anhang 4, S. 1f., Europäische Kommission (1995a), S. 18f., Spahn (1993b), S. 71f., Busch (1990), S. 19f. oder Bladen-Hovell/Symons (1994), S. 376.

690 Vgl. Tabelle 21 in Abschnitt 5.1.4.2.

691 Vgl. Europäische Kommission (1998a), Anhang 8, S. 12f.

692 Vgl. Europäische Kommission (1998a), Anhang 3, S. 2–6.

693 Heute Bundesministerium für Wirtschaft und Arbeit (BMWA).

auf der Einnahmenseite nur die finanzbeitragsähnlichen MwSt.- und BSP-Eigenmittel umfassen.[694] Eine völlige Ausklammerung der traditionellen Eigenmittel erschwert allerdings die Interpretation der berechneten Nettosalden, da sich Einnahmen und Ausgaben des Gesamthaushalts dann insgesamt nicht mehr ausgleichen. Die Korrekturmechanismus zugunsten des Vereinigten Königreichs löst das Problem, indem er den Gesamtbetrag der traditionellen Eigenmittel implizit entsprechend dem jeweiligen Anteil an den MwSt.- und BSP-Eigenmitteln auf die Mitgliedstaaten aufteilt.

Auf der Ausgabenseite können nur diejenigen Ausgaben der EU berücksichtigt werden, die eindeutig einem Mitgliedstaat zurechenbar sind. Man spricht in diesem Zusammenhang auch von den „aufteilbaren Gesamtausgaben“[695]. Sie machen ca. 94 % des Gesamtvolumens des Haushalts aus. Nicht berücksichtigt werden Zahlungen, die an Drittländer fließen sowie Ausgaben, die aus konzeptionellen Gründen nicht eindeutig innerhalb der EU aufgeteilt werden können.[696] Die von den Mitgliedstaaten zu finanzierenden Ausgaben der EU übersteigen somit zwangsläufig die Summe ihrer Rückflüsse aus dem EU-Budget, so daß eine gewisse Tendenz zu negativen Nettofinanzierungspositionen systemimmanent ist. Im Rahmen britischen Korrekturmechanismus wird dieses Problem dadurch vermieden, daß keine direkte Saldierung der absoluten Einnahmen und Ausgaben des Vereinigten Königreichs vorgenommen wird. Statt dessen wird im wesentlichen sein Anteil an den zurechenbaren Rückflüssen von seinem Anteil an den (unkorrigierten) „Eigenmittelbeiträgen“ subtrahiert und nur diese Differenz mit den Gesamtausgaben der EU multipliziert, so daß implizit ein gleich hoher Betrag für Einnahmen und Ausgaben auf der EU-Ebene unterstellt wird.[697]

Ein strittiger Punkt bei der Berechnung finanzieller Nettosalden ist auf der Ausgabenseite die Behandlung der Verwaltungsausgaben, die zu großen Tei-

---

[694] Vgl. Wissenschaftlicher Beirat beim BMWi (1999), S. 6f. und S. 10ff.

[695] Vgl. zur offiziellen Abgrenzung der aufteilbaren Gesamtaufnahmen im Rahmen des britischen Korrekturmechanismus Rat der EU (1994c), S. 4f. und Rat der EU (2000e), S. 9. Vgl. auch Europäische Kommission (1998a), Anhang 3, S. 3f.

[696] Hierzu können u.a. Dienstreisekosten, Repräsentationskosten sowie Ausgaben für Sitzungen gehören ebenso wie Zahlungen im Zusammenhang mit grenzüberschreitenden Gemeinschaftsinitiativen, vgl. Rat der EU (2000e), S. 9.

[697] Europäische Kommission (1998a), Anhang 3, S. 4.

len in Belgien und Luxemburg anfallen.[698] Je nachdem ob man sie in die Betrachtung der aufteilbaren Gesamtausgaben einbezieht oder nicht, sind Belgien und Luxemburg entweder Nettoempfänger oder Nettozahler. Gegen eine direkte Zuordnung der Verwaltungskosten als Zahlungen an diese Länder könnte neben dem hohen Internationalisierungsgrad der EU-Verwaltung die Tatsache sprechen, daß es sich um eine gemeinschaftliche Aufgabe handelt, deren Durchführung allen Mitgliedstaaten zugute kommt, und daß die Zahlungen daher nicht (primär) im wirtschaftlichen Interesse Belgiens oder Luxemburgs getätigt würden. Klammert man die Verwaltungsausgaben aus, so erhält man auf der Ausgabenseite der EU die „zurechenbaren operationellen Ausgaben“. Bei Gegenüberstellung mit den EU-Einnahmen resultiert der sog. operative Finanzierungssaldo.[699] Dieses Konzept legt die Kommission seit einigen Jahren bei den von ihr veröffentlichten Nettosalden zugrunde. Im Rahmen des Korrekturmechanismus zugunsten des Vereinigten Königreichs werden die Verwaltungsausgaben dagegen mitberücksichtigt.

Um die gegenwärtige komplizierte Funktionsweise des Korrekturmechanismus zu verstehen, bietet es sich an, kurz auf die ursprüngliche Vorgehensweise im Eigenmittelbeschluß des Jahres 1985 einzugehen und sich die damalige Ausgestaltung in Erinnerung zu rufen, da die ursprünglichen Wirkungen auch in den darauffolgenden Eigenmittelbeschlüssen im wesentlichen beibehalten werden sollten.

5.2.2 Der ursprüngliche britische Korrekturmechanismus im Eigenmittelbeschluß des Jahres 1985

Der Korrekturmechanismus aus dem Jahr 1985 wurde lediglich zwei Jahre lang durchgeführt (1985 und 1986), da die Korrektur für das Jahr 1987 bereits nach der neuen Ausgestaltung gemäß den Regelungen des Eigenmittelbeschlusses aus dem Jahr 1988 vollzogen wurde. Er beinhaltete in seiner ur-

---

698 Vgl. Europäische Kommission (1998a), Anhang 3, S. 3f. und Rat der EU (1994c), S. 5.

699 Diese Vorgehensweise wählt der Wissenschaftliche Beirat beim BMWi (1999), S. 10ff. bei der Berechnung seiner Nettopositionen und Nettobeiträge.

sprünglichen Ausgestaltung gemäß Artikel 3 Abs. 3, lit. a–d des Eigenmittelbeschlusses (85/257/EWG, Euratom)[700] die folgenden Hauptelemente:[701]

- Das Vereinigte Königreich erhielt 66 % des Betrages zurück, der sich ergibt, indem man die Differenz zwischen seinem unkorrigierten MwSt.-Eigenmittelanteil und seinem Anteil an den zurechenbaren Rückflüssen mit der Gesamtsumme letzterer multipliziert.
- Die Finanzierung dieses Einnahmeausfalls erfolgte durch die übrigen Mitgliedstaaten unter Ausschluß des Vereinigten Königreichs im Verhältnis ihrer entsprechend modifizierten MwSt.-Eigenmittelanteile.
- Die Bundesrepublik Deutschland mußte sich nur zu zwei Drittel ihres eigentlichen Anteils beteiligen. Der Rest wurde ebenfalls von den übrigen Mitgliedstaaten entsprechend der angepaßten MwSt.-Anteilen finanziert.
- Die Korrektur für ein Haushaltsjahr t wurde im Folgejahr $t+1$ abgewickelt.

Wie bereits angedeutet gingen als Parameter in die Berechnung des britischen Erstattungsanspruchs lediglich die unkorrigierten MwSt.-Eigenmittel und die aufteilbaren Gesamtausgaben der Gemeinschaft ein, nicht aber die originären Eigenmittel. Ihr Gesamtvolumen wurde indirekt im Verhältnis der Anteile der Mitgliedstaaten an der MwSt.-Bemessungsgrundlage berücksichtigt, so daß die Fiktion eines ausschließlich über MwSt.-Eigenmittel finanzierten Gesamthaushalts entstand. Das Auseinanderfallen der den Mitgliedstaaten zurechenbaren Rückflüssen und dem insgesamt anfallenden Ausgabenvolumen der Gemeinschaft[702] wurde unter Einbeziehung der Verwaltungsausgaben so gelöst, daß nur die absolute Höhe der zurechenbaren Rückflüsse für die Berechnungen von Relevanz waren. Als letzter zu wählender Parameter bestimmte der „Ausgleichsfaktor" in Höhe von 0,66 die Höhe des Briten-Rabatts. Dieser Wert orientierte sich an den (frei verhandelten) Korrekturen für die vorangegangenen Jahre und war letztlich ausschließlich das Ergebnis politischer Verhandlungen.[703] Die verbale Deskrip-

[700] Rat der EG (1985), S. 16.

[701] Vgl. auch Messal (1991), S. 110–121 und Europäische Kommission (1995a), S. 19.

[702] Die Hauptursache besteht, wie bereits erwähnt, in den Zahlungen an Drittländer.

[703] Messal (1991), S. 117.

tion des britischen Korrekturbetrags im Eigenmittelbeschluß aus dem Jahre 1985 läßt sich auch in der folgenden Formel zusammenfassen:[704]

$$Korrektur_{UK,t}^{EMB85} = 0{,}66 \cdot \left[\frac{MwSt_{UK,t}^{EMB85}}{MwSt_{EU,t}^{EMB85}} - \frac{R_{UK,t}}{R_{EU,t}} \right] \cdot R_{EU,t}$$

wobei:

$Korrektur_{UK,t}^{EMB85}$: Korrekturbetrag gemäß dem Eigenmittelbeschluß des Jahres 1985 für das Jahr t zugunsten des Vereinigten Königreiches (UK);

$MwSt_{UK,t}^{EM85}$: Theoretische unkorrigierte MwSt.-Eigenmittelzahlungen des Vereinigten Königreiches (auf Basis der ungekappten Bemessungsgrundlage) im Jahr t gemäß Eigenmittelbeschluß des Jahres 1985, ohne Korrekturmechanismus;

$MwSt_{EU,t}^{1985}$: Summe der MwSt.-Eigenmittelzahlungen aller Mitgliedstaaten (auf Basis der ungekappten Bemessungsgrundlage) im Jahr t gemäß Eigenmittelbeschluß des Jahres 1985, ohne Korrekturmechanismus;

$R_{UK,t}$: Zurechenbare Rückflüsse an das Vereinigte Königreich im Jahr t;

$R_{EU,t}$: Summe der den Mitgliedstaaten zurechenbaren Ausgaben (Rückflüsse) im Jahr t.

In Höhe dieses Betrages wurden die MwSt.-Eigenmittelzahlungen des Vereinigten Königreiches durch eine entsprechende Absenkung seines MwSt.-Eigenmittelsatzes verringert.

Die finanzielle Aufteilung des Korrekturbetrages auf die übrigen Mitgliedstaaten erfolgte gemäß ihren „modifizierten“ Anteilen an der MwSt.-Bemessungsgrundlage. Da sich das Vereinigte Königreich überhaupt nicht und die Bundesrepublik Deutschland nur zu zwei Drittel ihres eigentlichen

---

[704] Diese Darstellungsweise findet sich bereits bei Seidel (1992), S. 132. Vgl. für ein Zahlenbeispiel aus dem Haushaltsjahr 1987 Messal (1991), S. 118.

Anteils an der Finanzierung beteiligen mußten, war der Finanzierungsanteil für die übrigen Mitgliedstaaten höher als ihr jeweiliger Anteil an der MwSt.-Bemessungsgrundlage.[705] Die Verrechnung des Korrekturmechanismus erfolgte innerhalb der MwSt.-Eigenmittel durch entsprechende Modifikationen des einheitlichen Satzes.[706] Der effektive MwSt.-Eigenmittelsatz des Vereinigten Königreichs wurde verringert, während die der übrigen Mitgliedstaaten angehoben wurden.[707] Dabei war zu beachten, daß kein Land unter Berücksichtigung dieser zusätzlichen Zahlungen über den damaligen Höchstsatz der MwSt.-Eigenmittel in Höhe von 1,4 % kommen durfte.

Der für jedes Land individuell geltende MwSt.-Höchstsatz in Kombination mit der Tatsache, daß sich das Vereinigte Königreich nicht und die Bundesrepublik Deutschland nur eingeschränkt an der Finanzierung des Briten-Rabatts beteiligten, führte dazu, daß im Eigenmittelsystem ein Betrag „blokkiert“ wurde, der über den eigentlichen Ausgleichsbetrag für das Vereinigte Königreich hinausging. Man spricht in diesem Zusammenhang auch von einem sogenannten Bruttoeffekt.[708] Angesichts der knappen Finanzlage der Gemeinschaft Mitte der 80er Jahre stellte dies in der damaligen Zeit einen entscheidenden Diskussions- und Kritikpunkt dar.

Hätte der maximale MwSt.-Eigenmittelsatz für die Gemeinschaft als Ganzes gegolten, so wäre es zu überhaupt keiner Verringerung des maximal möglichen Eigenmittelvolumens gekommen. Die geringere Belastung des Vereinigten Königreichs wäre von den anderen Mitgliedstaaten durch Abrufsätze knapp über 1,4 % ausgeglichen worden. Hätten sich bei der statt dessen vereinbarten individuellen Gültigkeit des MwSt.-Eigenmittelsatzes zumindest alle Mitgliedstaaten inklusive Großbritanniens und der Bundesrepublik

---

[705] Artikel 3 Abs. 3, lit. c des Eigenmittelbeschlusses aus dem Jahr 1985 formuliert wie dies wie folgt: „Die Aufteilung dieses [Korrektur]betrages wird zunächst entsprechend ihren Anteilen an den auf Grundlage des einheitlichen Satzes zu leistenden Mehrwertsteuerzahlungen – unter Ausschluß des Vereinigten Königreichs – berechnet und sodann in der Weise angepaßt, daß der Anteil der Bundesrepublik Deutschland auf zwei Drittel des sich aus dieser Berechnung ergebenden Anteils begrenzt ist“, Rat der EG (1985), S. 16. Vgl. für die Zahlen der im Jahr 1987 durchgeführten Korrektur Messal (1991), S. 119.

[706] Vgl. ausführlich Messal (1991), S. 118.

[707] Für Deutschland fiel die Anhebung aufgrund der Zwei-Drittel-Sonderregelung etwas geringer aus als für die übrigen Mitgliedstaaten.

[708] Vgl. Messal (1991), S. 119f.

Deutschland gleichermaßen an der Finanzierung des Korrekturmechanismus im Verhältnis ihrer Anteile an der MwSt.-Bemessungsgrundlagen beteiligt, so wäre der „blockierte" Eigenmittelbetrag gerade so hoch wie die Entlastung für das Vereinigte Königreich gewesen.[709] Da aber die anderen Mitgliedstaaten statt dessen einen höheren Finanzierungsanteil zu tragen hatten, der maximale Eigenmittelsatz in Höhe von 1,4 % aber nicht überschritten werden durfte, mußte der einheitliche Satz (für alle Mitgliedstaaten) niedriger gewählt werden, so daß auch insgesamt nur ein verringertes Eigenmittelvolumen zur Verfügung stand.

Die Höhe des Bruttobetrages im damaligen System läßt sich berechnen, indem man den modifizierten Finanzierungsanteils eines der „gewöhnlichen" Länder, die sich an der Finanzierung des Briten-Rabatts voll beteiligen, durch den eigentlichen MwSt.-Anteil dividiert und das Ergebnis mit dem Korrekturbetrag zugunsten des Vereinigten Königreichs multipliziert.[710]

Statt über die Einnahmenseite hätte man den britischen Korrekturanspruch auch über die Ausgabenseite konstruieren können.[711] Das Vereinigte Königreich und die Bundesrepublik Deutschland hätten in diesem Fall zusätzliche Zahlungen erhalten müssen, so daß sich für beide Länder die gleiche Nettoentlastung ergeben hätte, wie bei der gewählten Regelung über die Einnahmenseite. Auf der Einnahmenseite hätten alle Mitgliedstaaten rechnerisch den Höchstsatz bei der MwSt.-Eigenmitteln erreichen können, was zu einer nicht unwesentlichen Transparenzerhöhung beigetragen hätte und die mühseligen und für Außenstehende nur schwer nachzuvollziehenden Berechnung im Rahmen der MwSt.-Eigenmittel bezüglich des einheitlichen Satzes und der abweichenden effektiven Sätze vereinfacht hätte.

---

709 Vgl. für genauere Erläuterungen Messal (1991), S. 119f.

710 Vgl. Messal (1991), S. 120f.

711 Vgl. die Ausführungen bei Messal (1991), S. 120f.

5.2.3 Die Regelung des britischen Korrekturmechanismus in den nachfolgenden Eigenmittelbeschlüssen

5.2.3.1 Berechnung des Korrekturbetrages in den Eigenmittelbeschlüssen der Jahre 1988 und 1994

Der Korrekturmechanismus zugunsten des Vereinigten Königreiches sollte auch in den beiden folgenden Eigenmittelbeschlüssen der Jahre 1988 und 1994 beibehalten bleiben und blieb in der nachfolgend beschriebenen Form bis zum In-Kraft-Treten des Eigenmittelbeschlusses aus dem Jahr 2000 gültig.[712] Allerdings wurden im Vergleich zum Korrekturmechanismus des Jahres 1985 aufgrund der neu hinzugekommenen BSP-Eigenmittel sowie der Kappung der MwSt.-Bemessungsgrundlage einige Modifikationen notwendig, die die Funktionsweise des Mechanismus weiter verkomplizierten.

Das erklärte Ziel dieser Bestimmungen bestand darin, das Vereinigte Königreich genau so zu stellen, wie es hypothetisch bei fortdauernder Gültigkeit des ursprünglichen Korrekturmechanismus gemäß dem Eigenmittelbeschlusses aus dem Jahr 1985 der Fall gewesen wäre. Das bedeutet, daß die finanziellen Auswirkungen der Modifikationen der Jahre 1988 und 1994 im Eigenmittelsystem in voller Höhe angerechnet werden sollten. Eine Entlastung des Vereinigten Königreichs durch die Einführung der BSP-Eigenmittel oder die Kappung der Bemessungsgrundlage für die MwSt.-Eigenmittel mußte daher gegengerechnet werden und verringerte den Korrekturbetrag. Der Beitragsnachlaß des Vereinigten Königreichs resultierte somit aus dem „alten" Ausgleichsanspruch nach den Regeln des Eigenmittelbeschlusses des Jahres 1985, korrigiert um die finanziellen Auswirkungen, die durch die nachfol-

[712] Aufgrund des hohen konzeptionellen Übereinstimmungsgrades der beiden Eigenmittelbeschlüsse wird im folgenden nur auf den Eigenmittelbeschluß (94/728/EG, Euratom) des Jahres 1994, Rat der EU (1994a), Bezug genommen. Auf europäischer Ebene wurden die genauen Modalitäten der Durchführung des Korrekturmechanismus durch einen Vermerk des Rates näher erläutert, Rat der EU (1994c). Die folgenden Ausführungen orientieren sich darüber hinaus schwerpunktmäßig an der detaillierten Darstellung bei Messal (1991), S. 125–136. Vgl. auch Europäische Kommission (1996d), S. 16–22, Europäischer Rechnungshof (1992a), S. 33–42 sowie z.B. auch Peffekoven (1994), S. 70f. und Europäische Kommission (1995a), S. 87–91.

genden Modifikationen am Eigenmittelsystem entstanden.[713] Gleichzeitig bestand das Bestreben, die technische Grundkonzeption des Korrekturmechanismus soweit wie möglich beizubehalten. Das Zusammenspiel dieser beiden Zielsetzungen in den beiden folgenden Eigenmittelbeschlüssen der Jahre 1988 und 1994 resultierte in einer höchst intransparenten und eigentümlich komplizierten Ausgestaltung des Korrekturmechanismus.

Neben dem eigentlich relevanten Korrekturbetrag, um den die britischen Zahlungen an die EU verringert werden und der gemäß Artikel 4, Ziffer 2 des Eigenmittelbeschlusses des Jahres 1994 als Referenzausgleichsbetrag bezeichnet wird, spricht der Eigenmittelbeschluß noch von einem „Grundbetrag" und einem „Anpassungsbetrag".[714] Dieses für die konkrete Festlegung des Korrekturbetrages eigentlich überflüssige Vorgehen war das direkte Ergebnis des Bemühens, den Bezug zum ursprünglichen Korrekturmechanismus aus dem Jahr 1985 möglichst deutlich herauszustellen.

Der Grundbetrag entspricht einem fiktiven Korrekturbetrag, der sich ergäbe, wenn man das Grundkonzept des alten Korrekturmechanismus – Finanzierungsanteil abzüglich Rückflußanteil – ohne weitere Modifikationen auf die veränderten Gegebenheiten des neuen Eigenmittelsystems anwenden würde.[715] Der Finanzierungsanteil kann sich dabei nicht mehr nur auf die ungekappten MwSt.-Eigenmittel beziehen, sondern muß aufgrund der zusätzlichen Eigenmittelquelle auch die BSP-Eigenmittel sowie die Kappung der MwSt.-Bemessungsgrundlage berücksichtigen. Alle anderen Elemente des ursprünglichen Korrekturmechanismus bleiben bei der Berechnung des Grundbetrages erhalten, so daß in Anlehnung an Artikel 4, Ziffer 1 des Eigenmittelbeschlusses (94/728/EG, Euratom) von 1994 die folgende Berechnungsvorschrift resultiert:[716]

---

[713] Vgl. u.a. die Erwägungsgründe im Eigenmittelbeschluß (88/376/EWG, Euratom) aus dem Jahr 1988, Rat der EU (1988), S. 25 sowie Artikel 4, Ziffer 2 des Eigenmittelbeschlusses (94/728/EG, Euratom) aus dem Jahr 1994, Rat der EU (1994a), S. 12.

[714] Artikel 4 Abs. 1 des Eigenmittelbeschlusses (94/728(EG, Euratom), Rat der EU (1994a), S. 12. Vgl. auch Europäische Kommission (1995a), S. 87 und Messal (1991), S. 126–130.

[715] Vgl. Messal (1991), S. 126–129.

[716] Die verwendeten Symbole sind weitgehend identisch mit denen des Korrekturmechanismus des Jahres 1985. Veränderungen resultieren lediglich aus den hinzugekommenen

$$Grundbetrag_t^{EMB94} = 0{,}66 \cdot \left[\frac{MwSt_{UK,t}^{EMB94} + BSP_{UK,t}^{EMB94}}{MwSt_{EU,t}^{EMB94} + BSP_{EU,t}^{EMB94}} - \frac{R_{UK,t}}{R_{EU,t}} \right] \cdot R_{EU,t}$$

Durch den Anpassungsbetrag wird der Grundbetrag schließlich so korrigiert, daß er dem Referenzausgleichsbetrag entspricht.[717] Da letzterer die entscheidende Größe für die Höhe des britischen Korrekturbetrages ist, soll das Verfahren seiner Berechnung im folgenden ausführlicher dargestellt werden. Dabei ist zu berücksichtigen, daß – ähnlich wie bei der Berechnung des Grundbetrages – Korrektursalden aus vorangegangenen Haushaltsjahren berücksichtigt werden müssen,[718] die die Nachvollziehbarkeit der in die Berechnung eingehenden Werte für Außenstehende stark einschränken und die im folgenden keine explizite Berücksichtigung finden.

Da das Vereinigte Königreich so gestellt werden sollte, wie es bei unveränderter Gültigkeit der Regelungen des Eigenmittelbeschlusses aus dem Jahr 1985 der Fall gewesen wäre, ist zum einen die fiktive Berechnung des Korrekturbetrag nach den Regeln des Eigenmittelbeschlusses des Jahres 1985 erforderlich. Zum anderen muß dieser Betrag um die finanziellen Auswirkungen für das Vereinigte Königreich korrigiert werden, die aus den Änderungen im Eigenmittelsystem resultieren.

Bei der Berechnung des ersten Teilbetrages muß sowohl von der Kappung der MwSt.-Eigenmittel als auch von den BSP-Eigenmitteln abstrahiert werden. Darüber hinaus sind aufgrund des höheren Finanzvolumens und der „Nichtexistenz" der BSP-Eigenmittel auch die für die MwSt.-Eigenmittel eigentlich geltenden Höchstsätze außer acht zu lassen. Statt dessen unter-

---

BSP-Eigenmitteln sowie der Bezugnahme auf den Eigenmittelbeschluß des Jahres 1994. Bei der Berechnung des Eigenmittelanteils des Vereinigten Königreichs wird die Währungsreserve, die Soforthilfereserve sowie die Garantie für Anleihen und Darlehen abgezogen. Außerdem werden geschätzte Salden des Vorjahres desjenigen Jahres, für welches der Korrekturbetrag abgewickelt wird, berücksichtigt; vgl. Europäische Kommission (1996d), S. 17f. und Europäische Kommission (1994c), S. 2.

[717] Artikel 4, Ziffer 3 des Eigenmittelbeschlusses (94/728/EG, Euratom) aus dem Jahr 1994. Der Anpassungsbetrag ergibt sich als Differenz zwischen dem Referenzausgleichsbetrag und dem Grundbetrag.

[718] Vgl. Artikel 4, Ziffer 2, lit. A des Eigenmittelbeschlusses (94/728/EG, Euratom) des Jahres 1994 sowie Europäische Kommission (1994c), S. 2 und erläuternd Messal (1991), S. 128f.

stellt man für die Berechnung, daß der Haushalt ausschließlich durch „ungekappte“ MwSt.-Eigenmittel finanziert werden würde. Bezieht man die mit 0,66 multiplizierte Differenz zwischen dem britischen Anteil an diesen hypothetisch fortgeführten MwSt.-Eigenmittelzahlungen[719] und seinem Anteil an den aufteilbaren Gesamtausgaben auf das Gesamtvolumen der Rückflüsse, so erhält man den „hypothetischen alten“ Korrekturbetrag, wie er bei Fortführung des Eigenmittelbeschlusses aus dem Jahr 1985 relevant gewesen wäre.

Die finanziellen Auswirkungen für das Vereinigte Königreich durch die Modifikationen im Eigenmittelsystem erhält man durch einen Vergleich des sich bei der fiktiven Fortführung des Eigenmittelbeschlusses von 1985 ergebenden Betrages mit den tatsächlichen britischen MwSt.- und BSP-Eigenmittelzahlungen. Konkret bedeutet das, daß man den fiktiven, nur auf ungekappten MwSt.-Eigenmitteln basierenden Anteil des Vereinigten Königreichs mit dem durch Finanzbeiträge zu finanzierenden EU-Haushaltsvolumen multipliziert und davon die Zahlungen, die das Vereinigte Königreich ohne Berücksichtigung seines Korrekturbetrages an „gekappten“ MwSt.-Eigenmitteln und BSP-Eigenmitteln abführen müßte, subtrahiert. Das Ergebnis stellt die finanziellen Auswirkungen der Änderungen im Eigenmittelsystem für das Vereinigte Königreich dar. Um diesen Betrag wird der im vorangegangenen Absatz beschriebene „hypothetische alte“ Korrekturbetrag korrigiert, so daß daraus der tatsächliche Korrekturanspruch des Vereinigten Königreichs gemäß den Bestimmungen des Eigenmittelbeschlusses (94/728/EG, Euratom) aus dem Jahr 1994 resultiert.

Auch dieser Korrekturbetrag läßt sich, ähnlich wie bereits der Korrekturbetrag nach dem Eigenmittelbeschluß des Jahres 1985, als mathematische For-

---

[719] Da bei dieser Berechnung der hypothetischen MwSt.-Eigenmittelzahlungen auch die für das Vorjahr erforderlichen geschätzten Korrektursalden berücksichtigt werden, kann dieser Anteil geringfügig vom britischen Anteil an der ungekappten MwSt.-Bemessungsgrundlage abweichen. Ohne die Saldenberücksichtigung wären beide Anteilswerte identisch; vgl. Europäische Kommission (1994c), S. 2f. und implizit Europäische Kommission (1996d), S. 18.

mel darstellen, die die komplizierten verbalen Ausführungen in komprimierter Weise wiedergibt:[720]

$$Korrektur_{UK,t+1}^{EMB94} = 0{,}66 \cdot \left[\frac{MwSt_{UK,t}^{EMB85}}{MwSt_{EU,t}^{EMB85}} - \frac{R_{UK,t}}{R_{EU,t}} \right] \cdot R_{EU,t} - \left[\frac{MwSt_{UK,t}^{EMB85}}{MwSt_{EU,t}^{EMB85}} \cdot \left(MwSt_{EU,t}^{EMB94} + BSP_{EU,t}^{EMB94} \right) - \left(MwSt_{UK,t}^{EMB94} + BSP_{UK,t}^{EMB94} \right) \right]$$

wobei:

$Korrektur_{UK,t+1}^{EMB94}$: Korrekturbetrag zugunsten des Vereinigten Königreiches für das Jahr t, abgewickelt im Haushaltsjahr t+1, (= Referenzausgleichsbetrag);

$MwSt_{UK,t}^{EMB85}$: Ungekappte MwSt.-Eigenmittelzahlungen des Vereinigten Königreichs im Jahr t gemäß Eigenmittelbeschluß des Jahres 1985, ohne Korrekturmechanismus;

$MwSt_{EU,t}^{EMB85}$: Ungekappte MwSt.-Eigenmittelzahlungen aller Mitgliedstaaten im Jahr t gemäß Eigenmittelbeschluß des Jahres 1985, ohne Korrekturmechanismus;

$R_{UK,t}$: Dem Vereinigten Königreich zurechenbarer Rückfluß im Jahr t;

$R_{EU,t}$: Summe der den Mitgliedstaaten zurechenbaren Rückflüsse (aufteilbare Gesamtausgaben) im Jahr t;

$MwSt_{UK,t}^{EMB94}$: Gekappte MwSt.-Eigenmittelzahlungen des Vereinigten Königreichs für das Jahr t gemäß Eigenmittelbeschluß des Jahres 1994, ohne Berücksichtigung des Korrekturmechanismus;

$BSP_{UK,t}^{EMB94}$: BSP-Eigenmittelzahlungen des Vereinigten Königreichs im Jahr t gemäß Eigenmittelbeschluß des Jahres 1994, ohne Berücksichtigung des Korrekturmechanismus;

---

720 Vgl. auch Seidel (1992), S. 132 sowie Kraff (1997), S. 418, in deren Formel sich jedoch ein Vorzeichenfehler eingeschlichen hat. Die Jahresangaben beziehen sich auf den jeweils relevanten Eigenmittelbeschluß.

$MwSt_{EU,t}^{EMB94}$: Gekappte MwSt.-Eigenmittelzahlungen aller Mitgliedstaaten im Jahr t gemäß Eigenmittelbeschluß aus dem Jahr 1994, ohne Berücksichtigung des Korrekturmechanismus;

$BSP_{EU,t}^{EMB94}$: BSP-Eigenmittelzahlungen aller Mitgliedstaaten im Jahr t gemäß Eigenmittelbeschluß aus dem Jahr 1994, ohne Berücksichtigung des Korrekturmechanismus.

Die erste Zeile der Gleichung gibt den „hypothetischen alten" Korrekturanspruch wieder und ist identisch mit der Berechnungsformel für den Korrekturbetrag nach den Regelungen des Eigenmittelbeschlusses aus dem Jahr 1985. Die zweite Zeile stellt die finanziellen Auswirkungen für das Vereinigte Königreich dar, die sich aus den Modifikationen durch die neuen Eigenmittelbestimmungen im Vergleich zum Eigenmittelbeschluß des Jahres 1985 ergeben.

Zur Veranschaulichung sollen die bisherigen Ausführungen anhand der Daten des Vorentwurfs für den Gesamthaushaltsplan des Jahres 2000 konkretisiert werden.[721] Die Berechnung der Höhe des britischen Korrekturbetrags orientiert sich dabei an den Zahlungsströmen des Jahres 1999. Der Gesamtbetrag der MwSt.- und BSP-Eigenmittel beträgt ca. 67,8 Mrd. Euro. Würde dieser Betrag ausschließlich über ungekappte MwSt.-Eigenmittel finanziert werden, so entfiele auf das Vereinigte Königreich ein Anteil von 16,7364 % was ca. einem Betrag von 11,350 Mrd. Euro entspräche. Gemäß der tatsächlichen Regelung beläuft sich der Anteil des Vereinigten Königreichs ohne Berücksichtigung des Korrekturbetrages dagegen auf 16,3385 % des Gesamtvolumens bzw. ca. 11,080 Mrd. Euro. Die finanziellen Auswirkungen für das Vereinigte Königreich durch die Modifikationen im Eigenmittelsystem belaufen sich auf 269,840 Mio. Euro. Die Summe der zurechenbaren Gesamtausgaben beträgt 77,522 Mrd. Euro, wovon 7,065 Mrd. Euro auf das Vereinigte Königreich entfallen, was einem Anteil von 9,1025 % entspricht.[722]

---

[721] Vgl. Europäische Kommission (1999d), S. 127–131 und (1999e), S. 19–23. Aufgrund der nur sehr knappen Datenangaben bezüglich der Berechnung des britischen Korrekturmechanismus konnte auf einige der Werte nur mittels eigener Berechnungen geschlossen werden. Rundungsbedingte Ungenauigkeiten sind daher unvermeidlich. Vgl. zum grundsätzlichen Vorgehen auch Europäische Kommission (1995a), S. 88, Europäischer Rechnungshof (1992a), S. 35–37 sowie Messal (1991), S. 127f.

[722] Vgl. für genauere Erläuterungen bezüglich der „aufteilbaren Gesamtausgaben" Europäische Kommission (1996d), S. 18–20.

Setzt man diese Werte in die o.g. Formel für den Referenzausgleichsbetrag ein, so erhält man das folgende Ergebnis:

$$\begin{aligned} \mathit{Korrektur}_{UK,2000}^{1994} &= 0{,}66 \cdot [16{,}7364\,\% - 9{,}1025\,\%] \cdot 77{,}522\,\text{Mrd. Euro} \\ &- [16{,}7364\% \cdot (67{,}8\,\text{Mrd. Euro}) - 11{,}080\,\text{Mrd. Euro}] \\ &= 3{,}636\,\text{Mrd. Euro.} \end{aligned}$$

Die Summe aus dem „hypothetischen alten" Korrekturbetrag (erste Zeile) und dem Vorteil für das Vereinigte Königreich aufgrund der Änderungen im Eigenmittelsystem (zweite Zeile) resultiert in einem Referenzausgleichsbetrag für das Haushaltsjahr 2000 in Höhe von 3,636 Mrd. Euro.

Eine äquivalente Vorgehensweise ist auch für den Grundbetrag möglich. Setzt man die Daten in die entsprechende Formel ein, so erhält man:

$$\begin{aligned} \mathit{Grundbetrag}_{2000}^{EMB94} &= 0{,}66 \cdot [16{,}3385\% - 9{,}1025\%] \cdot 77{,}522\,\text{Mrd. Euro} \\ &= 3{,}702\,\text{Mrd. Euro.} \end{aligned}$$

Der Grundbetrag hat ein Volumen von 3,702 Mrd. Euro. Daraus ergibt sich für das Jahr 2000 ein Anpassungsbetrag, der den Grundbetrag in Übereinstimmung mit dem Referenzausgleichsbetrag bringt, in Höhe von 66,269 Mio. Euro.

Die in den jeweiligen Haushaltsplänen veranschlagte Entwicklung der Korrekturbeträge zugunsten des Vereinigten Königreichs für die Jahre 1998 bis 2002 findet sich in der nachfolgenden Übersicht:[723]

Haushaltsjahr	1998	1999	2000	2001	2002
Korrekturbetrag zugunsten des Vereinigten Königreichs (in Mrd. Euro)	3,170	3,568	3,636	5,230	4,626

Quelle: Europäische Kommission (2001j), S. 116f., Europäische Kommission (2000g), S. 25 und Europäische Kommission (1999e), S. 25.

[723] Alle Werte sind Haushaltsplänen entnommen und sind somit nicht als endgültige Werte zu interpretieren. Die endgültige Berechnung des Korrekturbetrages erfolgt erst mit mehrjähriger Verzögerung, u.a. vgl. Europäische Kommission (2001j), S. 117.

5.2.3.2 Berechnung des Korrekturbetrages im Eigenmittelbeschluß des Jahres 2000

Der jüngste Eigenmittelbeschluß (2000/597/EG, Euratom) des Jahres 2000 stellt keine grundlegende Änderung des Korrekturmechanismus zugunsten des Vereinigten Königreichs dar. Weiterhin wird die Intention verfolgt, das Vereinigte Königreich so zu stellen, wie es bei Anwendung der ursprünglichen Regelungen aus dem Jahr 1985 der Fall wäre. Neben den Modifikationen, die aufgrund der sonstigen Änderungen im Eigenmittelbeschluß hierfür notwendig sind, verzichtet die neue Regelung dabei auf die bisher zusätzlich durchgeführte Berechnung des Grund- und des Anpassungsbetrages und beschränkt sich ausschließlich auf die Ermittlung des Volumens des Korrekturbetrages im Sinne des Referenzausgleichsbetrages der beiden vorangegangenen Eigenmittelbeschlüsse.[724]

Die inhaltlichen Modifikationen resultieren zum einen aus der Erhöhung der Erhebungspauschale für die Mitgliedstaaten bei den traditionellen Eigenmitteln von 10 % auf 25 %.[725] Zum anderen wurde ein Anpassungselement für die Osterweiterungen der EU in die Regelungen aufgenommen.[726] Im Gegensatz zu diesen neuen konzeptionellen Elementen stellt die erneute Absenkung des Höchstsatzes für die MwSt.-Eigenmittel auf zunächst 0,75 % ab dem Jahr 2002 und 0,5 % ab 2004 nur eine Parameteränderung dar, die das Berechnungsverfahren nicht direkt beeinflußt. Somit stellt sich die Ermittlung des Korrekturbetrages wie folgt dar. Ausgangspunkt bildet wiederum der „hypothetische alte" Korrekturbetrag auf Basis der nicht begrenzten MwSt.-Eigenmittelbemessungsgrundlage. In der neuen Nomenklatur wird er als „ursprünglicher Betrag der Ermäßigung für das Vereinigte Königreich" bezeichnet. Davon abzuziehen ist – wie bereits früher – der sogenannte „Vorteil des Vereinigten Königreichs", der aus der Kappung der MwSt.-

---

[724] Vgl. Artikel 4 des Eigenmittelbeschlusses (2000/597/EG, Euratom) des Jahres 2000, Rat der EU (2000a), S. 44f. Im Erläuterungsschreiben zum britischen Korrekturmechanismus des Rates der EU wird darüber hinaus eine neue Nomenklatur für die einzelnen Teilbeträge und Teilschritte bei der Berechnung des endgültigen Korrekturmechanismus eingeführt, vgl. Rat der EU (2000e).

[725] Vgl. Artikel 4 lit. e in Verbindung mit Artikel 2 Absatz 3 des Eigenmittelbeschlusses (2000/597/EG, Euratom) des Jahres 2000, Rat der EU (2000a), S. 44f.

[726] Artikel 4, lit. f, Rat der EU (2000a), S. 45.

Eigenmittelbemessungsgrundlage, der Senkung des einheitlichen MwSt.-Eigenmittelsatzes[727] und der Einführung der BSP-Eigenmittel resultiert. Das so berechnete Ergebnis wird als „Grundermäßigung für das Vereinigte Königreich" bezeichnet und ist identisch mit dem Referenzausgleichsbetrag der Eigenmittelbeschlüsse der Jahre 1988 und 1994. Diese Grundermäßigung für das Vereinigte Königreich wird nun noch um dessen sogenannten „Windfall-Gains" bei den traditionellen Eigenmitteln reduziert, die aus der Erhöhung der Erhebungskostenpauschale resultieren. Diese ergeben sich für das Vereinigte Königreich aus der Multiplikation des Gesamtbetrages, der aufgrund der erhöhten Erhebungskostenpauschale *zusätzlich* bei den Mitgliedstaaten verbleibt, mit der Differenz zwischen dem Anteil des Vereinigten Königreichs an den traditionellen Eigenmitteln und seinem Anteil an der ungekappten MwSt.-Eigenmittelbemessungsgrundlage.[728] Der zusätzlich bei den Mitgliedstaaten verbleibende Anteil entspricht 15 % der Gesamtsumme der traditionellen Eigenmittel oder 20 % des bei der EU verbleibenden Nettobetrags der traditionellen Eigenmittel nach Abzug der Erhebungskostenpauschale.[729]

Schließlich ist als weitere Neuerung gemäß Artikel 4, lit. f eine Anpassung des Korrekturmechanismus bei einer Erweiterung der EU vorgesehen. Durch sie soll sichergestellt werden, „daß Ausgaben, die gegenwärtig für die Korrektur nicht berücksichtigt werden, auch künftig bei der Berechnung des Korrekturbetrags außer Betracht bleiben"[730]. Dazu ist vorgesehen, daß ab dem ersten Jahr der Erweiterung eine Kürzung der aufteilbaren Gesamtausgaben um den Betrag erfolgt, der den Vorbeitrittsausgaben in den beitretenden Ländern im Jahr vor der Erweiterung entspricht. Die Anpassung an die Inflationsentwicklung erfolgt jährlich unter Zugrundelegung des BSP-

---

727 Hierbei ist die veränderte Absenkung des Höchstsatzes der MwSt.-Eigenmittel zu berücksichtigen.

728 Vgl. Rat der EU (2000e), S. 3f.

729 Diese Unterscheidung ist insofern von Bedeutung, da das Erläuterungsdokument zur Neuregelung des britischen Korrekturmechanismus explizit nur auf den Nettobetrag der traditionellen Eigenmittel abstellt, während im Eigenmittelbeschluß selbst der Bruttobetrag im Vordergrund steht, vgl. Rat der EU (2000e), S. 3.

730 Rat der EU (2000a), S. 45. Vor der Erweiterung fließen die Vorbeitrittsausgaben in „Drittländer" und zählen daher nicht zu den aufteilbaren Gesamtausgaben innerhalb der EU. Mit dem EU-Beitritt ändert sich das.

Deflators.[731] Durch die Bezugnahme auf die aufteilbaren Gesamtausgaben führt dieses Verfahren zur Berücksichtigung der EU-Erweiterung dazu, daß sich im oben erläuterten Berechnungsschema der „ursprüngliche Betrag der Ermäßigung für das Vereinigte Königreich" sowie daraus resultierend die „Grundermäßigung für das Vereinigte Königreich" verändern.[732]

Auch das Verfahren nach dem Eigenmittelbeschluß (2000/597/EG, Euratom) des Jahres 2000 läßt sich wiederum als Berechnungsformel wie folgt komprimiert darstellen:[733]

$$
\begin{aligned}
Korrektur_{UK,t+1}^{EMB00} = {} & 0{,}66 \cdot \left[\frac{MwSt_{UK,t}^{EMB85}}{MwSt_{EU,t}^{EMB85}} - \frac{R_{UK,t}}{R_{EU,t} - HA_{n-1}} \right] \cdot \left[R_{EU,t} - HA_{n-1} \right] \\
& - \left[\frac{MwSt_{UK,t}^{EMB85}}{MwSt_{EU,t}^{EMB85}} \cdot \left(MwSt_{EU,t}^{EMB00} + BSP_{EU,t}^{EMB00} \right) - \left(MwSt_{UK,t}^{EMB00} + BSP_{UK,t}^{EMB00} \right) \right] \\
& - 0{,}2 \cdot TEN_{EU,t} \cdot \left[\frac{TEN_{UK,t}}{TEN_{EU,t}} - \frac{MwSt_{UK,t}^{EMB85}}{MwSt_{EU,t}^{EMB85}} \right]
\end{aligned}
$$

wobei:

$Korrektur_{UK,t+1}^{EMB00}$: Korrekturbetrag zugunsten des Vereinigten Königreiches für das Jahr t, abgewickelt im Haushaltsjahr t+1;

$MwSt_{UK,t}^{EMB85}$: Ungekappte MwSt.-Eigenmittelzahlungen des Vereinigten Königreichs im Jahr t gemäß Eigenmittelbeschluß des Jahres 1985, ohne Korrekturmechanismus;

$MwSt_{EU,t}^{EMB85}$: Ungekappte MwSt.-Eigenmittelzahlungen aller Mitgliedstaaten im Jahr t gemäß Eigenmittelbeschluß des Jahres 1985, ohne Korrekturmechanismus;

---

[731] Artikel 4 lit. f des Eigenmittelbeschlusses (2000/597/EG, Euratom).

[732] Vgl. auch Rat der EU (2000e), S. 4

[733] Die Darstellung als Berechnungsformel haben im Rahmen des neuen Eigenmittelbeschlusses auch die Institutionen der EU gewählt, vgl. Rat der EU (2000e), S. 4–6.

$R_{UK,t}$: Dem Vereinigten Königreich zurechenbarer Rückfluß im Jahr t;

$R_{EU,t}$: Summe der allen Mitgliedstaaten zurechenbaren Rückflüsse (aufteilbare Gesamtausgaben) im Jahr t,;

HA_{n-1} : Heranführungsausgaben in den neu beigetretenen Ländern im Jahr vor der Erweiterung; n gibt das Jahr des Beitritts an;

$MwSt_{UK,t}^{EMB00}$: Gekappte MwSt.-Eigenmittelzahlungen des Vereinigten Königreichs für das Jahr t gemäß Eigenmittelbeschluß des Jahres 2000, ohne Berücksichtigung des Korrekturmechanismus;

$BSP_{UK,t}^{EMB00}$: BSP-Eigenmittelzahlungen des Vereinigten Königreichs im Jahr t gemäß Eigenmittelbeschluß des Jahres 2000, ohne Berücksichtigung des Korrekturmechanismus;

$MwSt_{EU,t}^{EMB00}$: Gekappte MwSt.-Eigenmittelzahlungen aller Mitgliedstaaten im Jahr t gemäß Eigenmittelbeschluß aus dem Jahr 2000, ohne Berücksichtigung des Korrekturmechanismus;

$BSP_{EU,t}^{EMB00}$: BSP-Eigenmittelzahlungen aller Mitgliedstaaten im Jahr t gemäß Eigenmittelbeschluß aus dem Jahr 2000, ohne Berücksichtigung des Korrekturmechanismus;

$TEN_{EU,t}$: Nettobetrag der traditionellen Eigenmittel aller Mitgliedstaaten im Jahr t;

$TEN_{UK,t}$: Nettobetrag der traditionellen Eigenmittel des Vereinigten Königreichs im Jahr t.

Für die Jahre vor der erstmaligen Erweiterung der EU um mittel- und osteuropäische Staaten wird für den Zweck der Berechnung des Korrekturbetrages für HA_{n-1} der Wert Null angenommen.[734]

---

[734] Vgl. Rat der EU (2000e), S. 6.

5.2.3.3 Die Finanzierung des britischen Korrekturbetrages gemäß den Eigenmittelbeschlüssen der Jahre 1988 und 1994

Die Abwicklung des Korrekturmechanismus erfolgt – wie bereits in Kapitel 4.2.3 angedeutet – hauptsächlich über die MwSt.-Eigenmittel. Für das Vereinigte Königreich verringern sich die MwSt.-Eigenmittelzahlungen um den Korrekturbetrag[735]. Sollte der Korrekturbetrag die gesamten britischen MwSt.-Eigenmittelzahlungen übersteigen, so werden die britischen BSP-Eigenmittel um den Restbetrag vermindert. Die Aufteilung der Finanzierungslasten auf die übrigen Mitgliedstaaten ist Thema dieses Kapitels – zunächst für den inzwischen ausgelaufenen Eigenmittelbeschluß des Jahres 1994, im darauf folgenden Unterkapitel dann für den Eigenmittelbeschluß des Jahres 2000.

Prinzipiell orientiert sich die in Artikel 5 des Eigenmittelbeschlusses (94/728/EG, Euratom) des Jahres 1994 festgelegte Vorgehensweise bezüglich der Finanzierung des britischen Korrekturbetrages an den bereits im Eigenmittelbeschluß von 1985 getroffenen Bestimmungen.[736] Allerdings bleibt aufgrund der vorgenommenen Modifikationen auch die Finanzierungsseite nicht von einem merklichen Transparenzverlust verschont. Grundsätzlich wird die Finanzierung des Korrekturbetrags weiterhin über die Einnahmenseite des Haushaltes abgewickelt. Allerdings erfolgt die Aufteilung des zu finanzierenden Betrages anhand der BSP-Anteile und nicht anhand der MwSt.-Anteile, wie es die ursprünglichen Regelungen des Korrekturmechanismus im Eigenmittelbeschluß (85/257/EWG, Euratom) des Jahres 1985 vorsahen. Ursächlich für diese Umorientierung war neben der Einführung der BSP-Eigenmittel die „politische Zielsetzung“, die Finanzierung des britischen Korrekturbetrages stärker „wohlfahrtsorientiert“ durchzuführen.[737] Bei den Berechnungen ist ebenfalls zu berücksichtigen, daß sich das Vereinigte Königreich nicht und die Bundesrepublik Deutschland nur zu zwei Dritteln

---

[735] Vgl. jeweils Artikel 5 Absatz 2 der Eigenmittelbeschlüsse (94/728/EG, Euratom) aus dem Jahr 1994 und (2000/597/EG, Euratom) aus dem Jahr 2000.

[736] Der Eigenmittelbeschluß (88/376/EWG, Euratom) des Jahres 1988 sah vergleichbare Regelungen vor.

[737] Vgl. Messal (1991), S. 132–134. Darin findet sich auch eine Darstellung der mit der Umstellung des Finanzierungsschlüssels verbundenen Be- und Entlastungen der einzelnen Mitgliedstaaten.

des eigentlichen Anteils an der Finanzierung beteiligen.[738] Die Auswirkung dieser Regelung auf die Finanzierungsanteile ist in Tabelle 23 exemplarisch auf Basis des Haushaltsplans für das Haushaltsjahr 2001 dargestellt:[739]

Tabelle 23: Berechnung der Finanzierungsanteile des britischen Korrekturmechanismus

Mitgliedstaat	Anteil am BSP der EU (in %)	Anteil am BSP der EU ohne das VK (in %)	Anteil am BSP der EU ohne das VK und Deutschland (in %)	1/3 des Anteils Deutschlands aus Spalte 2 (in %)	1/3 des Anteils Deutschlands umgelegt auf die übrigen Mitgliedstaaten (ohne das VK)	Finanzierungsschlüssel (in %) Spalten (2)+(4)+(5)	Finanzielle Belastung durch den Korrekturmechanismus (in Euro)
	(1)	(2)	(3)	(4)	(5)	(6)	(7)
Belgien	2,91	3,60	5,11		0,50	4,10	214.667.907
Dänemark	1,90	2,35	3,34		0,33	2,68	140.119.216
Deutschland	23,96	29,59	0,00	-9,86	-	19,73	1.031.787.710
Griechenland	1,49	1,83	2,61		0,26	2,09	109.419.459
Spanien	6,94	8,57	12,17		1,20	9,77	511.089.018
Frankreich	16,38	20,23	28,73		2,83	23,06	1.206.170.300
Irland	1,08	1,34	1,90		0,19	1,52	79.637.407
Italien	13,34	16,48	23,41		2,31	18,79	982.726.641
Luxemburg	0,23	0,28	0,39		0,04	0,32	16.582.546
Niederlande	4,69	5,79	8,23		0,81	6,61	345.527.228
Österreich	2,35	2,90	4,12		0,41	3,31	173.145.837
Portugal	1,29	1,59	2,26		0,22	1,81	94.844.152
Finnland	1,48	1,82	2,59		0,26	2,08	108.747.859
Schweden	2,93	3,62	5,14		0,51	4,13	215.998.168
Vereinigtes Königreich	19,03	-	-		-	-	-
Summe	100,00	100,00	100,00	-9,86	9,86	100,00	5.230.463.447

Für die Berechnung wird der im Haushaltsplan für das Jahr 2001 angesetzte Korrekturbetrag in Höhe von 5.230.463.447 Euro angesetzt.

Quelle: Europäisches Parlament (2001), S. 131 und S. 134.

Die für die Festlegung des tatsächlichen Finanzierungsanteils relevanten Werte finden sich in Spalte (6). Bezogen auf den Korrekturbetrag ergeben

[738] Vgl. Rat der EU (1994c), S. 7.

[739] Vgl. für eine kurze Erläuterung der in der Tabelle angewandten Vorgehensweise auch Europäischer Rechnungshof (1992a), S. 39f. sowie Rat der EU (1994c), S. 7.

sich die in Spalte (7) aufgelisteten Beträge, die die zusätzlichen Finanzierungsbeiträge der jeweiligen Mitgliedsländer darstellen.

Ebenso wie bereits im Eigenmittelbeschluß aus dem Jahr 1985 führen diese Regelungen wiederum zum Auftreten eines Bruttoeffektes in dem Sinne, daß das zur Verfügung stehende MwSt.-Eigenmittelvolumen geringer ist als die MwSt.-Eigenmittel zum Höchstsatz abzüglich des Korrekturbetrages zugunsten des Vereinigten Königreichs. Wie bereits in Kapitel 4.2.3 dargestellt, spielt der Bruttobetrag eine entscheidende Rolle bei der Berechnung des einheitlichen MwSt.-Eigenmittelsatzes. Seine Berechnung erfolgt gemäß Artikel 2, Absatz 4, Buchstabe b des Eigenmittelbeschlusses (94/728/EG, Euratom) aus dem Jahr 1994 unter der hypothetischen Annahme, daß die Finanzierung des britischen Korrekturbetrags auf Basis der gekappten MwSt.-Eigenmittelbemessungsgrundlagen durchgeführt würde.[740] Damit ähnelt die Berechnung derjenigen, die bereits im Eigenmittelbeschluß von 1985 erforderlich war, und trägt den tatsächlichen Finanzierungsmodalitäten – Lastenverteilung gemäß BSP-Anteilen – keine Rechnung. Man erhält den Bruttobetrag, indem man den von den „normalen" Mitgliedstaaten fiktiv[741] zu finanzierenden Korrekturbetrag (der Klammerausdruck in der u.g. Formel) mit dem Quotienten aus der gekappten MwSt.-Bemessungsgrundlage aller Mitgliedstaaten und der gekappten MwSt.-Bemessungsgrundlage der Mitgliedstaaten ohne das Vereinigte Königreich und die Bundesrepublik Deutschland multipliziert.[742] Die mathematische Berechnungsformel für den Bruttobetrag lautet daher:

$$BB = \frac{A_{15}}{A_{15} - A_{UK} - A_D} \cdot \left[C_{UK} \cdot \left(1 - \frac{2}{3} \cdot \frac{A_D}{A_{15} - A_{UK}} \right) \right],$$

[740] Vgl. zum folgenden auch Europäischer Rechnungshof (1992a), S. 38–41 und Rat der EU (1994c), S. 8.

[741] „Fiktiv" deshalb, da die tatsächliche Lastenverteilung anhand des BSP-Schlüssels erfolgt. Man erhält diese Beträge, indem man die Rechnung in Tabelle 23 für die gekappten MwSt.-Bemessungsgrundlagen der Mitgliedstaaten (statt des BSP) durchführt.

[742] Vgl. ähnlich auch die Vorgehensweise Haushaltsplan des Jahres 2001, Europäisches Parlament (2001), S. 135.

wobei:

BB: Bruttobetrag;

A_{15}: Gekappte MwSt.-Eigenmittelbemessungsgrundlage aller Mitgliedstaaten;

A_{UK}: Gekappte MwSt.-Eigenmittelbemessungsgrundlage des Vereinigten Königreiches;

A_D: Gekappte MwSt.-Eigenmittelbemessungsgrundlage der Bundesrepublik Deutschland;

C_{UK}: Korrekturbetrag zugunsten des Vereinigten Königreichs.

Dividiert man den Bruttobetrag durch die gekappte MwSt.-Bemessungsgrundlage aller Mitgliedstaaten, so erhält man den sogenannten „eingefrorenen Satz". Er stellt die Differenz zwischen dem zulässigen Höchstsatz der MwSt.-Eigenmittel und dem einheitlichen Satz dar. Für den einheitlichen Satz *(ES)*, der als $ES = HS - \frac{BB}{A_{15}}$ definiert ist,[743] folgt somit die allgemeine Formel:[744]

$$ES = HS - \frac{1}{A_{15} - A_{UK} - A_D} \cdot \left[C_{UK} \left(1 - \frac{2}{3} \cdot \frac{A_D}{A_{15} - A_{UK}} \right) \right],$$

wobei HS den maximalen MwSt.-Eigenmittelabrufsatz (2001 = 1,00 %) darstellt.

Setzt man die entsprechenden Werte in die beiden Formeln ein, so erhält man für das Jahr 2001 einen Bruttobetrag in Höhe von ca. 7.533,074 Mio. Euro, woraus ein einheitlicher Satz von ca. 0,8162677 und ein „gefrorener Satz" von 0,1837323 resultieren.[745]

Wie bereits im Rahmen der MwSt.-Eigenmittel ausführlich dargelegt, verfehlt dieses Vorgehen seinen eigenen Zweck, da die tatsächliche Finanzie-

[743] Vgl. auch die Ausführungen in Kapitel 4.2.3.

[744] Diese Formel findet sich bereits in Europäischer Rechnungshof (1992a), S. 39 sowie in Rat der EU (1994c), S. 8.

[745] Vgl. Europäisches Parlament (2001), S. 135.

rung auf Basis eines BSP-Schlüssels durchgeführt wird. Der durch den gefrorenen Satz „reservierte" Bruttobetrag der MwSt.-Eigenmittel reicht nicht zur vollständigen Abwicklung des Korrekturmechanismus im Rahmen der MwSt.-Eigenmittel aus, sondern für einige Länder kommt es zu einer Erhöhung ihrer BSP-Eigenmittel. Unter Berücksichtigung dieser Zusammenhänge stellt sich die haushaltsmäßige Finanzierung und Abwicklung des Korrekturmechanismus gemäß dem Eigenmittelbeschluß (94/728/EG, Euratom) des Jahres 1994 für das Haushaltsjahr 2001 wie folgt dar (vgl. Tabelle 24):

Tabelle 24: Abwicklung und Verrechnung der Finanzierung des britischen Korrekturbetrages im Jahr 2001

Mitgliedstaaten	MwSt.-Eigenmittel zum einheitlichen Satz:	Korrektur zugunsten des Vereinigten Königreichs	Summe Spalte (1) und (2)	MwSt.-Eigenmittel zum Höchstsatz (1,00 %)	Über die BSP-Eigenmittel zu finanzierender Restbetrag	BSP-Eigenmittel zum einheitlichen BSP-Satz	Gesamtbetrag der BSP-Eigenmittel: Spalte (5) + (6)
	(1)	(2)	(3)	(4)	(5)	(6)	(7)
in Euro							
Belgien	860.439.164	214.667.907	1.075.107.071	1.054.114.000	20.993.071	1.260.512.529	1.281.505.600
Dänemark	544.149.324	140.119.216	684.268.540	666.631.000	17.637.540	822.768.667	840.406.207
Deutschland	8.325.335.032	1.031.787.709	9.357.122.741	10.199.271.000		10.360.912.163	10.360.912.163
Griechenland	531.491.461	109.419.459	640.910.920	651.124.000		642.502.185	642.502.185
Spanien	2.482.551.554	511.089.018	2.993.640.572	3.041.345.000		3.001.073.234	3.001.073.234
Frankreich	5.513.280.713	1.206.170.300	6.719.451.013	6.754.256.000		7.082.534.115	7.082.534.115
Irland	386.828.834	79.637.407	466.466.241	473.899.500		467.624.392	467.624.392
Italien	3.692.074.928	982.726.641	4.674.801.569	4.523.118.000	151.683.569	5.770.491.080	5.922.174.649
Luxemburg	80.547.660	16.582.546	97.130.206	98.678.000		97.371.362	97.371.362
Niederlande	1.678.355.681	345.527.228	2.023.882.909	2.056.134.000		2.028.907.840	2.028.907.840
Österreich	817.615.314	173.145.837	990.761.151	1.001.651.000		1.016.698.302	1.016.698.302
Portugal	460.693.711	94.844.152	555.537.863	564.390.500		556.917.161	556.917.161
Finnland	447.349.775	108.747.859	556.097.634	548.043.000	8.054.634	638.558.605	646.613.239
Schweden	918.681.494	215.998.168	1.134.679.662	1.125.466.000	9.213.662	1.268.323.710	1.277.537.372
Vereinigtes Königreich	6.727.791.482	-5.230.463.447	1.497.328.035	8.242.139.000		8.230.267.048	8.230.267.048
Summe:	33.467.186.127	0	33.467.186.127	41.000.260.000	207.582.476	43.245.462.393	43.453.044.869

Einheitlicher Satz der MwSt.-Eigenmittel: 0,816267656021327 %,
einheitlicher BSP-Eigenmittelsatz: 0,493379285 %.

Quelle: Europäisches Parlament (2001), S. 130f.

5.2.3.4 Die Finanzierung des britischen Korrekturbetrages gemäß dem Eigenmittelbeschluß des Jahres 2000

Die Grundkonzeption der Finanzierung des Korrekturbetrages zugunsten des Vereinigten Königreichs bleibt auch im jüngsten Eigenmittelbeschluß aus dem Jahr 2000 ähnlich wie in den vorangegangenen beiden Eigenmittelbeschlüssen geregelt.[746] Weiterhin erfolgt die Lastenverteilung auf die Mitgliedstaaten gemäß einem BSP-Schlüssel. Allerdings wurde auf Druck der inzwischen zahlreicher gewordenen Nettozahler die „Korrektur des Korrekturmechanismus" modifiziert. Neben Deutschland wird durch den neuen Eigenmittelbeschluß auch der Finanzierungsanteil der Niederlande, Österreichs und Schwedens reduziert. Gleichzeitig sank für diese Länder die als zumutbar angesehene Grenze von zwei Drittel auf ein Viertel ihrer eigentlichen BSP-orientierten Finanzbelastung aus dem britischen Korrekturmechanismus. Unterstellt man beispielsweise für das Jahr 2002 das im Haushaltsvorentwurf für dieses Jahr geschätzte Korrekturvolumen in Höhe von 4.625.854.876 Euro,[747] so ergibt sich nach den Regelungen des Eigenmittelbeschlusses des Jahres 2000 die folgende finanzielle Lastenverteilung für die Mitgliedstaaten (vgl. Tabelle 25).

---

[746] Die Bestimmungen über die Finanzierungsmodalitäten des Korrekturmechanismus zugunsten des Vereinigten Königreichs finden sich in Artikel 5 des Eigenmittelbeschlusses (2000/597/EG, Euratom) des Jahres 2000, vgl. auch Rat der EU (2000e), S. 6ff.

[747] Vgl. Europäische Kommission (2001j), S. 116f.

Tabelle 25: Berechnung der Finanzierungsanteile des britischen Korrekturmechanismus für das Jahr 2002

Mitgliedstaat	Anteil am BSP der EU (in %)	Anteil am BSP der EU ohne das VK (in %)	Anteil am BSP der EU ohne das VK und ohne die "begünstigten" Länder (in %)	3/4 der Anteile der "begünstigten" Länder (in %)	Umlegung der "Vergünstigung" auf die übrigen Mitgliedstaaten (ohne das VK)	Finanzierungsschlüssel Spalten (2)+(4)+(5)	Aufteilung des Korrekturbetrags nach der neuen Finanzierungsregel (in Euro)	nachrichtlich: Aufteilung des Korrekturbetrags nach der alten Finanzierungsregel (in Euro)	Differenz zwischen neuem und altem Finanzierungsmodus Spalten (7) - (8)
	(1)	(2)	(3)	(4)	(5)	(6)	(7)	(8)	(9)
Belgien	3,03	3,71	6,28		1,93	5,63	260.566.805	194.509.807	66.056.998
Dänemark	1,96	2,39	4,05		1,24	3,63	167.987.467	125.400.508	42.586.959
Deutschland	23,54	28,77	-	-21,57	-	7,19	332.674.550	887.132.133	-554.457.583
Griechenland	1,53	1,87	3,17		0,97	2,84	131.480.412	98.148.456	33.331.956
Spanien	7,29	8,91	15,08		4,63	13,54	626.177.448	467.433.503	158.743.945
Frankreich	16,30	19,92	33,73		10,36	30,28	1.400.529.648	1.045.477.574	355.052.074
Irland	1,28	1,56	2,64		0,81	2,37	109.670.359	81.867.528	27.802.830
Italien	13,80	16,87	28,56		8,77	25,63	1.185.779.527	885.169.340	300.610.188
Luxemburg	0,24	0,29	0,49		0,15	0,44	20.528.731	15.324.437	5.204.294
Niederlande	4,91	6,00	0,00	-4,50	-	1,50	69.361.867	314.795.094	-245.433.227
Österreich	2,41	2,95	-	-2,21	-	0,74	34.095.548	154.740.806	-120.645.258
Portugal	1,36	1,67	2,82		0,87	2,53	117.236.679	87.515.690	29.720.989
Finnland	1,54	1,88	3,19		0,98	2,86	132.420.503	98.850.222	33.570.281
Schweden	2,64	3,23	-	-2,42	-	0,81	37.345.332	169.489.778	-132.144.446
Vereinigtes Königreich	18,17	0,00	-		-	0,00	-	-	-
Summe	100,00	100,00	100,00	-30,71	30,71	100,00	4.625.854.876	4.625.854.876	0

Für die Berechnung wird der im ursprünglichen Haushaltsvorentwurf für das Jahr 2002 angesetzte Korrekturbetrag in Höhe von 4.625.854.876 Euro unterstellt.

Quelle: Europäische Kommission (2001j), S. 117 und Europäische Kommission (2001n), S. 7.

Zum Vergleich wird dieser Aufteilung (vgl. Spalte 7) in Spalte 8 die Lastenverteilung nach den Regeln des Eigenmittelbeschlusses des Jahres 1994 gegenübergestellt.[748] Dabei wird deutlich, daß die drei Mitgliedstaaten, die bei der Finanzierung des Korrekturbetrages neben Deutschland begünstigt wurden, deutlich von dieser Ausnahmeregelung profitieren. Aber auch Deutschland wird durch die geänderte Ausnahmeregelung um ca. 500 Mio. Euro

[748] Dabei wird vereinfachend ein gleich hoher britischer Korrekturbetrag unterstellt, um die Wirkung der Modifikation bei der Finanzierung zu verdeutlichen. Aufgrund der Änderungen beim maximalen MwSt.-Höchstsatz und bei den traditionellen Eigenmitteln variert jedoch die Höhe des britischen Korekturbetrages, je nachdem, ob man den Eigenmittelbeschluß des Jahres 1994 oder 2000 zugrunde legt.

deutlich besser gestellt. Eine deutlich höhere Belastung müssen dagegen Frankreich, Italien und Spanien tragen.

Da die Finanzierung des Korrekturbetrages zugunsten des Vereinigten Königreichs auch zukünftig über die MwSt.-Eigenmittel und bei Bedarf über die BSP-Eigenmittel erfolgen soll,[749] gleichzeitig aber einige Länder sich nur eingeschränkt beteiligen müssen, tritt auch weiterhin ein Bruttoeffekt auf, der den eigentlichen Korrekturbetrag übersteigt und der dazu führt, daß der einheitliche Satz unter dem maximalen Abrufsatz der MwSt.-Eigenmittel liegt. Die Höhe dieses „eingefrorenen Satzes“ berechnet sich nach dem neuen Eigenmittelbeschluß wie folgt.[750] Zunächst bestimmt man den von den nicht „begünstigten“ Mitgliedsaaten fiktiv zu finanzierenden Korrekturbetrag. Dieser ergibt sich als Differenz des gesamten Korrekturbetrages abzüglich des fiktiven Finanzierungsanteils von Deutschland, der Niederlande, Österreich und Schweden. Dividiert man diesen Wert durch Summe der gekappten MwSt.-Eigenmittelbemessungsgrundlagen der normal beitragenden Mitgliedstaaten, so erhält man den eingefrorenen Satz. Der Bruttobetrag resultiert aus dem Produkt von eingefrorenem Satz mit der Summe der gekappten MwSt.-Eigenmittelbemessungsgrundlage aller Mitgliedstaaten.

5.2.4 Zur Beurteilung des Korrekturmechanismus zugunsten des Vereinigten Königreichs

Die Forderung nach Korrekturmechanismen im Haushaltsgefüge der Europäischen Union hat eine lange Tradition. Sie beruht hauptsächlich auf der Idee, daß einzelne Mitgliedstaaten eine – im Vergleich zu ihrem relativen Wohlstand – zu hohe finanzielle Belastung zu tragen hätten, wobei insbesondere das Verhältnis vom Nettofinanzierungssaldo zum durchschnittlichen Pro-Kopf-Einkommen eines Mitgliedstaates als impliziter Indikator angeführt wird. Bisher konnte jedoch nur das Vereinigte Königreich eine finanzi-

---

[749] Vgl. Artikel 5 Abs. 2 des Eigenmittelbeschlusses (2000/597/ EG, Euratom) aus dem Jahr 2000.

[750] Vgl. Rat der EU (2000e), S. 10f.

elle Vergünstigung bei seinen Zahlungen zum EU-Haushalt politisch durchsetzen.[751]

Eines der grundlegenden Defizite bei der Diskussion um zwischenstaatliche Korrekturmechanismen liegt in der – bereits mehrfach angeführten – völligen Vernachlässigung der individuellen Ebene der Wirtschaftssubjekte. Allen bisherigen Vorschlägen, die finanzielle Lastenverteilung zu korrigieren, setzen nicht auf der Ebene der Bürger an, sondern übertragen die Grundidee des Leistungsfähigkeitsprinzips auf die Ebene von Nationalstaaten. Von der Wirkungen auf die Wohlfahrt der Individuen in den Mitgliedstaaten wird abstrahiert, da weder die konkrete Form der nationalen Aufbringung der „EU-Beiträge" noch die Verwendung der Rückflüsse berücksichtigt wird. Solange die Ausgabenseite beispielsweise zu einem Großteil durch Mittel für die Agrarpolitik charakterisiert ist, muß befürchtet werden, daß die Rückflüsse primär lediglich einer kleinen Interessengruppe zugute kommen, deren Wohlfahrt sich dadurch erhöht, während die Mehrheit der Bürger nicht bzw. negativ tangiert wird. Eine ähnliche Argumentation gilt auf der Einnahmenseite für die originären Eigenmittel (Zölle und Agrarzölle), deren Existenz ebenfalls hauptsächlich gruppenspezifischen Interessen dient.[752]

Darüber hinaus bleiben die sonstigen Integrationsvor- und -nachteile, die nicht auf direkten Zahlungsströmen mit der EU beruhen, weitestgehend unberücksichtigt.[753] Gerade hier sind aber die hauptsächlichen Wohlfahrtseffekte der Europäischen Union für die Individuen zu vermuten. Exemplarisch ist dabei neben europaweiten Harmonisierungsvorschriften, Wettbewerbsregeln oder sonstigen Regulierungsmaßnahmen auch an die grundlegenden Liberalisierungsmaßnahmen innerhalb der EU zu denken. Der Einfluß der Europäischen Union ist auf diesen Gebieten deutlich höher einzuschätzen, als er es auf der europäischen Haushaltsebene mit einem derzeitigen Umfang des Budgets von ca. 1,2 % des EU-BIP jemals sein kann. Letztlich ist also die Aussagekraft der Nettosalden zwischen Eigenmittelzahlungen und Rückflüssen in Frage zu stellen, da diese nicht

[751] Die jüngsten Überlegungen der Europäischen Kommission zielen jedoch auf eine Beendigung der Sonderbehandlung des Vereinigten Königreichs und einen allgemeinen Korrekturmechanismus, der auf alle Mitgliedstaaten anwendbar wäre.

[752] Vgl. für diese Sichtweise protektionistischer Maßnahmen z.B. Vanberg (1992) und Schuknecht (1990), jeweils mit weiteren Literaturhinweisen.

[753] Vgl. z.B. Nittka (1979), S. 231f. und Seidel (1992), S. 225f.

flüssen in Frage zu stellen, da diese nicht kein adäquates Maß für die relevanten Wohlfahrtseffekte der Zugehörigkeit zur EU sind. Zudem geben unterschiedliche Auffassungen über die korrekte Berechnung der Nettofinanzierungspositionen immer wieder Anlaß zu Diskussionen.[754] Folgt man dieser Sichtwiese, so spricht viel dafür, jede Form von zwischenstaatlichen Korrekturmechanismen in der bisherigen Ausgestaltung abzulehnen, da die individuelle Wohlfahrt der Wirtschaftssubjekte nicht angemessen berücksichtigt wird.

Aber auch wenn man unter Zugrundelegung einer organischen Staatsauffassung ein staatliches Leistungsfähigkeitsprinzip im Sinne einer aggregierten Gegenüberstellung von Nettofinanzierungsposition oder alternativ Eigenmittelzahlung eines Mitgliedstaates zum „durchschnittlichen nationalen Wohlstand" akzeptiert, kann der gegenwärtige Korrekturmechanismus zugunsten des Vereinigten Königreichs in keinster Weise überzeugen.

Zunächst fällt auf, daß der Korrekturmechanismus ohne jeden Bezug zum durchschnittlichen Wohlstand des Vereinigten Königreichs auskommt. Obwohl bei Einführung des Korrekturmechanismus in den Erwägungsgründen des Eigenmittelbeschlusses (85/257/EWG, Euratom) des Jahres 1985 noch auf die Divergenz zwischen Haushaltslast und relativem Wohlstand als Begründung für Korrekturmaßnahmen im Sinne des Leistungsfähigkeitsprinzips hingewiesen wurde,[755] sucht man einen solchen Zusammenhang in der konkreten Ausgestaltung des Korrekturmechanismus vergebens. Der britische Korrekturbetrag berechnet sich im wesentlichen auf Basis der Differenz von Beitragszahlungen und zurechenbaren Rückflüssen, ohne das jeweilige Pro-Kopf-Einkommen auch nur rudimentär zu berücksichtigen. Selbst wenn die Höhe des Korrekturbetrages bei seiner Einführung im Jahre 1985 ein adäquates Niveau hatte, werden Änderungen der relativen Wohlstandspositionierung des Vereinigten Königreichs im Zeitablauf negiert.

---

[754] Vgl. hierzu z.B. Issing (1991), S. 35f., Europäische Kommission (1993b), S. 103f. und Europäische Kommission (1998a), Anhang 3. Zu nennen ist hier u.a. die problematische Zuordnung der traditionellen Eigenmittel aufgrund des Rotterdam-Antwerpen-Effekts, die Behandlung der Verwaltungsausgaben in bezug auf Belgien und Luxemburg sowie die länderspezifische Zuordnung eines Teils der Rückflüsse an die Mitgliedstaaten.

[755] Rat der EG (1985), S. 15.

Es ließe sich höchstens argumentieren, daß die Berücksichtigung des relativen Wohlstands in den diskretionären Entscheidungen des Europäischen Rates im Rahmen der Verabschiedung neuer Eigenmittelbeschlüsse erfolgt. Davon kann allerdings nicht ausgegangen werden. Durch das Gebot der Einstimmigkeit bei der Vereinbarung neuer Eigenmittelbeschlüsse ist vielmehr ein „Lock-in-Effekt" aufgetreten, der Veränderungen am Korrekturmechanismus zu Lasten des Vereinigten Königreichs ohne entsprechende Kompensationen fast unmöglich erscheinen läßt. Dementsprechend besteht der Korrekturmechanismus zugunsten des Vereinigten Königreichs, abgesehen von technischen Anpassungen, seit nunmehr über 15 Jahren in praktisch unveränderter Form fort, obwohl das britische Pro-Kopf-Einkommen inzwischen über dem EU-Durchschnitt liegt. Eine Orientierung am „staatlichen Leistungsfähigkeitsprinzip" findet somit nicht statt. Zudem ist der Erstattungssatz von 66 % nicht nur unabhängig vom relativen Wohlstand des Vereinigten Königreichs, sondern auch von der konkreten Höhe der britischen Nettozahlerposition. Jede Nettozahlerposition des Vereinigten Königreichs wird unabhängig von ihrer Höhe zu etwa zwei Drittel erstattet. Eine ökonomische Begründung für diese Zwei-Drittel-Regelung ist nicht erkennbar. Vielmehr handelt es sich um einen willkürlich gewählten Wert, der das Ergebnis des politischen Verhandlungsprozesses war. Wollte man allerdings den Korrekturmechanismus tatsächlich leistungsfähigkeitsorientiert ausgestalten, so wäre hierfür zunächst eine allgemein akzeptierte Konkretisierung erforderlich, was unter einer „zu großen Haushaltslast" und dem „relativen Wohlstand" zu verstehen ist.

Aus ordnungspolitischer Sicht stellt der Korrekturmechanismus zugunsten des Vereinigten Königreichs eine gravierende Verletzung des Gleichheitsgrundsatzes der Mitgliedstaaten dar. Als diskretionäre Einzelfallentscheidung verstößt er gegen den Grundsatz der prozeduralen Gerechtigkeit im Sinne einer Gleichbehandlung aller Mitgliedstaaten. Bei Anerkennung dieses Grundsatzes müßten konkrete Voraussetzungen für die Anwendung des Korrekturmechanismus definiert werden, so daß jeder beliebige Mitgliedstaat, der die ex-ante definierten Kriterien erfüllt, in den Genuß eines nach bestimmten Reeln festgesetzten Korrekturbetrages käme.[756] Horizontale Gerechtigkeit setzt voraus, daß Mitgliedstaaten in vergleichbaren Situationen

[756] Diese Bedingung wurde beispielsweise vom in den 70er Jahren vereinbarten Finanzmechanismus (zumindest theoretisch) erfüllt.

auch in gleicher Weise behandelt werden. Fast schon karikative Züge nimmt in diesem Zusammenhang die ebenfalls diskretionär beschlossene „Korrektur des Korrekturmechanismus" durch die Sonderbehandlung einiger Mitgliedstaaten bei der Finanzierung des Korrekturbetrages an. Allein ihre politische Notwendigkeit verdeutlicht die konzeptionellen Unzulänglichkeiten des bestehenden Ausgleichsmechanismus.

Schließlich ist zu bemängeln, daß eine Differenzierung nach den Ursachen des Haushaltsungleichgewichts nicht vorgenommen wird.[757] Demgegenüber wäre ein ursachengerechter Ausgleichsmechanismus zu präferieren.

Neben diesen grundlegenden Aspekten ist der Korrekturmechanismus zugunsten des Vereinigten Königreichs auch aufgrund seiner schwerwiegenden operativen Mängel zu kritisieren, die zu einem großen Teil für die Intransparenz des gegenwärtigen Eigenmittelsystems verantwortlich sind.[758] Sie resultieren u.a. daher, daß in den Eigenmittelbeschlüssen der Jahre 1988, 1994 und 2000 fast schon zwanghaft versucht wurde, die ursprünglichen finanziellen Auswirkungen aus dem Jahr 1985 fortzuschreiben, obwohl das Eigenmittelsystem durch die Einführung der neuen Eigenmittelquelle, die Kappung der MwSt.-Eigenmittelbemessungsgrundlage sowie die Erhöhung der Erhebungskostenpauschale im Rahmen der traditionellen Eigenmittel grundlegende Modifikationen erfahren hatte. Dies ist um so erstaunlicher, als die ursprünglich gültigen Regelungen aus dem Jahr 1985 weitgehend den Charakter eines willkürlichen Ad-hoc-Ausgleichs hatten, dessen Höhe im wesentlichen das Ergebnis des politischen Verhandlungsprozesses darstellte. Anscheinend war in der Folgezeit nur ein Mechanismus mit identischer finanziellen Belastung für die übrigen Mitgliedstaaten konsensfähig.

Ausgangspunkt der operativen Unzulänglichkeiten ist zunächst die Tatsache, daß der Korrekturmechanismus im Rahmen des Eigenmittelsystems über die Einnahmenseite des Haushaltes abgewickelt wird anstatt über die Ausgabenseite. Neben dem Aspekt, daß ein nicht unwesentlicher Teil des britischen „Haushaltsungleichgewichts" seine Ursache auf der Ausgabenseite hat,[759]

---

[757] Vgl. Messal (1991), S. 123f.

[758] Vgl. auch die in Kapitel 4.2.3 im Rahmen der Berechnung des MwSt.-Eigenmittelsatzes geäußerte Kritik an der Ausgestaltung des Korrekturmechanismus, so daß an dieser Stelle im wesentlichen nur eine kurze Wiederholung der Argumente erfolgt.

[759] Vgl. u.a. Europäische Kommission (1993b), S. 84.

wäre eine entsprechende Verlagerung vor allem angesichts des Haushaltsgrundsatzes der Transparenz ein wünschenswerter Fortschritt, da die Berechnung der MwSt.- und BSP-Eigenmittel deutlich vereinfacht würde. Insbesondere die komplizierte Berechnung des einheitlichen MwSt.-Satzes, die notwendige Verrechnung der Korrektur über die MwSt.-Eigenmittel *und* die BSP-Eigenmittel sowie das Auftreten eines den eigentlichen Korrekturbetrag übersteigenden Bruttoeffektes ließe sich bei einer sinnvoll konzipierten operativen Ausgestaltung des Korrekturmechanismus vermeiden.

Insgesamt kann festgestellt werden, daß der Korrekturmechanismus zugunsten des Vereinigten Königreichs in der gegenwärtigen Form einen der Hauptkritikpunkte an der Gestaltung des Eigenmittelsystems darstellt.

Unabhängig von der Sinnhaftigkeit eines zwischenstaatlichen Korrekturmechanismus auf europäischer Ebene kann der gegenwärtige Korrekturmechanismus zugunsten des Vereinigten Königreichs weder hinsichtlich seiner konzeptionellen Ausgestaltung noch hinsichtlich seiner operativen Umsetzung überzeugen. Statt dessen trägt er in hohem Maße zur gegenwärtigen Intransparenz und mangelnden Nachvollziehbarkeit des Eigenmittelsystems bei.[760] Letztlich handelt es sich bei ihm um eine politisch durchgesetzte Sonderbehandlung des Vereinigten Königreichs, die im Status quo ökonomisch nicht mehr zu rechtfertigen ist und daher abgeschafft werden sollte. Angesichts des Einstimmigkeitskriteriums im Rat dürfte darin allerdings eine besondere Herausforderung an das Verhandlungsgeschick der restlichen Mitgliedstaaten bestehen. Möglicherweise schafft jedoch erst die höchstwahrscheinlich erforderlich werdende Neugestaltung des europäischen Finanzierungssystems nach dem Beitritt neuer Mitgliedstaaten die Voraussetzung, dieses Problem im Rahmen einer „mutigen" Neukonzeption zu lösen, auch wenn eine adäquate Lösung bereits für den Eigenmittelbeschluß des Jahres 2000 wünschenswert gewesen wäre. Letztlich hängt die Ausgestaltung der Finanzierung der Europäischen Union auch von ihrem zukünftigen Selbstverständnis und dem ihrer Mitgliedstaaten ab. Dabei muß die Frage beantwortet werden, welche grundlegende Rolle den Nationalstaaten im zukünftigen Europa zukommen soll und inwieweit ein institutionalisiertes Finanzausgleichssystem hierzu erforderlich ist.

---

[760] Vgl. z. B. Walthes (1996), S. 203–208 und Peffekoven (1994), S. 70f.

6. Ausblick

Die Europäische Union steht in den nächsten Jahren vor großen Herausforderungen. Die Osterweiterung bringt aufgrund der unterschiedlichen Wirtschaftsstruktur der Beitrittskandidaten gravierende Veränderungen mit sich. Insbesondere der institutionelle Rahmen der Europäischen Union erscheint angesichts von zukünftig bis zu 27 Mitgliedstaaten inadäquat. Die Gipfeltreffen des Europäischen Rates in den Jahren vor dem Beitritt der neuen Mitgliedstaaten konnten die in sie gesetzten Erwartungen hinsichtlich einer institutionellen Weichenstellung für die Zukunft nicht erfüllen. Sowohl die Zusammensetzung und Funktionsweise der Organe der EU, die auf dem Gipfel von Nizza im Dezember des Jahres 2000 im Mittelpunkt standen, als auch die Frage der zukünftigen Finanzierung, die zu den Kernfragen des Gipfels von Berlin im März 2000 zählte, wurden wenig zukunftsweisend angegangen. Gerade der in Berlin ins Leben gerufene neue Eigenmittelbeschluß, der zum 1. Januar 2002 in Kraft getreten ist, stellt letztlich nur eine mit marginalen Änderungen versehene Fortschreibung des bestehenden, intransparenten und zwischen den Mitgliedstaaten umstrittenen Eigenmittelsystems dar. Die Ausweitung dieses Systems auf ein Konglomerat von bis zu 27 Mitgliedstaaten, in dem die regionalen Wohlstandsunterschiede deutlich größer als in der alten EU der 15 Mitgliedstaaten sind, muß langfristig als problematisch erachtet werden. Fehlkonzipierte Fremdkörper im System, wie der Korrekturmechanismus zugunsten des Vereinigten Königreichs, wirken noch anachronistischer und können in Zukunft möglicherweise zu heftigen politischen Disputen zwischen den Mitgliedstaaten führen. Angesichts der in der Vergangenheit zu beobachtenden Heftigkeit der Auseinandersetzung in Finanzfragen der Europäischen Union, dürften die Chancen für notwendige Reformen im Finanzierungssystem der EU bei einem auf bis zu 27 Teilnehmer erweiterten Teilnehmerkreis noch geringer sein.

Dabei könnte das bestehende Eigenmittelsystem durchaus als Ausgangspunkt für zukünftige Reformen dienen. Die größtenteils finanzbeitragsähnliche Finanzierung der zentralen europäischen Ebene durch die Mitgliedstaaten stellt vom Grundkonzept her eine auch für die Zukunft geeignete Form der Finanzierung dar. Die damit verbundene dezentral organisierte Mittelaufbringung entspricht dem Subsidiaritätsprinzip und respektiert unterschiedliche Steuerpräferenzen in den einzelnen Mitgliedstaaten. Prinzipiell ist ein solches System daher auch mit dem Konzept des Jurisdiktionenwettbewerbs kompatibel und läßt natürliche Schranken gegen eine exzessive Ausweitung staatlicher Aktivitäten erwarten. Verlagerungen von Steuerkompetenzen von der Ebene der Mitgliedstaaten auf die Europäische Union, wie sie immer wieder angedacht werden, bergen dagegen die Gefahr einer zunehmenden Zentralisierung und Ausweitung des Staatssektors.

Unabdingbar ist allerdings eine drastische Vereinfachung des Eigenmittelsystems. Diese brächte zugleich einen wesentlichen Transparenzgewinn für die Bürger mit sich und könnte somit auch einen positiven Beitrag zur (finanziellen) Akzeptanz der Europäischen Union leisten. Als Haupteigenmittelquelle kommen prinzipiell beide gegenwärtig angewandten Bemessungsgrundlagen in Frage. Die Entwicklung der letzten Jahre deutet jedoch auf eine gewisse politische Präferenz für eine ausschließliche BSP-Orientierung hin. Angesichts der BSP-orientierten Begrenzung der Bemessungsgrundlage der MwSt.-Eigenmittel und ihres zunehmenden Bedeutungsverlustes, wären die finanziellen Verschiebungen zwischen den Mitgliedstaaten im Vergleich zum Status quo nicht besonders groß. Zwar wurde deutlich, daß auch die Berechnung und Ermittlung der BSP-Eigenmittel keineswegs unproblematisch sind. Die diesbezüglich diskutierten Problembereiche dürften aber in der einen oder anderen Form auch bei allen anderen aggregierten Größen der Volkswirtschaftlichen Gesamtrechnung relevant sein. Statistische Ungenauigkeiten und Fehler in zwischenstaatlichen Vergleichen der Mitgliedstaaten können letztlich als „Kosten" des föderalen und dezentral strukturierten Staatsaufbaus interpretiert werden. Am BSP orientierte finanzbeitragsähnliche Eigenmittel der Mitgliedstaaten hätten darüber hinaus den politisch gewünschten Wohlfahrtsbezug und ließen sich gut den Bürgern kommunizieren.

Ein unter Transparenz- und Vereinfachungsgesichtspunkten zentrales Element jeder weiteren Eigenmittelreform muß die Streichung des Korrekturmechanismus zugunsten des Vereinigten Königreichs sein. Da die Bezugnahme auf Nettofinanzierungspositionen insgesamt problematisch ist, sollte auf derartige Korrekturmechanismen insgesamt möglichst verzichtet werden. Bei einer halbwegs wohlstandsorientierten Ausgestaltung des Eigenmittelsystems sind übermäßige und unerwünschte Nettofinanzierungssalden hauptsächlich das Ergebnis einer ungleichen Ausgabenverteilung der finanziellen Mittel der EU in den Mitgliedstaaten. Die Ausgabenverteilung ist aber entweder politisch gewünscht, etwa als Folge bewußt eingegangener interregionaler Transfers im Rahmen der Strukturpolitik, und daher hinzunehmen. Oder sie ist das unerwünschte Ergebnis der sonstigen Politikmaßnahmen. Im letzteren Fall sollte allerdings nicht an den Symptomen in Form eines Korrekturmechanismus herumgedoktert werden, sondern vielmehr Reformen in den von der Europäischen Union zu verantwortenden Aufgabenbereichen und Politikfeldern durchgeführt werden. Ein langjähriges Beispiel für diesen Sachverhalt ist etwa die Agrarpolitik der Gemeinschaft.

Sollte ein allgemeiner Korrekturmechanismen zum Ausgleich von „unangemessenen" Wohlstandsunterschieden nichtsdestoweniger aus politischen Gründen erforderlich sein, so verlangt der ordnungspolitische Grundsatz der Privilegienfreiheit einen allgemeinen und prinzipiell für jedes Mitglied offenen Korrekturmechanismus, der nach im Vorfeld klar definierten Regeln funktioniert.

Die Osterweiterung der Europäischen Union wird die (alten) Mitgliedstaaten langfrsitig vor große finanzielle Herausforderungen stellen. Neben einer grundsätzlichen Vereinfachung des Eigenmittelsystems wird der Begrenzung der Ausgabenentwicklung oberste Priorität eingeräumt werden müssen. Denn letztlich sind die aufzubringenden Eigenmittel immer nur die Kehrseite der Ausgabenpolitik der EU. Daß auch hier nicht alles zum Besten steht, ist kein Geheimnis. Insofern werden die nächsten Jahre den Reformdruck in der Europäischen Union deutlich erhöhen.

Literaturverzeichnis

Aaheim, Asbjørn; Nyborg, Karine (1995), On the Interpretation and Applicability of a "Green National Product", in: Review of Income and Wealth, Series 41, Nr. 1, S. 57–71.

Ahmad, Ehtisham; Hewitt, Daniel; Ruggiero, Edgardo (1997), Assigning expenditure Responsibilities, in: Ter-Minassian, Teresa (Hrsg.), Fiscal Federalism in Theory and Practice, Washington: International Monetary Fund, S. 25–48.

Andel, Norbert (1983), Finanzwirtschaftliche Aspekte regionaler wirtschaftlicher Zusammenschlüsse: Europäische Gemeinschaften, in: Handbuch der Finanzwissenschaft, 3. Aufl., Band IV, Tübingen: J.B.C. Mohr, S. 311–364.

Apolte, Thomas (1996a), Vertikale Kompetenzverteilung in der Union, in: Streit, Manfred E.; Voigt, Stefan (Hrsg.) Europa reformieren: Ökonomen und Juristen zur zukünftigen Verfaßtheit Europas, Baden-Baden: Nomos, S. 13–29.

Asea, Patrick K.; Corden, W. Max (1994), The Balassa-Samuelson Model: An Overview, in: Review of International Economics, Vol. 2 (3), S. 191–200.

Augstein, Reinhard (1988), Grundzüge der Finanzwirtschaft der Europäischen Gemeinschaft, in: Arnold, Volker: Geske, Otto-Erich (Hrsg.), Öffentliche Finanzwirtschaft, München: Vahlen, S. 315–345.

Balassa, Bela (1964), The Purchasing-Power Parity Doctrine: A Reappraisal, in: Journal of Political Economy, Vol. 72, S. 584–596.

Barro, Robert J. (1974), Are Government Bonds Net Wealth?, in: Journal of Political Economy, Vol. 82, S. 1095–1117.

Barro, Robert J. (1989), The Ricardian Approach to Budget Deficits, in: Journal of Economic Perspectives, Vol. 3 (2), S. 37–54.

Barthelemy, Philippe (1988), The macroeconomic estimates of the hidden economy: A critical analysis; in: Review of Income and Wealth, Vol. 34, S. 183–208.

Becker, Henning (1990), Finanzwissenschaftliche Steuerlehre, München: Vahlen.

Begg, Ian et al. (1997), The Own Resources of the European Union: Analysis and Possible Developments, European Parliament, Directorate General for Research, Working Document, Budget Series, PE 167.043, Luxembourg.

Behrens, Axel (2000), Das BIP pro Kopf in 50 der 211 Regionen der EU unter 75 % des EU-Durchschnitts, in: Europäische Kommission (Hrsg.), Statistik kurzgefasst, Allgemeine Statistik, Thema 1 – 1/2000, Luxemburg: Eurostat.

Benedek, Wolfgang (1996), Einführung in die Ergebnisse der Uruguay-Runde, in: Thürer, Daniel; Kux, Stephan (Hrsg.), GATT 94 und die Welthandelsorganisation: Herausforderungen für die Schweiz und Europa, Zürich: Schulthess Polygraphischer Verlag.

Benedek, Wolfgang (1998), Die Welthandelsorganisation (WTO): alle Texte einschließlich GATT (1994), GATS und TRIPS, München: Beck.

Bernheim, B. Douglas (1989), A Neoclassical Perspective on Budget Deficits, in: Journal of Economic Perspectives, Vol. 3 (2), S. 55–72.

Bernholz, Peter; Breyer, Friedrich (1994), Grundlagen der Politischen Ökonomie, Band 2: Ökonomische Theorie der Politik, 3. Aufl. , Tübingen: J.C.B. Mohr.

Berthold, Norbert (1993), „Fiscal Federalism“ in Europa: Voraussetzung für eine erfolgreiche Wirtschafts- und Währungsunion?, in: Gröner, Helmut; Schüller, Alfred (Hrsg.), Die europäische Integration als ordnungspolitische Aufgabe, Stuttgart u.a.O.: Gustav Fischer Verlag, S. 147–171.

Biehl, Dieter (1980), Finanzausgleich IV: Internationaler Finanzausgleich, in: Handwörterbuch der Wirtschaftswissenschaft (HdWW), Band 2, Stuttgart u.a.O.: Fischer et al., S. 689–713.

Bladen-Hovell, Robin; Symons, Elizabeth (1994), The EC Budget, in: Artis, Mike; Lee, Norman (Hrsg.), The Economics of the European Union: Policy and Analysis, Oxford: Oxford University Press, S. 368–387.

Blades, Derek (1982a), The Hidden Economy and the National Accounts. OECD Economic Outlook, Occasional Studies, Paris, S. 28–45.

Blades, Derek (1982b), The Hidden Economy and National Accounts. OECD Observer, No. 114, S. 15–17, Paris: OECD.

Blankart, Charles B. (1996), Comment on Feld, Lars P.; Kirchgässner, Gebhard (1996), Omne Agens Agendo Perficitur: The Economic Meaning of Subsidiarity, in: Holzmann, Robert (Hrsg.), Maastricht: Monetary Constitution Without a Fiscal Constitution? Baden-Baden: Nomos Verlagsgesellschaft, S. 227–230.

Blankart, Charles B. (1998), Öffentliche Finanzen in der Demokratie, 3. Aufl., München: Vahlen.

Bleses, Peter; Essig, Hartmut; Hartmann, Norbert; Strohm, Wolfgang (1999), Revision der Volkswirtschaftlichen Gesamtrechnungen 1999 – Anlaß, Konzeptänderungen und neue Begriffe, in: Wirtschaft und Statistik, Heft 4/1999, S. 257–281.

Blümich, Helga (1999), Der Haushalt der Europäischen Union – eine Bestandsaufnahme, IFSt-Schrift Nr. 372, Bonn: Institut „Finanzen und Steuern“ e.V.

Boadway, Robin W.; Wildasin, David E. (1984), Public Sector Economics, 2. Aufl. Boston: Little, Brown & Company.

Böker, Kathrin (1994), Das Einnahmensystem der Europäischen Gemeinschaften: Eine positive und normative Analyse, Forum Finanzwissenschaft, Band 8, Nürnberg.

Bowles, Roger; Jones, Philip (1991), Fairness and the EC Budget: Is Spain Tilting at Windmills?, in: Intereconomics, Vol. 26, No. 5, S. 244–247.

Brautzsch, Hans-Ulrich; Grunert, Ruth (1999), Das neue Europäische System Volkswirtschaftlicher Gesamtrechnungen 1995 verändert kaum das Konjunkturbild für Deutschland, in: Wirtschaft im Wandel, 5. Jahrgang, Band 9–10, S. 28–35.

Brennan, Geoffrey (1973), Pareto Desirable Redistribution: The Non-Altruistic Dimension, in: Public Choice, Vol. 14, S. 43–67.

Brennan, Geoffrey.; Buchanan, James M. (1980), The Power to Tax: Analytical Foundations of a Fiscal Constitution, Cambridge: Cambridge University Press.

Brennan, Geoffrey; Buchanan, James M. (1983), Normative tax theory for a federal polity: Some public choice preliminaries, in: McLure jr., Charles E. (Hrsg.), Tax assignment in federal countries, Centre for Research on Federal Financial Relations, Canberra: Australian National University Press, S. 52–65.

Breton, Albert (1965), A Theory of Government Grants, in: Canadian Journal of Economics and Political Science, Vol. 31, S. 175–187.

Breton, Albert (1987), Towards a Theory of Competitive Federalism, in: European Journal of Political Economy, Vol. 3, Heft 1/2, Villa Colombella Papers on Federalism, S. 263–329.

Breton, Albert; Scott, Anthony (1978), The economic constitution of federal states, Toronto: University of Toronto Press.

Brümmerhoff, Dieter (1995), Volkswirtschaftliche Gesamtrechnungen, 5. Aufl., München u.a.: Oldenbourg.

Brümmerhoff, Dieter; Lützel, Heinrich (Hrsg.) (1994), Lexikon der Volkswirtschaftlichen Gesamtrechnungen, München, Wien: Oldenbourg.

Brüne, Stefan (2000), Die EU als Nord-Süd Akteur: Abschied von Lomé?, in: Schubert, Klaus; Müller-Brandeck-Bocquet, Gisela (Hrsg.), Die Europäische Union als Akteur der Weltpolitik, Opladen: Leske + Budrich.

Brunner, Petra (1993), Subsidiarität – Leerformel oder Orientierungshilfe zur Kompetenzverteilung in der EG?, in: Ifo-Schnelldienst, 46. Jahrgang, Band 22/93, S. 7–13.

Buchanan, James M. (1974), Who Should Distribute What in a Federal System?, in: Hochman, Harold M.; Peterson, George E. (Hrsg.), Redistribution through Public Choice, New York: Columbia University Press, S. 22–42.

Buchanan, James M. (1999), 'Response' zu Musgrave, Richard A. (1999), Fiscal Federalism, in: Buchanan, James M; Musgrave, Richard A. (1999), Public Finance and Public Choice: Two Contrasting Visions of the State, Cambridge, Mass.: MIT Press, S. 176–183.

Buchanan, James M.; Tullock, Gordon (1962), The Calculus of Consent, Ann Arbor: University of Michigan Press.

Bundesministerium der Finanzen (1980), Finanzbericht 1981, Bonn.

Bundesministerium der Finanzen (1989), Finanzbericht 1990, Bonn.

Bundesministerium der Finanzen (2003), Die wichtigsten Steuern im internationalen Vergleich, Ausgabe 2003, Berlin.

Burda, Michael C.; Wyplosz, Charles (1997), Macroeconomics: A European Text, 2. Aufl., Oxford.

Busch, Berthold (1990), Der EG-Haushalt, Beiträge zur Wirtschafts- und Sozialpolitik 185, Köln: Institut der deutschen Wirtschaft.

Busch, Berthold (1998), Zur zukünftigen Finanzierung der Europäischen Union, Beiträge zur Wirtschafts- und Sozialpolitik Nr. 242, Institut der deutschen Wirtschaft, Köln: Deutscher Instituts-Verlag.

Caesar, Rolf (1990), Neue Steuern für die Europäische Gemeinschaft? – Kriterien und Vorschläge –, in: Biehl, Dieter; Pfennig, Gero (Hrsg.), Zur Reform der EG-Finanzverfassung, Bonn: Europa-Union-Verlag, S. 57–105.

Caesar, Rolf (1992a), Kreditoperationen im Finanzsystem der EG, in: K.-H. Hansmeyer (Hrsg.), Ausgewählte Probleme der EG-Finanzen, Schriften des Vereins für Socialpolitik, NF, Bd. 216, S. 115–182.

Caesar, Rolf (1992b), Das Finanzsystem der EG - Mängel der europäischen Finanzverfassung, in: Bareis, Peter; Ohr, Renate (Hrsg.), Europäische Integration auf Abwegen: Die ordnungspolitischen und institutionellen Fehlentscheidungen von „Maastricht“, Hohenheimer Europa-Colloquium, Hohenheim, S. 49–58; (wiederabgedruckt in: Caesar, Rolf; Ohr, Renate (Hrsg.), (1996), Maastricht und Maastricht II: Vision oder Abenteuer?, Baden-Baden: Nomos, S. 251–262).

Caesar, Rolf (1996a), Finanzordnung der EU, in: Ohr, Renate (Hrsg.), Europäische Integration, Stuttgart u. a. O.: Kohlhammer, S. 235–264.

Caesar, Rolf (1996b), Zur Reform des Einnahmensystems der Europäischen Union, in: Zohlnhöfer, Werner (Hrsg.) (1996), Europa auf dem Wege zur Politischen Union?: Probleme und Perspektiven der europäischen Integration vor „Maastricht II“, Berlin: Duncker & Humblot, S. 145–173.

Caesar, Rolf (1997a), Die Finanzierung der Europäischen Union, in: WISU 10/97, S. 950–960.

Caesar, Rolf (Hrsg.) (1997b), Zur Reform der Finanzverfassung und Strukturpolitik der EU, Baden-Baden: Nomos Verlagsgesellschaft.

Caesar, Rolf (1998), Wirtschafts- und Währungsunion und innereuropäischer Finanzausgleich, in: Caesar, Rolf; Scharrer, Hans-Eckart (Hrsg.), Die Europäische Wirtschafts- und Währungsunion: regionale und globale Herausforderungen, Bonn: Europa Union Verlag, S. 124–146.

Caesar, Rolf (2001), An EU Tax? – Not a Good Idea, in: Intereconomics, Vol. 35, Heft 5, S. 231–233.

Cagan, Phillip (1958), The Demand for Currency Relative to the Total Money Supply, in: Journal of Political Economy, Vol. 66, S: 303–328.

Calzaroni, Manlio; Puggioni, Augusto (1995), A preliminary approach for the analysis of the quality of national accounts estimates, International Conference on Survey Measurement and Process Quality, Bristol, ISTAT (Istituto Nazionale di Statistica; Italien), mimeo.

Caspersen, Erik.; Metcalf, Gilbert E. (1994), Is a Value Added Tax Regressive? Annual versus Lifetime Incidence Measures, in: National Tax Journal, Vol. 47, S. 731–746.

Cassel, Dieter (1982), Schattenwirtschaft - eine Wachstumsbranche?, in: List Forum, (1981/82), Band 11, S. 343–363.

Clark, Colin (1938), Internationaler Vergleich der Volkseinkommen, in: Weltwirtschaftliches Archiv, Band 47, S. 51–76.

Cnossen, Sijbren (1990), The Case for Tax Diversity in the European Community, in: European Economic Review, Vol. 34, S. 471–479.

Coase, Ronald (1960), The Problem of Social Cost, in: Journal of Law and Economics, Vol. 3(1), S. 1–44.

Comfort, Anthony (1997), Institutionelle Aspekte der Haushaltskontrolle, Europäisches Parlament: Generaldirektion Wissenschaft, Themenpapier Haushaltsangelegenheiten Nr. 2, PE 167.189, Luxemburg.

Comfort, Anthony (1998), Betrug im Zusammenhang mit dem EU-Haushalt, Europäisches Parlament: Generaldirektion Wissenschaft, Themenblätter Haushaltsangelegenheiten Nr. 1, PE 167.114, Luxemburg.

Cooter, Robert D. (1998), Coase Theorem, in: Eatwell, John, Milgate, Murray und Peter Newman (Hrsg.), The New Palgrave: A Dictionary of Economics, Vol. 1, London: Macmillan, S. 457–460.

Cooter, Robert; Ulen, Thomas (1997), Law and Economics, 2. Aufl., Reading, Mass.: Addison-Wesley.

Cordes, Ulrich (1996), Das öffentliche Rechnungswesen: Datenquelle für den Staatssektor der Volkswirtschaftlichen Gesamtrechnung, Wiesbaden: Gabler.

Cornes, Richard; Sandler, Todd (1986), The theory of externalities, public goods, and club goods, Cambridge: Cambridge University Press.

Dahlby, Beverly (1981), Adverse selection and Pareto improvements through compulsory insurance, in: Public Choice, Vol. 37, S. 547–558.

Dahlby, Bev (1996), Fiscal Externalities and the Design of Intergovernmental Grants, in: International Tax and Public Finance, Vol. 3(3), S. 397–412.

Dahlby, Bev; Wilson, Leonard S. (1999), Vertical Fiscal Externalities and the Provision of Productivity-Enhancing Activities by Sub-National Governments, mimeo., University of Alberta, Edmonton.

Davies, James; St-Hilaire, France; Whalley, John (1984), Some Calculations of Lifetime Tax Incidence, in: American Economic Review, Vol. 74(4), S. 633–649.

Deffaa, Walter (1992), Der EG-Haushalt 1992 - eine solide Grundlage für die EG-Finanzen?, in: Wirtschaftsdienst II/1992, 72. Jg., S. 85–92.

De March, Marco; Newson, Brian (1999), Einführung des neuen Europäischen Systems Volkswirtschaftlicher Gesamtrechnungen (ESVG 95), in: Statistik kurzgefasst, Wirtschaft und Finanzen, Thema 2 – 27/1999, Luxemburg: Eurostat.

Dennis, Ian (2000), Kaufkraftparitäten und verwandte Wirtschaftsindikatoren für die Europäische Union und vier weitere Länder – vorläufige Ergebnisse für 1998, in: Statistik kurzgefasst, Wirtschaft und Finanzen, Thema 2 – 11/2000, Luxemburg: Eurostat.

Deutsche Bundesbank (1997), Europäische Organisationen und Gremien im Bereich von Währung und Wirtschaft, Frankfurt a. M.

Deutsche Bundesbank (1999), Neuere Tendenzen in den Finanzbeziehungen Deutschlands zur Europäischen Union, in: Monatsbericht Juli 1999, Frankfurt a. M., S. 59–74.

Deutscher Industrie- und Handelstag (1994), Deutschland – Zahlmeister in Europa? Ein Beitrag zur Versachlichung der „Nettozahler-Diskussion“, Vertretung des DIHK bei der Europäischen Union, Brüssel.

Diekmann, Berend (1990), Die Anleihe- und Darlehenstransaktionen der Europäischen Gemeinschaften, Frankfurt a. M. u.a.O.: Lang.

DIW (1999), Zur Revision der Volkswirtschaftlichen Gesamtrechnung, Bearbeiter: Arbeitskreis VGR, in: DIW-Wochenbericht 20/99, Berlin.

Döhrn, Roland (1986/87), Wie groß ist die Schattenwirtschaft? Versuch einer sektoralen Erklärung, in: RWI-Mitteilungen, Jahrgang 37/38, S. 365–385.

Dohse, Dirk; Krieger-Boden, Christiane (1998), Währungsunion und Arbeitsmarkt: Auftakt zu unabdingbaren Reformen, Kieler Studien 290, Tübingen: J.C.B. Mohr.

Doornik, Jurgen A.; Hendry, David F. (1996), GiveWin: An Interface to Empirical Modelling, London: International Thomson Business Press.

Drewnowski, Jan (1970), Studies in the Measurement of Levels of Living and Welfare, UNRISD Report No. 70,3, Genf: United Nations Research Institute for Social Development.

Eichenberger, Reiner (1996), Eine ‚fünfte' Freiheit für Europa: Stärkung des politischen Wettbewerbs durch ‚FOCJ', in: Zeitschrift für Wirtschaftspolitik, Vol. 45, S. 110–130.

Eichmann, Wolfgang (1985), Bruttoinlandsprodukt im internationalen Vergleich, in: Wirtschaft und Statistik , Heft 7/1985, S. 519–526.

Enders, Walter (1995), Applied Econometric Time Series, New York u.a.O.: John Wiley & Sons.

Essig, Hartmut; Hartmann, Norbert (1999), Revision der Volkswirtschaftlichen Gesamtrechnungen 1991 bis 1998: Ergebnisse und Berechnungsmethoden, in: Wirtschaft und Statistik, Heft 6/1999, S. 449–478.

Europäische Investitionsbank (2000), 42. Jahresbericht der Europäischen Investitionsbank, 1999, Luxembourg.

Europäische Kommission (1985), Europäisches System Volkswirtschaftlicher Gesamtrechnungen ESVG, 2. Aufl., Luxemburg: Amt für amtliche Veröffentlichungen der Europäischen Gemeinschaften.

Europäische Kommission (1989), Die öffentlichen Finanzen der Gemeinschaft: Der Gemeinschaftshaushalt nach der Reform von 1988, Luxemburg: Amt für amtliche Veröffentlichungen der Europäischen Gemeinschaften.

Europäische Kommission (1993a), Verordnung (EWG) Nr. 2454/93 der Kommission vom 2. Juli 1993 mit Durchführungsvorschriften zu der Verordnung (EWG) Nr. 2913 des Rates zur Festlegung des Zollkodex der Gemeinschaften, in: Amtsblatt der Europäischen Gemeinschaften (1993), Nr. L 253 vom 11.10.1993, S. 1–533.

Europäische Kommission (Hrsg.) (1993b), Stabiles Geld – solide Finanzen: Die öffentlichen Finanzen in der Gemeinschaft im Hinblick auf die

WWU, Bericht einer unabhängigen Gruppe von Wirtschaftswissenschaftlern, in: Europäische Wirtschaft, Nr. 53.

Europäische Kommission (1994), Entscheidung der Kommission vom 22. Februar 1994 über Maßnahmen zur Durchführung der Richtlinie 89/130/EWG, Euratom des Rates zur Harmonisierung der Erfassung des Bruttosozialprodukts zu Marktpreisen (94/168/EG, Euratom), in: Amtsblatt der Europäischen Gemeinschaften (1994), Nr. L 77 vom 19.03.1994, S. 51–58.

Europäische Kommission (1995a), Die Finanzverfassung der Europäischen Union: Merkmale, Regeln, Funktionsweise, Luxemburg: Amt für amtliche Veröffentlichungen der Europäischen Gemeinschaften.

Europäische Kommission (1995b), Verfahren der Mitgliedstaaten zur Erhebung und Kontrolle der Mehrwertsteuer: Zweiter Bericht nach Verordnung (EWG, Euratom) Nr. 1553/89 Artikel 12, Luxemburg: Amt für amtliche Veröffentlichungen der Europäischen Gemeinschaften.

Europäische Kommission (1996a), Haushaltsvademekum 1996, Luxemburg: Amt für amtliche Veröffentlichungen

Europäische Kommission (1996c), Europäisches System Volkswirtschaftlicher Gesamtrechnungen - ESVG 1995, Luxemburg: Amt für amtliche Veröffentlichungen.

Europäische Kommission (1996d), Avant-projet de budget général des Communautés Européennes pour l'exercice 1997, Document de travail, Etat Général Des Recettes.

Europäische Kommission (1997a), Agenda 2000 – Band I: Eine stärkere und erweiterte Union, DOC/97/6, Brüssel.

Europäische Kommission (1997b), Agenda 2000 – Band II: Mitteilungen: Intensivierung der Heranführungsstrategie, DOC/97/7, Brüssel.

Europäische Kommission (1997c), Vorentwurf des Gesamthaushaltsplans der Europäischen Gemeinschaften für das Jahr 1998, Band 4: Einzelplan III, Kommission, KOM(97) 280, Brüssel.

Europäische Kommission (1997d), Auswirkungen der Umstellung auf den Euro auf Politik, Institutionen und Recht der Gemeinschaft, Mitteilung der Kommission, Brüssel.

Europäische Kommission (1997e), Entscheidung der Kommission vom 3. September 1997 zu eventuellen Änderungen der BSP-Angaben der

Mitgliedstaaten zum Zwecke der Durchführung der Richtlinie 89/130/EWG, Euratom des Rates zur Harmonisierung der Erfassung des Bruttosozialprodukts zu Marktpreisen (97/619/EG, Euratom), in: Amtsblatt der Europäischen Gemeinschaften Nr. L 252 vom 16.09.1997, Brüssel, S. 33–39.

Europäische Kommission (1998a), Die Finanzierung der Europäischen Union: Bericht der Kommission über das Funktionieren des Eigenmittelsystems, KOM (1998) 560 endg., Brüssel.

Europäische Kommission (1998b), Finanzbericht 1997, Luxemburg: Amt für amtliche Veröffentlichungen.

Europäische Kommission (1998c), Gesamtbericht über das Funktionieren des Garantiefonds, Generaldirektion Haushalt, XIX/B/1/TB/jt D(98), mimeo., Brüssel.

Europäische Kommission (1998d), Gesamtbericht über die Tätigkeit der Europäischen Union 1997, Luxemburg: Amt für amtliche Veröffentlichungen.

Europäische Kommission (1998e), Volkswirtschaftliche Gesamtrechnungen ESVG – Aggregate 1970-1996, Luxembourg: Amt für amtliche Veröffentlichungen der europäischen Gemeinschaften.

Europäische Kommission (1998f), Verfahren der Mitgliedstaaten zur Erhebung und Kontrolle der Mehrwertsteuer, Dritter Bericht der Kommission nach Artikel 12 der Verordnung (EWG, Euratom) Nr. 1553/89, KOM(1998) 490 endg., Luxemburg: Amt für amtliche Verordnungen.

Europäische Kommission (1999a), Finanzbericht 1998, Luxemburg: Amt für amtliche Veröffentlichungen.

Europäische Kommission (1999b), Vorschlag für einen Beschluß des Rates über das System der Eigenmittel der Europäischen Union, KOM(1999) 333 endg., 99/0139 (CNS), Brüssel; ebenfalls abgedruckt in: Amtsblatt der Europäischen Gemeinschaften Nr. C 274 E vom 28.09.1999, S. 39ff.

Europäische Kommission (1999c), Haushaltsvademekum 1999, Luxemburg: Amt für amtliche Veröffentlichungen der Europäischen Gemeinschaften.

Europäische Kommission (1999d), Vorentwurf des Gesamthaushaltsplans der Europäischen Gemeinschaften für das Haushaltsjahr 2000, Band 0, KOM(1999) 200 – DE vom 10.06.1999, Brüssel.

Europäische Kommission (1999e), Vorentwurf des Gesamthaushaltsplans der Europäischen Gemeinschaften für das Haushaltsjahr 2000, Band 1, KOM(1999) 200 – DE vom 07.06.1999, Brüssel.

Europäische Kommission (2000a), Haushaltsvademekum 2000, Luxemburg: Amt für amtliche Veröffentlichungen der Europäischen Gemeinschaften.

Europäische Kommission (2000b), Vorschlag für eine Verordnung (EG, EGKS, EAG) des Rates zur Regelung der Haushaltsordnung für den Gesamthaushaltsplan der Europäischen Gemeinschaften, KOM(2000) 461 endgültig, 2000/0203 (CNS), Brüssel; ebenfalls abgedruckt in: Amtsblatt der EG (2001), Nr. C 96 E vom 27.03.2001, S. 1–39.

Europäische Kommission (2000c), ACP-EU Partnership Agreement signed in Cotonou on 23 June 2000, Supplement to ACP-EU Courier, Special Issue, September 2000, Generaldirektion Entwicklung, Brüssel.

Europäische Kommission (2000d), Bericht der Kommission: Jahresbericht der Kommission über die Situation und die Verwaltung des Garantiefonds im Haushaltsjahr 1999, KOM(2000) 246 endgültig, 27.04.2000, Brüssel.

Europäische Kommission (2000e), Bericht der Kommission an die Haushaltsbehörde über die Garantien aus dem Gesamthaushaltsplan, Stand: 30. Juni 2000, KOM(2000) 611 endgültig, 03.10.2000, Brüssel.

Europäische Kommission (2000f), Vorentwurf des Gesamthaushaltsplans der Europäischen Gemeinschaften für das Haushaltsjahr 2001, Band 0, Allgemeine Einleitung, KOM (2000) 300 – DE vom 15.06.2000, Brüssel.

Europäische Kommission (2000g), Vorentwurf des Gesamthaushaltsplans der Europäischen Gemeinschaften für das Haushaltsjahr 2001, Band 1, Gesamteinnahmen, KOM (2000) 300 – DE vom 20.06.2000, Brüssel.

Europäische Kommission (2000h), Gesamtbericht über die Tätigkeit der Europäischen Union 1999, Luxemburg: Amt für amtliche Veröffentlichungen der Europäischen Gemeinschaften.

Europäische Kommission (2000i), Mitteilung der Kommission an den Rat, das Europäische Parlament, den Beratenden Ausschuß der EGKS, den Wirtschafts- und Sozialausschuss und den Ausschuss der Regionen: Ablauf der Geltungsdauer des EGKS-Vertrages: Finanztätigkeiten nach 2002, KOM(2000) 518 endgültig vom 06.09.2000, Brüssel.

Europäische Kommission (2000j), Entscheidung Nr. 2749/2000 EGKS der Kommission vom 13. Dezember 2000 zur Festsetzung des Umlagesatzes für das Haushaltsjahr 2001 sowie zur Änderung der Entscheidung Nr. 3/52/EGKS über die Höhe und die Anwendungsvorschriften für die in den Artikeln 49 und 50 des Vertrages vorgesehenen Umlagen, in: Amtsblatt der EG (2000), Nr. L 318 vom 16.12.2000, S. 13–14.

Europäische Kommission (2000k), Europäisches Amt für Betrugsbekämpfung (OLAF): Erster Bericht über die operativen Tätigkeiten, 1. Juni 1999 – 31. Mai 2000, Brüssel.

Europäische Kommission (2000l), Entlastung für 1998: Aktionsplan zur Verbesserung des Finanzmanagements und der Verfahren, Arbeitsunterlage der Kommissionsdienststellen, Brüssel.

Europäische Kommission (2000m), Bericht über die Folgemaßnahmen zum Haushaltsjahr 1998, KOM(2000) 558, Brüssel.

Europäische Kommission (2000n), Zusammenfassender Bericht über die Mitteilungen der Mitgliedstaaten zu ihrer Kontrolltätigkeit, zu den Ergebnissen ihrer Kontrollen sowie zu Grundsatzfragen im Bereich der traditionellen Eigenmittel – Haushaltsjahr 1999 –, Brüssel.

Europäische Kommission (2000o), Dritter Bericht gemäß Artikel 14 über die Anwendung der Verordnung (EWG) Nr. 218/92 des Rates vom 27. Januar 1992 über die Zusammenarbeit der Verwaltungsbehörden auf dem Gebiet der indirekten Besteuerung (MwSt.) und Vierter Bericht gemäß Artikel 12 der Verordnung (EWG, Euratom) Nr. 1553/89 über Verfahren zur Erhebung und Kontrolle der MwSt., KOM(2000) 28 endgültig, Brüssel.

Europäische Kommission (2000p), Die EU-Wirtschaft: Jahresbilanz 2000, in: Europäische Wirtschaft, Nr. 71, Luxemburg: Amt für amtliche Veröffentlichungen.

Europäische Kommission (2001a), Gesamtbericht über die Tätigkeit der Europäischen Union 2000, Luxemburg: Amt für amtliche Veröffentlichungen der Europäischen Gemeinschaften.

Europäische Kommission (2001b), Finanzbericht 1999, Luxemburg: Amt für amtliche Veröffentlichungen der Europäischen Gemeinschaften.

Europäische Kommission (2001c), Gesamthaushaltsplan der Europäischen Union für das Haushaltsjahr 2001: Zahlenübersicht, Brüssel, Luxemburg.

Europäische Kommission (2001d), Haushaltsvorschläge der Kommission für 2002: Lösung kurzfristiger Probleme, Erfüllung langfristiger Verpflichtungen, Pressemitteilung der Kommission vom 8. Mai 2001, IP/01/664, Brüssel.

Europäische Kommission (2001e), Mitteilung der Kommission: Schutz der finanziellen Interessen der Gemeinschaften – Betrugsbekämpfung: Aktionsplan 2001-2003, KOM(2001) 254 endgültig, 15.05.2001, Brüssel.

Europäische Kommission (2001f), Schutz der finanziellen Interessen der Gemeinschaften und Betrugsbekämpfung – Jahresbericht 2000 –, KOM(2001) 255 endgültig/2, 23.05.2001, Brüssel.

Europäische Kommission (2001g), Die Mehrwertsteuersätze in den Mitgliedstaaten der Europäischen Gemeinschaft: Stand 1. Mai 2001, DOC/2905/2001-DE, Brüssel.

Europäische Kommission (2001h), Dritter Bericht der Kommission über das Funktionieren des Systems zur Kontrolle der traditionellen Eigenmittel (1997-1999), KOM(2000) 32 endgültig, Brüssel.

Europäische Kommission (2001i), Checkliste der administrativen Rahmenbedingungen im Bereich der Eigenmittel der Europäischen Gemeinschaften, Generaldirektion Haushalt: Eigenmittel, Bewertung und Finanzplanung, 30. März 2001, Brüssel.

Europäische Kommission (2001j), Vorentwurf des Gesamthaushaltsplan der Europäischen Gemeinschaften für das Haushaltsjahr 2002, Band 0: Allgemeine Einleitung, Brüssel.

Europäische Kommission (2001k), 100 ausgewählte Basisindikatoren aus dem Eurostat Jahrbuch 2001, Brüssel.

Europäische Kommission (2001l), Die Erweiterung erfolgreich gestalten, Strategiepapier und Bericht der Europäischen Kommission über die Fortschritte jedes Bewerberlandes auf dem Weg zum Beitritt, Brüssel.

Europäische Kommission (2001m), Grundzüge der Wirtschaftspolitik 2001, Europäische Wirtschaft Nr. 72, Generaldirektion Wirtschaft und Finanzen, Luxemburg: Amt für amtliche Veröffentlichungen.

Europäische Kommission (2001n), Berichtigungsschreiben Nr. 3 zum Vorentwurf des Haushaltsplans für 2002: Einnahmen, SEK(2001), 1978 endgültig, Brüssel.

Europäische Kommission (2001o), EU Budget for 2002: Balanced answer to new challenges, Pressemitteilung der Europäischen Kommission, IP/01/1815 vom 13.12.2001, Straßburg.

Europäische Kommission (2001p), Mitteilung der Kommission an den Rat und das Europäische Parlament: Anpassung der Eigenmittelobergrenze und der Obergrenze der Mittel für Verpflichtungen nach Inkrafttreten des Beschlusses 2000/597/EG, Euratom, KOM(2001) 801 endg., Brüssel

Europäische Kommission (2002a), Finanzbericht 2001, Luxemburg: Amt für amtliche Veröffentlichungen der Europäischen Gemeinschaften.

Europäische Kommission (2002b), The EU Economy: 2002 Review, European Economy, Nr. 6/2002, Luxemburg: Amt für amtliche Veröffentlichungen der Europäischen Gemeinschaften.

Europäische Kommission (2002c), Geänderter Vorschlag für eine Verordnung (EG, EGKS, EAG) des Rates zur Aufstellung der Haushaltsordnung für den Gesamthaushaltsplan der europäischen Gemeinschaften, KOM (2001) 691 endgültig/2, 2000/0203 (CNS), Brüssel.

Europäische Kommission (2002d), Die Finanzverfassung der Europäischen Union, Luxemburg: Amt für amtliche Veröffentlichungen der Europäischen Gemeinschaften.

Europäische Kommission (2003a), Finanzbericht 2002, Luxemburg: Amt für amtliche Veröffentlichungen der Europäischen Gemeinschaften.

Europäische Kommission (2003b), Gesamthaushaltsplan der Europäischen Union für das Haushaltsjahr 2003: Übersicht in Zahlen, Luxemburg: Amt für amtliche Veröffentlichungen der Europäischen Gemeinschaften.

Europäischer Rat (1999), Schlußfolgerungen des Vorsitzes, Europäischer Rat in Berlin, 24. und 25. März 1999, in: Presse- und Informationsamt der Bundesregierung, Bulletin Nr. 30 vom 26. Mai 1999, S. 321–330.

Europäischer Rechnungshof (1991), Jahresbericht zum Haushaltsjahr 1990 zusammen mit den Antworten der Organe, Amtsblatt der Europäischen Gemeinschaften (1991), Nr. C 324 vom 13. Dezember 1991.

Europäischer Rechnungshof (1992a), Financement des Communautés ressources TVA et PNB, Etude spéciale, mimeo., Luxemburg.

Europäischer Rechnungshof (1992b), Jahresbericht zum Haushaltsjahr 1991 zusammen mit den Antworten der Organe, Amtsblatt der Europäischen Gemeinschaften (1992), Nr. C 330 vom 15. Dezember 1992.

Europäischer Rechnungshof (1993a), Stellungnahme Nr. 8/93 über die Bilanz des im Jahre 1988 eingeführten Eigenmittelsystems im Hinblick auf seine Berücksichtigung im Rahmen der Schlußfolgerungen des Europäischen Rates von Edinburg, Luxemburg.

Europäischer Rechnungshof (1993b), Jahresbericht zum Haushaltsjahr 1992 zusammen mit den Antworten der Organe, in: Amtsblatt der Europäischen Gemeinschaften (1993), Nr. C 309 vom 16. November 1993, S. 1–404.

Europäischer Rechnungshof (1994), Jahresbericht zum Haushaltsjahr 1993 zusammen mit den Antworten der Organe, in: Amtsblatt der Europäischen Gemeinschaften (1994), Nr. C 327 vom 24. November 1994, S. 1–484.

Europäischer Rechnungshof (1995), Jahresbericht zum Haushaltsjahr 1994 zusammen mit den Antworten der Organe, in: Amtsblatt der Europäischen Gemeinschaften (1995), Nr. C 303 vom 14. November 1995, S. 1–328.

Europäischer Rechnungshof (1996a), Jahresbericht zum Haushaltsjahr 1995 zusammen mit den Antworten der Organe, in: Amtsblatt der Europäischen Gemeinschaften (1996) Nr. C 340 vom 12. November 1996, S. 1–368.

Europäischer Rechnungshof (1996b), Sonderbericht zur Zuverlässigkeitserklärung über die Tätigkeiten im Rahmen des Gesamthaushaltsplans für das Haushaltsjahr 1995 zusammen mit den Antworten der Kommission, des Parlaments, des Rates, des Gerichtshofes, des Wirtschafts- und Sozialausschusses und des Ausschusses der Regionen, in: Amtsblatt der Europäischen Gemeinschaften (1996) Nr. C 395 vom 31.12.1996, S. 11–85.

Europäischer Rechnungshof (1997a), Jahresbericht zum Haushaltsjahr 1996 zusammen mit den Antworten der Organe, Amtsblatt der Europäischen Gemeinschaften (1997), Nr. C 348 vom 18. November 1997, S. 1–417.

Europäischer Rechnungshof (1997b), Stellungnahme Nr. 4/97 des Rechnungshofes der Europäischen Gemeinschaften zu einem Vorschlag für eine Verordnung (Euratom, EGKS, EG) des Rates zur Änderung der

Haushaltsordnung vom 21. Dezember 1977 für den Gesamthaushaltsplan der Europäischen Gemeinschaften, Luxembourg.

Europäischer Rechnungshof (1998a), Jahresbericht zum Haushaltsjahr 1997, in: Amtsblatt der Europäischen Gemeinschaften (1998) Nr. C 349 vom 17.11.1998.

Europäischer Rechnungshof (1998b), Sonderbericht Nr. 6/98 über die Bilanz des Systems der MwSt.- und BSP-Eigenmittel zusammen mit den Antworten der Kommission, in: Amtsblatt der Europäischen Gemeinschaften (1998) Nr. C 241 vom 31.07.1998, S. 58–80.

Europäischer Rechnungshof (1998c), Sonderbericht Nr. 9/98 über den Schutz der finanziellen Interessen der Europäischen Union im Bereich der MwSt. im innergemeinschaftlichen Handelsverkehr, zusammen mit den Antworten der Kommission, in: Amtsblatt der Europäischen Gemeinschaften (1998) Nr. C 365, S. 1–17.

Europäischer Rechnungshof (1999a), Stellungnahme Nr. 8/99 zu einem Vorschlag für einen Beschluß des Rates über das System der Eigenmittel der Europäischen Union, in: Amtsblatt der EG (1999) Nr. C 310 vom 28.10.1999, S. 1–5.

Europäischer Rechnungshof (1999b), Jahresbericht zum Haushaltsjahr 1998, in: Amtsblatt der Europäischen Gemeinschaften (1999) Nr. C 349 vom 03.12.1999.

Europäischer Rechnungshof (1999c), Sonderbericht Nr. 8/99 über die im Zollkodex der Gemeinschaften vorgesehenen Sicherheiten zum Schutz der Erhebung traditioneller Eigenmittel, zusammen mit den Antworten der Kommission, in: Amtsblatt der Europäischen Gemeinschaften (1999) Nr. C 70 vom 10.03.2000, S. 1–16.

Europäischer Rechnungshof (2000a), Jahresbericht zum Haushaltsjahr 1999 zusammen mit den Antworten der Organe, in: Amtsblatt der Europäischen Gemeinschaften (2000) Nr. C 342 vom 01.12.2000.

Europäischer Rechnungshof (2000b), Sonderbericht Nr. 6/2000 über die Gewährung von Zinszuschüssen der Gemeinschaft für Darlehen der Europäischen Investitionsbank an kleine und mittlere Unternehmen im Rahmen ihrer befristeten Darlehensfazilität, zusammen mit den Antworten der Kommission, in: Amtsblatt der Europäischen Gemeinschaften (2000) Nr. C 152 vom 31.05.2000, S. 1–23

Europäischer Rechnungshof (2000c), Sonderbericht Nr. 20/2000 über die Verwaltung der Gemeinsamen Marktorganisation für Zucker zusammen mit den Antworten der Kommission, Luxemburg.

Europäischer Rechnungshof (2000d), Sonderbericht Nr. 17/2000 über die Überprüfung der Zuverlässigkeit und Vergleichbarkeit der BSP-Angaben der Mitgliedstaaten durch die Kommission, zusammen mit den Antworten der Kommission, in: Amtsblatt der Europäischen Gemeinschaften (2000) Nr. C 336 vom 27.11.2000, S. 1–21.

Europäischer Rechnungshof (2001), Stellungnahme Nr. 2/2001 zu einem Vorschlag für eine Verordnung des Rates zur Änderung der Haushaltsordnung für den Gesamthaushaltsplan der Europäischen Gemeinschaften (vorgelegt gemäß Artikel 279 des EG-Vertrages), Luxembourg.

Europäisches Parlament (1995a), Bericht über eine Anpassung des Systems der Kontrolle der Eigenmittel nach der Errichtung des einheitlichen Binnenmarktes vom 11. September 1995, Ausschuß für Haushaltskontrolle, Berichterstatter: Otto Bardong, PE 213.380/end. (DOC-DE\RR\281638).

Europäisches Parlament (1995b), Entschließung zur Anpassung des Systems der Kontrolle der Eigenmittel nach der Errichtung des einheitlichen Binnenmarktes vom 25.10.1995, in: Amtsblatt der Europäischen Gemeinschaften (1995) Nr. C 308 vom 20.11.1995, S. 57–60.

Europäisches Parlament (1997), Endgültige Feststellung des Gesamthaushaltsplans der Europäischen Union für das Haushaltsjahr 1997 (97/105/EGKS, EG, Euratom), in: Amtsblatt der EG (1997) Nr. L 44 vom 14. Februar 1997, S. 1–1573.

Europäisches Parlament (1998), Bericht über die Mitteilung der Kommission an den Rat über den Ablauf der Geltungsdauer des EGKS – Finanztätigkeiten (KOM(97)0506 - C4-0573/97), A4-0330/98; PE 227.914/end.

Europäisches Parlament (1999a), Bericht über den Vorschlag für einen Beschlußdes Rates über das System der Eigenmittel der Europäischen Union (KOM(1999) 333 – C5-0092/1999 – 1999/0139(CNS)), Haushaltsausschuss, 10. November 1999, A5-0052/1999, PE 231.576.

Europäisches Parlament (1999b), Bericht über den Veränderungs- und Reformbedarf des Eigenmittelsystems der Europäischen Union, Haushaltsausschuss, 8. März 1999, A4-0105/99, PE 228.614/end.

Europäisches Parlament (1999c), Endgültige Feststellung des Berichtigungs- und Nachtragshaushaltsplans Nr. 3 der Europäischen Union für das Haushaltsjahr 1999, in: Amtsblatt der Europäischen Gemeinschaften (1999) Nr. L 339 vom 30.12.1999.

Europäisches Parlament (2000a), Bericht über die Ergebnisse der Konzertierung über die gemeinsame Ausrichtung des Rates im Hinblick auf die Annahme eines Beschlusses über das System der Eigenmittel der Europäischen Union (7439/2000 – C5-0388/2000 – 1999/0139(CNS)), Haushaltsausschuss, A5-0224/2000.

Europäisches Parlament (2000b), Endgültige Feststellung des Gesamthaushaltsplans der Europäischen Union für das Haushaltsjahr 2000, in: Amtsblatt der Europäischen Gemeinschaften (2000) Nr. L ?? vom 14.02.2000.

Europäisches Parlament (2001), Endgültige Feststellung des Gesamthaushaltsplans der Europäischen Union für das Haushaltsjahr 2001 (2001/110/EG, EGKS, Euratom), in: Amtsblatt der EG (2001), Nr. L 56 vom 26. Februar 2001, S. 1–1778.

Europäisches Parlament, Rat, Kommission (1999), Interinstitutionelle Vereinbarung vom 6. Mai 1999 zwischen dem Europäischen Parlament, dem Rat und der Kommission über die Haushaltsdisziplin und die Verbesserung des Haushaltsverfahrens, in: Amtsblatt der EG (1999), Nr. C 172 vom 18. Juni 1999, S. 1–22.

Europäische Zentralbank (2000), Das Eurosystem und die EU-Erweiterung, in: Monatsbericht Februar 2000, S. 41–54.

European Commission (2004), The EU Economy: 2003 Review, European Economy Vol. 6/2003, Brüssel, Luxemburg.

Eurostat (2001), Pressemitteilung Nr. 22/2001, Regionales BIP pro Kopf in der EU im Jahr 1998: Das höchste BIP pro Kopf ist sechs mal so hoch wie das niedrigste, Luxemburg: Eurostat.

Feige, Edgar L. (1979), How Big Is the Irregular Economy, in: Challenge, Vol. 22, No. 5, S. 5–13.

Feige, Edgar L. (1989), The meaning and measurement of the underground economy, in: Feige, Edgar L. (Hrsg.), The underground economies:

Tax evasion and information distortion, Cambridge: Cambridge University Press, S. 13–56.

Feige, Edgar L. (1994), The Underground Economy and the Currency Enigma, in: Supplements to Public Finance/ Finances Publiques, Vol. 49, S. 119–136.

Feige, Edgar L. (1996), Overseas Holdings of U.S. Currency and the Underground Economy, in: Pozo, Susan (Hrsg.), Exploring the Underground Economy: Studies of Illegal and Unreported Activity, Kalamazoo: W.E. Upjohn Institute for Employment Research, S. 5–62.

Feld, Lars P. (2000), Fiskalischer Wettbewerb und Einkommensumverteilung, in: Perspektiven der Wirtschaftspolitik, Vol. 1 (2), S. 181–198.

Feld, Lars P.; Kirchgässner, Gebhard (1996), Omne Agens Agendo Perficitur: The Economic Meaning of Subsidiarity, in: Holzmann, Robert (Hrsg.), Maastricht: Monetary Constitution Without a Fiscal Constitution? Baden-Baden: Nomos Verlagsgesellschaft, S. 195–226.

Feld, Lars P.; Kirchgässner, Gebhard (1998), Fiskalischer Föderalismus, in: WiSt Heft 2, S. 65–70.

Feld, Lars P.; Schneider, Friedrich (2000), State and Local Taxation, erscheint in: Ashenfelter, Orley (Hrsg.), International Encyclopedia of Social and Behavioral Science, Band 12 Economics, Amsterdam: Elsevier Science Publishing Company.

Folkers, Cay (1995), Welches Finanzausgleichssystem braucht Europa?, in: Karl, Helmut; Henrichsmeyer, Wilhelm (Hrsg.) (1995), Regionalentwicklung im Prozess der Europäischen Integration, Institut für Europäische Integrationsforschung, Bonn: Europa Union Verlag, S. 87–108.

Fox, William F.; Murray, Matthew N. (1997), Intergovernmental Aspects of Growth and Stabilization Policy, in: Fisher, Ronald C. (Hrsg.), Intergovernmental Fiscal Relations, Boston u.a.O.: Kluwer, S. 241–287.

Francke, Hans-Hermann (1998), Europäische Währungsunion mit europäischem Finanzausgleichsystem und europäischer Sozialpolitik? in: Beihefte zu Kredit und Kapital, Heft 14, Berlin: Duncker & Humblot, S. 181–198.

Frenkel, Michael; John, Klaus Dieter (1999), Volkswirtschaftliche Gesamtrechnung, 4. Aufl., München: Vahlen.

Frey, Bruno S. (1984), Schattenwirtschaft und Wirtschaftspolitik, in: Kredit und Kapital, 17. Jg., S. 102–119.

Frey, Bruno S. (1997), Ein neuer Föderalismus für Europa: Die Idee der FOCJ, Beiträge zur Ordnungstheorie und Ordnungspolitik 151, Tübingen: Mohr Siebeck.

Frey, Bruno S.; Eichenberger, Reiner (1995), Competition among Jurisdictions: The Idea of FOCJ, in: Gerken, Lüder (Hrsg.), Competition among Institutions, London: Macmillan, S. 209–229.

Frey, Bruno S.; Eichenberger, Reiner (1996), FOCJ: Competitive Governments for Europe, in: Inernational Review of Law and Economics, Vol. 16 (3), S. 315–327.

Frey, Bruno S.; Kirchgässner, Gebhard (1994), Demokratische Wirtschaftspolitik: Theorie und Anwendung, 2. Aufl., München: Vahlen.

Frey, Bruno S.; Pommerehne, Werner W. (1982), Measuring the Hidden Economy: Though This Be Madness, There Is Method in It, in: Tanzi, Vito (Hrsg.), The Underground Economy in the United States and Abroad, Lexington: D.C. Heath, S. 3–27.

Frey, Bruno S.; Pommerehne, Werner W. (1983), Quantitative Erfassung der Schattenwirtschaft: Methoden und Ergebnisse, in: Hansmeyer, Karl-Heinrich (Hrsg.), Staatsfinanzierung im Wandel, Berlin: Duncker & Humblot, S. 265–307.

Frey, Bruno S.; Pommerehne, Werner W. (1984), The Hidden Economy: State and Prospects for Measurement, in: The Review of Income and Wealth, Vol. 30, S. 1–23.

Frey, Bruno S.; Schneider, Friedrich (2000), Informal and Underground Economy, in: Ashenfelter, Orley (Hrsg.), International Encyclopedia of Social and Behavioral Science, Band 12, Economics, Amsterdam: Elsevier.

Freytag, Andreas (1996), Gemeinsame Handelspolitik: Die Rolle der EU in der WTO, in: Streit, Manfred E.; Voigt, Stefan (Hrsg.), Europa reformieren – Ökonomen und Juristen zur zukünftigen Verfasstheit Europas, Baden-Baden: Nomos Verlagsgesellschaft, S. 258–268.

Friedman, Milton (1953), Choice, Chance and the Personal Distribution of Income, in: Journal of Political Economy, Vol. 61, S. 277–290.

Friedman, Milton (1957), A Theory of the Consumption Function, Princeton: Princeton University Press.

Friedmann, Bernhard (1996a), Die Effizienz des Finanzausgleichs der Europäischen Union, in: Friedmann, Bernhard (Hrsg.), Evaluierungsansätze zu ausgewählten Politikbereichen der Europäischen Union, Bonn: Europa Union Verlag, S. 7–38.

Fugmann, Friedrich (1992), Die rechtliche Struktur der Finanzverfassung der Europäischen Gemeinschaften - zugleich eine kritische Studie der Möglichkeiten der Reform der EG-Finanzverfassung, Sindelfingen: Libertas Verlag.

Fullerton, Don; Metcalf, Gilbert E. (2001), Tax Incidence, Discussion Paper 2001 – 06, Tufts University, Medford.

Fullerton, Don.; Rogers, Diane Lim (1993), Who Bears the Lifetime Tax Burden?, Washington: The Brookings Institution.

Fullerton, Don; Rogers, Diane Lim (1995), Distributional Effects on a Lifetime Basis, in: Bradford, David F. (Hrsg.), Distributional Analysis of Tax Policy, Washington, D.C.: AEI Press, S. 262–294.

Gandenberger, Otto (1988), Was kann die Staatsverschuldung in der Zukunft leisten? – Pessimistische Neubewertung eines wirtschaftspolitischen Instruments, in: Zimmermann; Horst (Hrsg.), Die Zukunft der Staatsfinanzierung, Stutgart: Wissenschaftliche Verlagsgesellschaft, S. 173–183.

Genser, Bernd (1997), Auf der Suche nach einer föderativen Finanzverfassung für Europa, in: Vosgerau, Hans-Jürgen (Hrsg.), Zentrum und Peripherie – Zur Entwicklung der Arbeitsteilung in Europa, zugleich Beiheft 5 der Zeitschrift für Wirtschafts- und Sozialwissenschaften, Berlin: Duncker & Humblot, S. 101–127.

Gerken, Lüder (1999), Von Freiheit und Freihandel: Grundzüge einer ordoliberalen Außenwirtschaftstheorie, Tübingen: J.C.B. Mohr.

Gerloff, Wilhelm (1956), Steuerwirtschaftslehre, in: Handbuch der Finanzwissenschaft, Band 2, 2. Aufl., Tübingen, S. 239–325.

Gesmann-Nuissl, Dagmar (1999), Die Verschuldungsbefugnis der Europäischen Union, Frankfurt a. M. u. a. O.: Lang.

Gordon, Roger H. (1983), An optimal taxation approach to fiscal federalism, in: Quarterly Journal of Economics, Vol. 98, S. 567–586.

Graf, Rainer (1999), Die Finanzkontrolle der Europäischen Gemeinschaft, Baden-Baden: Nomos Verlagsgesellschaft.

Gramlich, Edward M. (1987a), Federalism and Federal Deficit Reduction, in: National Tax Journal, Vol. 40, S. 299–313.

Gramlich, Edward M. (1987b), Subnational Fiscal Policy, in: Perspectives on Local Public Finance and Public Policy, Vol. 3, S. 3–27.

Gretschmann, Klaus; Flüchter, Stefan und Heike Spaderna (1998), Eigenmittelreform und Nettopositionen des EU-Haushaltes, Europäisches Parlament, Generaldirektion Wissenschaft, Arbeitsdokument, Serie Haushalt-100, PE 228.586, Luxemburg.

Groenewegen, Peter (1990), Taxation and Decentralization: A Reconsideration of the Costs and Benefits of a Decentralized Tax System, in: Bennett, Robert J. (Hrsg.), Decentralization, Local Governments, and Markets: Towards a Post-Welfare Agenda, Oxford: Clarendon Press, S. 87–115.

Grossekettler, Heinz (1992), Der Budgetierungsprozeß in der EG: Analyse und Kritik aus ökonomischer Sicht, in: Hansmeyer, Karl-Heinrich (Hrsg.), Ausgewählte Probleme der EG-Finanzen, Berlin: Ducker & Humblot, S. 183–255.

Grossman, Philip J. (1989), Federalism and the Size of Government, in: Southern Economic Journal, Vol. 55, Nr. 3, S. 580–593.

Guth, Eckart (2000), Der Haushalt der Union: Bilanz und Perspektiven, in: Caesar, Rolf; Scharrer, Hans-Eckart (Hrsg.), Die Zukunft Europas im Lichte der Agenda 2000, Baden-Baden: Nomos-Verlagsgesellschaft, S. 69–89.

Gutmann, Peter M. (1977), The Subterranean Economy, in: Financial Analysts Journal, Vol. 34, S. 26–27, 34.

Häde, Ulrich (1996), Finanzausgleich: Die Verteilung der Aufgaben, Ausgaben und Einnahmen im Recht der Bundesrepublik Deutschland und der Europäischen Union, Tübingen: J.C.B. Mohr.

Härtel, Hans-Hagen (1994), Das Bruttoinlandsprodukt – Maßstab für die wirtschaftliche Aktivität oder den Wohlstand?, in: Grohmann, Heinz (Hrsg.), Indikatoren der Wirtschaftsentwicklung: Zum verantwortungsvollen Umgang mit der Statistik, Göttingen: Vandenhoeck & Ruprecht, S. 19–34.

Hagen, Jürgen von (1997), Internationale Wirtschaftsbeziehungen, in: Hagen, Jürgen von; Welfens, Paul J.J. und Axel Börsch-Supan (Hrsg.). Springers Handbuch der Volkswirtschaftslehre 2: Wirtschaftspolitik und Weltwirtschaft, Berlin u.a.O.: Springer, S. 235–280.

Haller, Heinz (1972), Finanzpolitik: Grundlagen und Hauptprobleme, 5. Aufl., Tübingen: J.C.B. Mohr.

Haller, Heinz (1980), Rationale Steuersysteme und Bestimmungsgründe empirischer Steuerverfassungen, in: Handbuch der Finanzwissenschaft, Band II, 3. Aufl., Tübingen, S. 174–201.

Hamer, Günter (1970), Genauigkeitskontrollen bei der Aufstellung Volkswirtschaftlicher Gesamtrechnungen, in: Allgemeines Statistisches Archiv, Band 54, S. 76–91.

Haslinger, Franz (1995), Volkswirtschaftliche Gesamtrechnung, 7. Aufl., München, Wien: Oldenbourg.

Hathaway, Dale E.; Ingco, Merlinda D. (1996), Agricultural liberalization and the Uruguay Round, in: Martin, Will; Winters, L. Alan (Hrsg.), The Uruguay Round and the developing countries, Cambridge: Cambridge University Press, S. 30–58.

Haug, Jutta (2001), More Fairness, Democracy and Transparency!, in: Intereconomics, Vol. 35, Heft 5, S. 226–228.

Hauser, Heinz; Schanz, Kai-Uwe (1995), Das neue GATT: die Welthandelsordnung nach Abschluß der Uruguay-Runde, 2. Aufl., München, Wien: Oldenbourg.

Hauser, Siegfried; Lörcher, Siegfried (1973), „Lebensstandard“ und „Sozialprodukt“: Ein Vergleich BRD – Japan, in: Konjunkturpolitik, 19. Jg., S. 81–116.

Hayek, Friedrich August von (1968), Der Wettbewerb als Entdeckungsverfahren, Kieler Vorträge, NF 56, wiederabgedruckt in: Hayek, Friedrich August von (1969), Freiburger Studien, J.C.B. Mohr, S. 249–265.

Heckel, Katharina (1998), Der Föderalismus als Prinzip überstaatlicher Gemeinschaftsbildung, Duncker & Humblot, Berlin.

Heinemann, Friedrich (1995), Die Finanzverfassung und Kompetenzausstattung der Europäischen Union nach Maastricht: Eine finanzwissenschaftliche Soll-Ist-Analyse, Baden-Baden: Nomos-Verlagsgesellschaft.

Heinemann, Friedrich (1996), Die ökonomische Föderalismustheorie und ihre Botschaft für die Kompetenzaufteilung im Mehrebenensystem der Europäischen Union, in: König, Thomas, Rieger, Elmar und Hermann Schmitt (Hrsg.), Das Europäische Mehrebenensystem, Mannheimer Jahrbuch für Europäische Sozialforschung, Band 1, Frankfurt u.a.O: Campus Verlag.

Heinemann, Friedrich (1999), Die Reformperspektive der EU-Finanzverfassung nach den Beschlüssen zur Agenda 2000, ZEW Discussion Paper No. 99–49, Mannheim.

Hemming, Richard; Spahn, Paul Bernd (1997), European integration and the theory of fiscal federalism, in: Blejer, Mario I.; Ter-Minassian, Teresa (Hrsg.), Macroeconomic dimensions of public finance: Essays in honour of Vito Tanzi, London: Routledge, S. 110–128.

Henke, Klaus-Dirk (1988), Sozialproduktsteuer, in: Wirtschaftswissenschaftliches Studium (WiSt), Heft 3/1988, S. 140–142.

Henke, Klaus-Dirk (1997), Die Finanzierung der EU, in: Wirtschaftsdienst 1997/I, S. 45–49.

Henke, Klaus-Dirk; Perschau, Oliver D. (1999), Zum Föderalismus im zusammenwachsenden Europa: Aspekte einer europäischen Sozial- und Finanzverfassung, Mimeo, erscheint in: Morath, Konrad (Hrsg.) (1999), Reform des Föderalismus, Bad Homburg.

Henze, Arno (2000), Die Reform der Gemeinsamen Agrarpolitik, in: Caesar, Rolf; Scharrer, Hans-Eckart (Hrsg.), Die Zukunft Europas im Lichte der Agenda 2000, Baden-Baden: Nomos-Verlagsgesellschaft, S. 171–190.

Hertel, Thomas W. (2000), Potential Gains from Reducing Trade Barriers in Manufacturing, Services and Agriculture, in: Federal Reserve Bank of St. Louis Review, Vol. 82, Nr. 4, Multilateral Trade Negotiations: Issues for the Millennium Round, S. 77–99.

Heston, Alan; Summers, Robert (1996), International Price and Quantity Comparisons: Potentials and Pitfalls, in: American Economic Review, Vol. 86, No. 2, Papers and Proceedings, S. 20–24.

Herz, Dietmar (Hrsg.) (2000), Die Europäische Union: Politik, Recht, Wirtschaft, Frankfurt a. M.: Fischer.

Hirschman, Albert O. (1970), Exit, Voice, and Loyalty: Responses to Decline in Firms, Organizations, and States, Cambridge, Mass.: Harvard University Press.

Hodrick, Robert J.; Prescott, Edward C. (1997), Postwar U.S. Business Cycles: An Empirical Investigation, in: Journal of Money, Credit, and Banking, Vol. 29, Nr. 1, S. 1–16.

Hofreither, Markus F.; Schneider, Friedrich (1987), Die Erfassung der Schattenwirtschaft durch den Bargeldansatz: Plausible Ergebnisse mittels unzulässiger Methode?, in: Wirtschaftspolitische Blätter, 34. Jahrgang, S. 99–118.

Homburg, Stefan (1997), Ursachen und Wirkungen eines zwischenstaatlichen Finanzausgleichs, in: Oberhauser, Alois (Hrsg.), Fiskalföderalismus in Europa, Berlin: Duncker & Humblot, S. 61–95

Inman, Robert P.; Rubinfeld, Daniel L. (1996), Designing tax policy in federalist economies: An overview, in: Journal of Public Economics, Vol. 60, S. 307–334.

Issing, Ottmar (1991), Deutsche Zahlungen an das Ausland: Die öffentlichen Übertragungen der Bundesrepublik Deutschland, insbesondere die Netto-Beiträge an die EG, als Problem der Wirtschaftspolitik, Berlin: Duncker & Humblot.

Johnson, Harry G. (1953/54), Optimal Tariffs and Retaliation, in: Review of Economic Studies, Vol. 21, S. 142–153.

Josling, Timothy (2000), The Agricultural Negotiations: An Overflowing Agenda, in: Federal Reserve Bank of St. Louis, Vol. 82, Nr. 2, Multilateral Trade Negotiations: Issues for the Millennium Round, S. 53–71.

Juster, Thomas J. (1973), A Framework for the Measurement of Economic and Social Performance, in: Moss, Milton (Hrsg.), The Measurement of Economic and Social Performance, New York: National Bureau of Economic Research, S. 25–109.

Kaltefleiter, Viola (1995), Die Entwicklungshilfe der Europäischen Union: Rechtfertigung, Effizienz und politische Ökonomie staatlicher Entwicklungshilfe, Heidelberg: Physica-Verlag.

Kaplow, Louis; Shavell, Steven (1999), Economic Analysis of Law, NBER Working Paper No. 6960, Cambridge, Mass.

Karmann, Alexander J. (1986), Monetäre Schätzansätze zur Erfassung der Schattenwirtschaft: Ein Vergleich verschiedener Meßmethoden, in: Kredit und Kapital, 19. Jahrgang, S. 233–247.

Keen, Michael (1998), Vertical Tax Externalities in the Theory of Fiscal Federalism, in: IMF Staff Papers, Vol. 45, No. 3, S. 454–485.

Keller, Theo (1970), Alte Budgetgrundsätze und neue Finanzpolitik, in: Haller, Heinz et al. (Hrsg.), Theorie und Praxis des finanzpolitischen Interventionismus, Tübingen: J.C.B. Mohr, S. 369–384.

Kendrick, John W. (Hrsg.) (1996), The New System of National Accounts, Boston u.a.O.: Kluwer Academic Publishers.

Kennan, John; Riezman, Raymond (1988), Do Big Countries Win Tariff Wars?, in: International Economic Review, Vol. 29, S. 81–85.

Kenyon, Daphne A. (1997), Tax Policy in an Intergovernmental Setting: Is it time for the U.S. to Change?, in: Fisher, Ronald C. (Hrsg.), Intergovernmental Fiscal Relations, Boston u.a.O., S. 60–97.

King, David (1997), Intergovernmental Fiscal Relations: Concepts and Models, in: Fisher, Ronald C. (Hrsg.), Intergovernmental fiscal relations, Boston u.a.O., S. 19–59.

Kirchgässner, Gebhard (1984), Verfahren zur Erfassung des in der Schattenwirtschaft erarbeiteten Sozialprodukts, in: Allgemeines Statistisches Archiv, Vol. 68, S. 378–405.

Kirchgässner, Gebhard (1994), Constitutional Economics and Its Relevance for the Evolution of Rules, in: Kyklos, Vol. 47, S. 321–339.

Kirchgässner, Gebhard; Pommerehne, Werner W. (1996), Tax harmonization and tax competition in the European Union: Lessons from Switzerland, in: Journal of Public Economics, Vol. 60, S. 351–371.

Kirsch, Guy (1997), Neue Politische Ökonomie, 4. Aufl., Düsseldorf: Werner Verlag.

Kitterer, Wolfgang (1986), Sind Steuern und Staatsverschuldung äquivalente Instrumente zur Finanzierung der Staatsausgaben, in: Kredit und Kapital, Band 19 (2), S. 271–291.

Klovland, Jan Tore (1984), Tax Evasion and the Demand for Currency in Norway and Sweden. Is There a Hidden Relationship, in: Scandinavian Journal of Economics, Vol. 86(4), S. 423–439.

Koester, Ulrich (1996), Gemeinsame Agrarmarktordnungen der EU, in: Ohr, Renate (Hrsg.), Europäische Integration, Stuttgart u.a.O.: Kohlhammer, S. 141–172.

Koester, Ulrich (1999), Agenda 2000: Ausreichende Weichenstellung für die Agrarpolitik, in: Wirtschaftsdienst X/1999, 79. Jg, S. 605–610.

Kolmar, Martin (1999), Optimale Ansiedlung sozialpolitischer Entscheidungskompetenzen in der Europäischen Union: eine theoretische Untersuchung, Tübingen: J.B.C. Mohr.

Kraff, Manfred (1997), Der Finanzausgleich in der Europäischen Union: Theorie, Praxis und Perspektiven, Bonn: Europa Union Verlag.

Krug, Walter (1995), Der EKS-Index zur Berechnung der Kaufkraftparitäten der EU-Länder, in: Rinne, Horst; Rüger, Bernhard, Strecker, Heinrich (Hrsg.), Grundlagen der Statistik und ihre Anwendungen, Heidelberg: Physica, S. 285–294.

Kuhlmann, Joost M. J. (1993), Community loan and loan-related instruments, in: European Economy, Reports and Studies No. 5, The Economics of Community Public Finance, S. 585–606, Luxemburg: Amt für amtliche Veröffentlichungen.

Kuznets, Simon (1941), National Income and Its Composition, 1919–1938, Vol. I and II, New York: National Bureau of Economic Research.

Laffan, Brigid (1997), The Finances of the European Union, Houndmills, Basingstoke: MacMillan Press Ltd.

Landfried, Christine (1999), Die Krise der Europäischen Union: Ein Plädoyer für rasche und weitreichende Reformen der Europäischen Union, in: Wirtschaftsdienst, 79. Jahrgang, Heft 5, S. 278–283.

Langes, Horst (1992), Die öffentlichen Finanzen der Europäischen Gemeinschaft in der Zeit bis 1997 – Das Delors-II-Paket, in: Europa als Auftrag, Schriftenreihe der EVP-Fraktion im Europäischen Parlament und der CDU/CSU-Faktion in Deutschen Bundestag, Heft 5, S. 1–29.

Langfeldt, Enno (1984), Die Schattenwirtschaft in der Bundesrepublik Deutschland, Kieler Studien 191, Tübingen: J.C.B. Mohr.

Laufer, Heinz; Fischer, Thomas (1996), Föderalismus als Strukturprinzip für die Europäische Union, Gütersloh: Verlag Bertelsmann Stiftung.

Leschke, Martin (1996), Zur institutionellen Ausgestaltung der Europäischen Union, in: Streit, Manfred E.; Voigt, Stefan (Hrsg.) Europa reformieren: Ökonomen und Juristen zur zukünftigen Verfaßtheit Europas, Baden-Baden: Nomos, S. 100–112.

Lippe, Peter von der (1996a), Statistische Wohlfahrtsindikatoren – Die Messung des Lebensstandards, in: Statistisches Bundesamt (Hrsg.), Wohlfahrtsmessung – Aufgabe der Statistik im gesellschaftlichen Wandel, Beiträge zum wissenschaftlichen Kolloquium am 16./17. November 1995 in Wiesbaden, Stuttgart: Metzler-Poeschel, S. 39–72.

Lippe, Peter von der (1996b), Wirtschaftsstatistik: Amtliche Statistik und volkswirtschaftliche Gesamtrechnungen, 5. Aufl., Stuttgart: Lucius und Lucius.

Lützel, Heinrich (1982), Schattenwirtschaft und Volkswirtschaftliche Gesamtrechnungen, in: Allgemeines Statistisches Archiv, 66. Band, S. 289–291.

Lützel, Heinrich (1993), Revidiertes System Volkswirtschaftlicher Gesamtrechnungen, in: Wirtschaft und Statistik 10/1993, S. 711–722.

Lützel, Heinrich (1994), Anmerkungen zur Revision des Systems Volkswirtschaftlicher Gesamtrechnungen, in: Merk, Hans Günther; Bürgin, Gerhard u.a. (Hrsg.), Statistik 2000 - Zukunftsaufgaben der amtlichen Statistik, Band 27 der Schriftenreihe Forum der Bundesstatistik, Stuttgart: Metzler-Poeschel, S. 99–113.

Macafee, Kerrick (1980), A glimpse of the hidden economy in the national accounts, in: Economic Trends, Vol. 316 (February), S. 81–87.

Maennig, Wolfgang; Wilfling, Bernd (1998), Außenwirtschaft: Theorie und Politik, München: Vahlen

Malchow, Jeanette (1992), Die Zuordnung verteilungspolitischer Kompetenzen in der Europäischen Gemeinschaft, Frankfurt am Main u.a.O.: Peter Lang Verlag.

Mamalakis, Markos J. (1996), Misuse and Use of National Accounts as a Welfare Indicator: Selected Analytical and Measurements Issues, in: Review of Income and Wealth, Series 42, Nr. 3, S. 293–320.

Mathews, Russell (1983), Tax effectiveness and tax equity in federal countries, in: McLure jr., Charles E. (Hrsg.), Tax assignment in federal countries, Centre for Research on Federal Financial Relations, Canberra: Australian National University Press, S. 70–86.

Maurer, Eva-Maria (1999), Die Entwicklungspolitik der Europäischen Union für Lateinamerika: Eine Analyse der Institutionen und Instrumente, Tübingen.

May, Bernhard (1985), Kosten und Nutzen der deutschen EG-Mitgliedschaft, 2. Aufl., Bonn: Europa-Union Verlag.

Mayer, Helmut (1994), Kaufkraftparitäten, in: Brümmerhoff, Dieter; Lützel, Heinrich (Hrsg.), Lexikon der Volkswirtschaftlichen Gesamtrechnungen, München, Wien: Oldenbourg, S. 216–218.

McGuire, Therese J. (1997), Intergovernmental Fiscal Relations and Social Welfare Policy, in: Fisher, Ronald C. (Hrsg.), Intergovernmental Fiscal Relations, Boston u.a.O.: Kluwer, S. 173–198.

McLure, Charles E. (1986), Tax competition: Is what's good for the private goose also good for the public gander? in: National Tax Journal, Vol. 39, S. 341–348.

Menck, Karl Wolfgang (1996), Wie arm oder reich sind die Entwicklungsländer? In: Rissener Rundbrief, 12.Dez. – 01. Jan, 1997, S. 95–100.

Mennel, Annemarie; Förster, Jutta (2004/1980), (Hrsg.), Steuern in Europa, Amerika und Asien, Loseblatt-Ausgabe, Herne, Berlin: Verlag Neue Wirtschafts-Briefe.

Messal, Rüdiger (1988), Das neue Finanzierungssystem der Europäischen Gemeinschaft, in: Wirtschaftsdienst 1988/IV, S. 210–217.

Messal, Rüdiger (1989), EG-Finanzierung und Lastenverteilung: Die Reform des EG-Finanzierungssystems 1988, Schriftenreihe des Bundesministeriums der Finanzen, Heft 42, Bonn: Stollfuss Verlag.

Messal, Rüdiger (1991), Das Eigenmittelsystem der Europäischen Gemeinschaft, Baden-Baden: Nomos Verlagsgesellschaft.

Messal, Rüdiger; Klein, Armin (1993), Finanzlasten und Eigenmittelstruktur der Europäischen Gemeinschaft, in: Wirtschaftsdienst, Heft 1993/VII, S. 375–383.

Metcalf, Gilbert E. (1994), Life cycle versus annual perspectives on the incidence of a value added tax, in: Poterba, James M. (Hrsg.), Tax policy and the economy, Vol. 8, Cambridge, Mass.: MIT Press, S. 45–64.

Metcalf, Gilbert E. (1996), The Role of a Value-Added Tax in Fundamental Tax Reform, in: Boskin, Michael J. (Hrsg.), Frontiers of Tax Reform, Stanford: Hoover Institutions Press, S. 91–109.

Metcalf, Gilbert E. (1997), Measuring the Incidence of a National Retail Sales Tax, mimeo., Tufts University, Medford.

Meyer, Steffen (2000), Zwischenstaatliche Finanzzuweisungen im zusammenwachsenden Europa: zur Gestaltung eines Finanzausgleichs für die Europäische Union, Frankfurt a. M. u.a.O.: Lang.

Michaelis, Jochen (1997), Schockverarbeitung durch nationale Fiskalpolitiken – Effizienz nationaler Instrumente in einer Wirtschafts- und Währungsunion, in: Mayer, Otto G.; Scharrer, Hans-Eckart (Hrsg.), Schocks und Schockverarbeitung in der Europäischen Währungsunion, Baden-Baden: Nomos, S. 159–187.

Mieszkowski, Peter (1983), Energy policy, taxation of natural resources, and fiscal federalism, in: McLure jr., Charles E. (Hrsg.), Tax assignment in federal countries, Centre for Research on Federal Financial Relations, Canberra: Australian National University Press, S. 129–145.

Moore, Waltraud (1993), Das Statistische Programm der Europäischen Gemeinschaften für 1993 bis 1997 – Statistik für die Europäische Union, in: Wirtschaft und Statistik, Heft 11/1993, S. 799–805.

Mueller, Dennis C. (1989), Public Choice II, Cambridge: Cambridge University Press.

Mueller, Dennis C. (Hrsg.) (1997), Perspectives on Public Choice: A Handbook, Cambridge: Cambridge University Press.

Müller-Graff, Peter-Christian (Hrsg.) (1996), Europäische Zusammenarbeit in den Bereichen Justiz und Inneres: Der dritte Pfeiler der Europäischen Union, Baden-Baden: Nomos Verlagsgesellschaft.

Münch, Rainer (1987), Die Kumulation offener und versteckter Verbindlichkeiten im EG-Haushalt, in: Wirtschaftsdienst II/1987, 67. Jahrgang, S. 97–101.

Münch, Rainer, (1989), Die Verschuldungstätigkeit der Europäischen Gemeinschaften, Frankfurt a. M. u.a.O.: Lang.

Musgrave, Richard. A. (1959), The Theory of Public Finance: A Study in Public Economy, New York u. a. O.: McGraw-Hill.

Musgrave, Richard E. (1983), Who should tax, where, and what?, in: McLure jr., Charles E. (Hrsg.), Tax assignment in federal countries, Centre for Research on Federal Financial Relations, Canberra: Australian National University Press, S. 2–19.

Musgrave, Richard A. (1999), Fiscal Federalism, in: Buchanan, James M; Musgrave, Richard A. (1999), Public Finance and Public Choice: Two

Contrasting Visions of the State, Cambridge, Mass.: MIT Press, S. 155–175.

Musgrave, Richard A.; Musgrave, Peggy B. (1973) Public finance in theory and practice, New York u.a. O.

Mutén, Leif (2001), The Case for an EU Tax is Not Convincing, in: Intereconomics, Vol. 35, Heft 5, S. 228–230.

Nell-Breuning, Oswald von (1985), Gerechtigkeit und Freiheit: Grundzüge katholischer Soziallehre, 2. Aufl., München: Olzog.

Netzer, Dick (1974), State-Local Finance and Intergovernmental Fiscal Relations, in: Brookings Institution (Hrsg.), The Economics of Public Finance, Washington D.C., S. 361–421.

Neubauer, Werner (1993), Qualität statistischer Daten – Zur Diskussion um einen Kriterienkatalog, in: Chlumsky, Jürgen; Wiegert, Rolf (Hrsg.), Qualität statistischer Daten: Beiträge zum wissenschaftlichen Kolloquium am 12./13. November 1992 in Wiesbaden, Stuttgart: Metzler-Poeschel, S. 12–25.

Neumark, Fritz (1952), Theorie und Praxis der Budgetgestaltung, in: Gerloff, Wilhelm; Neumark, Fritz (Hrsg.), Handbuch der Finanzwissenschaft, Band 1, 2. Aufl., Tübingen: J.C.B Mohr, S. 554–605.

Neumark, Fritz (1970), Grundsätze gerechter und ökonomisch rationaler Steuerpolitik, Tübingen: J.C.B. Mohr.

Nicolaysen, Gert (1999), Die Krise der Europäischen Union: Die Kommission in der Krise, in: Wirtschaftsdienst, 79. Jahrgang, Heft 5, S. 283–286.

Nienhaus, Volker (1993), Der Haushalt der Europäischen Gemeinschaften, in: Aus Politik und Zeitgeschichte, Band 18, S. 28–38.

Nittka, Ulrich (1979), Das Finanzierungssystem der Europäischen Gemeinschaften, Beiträge zur Struktur- und Konjunkturforschung, Band XI, Bochum: Studienverlag Brockmeyer.

Nottelmann, Angela (1982), Der Haushalt der Europäischen Gemeinschaften: Probleme und Reformvorstellungen, Hamburg: Verlag Weltarchiv.

Nowotny, Ewald (1997), Zur regionalen Dimension der Finanzverfassung der EU – gegenwärtiger Stand und Perspektiven, in: Oberhauser, Alois (Hrsg.), Fiskalföderalismus in Europa, Berlin: Duncker & Humblot, S. 97–145.

Norregaard, John (1997), Tax Assignment, in: Ter-Minassian, Teresa (Hrsg.), Fiscal Federalism in Theory and Practice, Washington: International Monetary Fund, S. 49–72.

Nordhaus, William D.; Tobin, James (1972), Is Growth Obsolete? in: Economic Growth, Fiftieth Anniversary Colloquium V, National Bureau of Economic Research, General series 96, New York: Columbia University Press, S. 1–80.

Nordhaus, William D.; Tobin, James (1973), Is Growth Obsolete? in: Moss, Milton (Hrsg.), The Measurement of Economic and Social Performance, New York: National Bureau of Economic Research, S. 509–564.

Oates, Wallace E. (1972), Fiscal Federalism, New York: Harcourt

Oates, Wallace E. (1977), An Economist's Perspective on Fiscal Federalism, in: Oates, Wallace E. (Hrsg.), The Political Economy of Fiscal Federalism, Lexington, Mass.: Heath-Lexington, S. 3–20.

Oates, Wallace E. (1985), Searching for Leviathan: an Empirical Study, in: American Economic Review, Vol. 75, S. 748–757.

Oates, Wallace E. (1989) Searching for Leviathan: a Reply and Some Further Reflections, in: American Economic Review, Vol. 79, S. 578–583.

Oates, Wallace E. (1990a), Fiscal Federalism: An Overview, in: Prud'homme, Rémy (Hrsg.), Public Finance with Several Levels of Government, Proceedings of the 46th Congress of the International Institute of Public Finance, Brüssel, S. 1–18.

Oates, Wallace E. (1990b), Decentralization of the Public Sector: An Overview, in: Bennett, R. (Hrsg.), Decentralization, Local Governments, and Markets, Oxford: Oxford University Press, S. 43–58.

Oates, Wallace E. (1994), Federalism and Government Finance, in: Quigley, John M.; Smolensky, Eugene (Hrsg.), Modern Public Finance, Cambridge, Mass.: Harvard University Press, S. 126–151.

Oates, Wallace E. (1999), An Essay on Fiscal Federalism, in: Journal of Economic Literature, Vol. 37, S. 1120–1149.

OECD (1982), The OECD List of Social Indicators, Paris.

OECD (1986), Living Conditions in OECD Countries: A Compendium of Social Indicators, OECD Social Policy Studies No. 3, Paris.

OECD (Hrsg.) (1994), The New World Trading System: Readings, Paris.

OECD (1999), Post-Uruguay Round Tariff Regimes: Achievements and Outlook, Paris.

Olson, Mancur (1965), The logic of collective action: Public goods and the theory of groups, Cambridge, Mass.: Harvard University Press.

Olson, Mancur (1969), The Principle of ‚Fiscal Equivalence': The Division of Responsibilities among different Levels of Government, in: American Economic Review, Papers and Proceedings, Vol. 59, S. 479–487.

Olson, Mancur; Zeckhauser, Richard (1966), An Economic Theory of Alliances, in: Journal of Economics and Statistics, Vol. 48, S. 266–279.

Oppermann, Thomas (1999), Europarecht, 2. Aufl., München: Beck.

Ott, Günter (1982), Das Haushaltsverfahren in den Europäischen Gemeinschaften, in: Wirtschaftswissenschaftliches Studium (WiSt), 11. Jg. Heft 8, S. 364–369.

Ott, Günter (1984), Zur Diskussion um „Zahlmeister" und „Nutznießer" der Europäischen Gemeinschaften, in: Walter A. S. Koch; Hans-Georg Petersen (Hrsg.), Staat, Steuern und Finanzausgleich: Probleme nationaler und internationaler Finanzwirtschaften im zeitlichen Wandel, Berlin, S. 333–352.

Padoa-Schioppa, Tommaso et al. (1987), Efficiency, Stability, and Equity: A Strategy for the Evolution of the Economic System of the European Community, Oxford: Oxford University Press.

Papst Pius XI. (1931), Quadragesimo anno, 15.5.1931, Acta Apostolicae Sedis 23, S. 177–228, wiederabgedruckt u.a. in: Bundesverband der Katholischen Arbeitnehmer-Bewegung Deutschlands (Hrsg.) (1992), Texte zur katholischen Soziallehre, 8. Aufl., Bornheim: Ketteler u.a., S. 61–120

Pauly, Mark V. (1973), Income Redistribution as a Local Public Good, in: Journal of Public Economics, Vol. 2, S. 35–58.

Pauly, Mark V. (1974), Overinsurance and public provision of insurance: The roles of moral hazard and adverse selection, in: Quarterly Journal of Economics, Vol. 88, S. 44–62.

Pawlowsky, Peter (1972), Räumliche externe Effekte lokaler öffentlicher Leistungen im föderativen Staat, Basel.

Pechstein, Matthias; Koenig, Christian (2000), Die Europäische Union: die Verträge von Maastricht und Amsterdam, 3. Aufl., Tübingen: Mohr Siebeck.

Peffekoven, Rolf (1980), Finanzausgleich I: Wirtschaftstheoretische Grundlagen, in: Handwörterbuch der Wirtschaftswissenschaft (HdWW), Band II, Stuttgart u.a.O.: Fischer et al., S. 608–636.

Peffekoven, Rolf (1981), Verteilung internationaler Finanzierungslasten, in: List Forum, Band 11, S. 14–30.

Peffekoven, Rolf (1982), Das Finanzierungssystem der Europäischen Gemeinschaften, in: Wirtschaftswissenschaftliches Studium (WiSt), 11. Jg. Heft 9, S. 413–417.

Peffekoven, Rolf (1984), Eigene Einnahmen internationaler Organisationen: Zu einem Problem des internationalen Finanzausgleichs, in: Koch, W. A. S. und H.-G. Petersen (Hrsg.), Staat, Steuern und Finanzausgleich: Probleme nationaler und internationaler Finanzwirtschaften im zeitlichen Wandel, Berlin, S. 315–332.

Peffekoven, Rolf (1994), Die Finanzen der Europäischen Union, Mannheim u.a.O.: BI-Taschenbuchverlag.

Penneck, Stephen (1995), Measuring the Accuracy of the National Accounts, Central Statistical Office, (Office for National Statistics), International Conference on Survey Measurement and Process Quality (Bristol), London, mimeo.

Pennock, J. Roland (1959), Federal and Unitary Government – Disharmony and Frustration, in: Behavioral Science, Vol. 4, S. 147–157.

Petry, Günther; Wied-Nebbeling, Susanne (1987), Die gesamtwirtschaftliche Bedeutung der Schattenwirtschaft, Frankfurt, New York: Campus-Verlag.

Pommerehne, W. W. (1990), The Empirical Relevance of Comparative Institutional Analysis, in: European Economic Review, Vol. 34, S. 458–469.

Posner, Richard A. (1998), Economic Analysis of Law, 5. Aufl., Boston: Little, Brown and Company.

Poterba, James M. (1989), Lifetime Incidence and the Distributional Burden of Excise Taxes, in: American Economic Review (Papers and Proceedings), Vol. 79(2), S. 325–330.

Prokop, Marc (1999), Finanzausgleich und europäische Integration: Ein regionaler Ansatz, Marburg: Tectum.

Radermacher, Walter; Stahmer, Carsten (1994), Vom Umwelt-Satellitensystem zur Umweltökonomischen Gesamtrechnung in Deutschland – Erster Teil, in: Zeitschrift für angewandte Umweltforschung, 7. Jahrgang, Heft 4, S. 531–541.

Radermacher, Walter; Stahmer, Carsten (1995), Vom Umwelt-Satellitensystem zur Umweltökonomischen Gesamtrechnung in Deutschland – Zweiter Teil, in: Zeitschrift für angewandte Umweltforschung, 8. Jahrgang, Heft 1, S. 99–109.

Radermacher, Walter; Stahmer, Carsten (1996), Abschied vom Wohlfahrtsmaß – Monetäre Bewertung in den Umweltökonomischen Gesamtrechnungen, in: Statistisches Bundesamt (Hrsg.), Wohlfahrtsmessung – Aufgabe der Statistik im gesellschaftlichen Wandel, Beiträge zum wissenschaftlichen Kolloquium am 16./17. November 1995 in Wiesbaden, Stuttgart: Metzler-Poeschel, S. 174–198.

Randzio-Plath, Christa (1999), Die Krise der Europäischen Union: Lehren aus der Krise, in: Wirtschaftsdienst, 79. Jahrgang, Heft 5, S. 275–278.

Rao, Vijayendra Kasturi Ranga Varadaraja (1940), The National Income of British India 1931–32, London: Macmillan.

Rat der EG (1970), Beschluß des Rates vom 21. April 1970 über die Ersetzung der Finanzbeiträge der Mitgliedstaaten durch eigene Mittel der Gemeinschaften (70/243/EGKS, EWG, Euratom), in: Amtsblatt der Europäischen Gemeinschaften (1970) Nr. L 94, S. 19ff.

Rat der EG (1976), Verordnung (EWG) Nr. 1172/76 des Rates vom 17. Mai 1976 zur Schaffung eines Finanzmechanismus, in: Amtsblatt der Europäischen Gemeinschaften (1976) Nr. L 131, S. 7–9.

Rat der EG (1977), Sechste Richtlinie des Rates vom 17. Mai 1977 zur Harmonisierung der Rechtsvorschriften der Mitgliedstaaten über die Umsatzsteuern – Gemeinsames Mehrwertsteuersystem: einheitliche steuerpflichtige Bemessungsgrundlage, in: Amtsblatt der Europäischen Gemeinschaften (1977) Nr. L 145 vom 13.06.1977, nachfolgend mehrfach geändert und berichtigt.

Rat der EG (1977/2000), Haushaltsordnung vom 21. Dezember 1977 für den Gesamthaushaltsplan der Europäischen Gemeinschaften (geändert durch 14 Verordnungen des Rates als konsolidierter Text), CONS-

LEG: 1977X1231 vom 01.01.2000; ursprüngliche Fassung in Amtsblatt der EG (1977), Nr. L 356 vom 31.12.1977; Luxemburg: Amt für amtliche Veröffentlichungen der Europäischen Gemeinschaften.

Rat der EG (1980), Verordnung Nr. 2743/80 des Rates vom 27. Oktober 1980 zur Änderung der Verordnung (EWG) Nr. 1172/76 zur Schaffung eines Finanzmechanismus, in: Amtsblatt der Europäischen Gemeinschaften (1980) Nr. L 284, S. 1–3.

Rat der EG (1985), Beschluß des Rates vom 7. Mai 1985 über das System der eigenen Mittel der Gemeinschaften (85/257/EWG, Euratom), in: Amtsblatt der Europäischen Gemeinschaften (1985) Nr. L 128 vom 14.05.1985, S. 15–17.

Rat der EG (1988), Beschluß des Rates vom 24. Juni 1988 über das System der Eigenmittel der Gemeinschaften (88/376/EWG, Euratom), in: Amtsblatt der Europäischen Gemeinschaften (1988) Nr. L 185 vom 15.07.1988, S. 24–28.

Rat der EG (1989a), Verordnung (EWG, Euratom) Nr. 1552/89 des Rates vom 29. Mai 1989 zur Durchführung des Beschlusses 88/376/EWG, Euratom über das System der Eigenmittel der Gemeinschaften, in: Amtsblatt der Europäischen Gemeinschaften Nr. L 155 vom 7.6.1989, S. 1–8; nachfolgend mehrfach geändert.

Rat der EG (1989b), Verordnung (EWG, Euratom) Nr. 1553/89 des Rates vom 29. Mai 1989 über die endgültige einheitliche Regelung für die Erhebung der Mehrwertsteuereigenmittel, in: Amtsblatt der Europäischen Gemeinschaften Nr. L 155 vom 7.6.1989, S. 9–13; geändert durch die Verordnung (EG, Euratom) Nr. 1026/1999 des Rates vom 10. Mai 1999, in Amtsblatt der Europäischen Gemeinschaften Nr. L 126 vom 20.5.1999, S. 1.

Rat der EG (1989c), Richtlinie des Rates vom 13. Februar 1989 zur Harmonisierung der Erfassung des Bruttosozialprodukts zu Marktpreisen (89/130/EWG, Euratom), in: Amtsblatt der Europäischen Gemeinschaften Nr. L 49 vom 21.02.1989, S. 26–28.

Rat der EG (1992), Verordnung (EWG) Nr. 2913/92 des Rates vom 12. Oktober 1992 zur Festlegung des Zollkodex der Gemeinschaften, in: Amtsblatt der Europäischen Gemeinschaften Nr. L 302 vom 19.10.1992, S. 1, nachfolgend mehrfach geändert.

Rat der EU (1994a), Beschluß des Rates vom 31. Oktober 1994 über das System der Eigenmittel der Europäischen Gemeinschaften, (94/728/EG, Euratom), in: Amtsblatt der Europäischen Gemeinschaften Nr. L 293 vom 12.11.1994, S. 9–13.

Rat der EU (1994b), Verordnung (EG, Euratom) Nr. 2728/94 des Rates vom 31. Oktober 1994 zur Einrichtung eines Garantiefonds für Maßnahmen im Zusammenhang mit den Außenbeziehungen, in: Amtsblatt der Europäischen Gemeinschaften Nr. L 293 vom 12.11.1994, S. 1f.

Rat der EU (1994c), Berechnung, Finanzierung, Zahlung und Einstellung der Korrektur der Haushaltsungleichgewichte in den Haushaltsplan gemäß Artikel 4 und 5 des Beschlusses des Rates über das System der Eigenen Mittel der Gemeinschaften, Dokument XIX/66/94, 5455/94, mimeo, Brüssel.

Rat der EU (1996), Verordnung (EG) Nr. 2223/96 des Rates vom 25. Juni 1996 zum Europäischen System Volkswirtschaftlicher Gesamtrechnungen auf nationaler und regionaler Ebene in der Europäischen Gemeinschaft, in: Amtsblatt der Europäischen Gemeinschaften Nr. L 310 vom 30.11.1996, S. 1–469.

Rat der EU (1997), Verordnung (EG) Nr. 1103/97 des Rates vom 17. Juni 1997 über bestimmte Vorschriften im Zusammenhang mit der Einführung des Euro, in: Amtsblatt der Europäischen Gemeinschaften Nr. L 162 vom 19.06.1997, S. 1–3.

Rat der EU (1999a), Verordnung (EG, Euratom) Nr. 1149/1999 des Rates vom 25. Mai 1999 zur Änderung der Verordnung (EG, Euratom) Nr. 2728/94 zur Einrichtung eines Garantiefonds für Maßnahmen im Zusammenhang mit den Außenbeziehungen, in Amtsblatt der Europäischen Gemeinschaften (1999) Nr. L 139 vom 02.06.1999, S. 1f.

Rat der EU (1999b), Verordnung (EG) Nr. 1260/1999 des Rates vom 21. Juni 1999 mit allgemeinen Bestimmungen über die Strukturfonds, in: Amtsblatt der Europäischen Gemeinschaften Nr. L 161 vom 26.06.1999, S. 1–42.

Rat der EU (2000a), Beschluß des Rates vom 29. September 2000 über das System der Eigenmittel der Europäischen Gemeinschaften, (2000/597/EG, Euratom), in: Amtsblatt der Europäischen Gemeinschaften (2000) Nr. L 253 vom 07.10.2000, S. 42–46.

Rat der EU (2000b), Verordnung (EG) Nr. 2040/2000 des Rates vom 26. September 2000 betreffend die Haushaltsdisziplin, in: Amtsblatt der Europäischen Gemeinschaften (2000) Nr. L 244 vom 29.09.2000, S. 27–32.

Rat der EU (2000c), Jahresbericht des Rates an das Europäische Parlament über die Hauptaspekte und grundlegenden Optionen der GASP, einschließlich der finanziellen Auswirkungen für den Gesamthaushaltsplan der Europäischen Gemeinschaften, Dokument 5990/00 vom 4. April 2000, Brüssel.

Rat der EU (2000d), Verordnung (EG, Euratom) Nr. 1150/2000 des Rates vom 22. Mai 2000 zur Durchführung des Beschlusses 94/728 EG, Euratom über das System der Eigenmittel der Gemeinschaften, in: Amtsblatt der Europäischen Gemeinschaften Nr. L 130 vom 31.05.2000, S. 1–12.

Rat der EU (2000e), Berechnung, Finanzierung, Zahlung und Einstellung der Korrektur der Haushaltsungleichgewichte in den Haushaltsplan gemäß Artikel 4 und 5 des Beschlusses des Rates über das System der Eigenmittel der Gemeinschaften, Interinstitutionelles Dossier: 1997/0352, 10464/00 ADD 2, Brüssel.

Rat der EU (2002), Verordnung (EG, Euratom) Nr. 1605/2002 des Rates vom 25. Juni 2002 über die Haushaltsordnung für den Gesamthaushaltsplan der Europäischen Gemeinschaften, in: Amtsblatt der Europäischen Gemeinschaften Nr. L 248 vom 16.09.2002, S. 1–48.

Rawls, John (1971), A Theory of Justice, Cambridge, Mass.: Harvard University Press.

Reich, Utz-Peter; Braakmann, Albert (1995), Das Sozialprodukt einer Volkswirtschaft: Grundsätze, Berechnung, Bedeutung, Stuttgart u.a.: Kohlhammer.

Reister, Erwin (1975), Haushalt und Finanzen der Europäischen Gemeinschaften, Baden-Baden: Nomos Verlagsgesellschaft.

Reuter, Peter (1982), The Irregular Economy and the Quality of Macroeconomic Statistics, in: Tanzi, Vito (Hrsg.), The Underground Economy in the United States and Abroad, Lexington, Mass.: D.C. Heath, S. 125–143.

Ricardo, David (1820/1951), Funding System, in: Sraffa, Piero (Hrsg.) (1951), The Works and Correspondence of David Ricardo, Vol. 4,

Pamphlets and Papers, 1815–1823, Cambridge: Cambridge University Press, S. 149–200.

Richter, Wolfram F.; Wiegard, Wolfgang (1993), Zwanzig Jahre „Neue Finanzwissenschaft", Teil I: Überblick und Theorie des Marktversagens, in: Zeitschrift für Wirtschafts- und Sozialwissenschaften (ZWS), Band 113, S. 169–224.

Rinne, Horst (1967), Das Sozialprodukt: Unzulänglichkeiten des Konzepts und Ungenauigkeiten der Schätzung, Dissertation, Berlin: o.V.

Rinne, Horst (1994a), Doppelzählungen, in: Brümmerhoff, Dieter; Lützel, Heinrich (Hrsg.), Lexikon der Volkswirtschaftlichen Gesamtrechnungen, München u.a.O.: Oldenbourg, S. 84–87.

Rinne, Horst (1994b), Genauigkeit der VGR, in: Brümmerhoff, Dieter; Lützel, Heinrich (Hrsg.), Lexikon der Volkswirtschaftlichen Gesamtrechnungen, München u.a.O.: Oldenbourg, S. 148–152.

Rinne, Horst (1998), Datenqualität, in: Heilemann, Ullrich; Wolters, Jürgen (Hrsg.), Gesamtwirtschaftliche Modelle in der Bundesrepublik Deutschland: Erfahrungen und Perspektiven, Berlin: Duncker & Humblot, S. 215–227.

Roemer, Peter (2000), Kaufkraftparitäten als Instrumente internationaler Preis- und Volumenvergleiche, in: Wirtschaft und Statistik, Heft 5/2000, S. 370–376.

Rogoff, Kenneth (1996), The Purchasing Power Parity Puzzle, in: Journal of Economic Literature, Vol. 34, S. 647–668.

Rogoff, Kenneth (1998), Blessing or curse? Foreign and underground demand for euro notes, in: Begg, David et al. (Hrsg.), EMU: Prospects and Challenges for the Euro, Economic Policy: A European Forum, No. 26, Oxford: Blackwell, S. 263–303.

Rolle, Carsten (1999), EU-Nettozahlungen – Beuten kleine Länder große aus?, in: Wirtschaftsdienst, 79. Jahrgang, Heft 3, S. 181–184.

Rolle, Carsten (2000), Europäische Regionalpolitik zwischen ökonomischer Rationalität und politischer Macht: Eine föderalismustheoretische und politökonomische Analyse, Münster: Institut für Siedlungs- und Wohnungswesen.

Rose, Klaus; Sauernheimer, Karlhans (1995), Theorie der Außenwirtschaft, 12. Aufl., München: Vahlen.

Rossi, Matthias (1997), Europäisches Parlament und Haushaltsverfassungsrecht: Eine kritische Betrachtung der parlamentarischen Haushaltsbefugnisse, Berlin: Berlin Verlag A. Spitz,; Baden-Baden: Nomos Verlagsgesellschaft.

Rothschild, Michael; Stiglitz, Joseph E. (1976), Equilibrium in competitive insurance markets: An essay on the economics of imperfect information, in: Quarterly Journal of Economics, Vol. 90, S. 629–649.

Rubinfeld, Daniel L. (1987), The Economics of the Local Public Sector, in: Auerbach, Alan J.; Feldstein, Martin (Hrsg.), Handbook of Public Economics, Volume II, Amsterdam: Elsevier, S. 571–645.

Rürup, Bert, Hansmeyer, Karl-Heinrich (1984), Staatswirtschaftliche Planungsinstrumente, 3. Aufl., Düsseldorf: Werner-Verlag.

Sachverständigenrat zur Begutachtung der gesamtwirtschaftlichen Entwicklung (1999), Jahresgutachten 1999/2000: Wirtschaftspolitik unter Reformdruck, Bonn.

Samuelson, Paul A. (1964), Theoretical Notes on Trade Problems, in: Review of Economics and Statistics, Vol. 46, S. 145–154.

Sato, Motohiro (2000), Fiscal Externalities and Efficient Transfers in a Federation, in: International Tax and Public Finance, Vol. 7, S. 119–139.

Schäfer, Dieter; Schwarz, Norbert (1994), Wert der Haushaltsproduktion 1992, in: Wirtschaft und Statistik, Heft 8/1994, S. 597–612.

Scheibe, Roland (1988), Die Anleihekompetenzen der Gemeinschaftsorgane nach dem EWG-Vertrag, Baden-Baden: Nomos Verlagsgesellschaft.

Scheuer, Manfred (1993), Pro-Kopf-Einkommen in der EG im Lichte unterschiedlicher Berechnungsmethoden, in: Wirtschaftswissenschaftliches Studium (WiSt), 22. Jahrgang, Heft 11, S. 573–575.

Schmölders, Günter; Hansmeyer, Karl-Heinrich (1980), Allgemeine Steuerlehre, 5. Aufl., Berlin: Ducker & Humblot.

Schneider, Friedrich (1997), The shadow economies of Western Europe, in: Journal of the Institute of Economic Affairs, Vol. 17/3, S. 42–48.

Schneider, Friedrich (2000a), Illegal activities, but still value added ones (?): Size, causes, and measurement of the shadow economies all over the world, Working Paper No. 305, CESifo Working Paper Series, München, CESifo.

Schneider, Friedrich (2000b), The increase of the size of the shadow economy of 18 OECD countries: Some preliminary explanations, Working Paper No. 306, CESifo Working Paper Series, München: CESifo.

Schneider, Friedrich; Enste, Dominik H. (2000a), Shadow Economies: Size, Causes, and Consequences, in: Journal of Economic Literature, Vol. 38, S. 77–114.

Schneider, Friedrich; Enste, Dominik H. (2000b), Schattenwirtschaft und Schwarzarbeit: Umfang, Ursachen, Wirkungen und wirtschaftspolitische Empfehlungen, München: Oldenbourg.

Schneider, Friedrich; Lenk, Thomas (2000), Grundzüge der föderalen Finanzverfassung aus ökonomischer Perspektive: Trennsystem vs. Verbundsystem, eingeladener Beitrag der Handelskammer Hamburg anläßlich des Symposiums „Zukunft des föderalen Finanzausgleichs", mimeo.

Schneider, Friedrich; Volkert, Jürgen (2000), Schwarzarbeit in Baden-Württemberg, Bericht an das Wirtschaftsministerium Baden-Württemberg, Tübingen: Institut für angewandte Wirtschaftsforschung.

Schott, Jeffrey J. (1994), The Uruguay Round: An Assessment, Washington, DC: Institute for International Economics.

Schott, Jeffrey J. (2000), Toward WTO 2000: A Seattle Odyssey, in: in: Federal Reserve Bank of St. Louis, Vol. 82, Nr. 2, Multilateral Trade Negotiations: Issues for the Millennium Round, S. 11–23.

Schrage, Horst (1984), Schattenwirtschaft: Abgrenzung, Definition und Methoden der quantitativen Erfassung, in: Schäfer, Wolf (Hrsg.), Schattenökonomie: Theoretische Grundlagen und wirtschaftspolitische Konsequenzen, Göttingen: Vandenhoeck und Ruprecht, S. 11–37.

Schreyer, Michaele (2001), The Own Resources System Needs Rethinking, in: Intereconomics, Vol. 35, Heft 5, S. 223–225.

Schuknecht, Ludger (1990), Protectionism - an Intra-National Prisoners' Dilemma, in: Aussenwirtschaft, 45. Jg., Heft 1, S. 39–55.

Seater, John J. (1993), Ricardian Equivalence, in: Journal of Economic Literature, Vol. 31, S. 142–190.

Seidel, Barbara (1992), Die Einbindung der Bundesrepublik Deutschland in die Europäischen Gemeinschaften als Problem des Finanzausgleichs, Frankfurt a. M. u.a.O.: Lang.

Semrau, Stephan (1998), Die gemeinsame Außen- und Sicherheitspolitik der Europäischen Union, Frankfurt am Main u.a.O.: Lang.

Senf, Paul (1977), Kurzfristige Haushaltsplanung, in: Handbuch der Finanzwissenschaft, Band I, Tübingen, S. 371–425.

Senti, Richard (2000), WTO: System und Funktionsweise der Welthandelsordnung, Zürich: Schulthess.

Senti, Richard; Conlan, Patricia (1998), WTO: Regulation of World Trade after the Uruguay Round, Zürich: Schulthess.

Siebert, Horst; Koop, Michael J. (1993), Institutional competition versus centralization: Quo vadis Europe?, in: Oxford Review of Economic Policy, Vol. 9 (1), S. 15–30.

Sinn, Hans-Werner (1994), How much Europe? Subsidiarity, Centralization and Fiscal Competition, in: Scottish Journal of Political Economy, Vol. 41 (1), S. 85–107.

Sinn, Hans-Werner (1996), The Subsidiarity Principle and Market Failure in Systems Competition, CES Working Paper No. 103, Center for Economic Studies, München.

Sinn, Hans-Werner (1997), Das Selektionsprinzip und der Systemwettbewerb, in: Oberhauser, Alois (Hrsg.), Fiskalföderalismus in Europa, Berlin: Duncker & Humblot, S. 9–60

Sinn, Stefan (1993), The Taming of Leviathan: Competition Among Governments, in: Sinn, Stefan (Hrsg.), International Economic Policy: Competition versus Coordination: A Collection of Articles, Kiel: Institut für Weltwirtschaft, S. 101–120.

Smith, Adam (1776/1981), An Inquiry into the Nature and Causes of the Wealth of Nations, Indianapolis: Liberty Fund; (Reprint: Originally published: Oxford: Clarendon Press, 1976/1979).

Smith, Stephen (1986), Britain's Shadow Economy, Oxford: Clarendon Press.

Smith, Stephen (1992), Financing the European Community: A Review of Options for the Future, in: Fiscal Studies 13(4), S. 98–127.

Spahn, Paul Bernd (1993a), The design of federal fiscal constitutions in theory and in practice, in: European Economy, Reports and Studies No 5, The economics of community public finance, S. 63–99, Luxembourg.

Spahn, Paul Bernd (1993b), The Community Budget for an Economic and Monetary Union, Houndmills et al.: Macmillan.

Stahmer, Carsten (1993), Qualität statistischer Daten am Beispiel der Volkswirtschaftlichen Gesamtrechnungen in Deutschland, in: Chlumsky, Jürgen; Wiegert, Rolf (Hrsg.), Qualität statistischer Daten: Beiträge zum wissenschaftlichen Kolloquium am 12./13. November 1992 in Wiesbaden, Stuttgart: Metzler-Poeschel, S. 124–138.

Statistisches Bundesamt (1989), Überblick über die Sozialproduktsberechnungen des Statistischen Bundesamtes, Heft 7 der Schriftenreihe Ausgewählte Arbeitsunterlagen zur Bundesstatistik, Wiesbaden.

Steltemeier, Rolf (1998), Utopoie oder Realität? Die Europäische Union auf dem Weg zu einer gemeinsamen Außen- und Sicherheitspolitik, Baden-Baden: Nomos-Verlagsgeselschaft.

Stiglitz, Joseph E. (1989), On the Economic Role of the State, in: Heertje, Arnold (Hrsg.), The Economic Role of the State, Oxford: Basil Blackwell, S. 12–85.

Stobbe, Alfred (1994), Volkswirtschaftliches Rechnungswesen, 8. Aufl., Berlin u. a. O.: Springer-Verlag.

Strack, Dieter; Helmschrott, Helmut; Schönherr, Siegfried (1997), Internationale Einkommensvergleiche auf der Basis von Kaufkraftparitäten: Das Gefälle zwischen Industrie- und Entwicklungsländern verringert sich, in: Ifo Schnelldienst, 50. Jg., Heft 10/1997, S. 7–14.

Strasser, Daniel (1992), Die Finanzen Europas: Das Haushalts- und Finanzrechtrecht der Europäischen Gemeinschaften, 7. Aufl. (3. deutsche Auflage), Luxemburg: Amt für amtliche Veröffentlichungen der Europäischen Gemeinschaften.

Straubhaar, Thomas (1999), Mobilität und Arbeitsmärkte in der Wirtschafts- und Währungsunion, in: Caesar, Rolf; Scharrer, Hans-Eckart (Hrsg.), Ökonomische und politische Dimensionen der Europäischen Wirtschafts- und Währungsunion, Baden-Baden: Nomos Verlagsgesellschaft, S. 149–170.

Streit, Manfred E. (1991), Theorie der Wirtschaftspolitik, 4. Aufl., Düsseldorf: Werner-Verlag.

Strohm, Wolfgang (1994), Bruttosozialprodukt, in: Brümmerhoff, Dieter; Lützel, Heinrich (Hrsg.) (1994), Lexikon der Volkswirtschaftlichen Gesamtrechnungen, München, Wien: Oldenbourg, S. 60–62.

Strohmeier, Rudolf W. (1999), EU-Entwicklungspolitik, in: Strohmeier, Rudolf (Hrsg.), Die Europäische Union: Ein Kompendium aus deutscher Sicht, 2. Aufl., Opladen: Westdeutscher Verlag, S. 339–346.

Tanzi, Vito (1980), The Underground Economy in the United States: Estimates and Implications, in: Banca Nazionale del Lavoro, Vol. 135(4), S. 427–453, wiederabgedruckt in: Tanzi, Vito (Hrsg.) (1982), The Underground Economy in the United States and Abroad, Lexington, Mass.: D.C. Heath, S. 69–92.

Tanzi, Vito (1983), The Underground Economy in the United States: Annual Estimates, 1930-80, in: IMF-Staff Papers, Vol. 30, S. 283–305.

Tanzi, Vito (1999), Uses and Abuses of Estimates of the Underground Economy, in: Economic Journal, Vol. 109, S. F338–F347.

Tebbe, Gerd (1999), Die gemeinsame Außen- und Sicherheitspolitik, in: Strohmeier, Rudolf (Hrsg.), Die europäische Union: Ein Kompendium aus deutscher Sicht, 2. Aufl., Opladen: Westdeutscher Verlag, S. 89–102.

Ter-Minassian, Teresa (1997), Intergovernmental Fiscal Relations in a Macroeconomic Perspective: An Overview, in: Ter-Minassian, Teresa (Hrsg.), Fiscal Federalism in Theory and Practice, Washington: International Monetary Fund, S. 3–24.

Teutemann, Manfred (1992), Rationale Kompetenzverteilung im Rahmen der europäischen Integration: Ein Beitrag zur finanzwirtschaftlichen Ordnungspolitik, Berlin: Duncker & Humblot.

Teutemann, Manfred (1993), Interpersonal vs. interregional redistribution at the European level – as seen from the perspectives of fiscal federalism and public choice theory, in: European Economy, Reports and Studies 5, The economics of Community public finance, Luxembourg, S. 395–413.

Thomas, Ingo P. (1997), Ein Finanzausgleich für die Europäische Union? Eine allokationstheoretische und fiskalföderalistische Analyse, Kieler Studien Nr. 285, Tübingen: J.B.C. Mohr.

Thomas, Jim (1999), Quantifying the Black Economy: „Measurement without Theory" Yet Again?, in: Economic Journal, Vol. 109, S. F381–F389.

Tiebout, Charles M. (1956), A pure theory of local expenditures, in: Journal of Political Economy, Vol. 64, S. 416–424.

Trebilcock, M. J.; Howse, R. (1999), The Regulation of International Trade, 2. Aufl., London: Routledge.

Tresch, Richard W. (1981), Public Finance: A normative Theory, Plano, Tex.: Business Publications.

Tullock, Gordon (1969), Federalism: Problems of Scale, in: Public Choice, Vol. 6, S. 19–29.

UNDP (1999), United Nations Development Program, Human Development Report 1999, New York, Oxford u.a.O.: Oxford University Press.

United Nations et al. (1993), System of National Accounts 1993, Brussels/Luxembourg, New York, Paris, Washington, D.C.

Vanberg, Viktor (1992), A Constitutional Political Economy Perspective on International Trade, in: ORDO, Band 43, S. 375–392.

Vaubel, Roland (1992), Die politische Ökonomie der wirtschaftspolitischen Zentralisierung in der Europäischen Gemeinschaft, in: Jahrbuch für Neue Politische Ökonomie, Band 11: Ökonomische Systeme und ihre Dynamik, Tübingen: J.C.B. Mohr, S. 30–65.

Vehorn, Charles L.; Ahmad, Ehtisham (1997), Tax Administration, in: Ter-Minassian, Teresa (Hrsg.), Fiscal Federalism in Theory and Practice, Washington: International Monetary Fund, S. 108–134.

Vogel, Jörg (1999), Der gemeinschaftsrechtliche Status der Säulenkonstruktion des Vertrages über die Europäische Union, erläutert am Beispiel der Bestimmungen über die Zusammenarbeit in den Bereichen Justiz und Inneres, Nürnberg: ohne Verlag.

Wagner, Adolph (1890), Finanzwissenschaft, Zweiter Teil: Theorie der Besteuerung, Gebührenlehre und allgemeine Steuerlehre, 2. Aufl., Leipzig.

Walsh, Cliff (1993), Fiscal federalism: An overview of issues and a discussion of their relevance to the European Community, in: European Economy, Reports and Studies 5, The economics of Community public finance, Luxembourg, S. 25–62

Walter, Gerd (1996), EU-Fnanzierung auf dem Prüfstand – Reform statt Fundamentalattacke, in: Integration, 19. Jg., Heft 3, S. 164–168.

Walthes, Frank (1996), Europäischer Finanzausgleich, Berlin: Duncker und Humblot.

Weck, Hannelore; Pommerehne, Werner W.; Frey, Bruno S. (1984), Schattenwirtschaft, München: Vahlen.

Weizsäcker, Robert K. von (1997), Finanzpolitik, in: Hagen, Jürgen von; Welfens, Paul J.J. und Axel Börsch-Supan (Hrsg.), Springers Handbuch der Volkswirtschaftslehre, Band 2: Wirtschaftspolitik und Weltwirtschaft.

Wellisch, Dietmar (1995), Dezentrale Finanzpolitik bei hoher Mobilität, Tübingen: J.C.B. Mohr.

Whalley, John; Hamilton, Colleen (1996), The Trading System after the Uruguay Round, Washington, D.C.: Institute for International Economics.

Wildasin, David E. (1991), Income Redistribution in a Common Labor Market, in: American Economic Review, Vol. 81 (4), S. 757–774.

Wildasin, David E. (1994), Urban public finance, 2. Aufl., Langhorne: Harwood.

Wildasin, David. E. (2000), Factor mobility and fiscal policy in the EU: Policy issues and analytical approaches, in: Economic Policy, Vol. 31, S. 339–378.

Wilson, Charles (1977), A model of insurance markets with incomplete information, in: Journal of Economic Theory, Vol. 16, S. 167–207.

Wintrobe, Ronald (1987), Competitive Federalism and Bureaucratic Power, in: European Journal of Political Economy, Vol. 3, Heft 1/2, Villa Colombella Papers on Federalism, S. 9–31.

Wirtschafts- und Sozialausschuß der Europäischen Union (1999), Stellungnahme des Wirtschafts- und Sozialausschusses zu dem „Vorschlag für einen Beschluß des Rates über das System der Eigenmittel der Europäischen Union“, in: Amtsblatt der EG Nr. C 368 vom 20.12.1999, S. 16f.

Wissenschaftlicher Beirat beim Bundesministerium für Wirtschaft und Technologie (1999), Neuordnung des Finanzierungssystems der Europäischen Gemeinschaft, BMWi-Dokumentation Nr. 455, Bonn.

Wissenschaftlicher Beirat beim Bundesministerium der Finanzen (2001), Freizügigkeit und soziale Sicherung in Europa, mimeo., Berlin.

Wolff, Klaus G. (1994a), Schattenwirtschaft, in: Brümmerhoff, Dieter; Lützel, Heinrich (Hrsg.), Lexikon der Volkswirtschaftlichen Gesamtrechnungen, München, Wien: Oldenbourg, S. 331f.

Wolff, Klaus G. (1994b), Untergrundwirtschaft, in: Brümmerhoff, Dieter; Lützel, Heinrich (Hrsg.), Lexikon der Volkswirtschaftlichen Gesamtrechnungen, München, Wien: Oldenbourg, S. 381f.

Wrede, Matthias (1997), Fiskalische Ausgabenexternalitäten und die Struktur öffentlicher Ausgaben im föderalen Staat, in: Zeitschrift für Wirtschafts- und Sozialwissenschaften (ZWS), Band 117, S. 585–601.

Wuermeling, Joachim (1996), Der EU-Haushalt: Politik in ECU, in: Röttinger, Moritz; Weyringer, Claudia (Hrsg.), Handbuch der europäischen Integration, 2. Aufl., Wien u.a.O.: Manz u.a.V., S. 250–289.

Young, Allan H. (1974), Reliability of the Quarterly National Income and Product Accounts of the United States 1947-1971, in: Review of Income and Wealth, Vol. 20 (1), S. 1–39.

Zangl, Peter (1993), The Financing of the Community after the Edinburgh European Council, in: Intereconomics, Vol. 28, No. 3 (May/June 1993), S. 111–117.

Zimmermann, Horst; Henke, Klaus-Dirk (1994), Finanzwissenschaft, 7. Aufl., München: Vahlen.

Zott, Regina (1999), Der rechtliche Rahmen der innen- und justizpolitischen Zusammenarbeit in der Europäischen Union, Frankfurt a.M. u.a.O.: Lang.

Zwer, Reiner (1994), Europäisches System Volkswirtschaftlicher Gesamtrechnungen (ESVG), in: Brümmerhoff, Dieter; Lützel, Heinrich (Hrsg.) (1994), Lexikon der Volkswirtschaftlichen Gesamtrechnungen, München, Wien: Oldenbourg, S. 125–127.

FINANZWISSENSCHAFTLICHE SCHRIFTEN

Band 1 Werner Steden: Finanzpolitik und Einkommensverteilung. Ein Wachstums- und Konjunkturmodell der Bundesrepublik Deutschland. 1979.

Band 2 Rainer Hagemann: Kommunale Finanzplanung im föderativen Staat. 1976.

Band 3 Klaus Scherer: Maßstäbe zur Beurteilung von konjunkturellen Wirkungen des öffentlichen Haushalts. 1977.

Band 4 Brita Steinbach: "Formula Flexibility" - Kritische Analyse und Vergleich mit diskretionärer Konjunkturpolitik. 1977.

Band 5 Hans-Georg Petersen: Personelle Einkommensbesteuerung und Inflation. Eine theoretisch-empirische Analyse der Lohn- und veranlagten Einkommensteuer in der Bundesrepublik Deutschland. 1977.

Band 6 Friedemann Tetsch: Raumwirkungen des Finanzsystems der Bundesrepublik Deutschland. Eine Untersuchung der Auswirkungen der Finanzreform von 1969 auf die Einnahmenposition der untergeordneten Gebietskörperschaften und ihrer regionalpolitischen Zieladäquanz. 1978.

Band 7 Wilhelm Pfähler: Normative Theorie der fiskalischen Besteuerung. Ein methodologischer und theoretischer Beitrag zur Integration der normativen Besteuerungstheorie in der Wohlfahrtstheorie. 1978.

Band 8 Wolfgang Wiegard: Optimale Schattenpreise und Produktionsprogramme für öffentliche Unternehmen. Second-Best Modelle im finanzwirtschaftlichen Staatsbereich. 1978.

Band 9 Hans P. Fischer: Die Finanzierung des Umweltschutzes im Rahmen einer rationalen Umweltpolitik. 1978.

Band 10 Rainer Paulenz: Der Einsatz finanzpolitischer Instrumente in der Forschungs- und Entwicklungspolitik. 1978.

Band 11 Hans-Joachim Hauser: Verteilungswirkungen der Staatsverschuldung. Eine kreislauftheoretische Inzidenzbetrachtung. 1979.

Band 12 Gunnar Schwarting: Kommunale Investitionen. Theoretische und empirische Untersuchungen der Bestimmungsgründe kommunaler Investitionstätigkeit in Nordrhein-Westfalen 1965-1972. 1979.

Band 13 Hans-Joachim Conrad: Stadt-Umland-Wanderung und Finanzwirtschaft der Kernstädte. Amerikanische Erfahrungen, grundsätzliche Zusammenhänge und eine Fallstudie für das Ballungsgebiet Frankfurt am Main. 1980.

Band 14 Cay Folkers: Vermögensverteilung und staatliche Aktivität. Zur Theorie distributiver Prozesse im Interventionsstaat. 1981.

Band 15 Helmut Fischer: US-amerikanische Exportförderung durch die DISC-Gesetzgebung. 1981.

Band 16 Günter Ott: Einkommensumverteilungen in der gesetzlichen Krankenversicherung. Eine quantitative Analyse. 1981.

Band 17 Johann Hermann von Oehsen: Optimale Besteuerung. *(Optimal Taxation)*. 1982.

Band 18 Richard Kössler: Sozialversicherungsprinzip und Staatszuschüsse in der gesetzlichen Rentenversicherung. 1982.

Band 19 Hinrich Steffen: Zum Handlungs- und Entscheidungsspielraum der kommunalen Investitionspolitik in der Bundesrepublik Deutschland. 1983.

Band 20 Manfred Scheuer: Wirkungen einer Auslandsverschuldung des Staates bei flexiblen Wechselkursen. 1983.

Band 21 Christian Schiller: Staatsausgaben und crowding-out-Effekte. Zur Effizienz einer Finanzpolitik keynesianischer Provenienz. 1983.

Band 22 Hannelore Weck: Schattenwirtschaft: Eine Möglichkeit zur Einschränkung der öffentlichen Verwaltung? Eine ökonomische Analyse. 1983.

Band 23 Wolfgang Schmitt: Steuern als Mittel der Einkommenspolitik. Eine Ergänzung der Stabilitätspolitik? 1984.

Band 24 Wolfgang Laux: Erhöhung staatswirtschaftlicher Effizienz durch budgetäre Selbstbeschränkung? Zur Idee einer verfassungsmäßig verankerten Ausgabengrenze. 1984.

Band 25 Brita Steinbach-van der Veen: Steuerinzidenz. Methodologische Grundlagen und empirisch-statistische Probleme von Länderstudien. 1985.

Band 26 Albert Peters: Ökonomische Kriterien für eine Aufgabenverteilung in der Marktwirtschaft. Eine deskriptive und normative Betrachtung für den Allokationsbereich. 1985.

Band 27 Achim Zeidler: Möglichkeiten zur Fortsetzung der Gemeindefinanzreform. Eine theoretische und empirische Analyse. 1985.

Band 28 Peter Bartsch: Zur Theorie der längerfristigen Wirkungen 'expansiver' Fiskalpolitik. Eine dynamische Analyse unter besonderer Berücksichtigung der staatlichen Budgetbeschränkung und ausgewählter Möglichkeiten der öffentlichen Defizitfinanzierung. 1986.

Band 29 Konrad Beiwinkel: Wehrgerechtigkeit als finanzpolitisches Verteilungsproblem. Möglichkeiten einer Kompensation von Wehrungerechtigkeit durch monetäre Transfers. 1986.

Band 30 Wolfgang Kitterer: Effizienz- und Verteilungswirkungen des Steuersystems. 1986.

Band 31 Heinz Dieter Hessler: Theorie und Politik der Personalsteuern. Eine Kritik ihrer Einkommens- und Vermögensbegriffe mit Blick auf die Leistungsfähigkeitstheorie. 1994.

Band 32 Wolfgang Scherf: Die beschäftigungspolitische und fiskalische Problematik der Arbeitgeberbeiträge zur Rentenversicherung. Eine Auseinandersetzung mit der Kritik an der lohnbezogenen Beitragsbemessung. 1987.

Band 33 Andreas Mästle: Die Steuerunion. Probleme der Harmonisierung spezifischer Gütersteuern. 1987.

Band 34 Günter Ott: Internationale Verteilungswirkungen im Finanzausgleich der Europäischen Gemeinschaften. 1987.

Band 35 Heinz Haller: Zur Frage der zweckmäßigen Gestalt gemeindlicher Steuern. Ein Diskussionsbeitrag zur Gemeindesteuerreform. 1987.

Band 36 Thomas Kuhn: Schlüsselzuweisungen und fiskalische Ungleichheit. Eine theoretische Analyse der Verteilung von Schlüsselzuweisungen an Kommunen. 1988.

Band 37 Walter Hahn: Steuerpolitische Willensbildungsprozesse in der Europäischen Gemeinschaft. Das Beispiel der Umsatzssteuer-Harmonisierung. 1988.

Band 38 Ulrike Hardt: Kommunale Finanzkraft. Die Problematik einer objektiven Bestimmung kommunaler Einnahmemöglichkeiten in der gemeindlichen Haushaltsplanung und im kommunalen Finanzausgleich. 1988.

Band 39 Jochen Michaelis: Optimale Finanzpolitik im Modell überlappender Generationen. 1989.

Band 40 Bernd Raffelhüschen: Anreizwirkungen der sozialen Alterssicherung. Eine dynamische Simulationsanalyse. 1989.

Band 41 Berend Diekmann: Die Anleihe- und Darlehenstransaktionen der Europäischen Gemeinschaften. 1990.

Band 42 Helmut Kaiser: Konsumnachfrage, Arbeitsangebot und optimale Haushaltsbesteuerung. Theoretische Ergebnisse und mikroökonometrische Simulation für die Bundesrepublik Deutschland. 1990.

Band 43 Rüdiger von Kleist: Das Gramm-Rudman-Hollings-Gesetz. Ein gescheiterter Versuch der Haushaltskonsolidierung. 1991.

Band 44 Rolf Hagedorn: Steuerhinterziehung und Finanzpolitik. Ein theoretischer Beitrag unter besonderer Berücksichtigung der Hinterziehung von Zinserträgen. 1991.

Band 45 Cornelia S. Behrens: Intertemporale Verteilungswirkungen in der gesetzlichen Krankenversicherung der Bundesrepublik Deutschland. 1991.

Band 46 Peter Saile: Ein ökonomischer Ansatz der Theorie der intermediären Finanzgewalten – Die Kirchen als Parafisci. 1992.

Band 47 Peter Gottfried: Die verdeckten Effizienzwirkungen der Umsatzsteuer. Eine empirische allgemeine Gleichgewichtsanalyse. 1992.

Band 48 Andreas Burger: Umweltorientierte Beschäftigungsprogramme. Eine Effizienzanalyse am Beispiel des "Sondervermögens Arbeit und Umwelt". 1992.

Band 49 Jeanette Malchow: Die Zuordnung verteilungspolitischer Kompetenzen in der Europäischen Gemeinschaft. Eine Untersuchung aufgrund einer Fortentwicklung der ökonomischen Theorie des Föderalismus. 1992.

Band 50 Barbara Seidel: Die Einbindung der Bundesrepublik Deutschland in die Europäischen Gemeinschaften als Problem des Finanzausgleichs. 1992.

Band 51 Ralph Wiechers: Markt und Macht im Rundfunk. Zur Stellung der öffentlich-rechtlichen Rundfunkanstalten im dualen Rundfunksystem der Bundesrepublik Deutschland. 1992.

Band 52 Klaus Eckhardt: Probleme einer Umweltpolitik mit Abgaben. 1993.

Band 53 Oliver Schwarzkopf: Die Problematik unterschiedlicher Körperschaftsteuersysteme innerhalb der EG. 1993.

Band 54 Thorsten Giersch: Bergson-Wohlfahrtsfunktion und normative Ökonomie. 1993.

Band 55 Li-Fang Chou: Selbstbeteiligung bei Arzneimitteln aus ordnungspolitischer Sicht. Das Beispiel der Bundesrepublik Deutschland. 1993.

Band 56 Harald Schlee: Einkommensteuerliche Behandlung von Transferzahlungen. Zur Neuordnung der Familienbesteuerung sowie der Besteuerung von Versicherungsleistungen und Sozialtransfers. 1994.

Band 57 Alexander Spermann: Kommunales Krisenmanagement. Reaktionen baden-württembergischer Stadtkreise auf steigende Sozialhilfekosten und Einnahmenausfälle (1980-92). 1993.

Band 58 Otto Roloff / Sibylle Brander / Ingo Barens / Claudia Wesselbaum: Direktinvestitionen und internationale Steuerkonkurrenz. 1994.

Band 59 Claudia Wesselbaum-Neugebauer: Internationale Steuerbelastungsvergleiche. 1994.

Band 60 Stephanie Miera: Kommunales Finanzsystem und Bevölkerungsentwicklung. Eine Analyse des kommunalen Finanzsystems vor dem Hintergrund der sich abzeichnenden Bevölkerungsentwicklung am Beispiel Niedersachsens unter besonderer Berücksichtigung des Landkreises Wolfenbüttel und seiner Gemeinden. 1994.

Band 61 Wolfgang Scherf: Die Bedeutung des kaldorianischen Verteilungsmechanismus für die gesamtwirtschaftlichen Wirkungen der staatlichen Neuverschuldung. 1994.

Band 62 Rainer Volk: Vergleich der Vergünstigungseffekte der verschiedenen investitionsfördernden Maßnahmen. 1994.

Band 63 Hans-Georg Napp: Kommunale Finanzautonomie und ihre Bedeutung für eine effiziente lokale Finanzwirtschaft. 1994. 2., unveränderte Auflage 1994.

Band 64 Bernd Rahmann / Uwe Steinborn / Günter Vornholz: Empirische Analyse der Autonomie lokaler Finanzwirtschaften in der Europäischen Gemeinschaft. 1994.

Band 65 Carsten Kühl: Strategien zur Finanzierung der Altlastensanierung. 1994.

Band 66 Stephan Boll: Intergenerationale Umverteilungswirkungen der Fiskalpolitik in der Bundesrepublik Deutschland. Ein Ansatz mit Hilfe des Generational Accounting. 1994.

Band 67 Karl Justus Bernhard Neumärker: Finanzverfassung und Staatsgewalt in der Demokratie. Ein Beitrag zur konstitutionellen Finanztheorie. 1995.

Band 68 Christian Haslbeck: Zentrale versus dezentrale Internalisierung externer Effekte bei unvollständiger Information. 1995.

Band 69 Regina Müller: Horizontale oder vertikale Transfers zur Durchsetzung eines horizontalen Finanzausgleichs. 1995.

Band 70 Christian Hockenjos: Öffentliche Sportförderung in der Bundesrepublik Deutschland. Darstellung und finanztheoretische Analyse. 1995.

Band 71 Manfred Rosenstock: Die Kontrolle und Harmonisierung nationaler Beihilfen durch die Kommission der Europäischen Gemeinschaften. 1995.

Band 72 Christian Rüsch: Wohnungsbau- und Wohneigentumspolitik im Rahmen der Einkommensteuer. Eine Analyse unter steuersystematischen, verteilungspolitischen und fiskalischen Aspekten. 1996.

Band 73 Stephan Winters: Die kollektive Vorsorge für den Pflegefall im Alter. Eine Untersuchung am Beispiel der gesetzlichen Pflegeversicherung in den Niederlanden. 1996.

Band 74 Knut Blind: Allokationsineffizienzen auf Sicherheitsmärkten: Ursachen und Lösungsmöglichkeiten. Fallstudie: Informationssicherheit in Kommunikationssystemen. 1996.

Band 75 Barbara Petrick-Rump: Ökonomische Wirkungen von Steueramnestien. Untersuchung konkreter Erfahrungen ausgewählter Länder mit dem Einsatz von Steueramnestien anhand eines effizienten Steueramnestieprogramms. 1996.

Band 76 Georg Hirte: Effizienzwirkungen von Finanzausgleichsregelungen. Eine Empirische Allgemeine Gleichgewichtsanalyse für die Bundesrepublik Deutschland. 1996.

Band 77 Ulrike Kirchhoff: Die rheinland-pfälzischen Gemeinden im System des Finanzausgleichs. 1996.

Band 78 Kerstin Keil: Der soziale Mietwohnungsbau: Mängel und Alternativen. 1996.

Band 79 Bernhard Manzke: Kinderlastenausgleich versus verstärkte Einwanderung. Alternative Ansätze zur langfristigen Sicherung der Gesetzlichen Rentenversicherung. 1997.

Band 80 Hariolf M. Wenzler: Institutionenökonomik und öffentliche Finanzkontrolle. Eine Analyse am Beispiel der Europäischen Union. 1997.

Band 81 Joachim Nagel: Supply-Side Policy in den USA. Eine theoretische und empirische Analyse der angebotsorientierten Wirtschaftspolitik Reagans unter besonderer Berücksichtigung steuerlicher Aspekte. 1997.

Band 82 Heinz Lampert: Krise und Reform des Sozialstaates. 1997.

Band 83 Monika Hanswillemenke / Bernd Rahmann: Zwischen Reformen und Verantwortung für Vollbeschäftigung. Die Finanz- und Haushaltspolitik der sozial-liberalen Koalition von 1969 bis 1982. 1997.

Band 84 Berthold Fürst: Die Maastrichter Budgetkriterien im Konflikt mit der Verschuldungsautonomie der deutschen Gebietskörperschaften. 1997.

Band 85 Burkhard Pahnke: Einkommensorientierte Förderung des sozialen Mietwohnungsbaues. Bestandsaufnahme und Kritik. 1998.

Band 86 Judith Safford: Staatsverschuldung im Vereinigten Königreich. Die öffentliche Verschuldung unter der Konservativen Regierung von 1979-1994. Ursachen und Auswirkungen. 1998.

Band 87 Ralf Oberheide: Die Bekämpfung der Steuerumgehung. 1998.

Band 88 Achim Truger: Die neue Finanzwissenschaft zwischen Realitätsferne und Irrelevanz der Annahmen. Eine methodologische Analyse potentieller Verteidigungsstrategien der neuen Finanzwissenschaft gegen den Vorwurf der Realitätsferne ihres entscheidungstheoretischen Fundamentes. 1998.

Band 89 Karin Bickel: Familienbezogene Elemente im System der gesetzlichen Rentenversicherung. Unter besonderer Berücksichtigung von Ein-Eltern-Familien. 1999.

Band 90 Wolfgang Scherf: Schlüsselzuweisungen und Kreisumlage. Die Problematik der Finanzierung der Landkreise am Beispiel des kommunalen Finanzausgleichs von Rheinland-Pfalz. 1998.

Band 91 Sandra Ehmann: Familienpolitik in Frankreich und Deutschland – ein Vergleich. 1999.

Band 92 Hendrik Suermann: Einkommensteuerliche Behandlung von Währungsgewinnen und -verlusten. Eine finanzwissenschaftliche Analyse des Steuerrechts in den USA und in Deutschland. 1999.

Band 93 Rolf Bösinger: Die Neuordnung des bundesstaatlichen Finanzausgleichs 1995. Eine theoretische und empirische Analyse unter Berücksichtigung von allokationstheoretischen und polit-ökonomischen Gesichtspunkten. 1999.

Band 94 Ulrich Ermschel: Finanzwirtschaftliche Konsequenzen beim Übergang auf das Ursprungslandprinzip im Europäischen Binnenmarkt. Eine Untersuchung am Beispiel des unvollkommenen oligopolistischen Neufahrzeugmarktes. 1999.

Band 95 Ute Hansen: Überwälzte Leistungen der Administration. Eine empirische und theoretische Analyse. 2000.

Band 96 Hans-Werner Seiler: Zur Durchsetzung der Einmalbesteuerung deutscher Körperschaftsgewinne. Strategien zur Vermeidung der im deutschen Körperschaftsteuersystem angelegten Benachteiligung ausländischer Anteilseigner. Eine finanzwissenschaftliche Analyse. 2000.

Band 97 Steffen Meyer: Zwischenstaatliche Finanzzuweisungen im zusammenwachsenden Europa. Zur Gestaltung eines Finanzausgleichs für die Europäische Union. 2000.

Band 98 Marion Hübner: Ökodumping? Umweltpolitik in internationalen Oligopolmärkten. 2000.

Band 99 Christhart Bork: Steuern, Transfers und private Haushalte. Eine mikroanalytische Simulationsstudie der Aufkommens- und Verteilungswirkungen. 2000.

Band 100 Norbert Eichler: Die Probleme des Gemeindefinanzausgleichs im Kooperativen Föderalismus. Eine ökonomische Analyse am Beispiel des Bundeslandes Nordrhein-Westfalen. 2000.

Band 101 Wolfgang Scherf: Der Länderfinanzausgleich in Deutschland. Ungelöste Probleme und Ansatzpunkte einer Reform. 2000.

Band 102 Stefan Dietrich Josten: Staatsverschuldung, intertemporale Allokation und Wirtschaftswachstum. Eine theoretische Analyse staatlicher Verschuldungspolitik in Modellen exogenen und endogenen Wachstums. 2000.

Band 103 Axel Breitbach: Steuerhinterziehung und Schattenwirtschaft aus gesamtwirtschaftlicher Sicht. 2000.

Band 104 Alexander Spermann: Negative Einkommensteuer, Lohnsubventionen und Langzeitarbeitslosigkeit. 2001.

Band 105 Michael Broer: Der kommunale Finanzausgleich in Hessen. Historische Darstellung und ökonomische Analyse unter besonderer Berücksichtigung der Schlüsselzuweisungen. 2001.

Band 106 Jan-Paul Ritscher: Der Einsatz von Finanzderivaten unter einer modernisierten Schuldenstrukturpolitik des Bundes. 2002.

Band 107 Martin Gasche: Dynamische Fiskalpolitik. Makroökonomische Wirkungen der Fiskalpolitik in einem Real Business Cycle-Modell. 2003.

Band 108 Felix Brosius: Internationaler Steuerwettbewerb und Koordination der Steuersysteme. 2003.

Band 109 Claudia Hensberg: Eigennützige Regierungen im fiskalischen Wettbewerb um Kapital. 2003.

Band 110 Hans-Martin Grambeck: Konsumsteuerreformen und Konsumbesteuerung. Eine vergleichende Analyse und Bewertung verschiedener Konsumsteuermodelle unter besonderer Berücksichtigung der Probleme in offenen Volkswirtschaften. 2003.

Band 111 Antje Draheim: Probleme der finanzpolitischen Willensbildung in Europa. Eine kritische Analyse der europäischen Haushalts- und Finanzverfassung. 2004.

Band 112 Robert Nuscheler: On Competition and Regulation in Health Care Systems. 2005.

Band 113 Guido K. Raddatz: Das Eigenmittelsystem der Europäischen Union. 2005.

FSC
www.fsc.org
MIX
Papier | Fördert gute Waldnutzung
FSC® C083411

Kolibri 360 GmbH
Ferdinand-Jühlke-Straße 7
99095 Erfurt, Deutschland
produktsicherheit@kolibri360.de

Druck:
CPI Druckdienstleistungen GmbH
im Auftrag der
Kolibri 360 GmbH
Ferdinand-Jühlke-Str. 7
99095 Erfurt